教│育│知│库

为每一个儿童设计课程

——小学生综合素养提升行动三十年

邹莉 朱峰——主编

吉林大学出版社

·长春·

图书在版编目（CIP）数据

为每一个儿童设计课程：小学生综合素养提升行动三十年／邹莉，朱峰主编.—长春：吉林大学出版社，2021.10

ISBN 978－7－5692－9235－0

Ⅰ.①为… Ⅱ.①邹… ②朱… Ⅲ.①小学—素质教育—教学研究 Ⅳ.①G622.0

中国版本图书馆 CIP 数据核字（2021）第 267168 号

书　　名　为每一个儿童设计课程——小学生综合素养提升行动三十年
　　　　　WEI MEI YI GE ERTONG SHEJI KECHENG——XIAOXUESHENG ZONGHE SUYANG TISHENG XINGDONG SANSHI NIAN

作　　者　邹莉　朱峰　主编
策划编辑　李潇潇
责任编辑　矫正
责任校对　李潇潇
装帧设计　中联华文
出版发行　吉林大学出版社
社　　址　长春市人民大街 4059 号
邮政编码　130021
发行电话　0431－89580028/29/21
网　　址　http：//www. jlup. com. cn
电子邮箱　j1dxcbs@ sina. com. cn
印　　刷　三河市华东印刷有限公司
开　　本　787mm×1092mm　1/16
印　　张　22.5
字　　数　414 千字
版　　次　2022 年 7 月第 1 版
印　　次　2022 年 7 月第 1 次
书　　号　ISBN 978－7－5692－9235－0
定　　价　95.00 元

编　委　会

主　编： 邹　莉　朱　峰

副主编： 沈　苹　惠锋明　侯颖颖

编　委： 范晓娜　董晓晨　唐　蓉

　　　　　王源源　李　静　王培培

序

　　教育的本真就是促进儿童的全面发展。但是每个儿童都是不一样的，他们的天赋有差异，学习的环境也不同。因此，必须因材施教。促进儿童的全面发展，不是平均发展，而是要把他的潜能充分发挥出来，发展他的特长，弥补他的不足。因此，为每个孩子设计适合于他的教育，就是最好的教育。《学记》就写道："君子既知教之所由兴，又知教之所由废，然后可以为人师也。"什么是兴？什么是废呢？就是说，教师要了解学生学习的情况，根据不同情况指导学生学习。"学者有四失，教者必知之。人之学也，或失则多，或失则寡，或失则易，或失则止。"这是说，一个人学习的时候往往有四种失误：或者贪多，或者学得太少，或者把学习看得太容易，或者遇到困难就放弃。教师要了解每个学生学习的情况，并对其提出不同的要求，扬长避短。"教也者，长善而救其失者也。"这是讲学生学习的情况，各有不同，至于学生的天赋和他的爱好更是千差万别，需要长善而救其失。

　　小学阶段是儿童长身体、长知识的最关键时期，也是逐步认识世界的时期。让他们学习知识、认识世界，需要结合他们的年龄特征和生活实际经验。所以小学的课程是综合性的，德智体美劳是互相渗透、互相促进的。课程虽然是分科的，但内容是交叉的。因此，在教学过程中要把课程加以整合。当前流行的项目化学习，就是一种课程整合。通过项目，吸引学生积极参与和探索，促进他们的思维发展，提高他们的综合素养。

　　无锡市梅村实验小学在教育改革中重视儿童学习的特点，为每一个儿童设计课程，坚持了30年的课程教学改革，取得了丰富的教育教学经验。30年来，学校从起初关注课程目标的分层、课程内容的选择、课程形态的多样、课程开发主体的多元，到实践中探索课程的个性化实施、儿童学习方式的丰富，《为每一个儿童设计课程——小学生综合素养提升行动三十年》一书就是他们的经验总结。书中有理论的阐述，有实际的案例，洋洋洒洒 40 余万字。我推荐给大家来读读这本书。

顾明远

2021 年 5 月 25 日

目　录

第一章　绪　论

　　吴韵河畔，悠悠伯渎，坐落于吴文化发源地的梅村实验小学（以下简称"梅村实小"），走过了百又十载的峥嵘岁月。作为江苏省首批实验小学，自20世纪80年代第一个省级规划课题"农村小学教育整体优化实验"起，便徐徐拉开了学校教育科学研究的序幕。实验成果的推广和应用更坚定了学校不断探索教育规律，不断向教科研寻求力量的步伐。30余年来，从聚焦教育整体优化，到关注课程，关注每一个儿童的发展；从20世纪50年代的"教育之目的在于造就完善的人格"，到80年代的"教好每一个农民的子女"；从20世纪90年代"为公、务实、创先、争优"的学校精神，到21世纪提出的"为每一个儿童设计课程"，对儿童个性发展的关注，已然成为学校一脉相承、一以贯之的追寻与守望，成为烛照学校发展的精神基因。

一、教育改革的时代背景

　　人们对教育的认识离不开社会的时代背景。不同的时代，不同的国家，不同的人对待教育的认识、态度、价值观和思想都是不同的。近代工业文明走向信息时代，特别是第三次工业革命浪潮的到来，加速了世界各国教育理念的转变，即思考教育应该培养怎样的人、如何培养人，从知识的灌输转向对人的关注和尊重。社会希望学校能够培养具有个性特点、创新精神和具备持续学习能力的人，育人理念逐渐趋向一致。

　　20世纪90年代中期以来，我国开始面临全球化进程加快、国际竞争日渐激烈的挑战。全球一体化的发展对我国的经济、政治、文化都提出了严峻挑战。由于我国底子较为薄弱，面对西方国家的科技优势以及霸权主义激烈的时代挑战，迫切需要在经济、科技、文化等领域加快发展，提高综合国力。而提高综合国力，首先应该改变的就是教育。只有把教育搞上去，才能从根本上增强我国的综合国力，才能在激烈的国际竞争中取得战略主动地位。因而，教育应该以满足社会发展，培养德智体美全面发展的社会主义事业的建设者和接班人为目的。在这样的社会发展背景下，素质教育在国家政策文本中被正式提出。

素质教育是一种培养人德智体美全面发展的教育，它的提出是为了全面提高国民素质，造就具有创新精神和实践能力的社会主义事业建设者和接班人。1985年，《中共中央关于教育体制改革的决定》指出："教育体制改革的根本目的是提高民族素质，多出人才、出好人才。"1999年，中共中央、国务院发布的《关于深化教育改革全面推进素质教育的决定》中明确提出"全面推进素质教育，培养适应21世纪现代化建设需要的社会主义新人"。简言之，面对新时代的机遇与挑战，我国需要积极迎接，注重发展学生独立个性，加强对于学生的创新精神等方面素质的培养，才能为21世纪的社会主义现代化建设培养人才。

21世纪初，信息科技获得飞速发展，信息技术和互联网技术不仅改变了人们的生活，也在教育领域产生了重大影响，人们获得知识的途径越来越多，认知工具越发广泛，由此催生了多元的教学方式及学习方式，移动学习、非正式学习、泛在式学习等获得了较大发展。随着科技革命的纵深推进，知识经济初见端倪。在这样一个全新的知识经济时代，知识变成了经济增长的重要资本，受到了广泛的重视。比如在美国，知识创新、科技进步对于经济增长的贡献率已经高达80%。知识作为重要的生产要素，显著降低了传统劳动力资本的作用，实现了经济的跳跃式、可持续增长。随着世界社会政治经济格局不断变化，尤其是科学技术的发展与知识经济的兴起，为了更好地迎接21世纪的挑战，世界各国纷纷开始进行教育改革，通过制定符合本国国情的基础教育改革政策，颁布相关文件助推本国改革进程，以抢占人才培养与教育发展的先机，从而获得经济、科技等发展的优先权。

二、时代背景下的学校教育发展框架

（一）我国教育改革的两个阶段

自1978年"改革开放"成为基本国策以来，我国的教育经历了四次改革（见表1-1），实际可以看作两个阶段：第一次和第二次主要是为了修复"文革"对教育工作的破坏，重建符合新社会发展要求的课程体系和教学系统。这一阶段的改革主要指向基础和质量，强调基础知识和基本技能，加入能力和智力的要求。1986年《中华人民共和国义务教育法》颁布后的两次改革为一个新的阶段。在这一阶段，义务教育的施行成为课程与教学改革新的推动力，再加上 20 世纪 90 年代以来实施素质教育的要求，课程与教学的大众化、民主化成为时代发展赋予教育改革的新使命。"追求卓越"和"面向大众"成为这一阶段教育改革的核心追求。其课程与教学改革的目标在延续双基、能力发展之外，开始关注个性发展，情感态度、价值观和方法，逐步形成三维结构的目标体系。

表 1-1 1978 年以来我国教育的四次改革

时间	第一次 1978—1980 年	第二次 1981—1985 年	第三次 1986—1996 年	第四次 1996 年至今
标志性文件	《全日制十年制中小学教学计划试行(草案)》(1978 年)	《全日制五年制小学教学计划（修订草案）》(1981 年) 《全日制五年制中学教学计划试行草案的修订意见》（1981 年） 《全日制六年制重点中学教学计划（修订草案）》(1981 年) 《关于全日制六年制小学教学计划的安排意见》(1984 年)	《九年义务教育全日制小学、初级中学课程计划（试行）》(1992 年) 《全日制普通高级中学课程计划（试验修改稿）》（1996 年）	《基础教育课程改革纲要（试行）》（2001 年） 《普通高中课程方案（实验）》（2003 年）于 2017 年和 2021 年均有修订

续表

时间	第一次 1978—1980 年	第二次 1981—1985 年	第三次 1986—1996 年	第四次 1996 年至今
主要内容	努力提高教育质量，使学生在德智体美诸方面切实打好基础；内容上，"主学"（政治课、文化课）、"兼学"（学工、学农、学军结合；小学设课 8 门，中学设课 14 门……	目标上，强调提高质量，打好基础，掌握基础知识和基本技能的同时，培养学生能力，发展智力；课程设置上，增设劳动课（小学）和劳动技术课（中学）；课程结构上，在高二、高三年级设置选修课程，包括单科性选修和分科性选修；开发并颁布分别面向城市和农村的两套小学教学计划……	目标上，掌握基础知识、基本技能，除发展能力外，发展个性，初步具有科学态度，掌握简单的科学方法；课程结构上，学科与活动、文化基础课与职业技术课、分科课与综合课、必修课与选修课并置。选修，分为任意选修课和限定选修课；课程管理上，实施国家、地方两级（义务教育阶段）和国家、地方、学校三级课程管理（高中），施行教科书审定制和"一纲多本"……	目标上，提出知识与技能，过程与方法，情感、态度与价值观的三维目标；课程结构上，分科与综合、必修与选修、学科与综合时间活动并置；内容上，加强课程内容与学生生活、兴趣、经验和现代社会科技发展的联系；教学上，注重学生的参与、探究与合作；评价上，强调发挥评价促进学生发展、教师提高和改进教学实践的功能；课程管理上，实行国家、地方、学校三级管理，高中实施学分制；建立教材编写的核准制度、审查制度和选用制度……

（二）学校教育发展框架的自主构建

对儿童个性发展的重视，源于我校创办初年，时任校长华澄波提出的"敏、毅、诚、朴"这四字的学生发展目标；20 世纪 50 年代，时任校长赵锦文提出"教育之目的在于造就完善的人格"，重视儿童个性发展的整体性；80年代，时任校长倪炳兴提出"教好每一个农民子女"，强调了集体教育下对"每一个"的关注；到 21 世纪初，学校提出了"为每一个儿童设计课程"的主张，以多元智能理论和建构主义为依托，尊重儿童发展的独特性、差异性、多样性，通过国家课程的个性化实施、校本课程的个性化开发，让课程更适应儿童，让每一位儿童的个性在深度上充分发展、广度上多元发展、整体上和谐发展，相互间共生发展，最终实现个性的生态发展。"为每一个儿童设计课程"是我校自"九五"以来形成的课程主张，是从儿童出发的课程，也是多主体参与设计的课程，是一种课程观念和价值追求，更是一种课程实践。在"为每一个儿童设计课程"的不断探索中，我们不断丰富对课程的理解，丰富课程内容和形态，丰富课程设计主体，丰富课程教学策略，这一切就像是在为学生设计学习的跑道，丰富学生的学习方式则强调了课程的实践性，强调了引领学生如何去跑。

三、学校课程发展的六个阶段

伴随着教育改革的兴起，特别是进入第二个阶段的课程改革，梅村实验小学正式进入学校层面的变革之路。

（一）课程酝酿期——课程目标的分层

自 1986 年起（"七五"期间），学校以教育实验的方式在无锡县（现为无锡市）锡山区小学率先开展教育科研活动，并承担了江苏省教育科学"七五"规划课题，开始了严格意义上的学校教科研活动。

当年 9 月，学校便开始了"农村小学教育整体优化"实验，其宗旨是：从农村小学的实际出发，运用整体的观点、综合的方法，把学校教育教学系统各要素有机整合起来，作用于一个班，使每个学生德、智、体、美诸方面得到全面发展，个性得到充分发展，从而探索一条既减轻学生负担又全面提高教育质量，深化农村小学教育改革的途径。

活动设计时，我们借鉴先行学校的经验，根据"五育"的目标，纵向研究各学段教育要求的衔接：幼小衔接、中小衔接、低高衔接；横向研究各教育因素的优化：教育过程的优化，科际联系的优化，班集体建设的优化，课外活动的优化，家庭教育、社会教育的优化。各科教学虽各有独立的知识体系和训练重点，但它们之间存在着渗透和联系，都承担着教育、教养和发展的任务。所以，在学生的全面发展和个性发展中处于主导地位。

"八五"期间，学校在开展教育实验的同时，提出"师德为首、业务为本、科研为翼"的教师发展方略，明确、坚定地将教育科研作为教师发展和学校发展的强大支撑。

（二）课程萌芽期——课程形态的多样化

"九五"期间，学校教育科研方式逐步向"行动研究"转换，研究内容逐步向教育教学的核心——课程领域推进，并在后续的研究中持续深耕课程领域。

学校经历了两轮的农村小学教育整体优化实验后，在学校管理、教育科研、师资培养、课堂教学、学生发展等方面积累了比较成功的经验，再加上80多年的文化积淀，无论是底气与底蕴，还是声望与业绩，都呼唤着学校在教育科研领域、在课程改革领域有着更高的追求，朝着更新的目标发展。"开设微型课程，优化课程内容与形态"的研究应运而生，这也是"为每一个儿童设计课程"的萌芽期。

微型课程又称"微格课程""短期课程"，其最大的特点是周期短、内容活、多样化。学校开设微型课程，主要是针对课程内容具有一定的滞后性，统一性过强，多样化、灵活性不足，以学科为本位，忽视儿童个性发展的弊端及形态上长期课程"一统天下"、单一呆板、缺乏变化等不足而设计的。学校在研究方案中阐述得很明确："我校选择这一课题进行研究，试图通过开设微型课程这一途径，使课程内容更丰富、更灵活，把学科体系、社会需求、儿童发展三者更好地结合，促进学生主动发展；也希望通过开设微型课程这一途径，使课程呈现多姿多彩、开放互动的态势，从形态上得到优化，促进学生生动发展。"中央教科所戴汝潜先生的阐述更加形象："微型课在课程结构中的重要性就好比造房子，单用整块砖造不成高楼大厦，也要有小块砖，特别像墙角拐弯处等重要部位，缺它不可。"

（三）课程转型期——课程教学的个性化

"十五"期间，学校教育科研的范式进一步丰富，开始引入"质性研究"的范式，并凭借深厚的底蕴与前瞻的设计，承担江苏省教育科学规划重点课题。

2001年，《基础教育课程改革纲要（试行）》提出了六项具体目标：（1）改变课程功能。课程改革的第一项任务，就是要使课程在促进学生掌握基础知识、基本技能、关注过程获得方法，形成积极主动的情感态度，以及形成正确的价值观三个方面均衡地发展。简言之，过去课程的主要功能是让学生"掌握知识"，新课程的功能在于"培养人"。（2）调整课程结构。新课程明确指出，要整体设置课程门类和课时比例，设置综合课程以适应不同地区和学生发展的需求，体现课程结构的均衡性、综合性和选择性。（3）精选教学内容。在新课程体系下，教学内容的呈现方式会变得更加灵活，更加符合儿童的兴趣，教材编写不再刻意追求学科体系的严密性、完整性和逻辑性，教师在教学中将更加关注那些对儿童终身发展起着"基础"和"核心"作用的知识技能。（4）改变教学方式。新课程提出要改变过于强调接受学习、死记硬背、机械训练的现状，倡导学生主动参与、乐于探究、勤于动手，培养学生搜集和处理信息的能力、获取新知识的能力、分析和解决问题的能力以及交流合作的能力。（5）改革评价和考试制度。主要有三个方面的任务：形成正确的评价观，评价的方式多样化，建立促进学生发展、教师专业成长、学校课程实施以及区域性教学质量的评价体系。（6）重建课程管理体系。新课程提出要实现国家、地方、学校三级课程管理，增强课程对地方、学校及学生的适应性，使国家、地方和学校同时成为课程开发、实施和管理的主体。

（四）课程建设期——课程内容的选择性

"十一五"期间，学校继续承担江苏省教育科学规划重点课题，它是以多元智能理论为主要依据，强调尊重儿童学习的独特性、差异性、多样性，并基于儿童自主发展需要的课程观。它是新课程理念的一种校本理解，充分体现为每一个孩子的发展服务的教育理念。本阶段课程发展的主要内容是国家课程的校本发展和校本课程的发展。国家课程的校本发展主要从课程改进、教学改进和学习改进三个方面进行研究。校本课程的发展主要以"菜单式"艺体活动课程、微型课程的选择性实施及双语课程的开发为突破口进行研究。通过这些活动培养学生的兴趣，激发学生的主动性，提高学生的能力，增强他们的自尊感，让学生的个性在深度上充分发展、广度上多元发展、整体上和谐发展、相互间共生发展，最终实现个性的生态发展。

（五）课程发展期——课程开发主体的多元性

"十二五"期间，学校继续承担江苏省教育科学规划重点课题，并将儿童纳入课程设计的主体。"让每一个儿童主动参与课程设计"的提出开始关注培养学生主动参与课程设计的意识，更加强调并彰显学生在课程中的地位，从而充分表达学生的课程意志，体现他们的课程权利。在国家课程、校本课程、班本课程等各个层面，在课程目标、内容、实施、评价等一系列连续性教育实践活动的开发与建构，探索让每个儿童积极参与、适性参与和建构性参与的方法、策略和途径。

（六）课程深化期——儿童学习方式的丰富性

丰富学生的学习方式并不是要用一种学习方式来代替另一种学习方式，而是强调由单一性转向多样性，由片面的学习转向全面的学习。通过丰富的课程使学生体验到丰富的学习方式，形成针对不同的学习内容选择不同学习方式的思维，这种个性化的思维使学习过程变成学生多种学习方式参与的探索过程，这样才能真正促进学生主动学习，从而构建学生个性化的学习方式。

在这30年的教科研历程中，梅村实小的课程历经"上级指令性试点——学校自主探究""单项单科改——整体综合改革""少数骨干投入——全员整体参与""以教育实验为主——多种范式并存""以专家教师为主——凸显儿童本位"五个转变。正是这五个转变越来越清晰地向我们呈现了"为每一个儿童设计课程"的完整面貌。

四、学校课程发展的价值意义

从"教好每一个农村孩子"到"让每一个儿童主动参与课程设计"，梅村实小的课程建设与发展立足于学生个性的差异，着眼于学生的长远发展，始终秉持人本主义的精神，发现儿童，塑造儿童，成就儿童。"为每一个儿童设计课程"的演进有着许多重要的价值和意义。

（一）学生能力发展方面

1. 学生参与主体性，充分尊重学生差异

统一课程利用整齐划一的模式，来要求形态各异的学生，忽视学生的需求，不利于学生的发展。有学者批评传统的教育像一个工厂，学生则像工厂生产的产品，最大的特点就是整齐划一，有统一的规格，无法满足学生多样性的需求。而梅村实小课程校本发展强调以学生为本，充分尊重学生之间的差异。

学生的差异性包括两个方面的内容：一是不同学校之间学生的差异性，

二是同一所学校不同学生的差异性。对前者而言，优质生源的学校往往也占有更多的资源。理论上来看，国家课程只能以中等生为标准，对于全是精英的名牌学校，国家课程自然难以满足学生的需要，这个道理也适合于生源较差的学校。因此"为每一位儿童设计课程"可以照顾到学生的差异性，使学生得到最适合自己的发展。

2. 课程设置多样性，极大开发学生潜能

"为每一个儿童设计课程"具有弹性，很容易融进最新出现的相关课题，而且鼓励家长和社会人士参与学校的课程建设，表达他们的教育观念和要求。我校课程校本发展的范围既包括国家课程的校本研究，也包括系列校本课程的开发研究，如双语课程、校本综合活动课程的开发等，既解决了学生因人而异的兴趣差异问题，也丰富了学生的课内课外生活，提高了学生学习的积极性和参与的主动性。学生学习的内容不再是传统的知识，在课程参与的过程中，学生各方面的认知和技能都有了一定程度的提高，甚至发现了自己前所未有的技能，这就是潜能开发，能够使学生在课程参与中发现自己更多的优点和长处。

（二）教师成长方面

1. 最大化地实现教学理念

学校教育的具体执行者——教师广泛参与课程决策。学校的纵向与横向课程都充分考虑到学生的需要，考虑到我校的具体教育环境，突出本校的课程特色，尤其是充分尊重学校师生以及学校环境的独特性和差异性，因而对我校的教育教学产生重要影响。因此，课程校本发展标志着课程开发主体从中央到外围的实质性转移，证明学校可以也应该成为具备不断生长和自我更新能力的开放组织系统。进行课程校本发展，有助于学校形成支持和激励性的氛围，形成渠道畅通的校内外交流，从而成为对教师具有吸引力的工作场所，并使教师在这样的环境和氛围中突出自己的优势，形成个性鲜明的教学特色。

2. 充分调动教学积极性

教师的自主发展需要学校的课程校本发展为其提供广阔的舞台，教师的积极性来自工作中的创造性和趣味性。传统的课程要求教师忠实地按照国家课程的规定来进行教学，教师的自主性很低，主要采取灌输式的教学方法，在这种氛围中，教师也几乎得不到什么发展，教学相长更无从说起。而"为每一位儿童设计课程"可以使教师开放地、灵活地、自主地、创造性地开展工作，有利于教师确立终身学习的思想，自主发展，提高素质。

（三）课程实施层面

1. 树立课程典范

国家课程是一种官方课程，虽然受到教育学、心理学理论的影响，但是它更多地着眼于社会需求和社会条件，主要关注的是社会发展问题，在涉及统一的国家基础和共同的国民价值等带有根本性、长期性和基础性的问题上是至关重要的。校本课程的法定地位确立之后，国家课程比例相对减少，学校拥有了自主决策的权力，学校和教师在保证基础的前提下，可以针对学生的不同特点自行组织教材，灵活机动地进行教学，既实现了社会对个体的要求，又兼顾了每一个体的积极发展，达到了社会与个体的和谐统一，使"社会个体化、个体社会化"真正落到实处。

课程校本发展是一种草根式的由下向上的开发课程的模式，出于各种原因，国家课程不可能照顾到每个学校的差异，因为每个学校都有自己的特色，有自己的特殊情况。从学校自身特殊情况出发的课程校本发展，弥补了国家课程这一不足，使得整体课程更人性化，更有针对性，因而也就更具备有效性。

2. 引领校园品牌

学校是否具有旺盛的生命力和良好的社会声誉就要看其是否具有鲜明的办学特色。而"为每一位儿童设计课程"是学校办学特色的集中体现。学校有什么样的办学理念，想办出什么样的特色，直接决定了其课程发展的方向。可以说课程校本发展的状态就像一面镜子，可以折射出该学校各个方面的情况。社会对一所学校的了解就可以通过对学校课程校本发展的考察来实现，因为课程校本发展代表了学校最集中、最鲜明的特征。

我校在强大的教育科研支撑下，在各方面均取得高位均衡发展，并建设了一批品牌课程群，在省内外的美誉度不断提升，成为百姓信任、同行尊敬的区域品牌学校。

第二章 "为每一个儿童设计课程"的萌芽

"微"而渺远

另一种鼓点的声音，
不紧跟时代陈列行进的人，
大抵是听见了另一种鼓点。
任他随听见的乐声前进吧，
哪怕这声音轻微而遥远。

——梭罗

纵观世界教育改革的发展历程，几乎每次重大的教育改革都以课程改革为载体，因为课程改革是教育教学改革的核心问题。回望我国基础教育教学改革历程，能让我们在兴替变换中找到培养人的方向，找到课程改革前进的方向。

我国的基础教育改革历程受政治环境的影响，从"学美"转向"学苏"；也曾因"革命阶段"停滞不前，拨乱反正后恢复教育的正常秩序。党的十一届三中全会之后，教育工作出现前所未有的良好形势，为教育的改革与发展奠定了基础。1985年颁布的《关于教育体制改革的决定》中明确提出："改革的根本目的是提高民族素质，多出人才，出好人才。"自此，"人才"成为时代的高频词。

尽管中小学教育改革在党的十一届三中全会后取得了巨大的成效，但面对社会的深刻变革，面对世界经济和科技的冲击，中小学教育中存在的问题显得更为突出，尤其是对升学率的片面追求导致的应试教育，培养出的人无法满足社会需求。当社会的深刻变革对当时基础教育提出强有力的挑战时，核心课程应当及时做出敏锐的反应，课程的现代化，是当时社会背景赋予我们教育工作者义不容辞而又刻不容缓的责任。

尽管当时应试教育这面墙根基深、墙体厚，并且由应试教育辐射出的课程观、教师观、学生观等给变革者和挑战者们提出了一个又一个难题，但是梅村实小这所百年老校逆流而上、推陈出新，大抵是因为我们听到了另一种声音吧！尽管这声音轻微而遥远，但它指引着我们关注儿童、关注课程、关注社会需求，因而针对当时"大一统、滞后性、学科本位"的课程弊端，我校尝试开设微型课程，把学科体系、社会需求、儿童发展三者结合起来，以"微"见大、以"微"求活、以"微"促全，从而让我们的课程体现教育的规律，让我们的儿童从应试化的桎梏中摆脱出来，让我们的教育研究者们挖掘出自身的潜能，实现课程与教学的整合优化。

诚然，在 20 世纪与 21 世纪交替期间，百年实小能站在课程改革的前沿，对课程改革的热点用实际行动做出反应，这与每一位实小人息息相关，对教育的理解，我们坚守百年；对儿童的认识，我们求索百年。实小人用自己的智慧交出了当时我们所理解的面向 21 世纪、面向未来的课程理念。"实践出真知"，再回首，我们认识到，仅仅依靠微型课程的开发或国家课程的校本化实施，学校的课程体系建构显得不够完整，也缺乏力量。所以后期随着教师课程校本开发水平的不断提升，随着学生对个性化课程需求的不断增长，我们会努力构建一个更为完整、丰富的课程校本开发体系。

第一节　"微"而有力——微型课程的幼苗萌芽

一、微型课程的提出背景

学校对于课程改革的探索，可以追溯到"七五"期间，1986 年 9 月，学校开始承担无锡县（现为无锡市）锡山区小学界首个省级规划课题"农村小学教育整体优化实验"，指导者是华东师范大学比较研究所的杜殿坤教授，他是我国著名的苏俄教育研究家、翻译家、教学论专家，也是中国高校最早走到基层做研究的少数著名学者之一。这意味着这所农村实验小学拉开了教育科学研究的序幕，也意味着这所学校迈开了不断探索教育规律、不断向科研寻求力量的步伐。

1989 年 6 月 12 日，在一个骄阳似火、微风习习的日子，中央教科所张田若先生、华东师范大学杜殿坤等教育专家会同江苏省无锡县教育行政官员及全体教科研负责人来到无锡县实验小学（即现在的无锡市梅村实验小学）。他们不仅听取了校长倪炳兴的优化管理制度及教导滕宗翔的"情知教学"主题汇报，还走向实小的劳动基地，了解实小师生"到自然中去"的成果。

在当时的研究报告中，我们可以感受到这所百年老校对最好的课程形态的追求姿态和智慧火花：一是率先提出了"个性发展""整体综合"等在当时还普遍模糊的想法，虽然现在听起来屡见不鲜，但在 20 世纪末这些话语还是轻微而遥远、闪亮而朝前的。那我们是如何实践的呢？首先从农村小学的实际出发，运用整体的观点、综合的方法，把学校的教育教学系统各要素有机整合起来，作用一个班，使每个学生德、智、体、美诸方面得到全面发展，个性得到充分发展，从而探索出一条既减轻学生负担又全面提高教育质量，深化农村小学改革的途径。二是根据"五育"目标，纵向研究三个衔接（幼小衔接、中小衔接、低高衔接），横向研究五个优化（教育过程的优化，班集体建设的优化，课外活动的优化，科际联系的优化，家庭、社会教育的优化），促进儿童的全面发展与个性发展。三是注重"科际联系"，我们意识到各科教学虽各有独立的知识体系和训练重点，但它们之间存在着渗透和联系，都承担着教育、教养和发展的任务，所以我们的课程要关注到知识之间的迁移和融会贯通。

因为思想理念的先进朝前，更因为在实小这片充满希望的沃土上，有一群朝气蓬勃并将孩子放在至关重要的位置上的老师们，才有了该研究成果获江苏省首届教育科研成果一等奖的殊荣，这也是江苏省小学领域唯一的集体一等奖。当时获个人奖的有李吉林老师的"小学语文情境教学研究"和邱学华老师的"小学数学尝试教学研究"。

农村小学教育整体优化实验结题后，如何深化研究，如何运用成果，方向何在，是摆在实小人面前的严峻挑战。几番思辨、争执、比较，又请教了杜殿坤教授以及当时北京师范大学的桑新民教授等多位学者，实小人仿佛穿过薄雾，听到那越来越清晰的晨钟——课程。收获荣誉，只是让我们更坚定地迈向课程改革中去，迈向为孩子们设计更好的课程中去。

到了 1995 年，无锡县当时已改称为锡山市，无锡县实验小学也同步更名为锡山市实验小学①，学校无论从硬件，还是软件方面都有了长足的发展。学校对农村小学教育整体优化实验进行了滚动研究后，在学校管理、教育科研、

---

① 1995 年，经国务院批准，撤销无锡县，设立无锡市；2000 年 12 月，经国务院批准，撤销锡山市，设锡山区和惠山区。无锡县实验小学 1913 年起被命名为"无锡县立第四高等小学"，1978 年改名为"无锡县实验小学"，1995 年更名为"锡山市实验小学"，2002 年更名为"无锡市新区实验小学"。

师资培养、课堂教学、学生发展等方面积累了比较成功的经验，值得一提的是，在课题研究期间，我们深觉科研理论的欠缺，当时要是谁有一份关于课程的资料，可以说是如获至宝，因为在 20 世纪 90 年代初，我国关于课程方面的著作只有一本——1989 年由人民教育出版社出版的陈侠先生的《课程论》，此书当时购买不到，教科室借来此书后，激起很多年轻人的求知欲望，大家采取了抄录、翻印、传阅、分章阅读等方式，将"没有条件创造条件阅读"贯彻到底，将"蚂蚁啃骨头"的精神发挥到极致。后来随着《课程论》的普及，大家才知道我们当时阅读的《课程论》实乃名副其实的"至宝"，因为它是我国第一部课程论专著，不仅填补了我国教育科学的空白，还对我国课程论的重建具有先驱性、奠基性的贡献。

正是对科研的热爱，在科研路上排除万难地一路奔跑，才让实小人在课程改革领域有了更高的追求、更新的发展目标，我们先后启动了"综合课程"和"短期课程"的改革尝试。我们提出，要切实改变以往小学课程设置中分科课程和学期课程"一统天下"的格局，丰富课程门类，使课程形式灵活多样。这一路的深化与摸索，让实小人在教育科研领域有了更多的成就，当时学校副校长孟晓东和教科室顾万春等人合作撰写的《应加强小学综合课的建设》刊发在《现代中小学教育》1993 年第 3 期，《对小学设置短期课程的认识和思考》刊发在《普教研究》1993 年第 6 期，这两篇文章先后产生了很大的反响，使得我们越发意识到教育改革的核心问题是课程改革，我校关于课程的一系列行动随之展开，小学语文单元整体教学，数学Ⅰ、Ⅱ、Ⅲ类课程（Ⅰ类为学期课程，Ⅱ、Ⅲ类为短期课程），学科性短期课程（高深型、拓展型），活动性短期课程（趣味型、职业型）……一时如火如荼，次第纷呈，涌现出了一批成果，正因如此，我们在课程改革领域才有了更高的追求。

"九五"期间，"开设微型课程，优化课程内容与形态"的研究在之前的一系列沉淀之下应运而生了，它让实小人更真切、更具体地体会到了课程领域的浩瀚与深邃。那么何为微型课程？为什么要从微型课程入手呢？实小人是如何开展研究的呢？让我们继续跟随这所百年老校的脚步去探寻那些年我们走过的课程研究之路。

二、微型课程的历史使命

回望 20 世纪迈向 21 世纪的交替之际，我们中小学面对的情境是如何的呢？课程内容机械膨胀、学生课业负担过重，年年治年年发，年年发年年治，铸就了一个走不出的"魔圈";随着科技的飞速发展,基础教育的标准空前提高了,而儿童个体的发展潜能仍有相当大的部分在"沉睡";当时计划生育的延续效应和人们生育观念的嬗变,20世纪中下叶,我们年轻一代面对1∶4的生活养育重担和个体尽可能自由发展的尖锐矛盾,基础教育必须培养他们有解决这一矛盾的勇气和能力;面对未来挑战,我国中小学和幼儿园尚未获得应有的运行机制和活力,尚在过去和未来徘徊而消磨时间。面对如此处境,我们如何设计出相应的课程使之适应未来社会的需要呢?我们如何建立起适应21世纪社会发展和个人发展需要的新课程模式,使得我们的基础教育主动获得走向未来的动力和活力呢?实小人将目光锁定在了课程与儿童身上。

首先,分析出课程内容机械膨胀的原因,总结如下:一是一些科学技术新成果迅速进入课程;二是一些高深知识逐级下放;三是压缩学制,使课程内容出现紧缩性膨胀;四是开设名目繁多的新课程。这些众多的新内容以不同的形式、从不同的渠道、在不同的时间渗入课程时,被分别作为单独的问题加以处理,因而它们之间以及它们与已有内容之间,从一开始就缺乏一种有机的联系。许多人洞悉到,课程内容机械膨胀的根本原因,是更新着的课程内容与相对稳定的课程形式之间的矛盾。那么,我们是否可以探索出新的课程形式,在一定范围内和一定程度上缓解课程内容和形式之间的矛盾呢?

其次,实小对儿童个性发展的重视由来已久,甚至可以追溯到1915年,时任校长乡村教育家华澄波先生就提出"敏、毅、诚、朴"的学生发展目标;20世纪50年代赵锦文校长提出了"教育之目的在于造就完善的人格";20世纪80年代初,学校提出"教好每一个农民子女"。对于学生个性发展的关注,已成为学校一脉相承的守望与追寻。那么当下学科课程的缺陷给儿童个性的发展带来了怎样的桎梏呢?一是只注重知识的传递,忽视或很少考虑学生的需要、兴趣和身心发展的差异;二是只能提供给学生极少的实际活动机会,难使学生获得必需的直接经验;三是只能传递事先编好的具有现成结论和答案的各科教材,很难提供学生学科以外的综合信息;四是要求学生主要采取接受式的学习活动方式,难以培养学生的操作能力、信息能力和创新能力。

因此,当我们学科中心课程不能完全适应社会主义现代化建设对于中小学生基本素质的客观要求时,当我们面临着21世纪的严峻挑战时,实小人将目光投向了微型课程。之所以要设置微型课程,原因有二:

第一,从知识量增长的无限性与课时的有限性看,当时课程的门类一般都比较固定,教材内容也比较稳定。一些新知识和新的科学成就虽然可以通过教材的不断修订而被纳入课程之中,但有些往往因为需要一段时间的反复验证而不能随时纳入，相对于日新月异的知识量的迅猛增长，课程内容总是带有滞后性。在有限的小学阶段，我们既要使学生掌握各门工具学科的基础知识和基本技能，达到基础教育的基本要求，还应该不断地开拓知识教学的深度和广度，尽可能为学生提供更多领域的有关信息和知识。开设微型课，为解决当前学生在校学习时间有限而知识积累剧增这一普遍矛盾，提供了有效手段。

第二，从学生身心发展的特点来看，小学阶段是儿童生理和心理发展最迅速的阶段，依据"加速成长"理论，小学生的心理成熟有提前的趋势，小学生已能形成比较固定的兴趣爱好，再加上人的先天禀赋和后天的成长环境的不同，随着年龄的增长，学生的兴趣爱好、个性特长的差异分化也日趋明显，同一个学生对不同课程内容往往表现出不同的兴趣爱好倾向。所以，小学教育要十分注重因材施教，在培养目标上，要突出发展学生的个性，改变单一的课程结构模式，开设既丰富多样又富有弹性和灵活性的微型课程，以满足各类学生不同的学习需要，使所有的学生都能学有所爱、学有所长、各得其所，为社会培养多规格、多层次的优秀人才。

由于小学所开设的课程都是十分重要的基础课程，因此《九年义务教育全日制小学、初级中学课程计划》对小学阶段设置的课程门类和课时数都做了十分严格的规定，以保证课程结构的完整性和合理性。开设微型课，可以在不突破课时总数，不增加学生额外在校活动时间总量的前提下，尽可能多地丰富课程门类，适应社会的发展和学生身心特点的需要。

因此，我校当时选择微型课程这一课题进行研究时，试图通过开设微型课程这一途径，使课程内容更丰富、更灵活，将学科体系、社会需求、儿童发展三者更好地结合，促进学生主动发展；也希望通过开设微型课程这一途径，使课程呈现多姿多彩、开放互动的态势，从形式形态上得到优化，促进生动发展。

三、微型课程是什么

何为微型课程呢？20世纪70年代以后，由美国依阿华大学附属学校首先开创，又称课程组件、短期课程、课程单元。微型课程是在学科范围内由一系列半独立的单元组成，每一单元讨论一个独特的概念或活动。

从微型课程的内容组织来看，小学现行课程中未开设的课程内容及与现行课程相关的内容都可涉及。如下文谈到的心理健康教育、消费指南、国防教育等内容大多是现行课程中未开设的课程内容，"人与自然""人与社会""艺术天地"等则大多是与现行课程中的自然、社会、音乐、美术等学科内容紧密联系、互为补充的内容。

从微型课程的结构方式来看，这里的单元区别于我们现行课程一章一节一单元的分解方式，这里的单元不是根据学科的知识体系以及逻辑体系来划分的，而是根据教师和学生的兴趣以及主体社会活动的经验、教师能力、社会发展的现状需求来编订的，也称为专题。

从微型课程的编排方式来看，这里是将具有社会意义的，符合儿童特点、需要的相关知识围绕一个中心编辑起来，这就决定了单元的独立性。然而单元的编排又是运用已有的学科知识，且与现行课程配合运用、互为补充、密不可分，是不能单独完成的教育目标，因而称之为半独立。

可见，微型课程既能适应不同学生的兴趣与需要，又可以及时反映社会、科技的发展。此外，课程既有主题又能体现学科课程的特点。在知识社会，既要在课程中达到知识的完整性，又要能够适应瞬息万变时代的知识快速增长的变化，就必须使课程及其知识始终处于易于变化的状态中，即课程要具有灵活多变的特点。而微型课程作为一种课程形式，正好可以保持这种灵活性，它可以针对某一概念或者主题而设计课程框架，这样的课程既可以满足学生的兴趣需要，又能及时吸收最新的文化知识，反映时代的精神和问题。

那么微型课程有哪些特点呢？我们将微型课程与活动课程、综合课程、地方课程、专题教育相比，认为：

微型课程与综合课程、地方课程在师生活动方式及内容选择加工方面有相同之处，在学习周期上有明显区别。微型课程是短期的，更灵活。微型课程与专题教育相比，在教育目标、内容、周期及师生的兴趣选择等诸多方面有相似之处，但微型课程更具课程的特性，有一定的计划性。与活动课程相比，微型课程包括学科类微型课程及活动类微型课程，但因周期短，在内容选择、师生活动方式等方面更具宽泛、自由、灵活的特点。

微型课程与长期课程（我们将各学校现行设置的课程形式称为长期课程，以与本书提出的微型课程相对应）相比较，具有自己独有的特点。邓志伟老师在他的《个性化教学论》中，对微型课程与长期课程从各个方面进行了比较，从而更加详细地列出了微型课程的特点，见表2-1。

表 2-1　微型课程与长期课程的比较

项　目	长期课程	微型课程
知识	学术性知识	生活性知识
教师	知识的传授者	知识的启发者
学生	知识的接收者	知识的探索者
学习目标	掌握知识	学会生活
选择性	选择性小	选择性大
时间	固定不变	灵活可变
参与程度	消极被动	积极主动
个别化程度	低	高
策略	讲授加练习	自主探索
自由度	限制性大	自律性自由
灵活性	固定课程表	个性化课程表
评价	统一标准	因人而异
能力培养	不够	较好
教材	脱离实际	联系实际

微型课程与其他课程相比较：

首先，微型课程最大的特点在于它的灵活性，这是由它的"微型"特点所决定的。灵活性主要体现在课程内容的选择和课程形式的设置上，微型课程的内容不受长期课程学科知识的系统性和逻辑性的约束，教师可以根据学生兴趣、现实需要来自由选择合适的内容开发成微型课。另外，微型课程在形式上具有很大的灵活性，它由内容决定课程的开设长度，由课程内容的特点决定课程实施的形式。

其次，单元的半独立性。微型课程的单元是根据学生的兴趣、社会生活的经验、教师能力以及社会现状需求来决定的，而不是像长期课程中的单元那样，由严格的知识体系的逻辑性所决定，各单元之间具有知识上的层次性，所以说微型课程的单元具有一定的独立性。但是，在微型课程各单元的编排中，又无法避免运用已有的知识，并且它要与现行课程配合运用、互为补充，共同完成教育目标，所以，在微型课程中，单元具有半独立性。

微型课程的另一个特点就是它的校本性。微型课程是由学校的教师独立开发的，实质上是学校校本课程的一种形式。教师在开发微型课程的时候，不仅要考虑学生的兴趣以及社会需求，也要考虑学校现有的师资状况、教师的能力、学校的资源配置等，所开设的课程要在学校所能承担的范围之内，并且符合学校的现实情况和特色，这是由微型课程的校本性所决定的。

四、微型课程的理论基础

我们的课程以社会需求、儿童发展需求、兴趣爱好等实际需要来弥补现行课程的不足，并进行了保留和归类。同时，我们在开发课程时基于微型课程的理论基础，从而对课程进行了规范设计，那我们的课程规范来源于哪些理论基础呢？

（一）社会建构主义理论

社会建构主义学习理论主张知识源于社会的意义建构，学习者与社会情景发挥积极的相互作用，学习是知识的社会协商。在教育的课程改革中，社会建构主义学习理论已经成为课程研究、开发和实施的指导性理论，它让教育者在关注个体认知与发展的同时，关注"社会协商"的重要含义，关注社会之于个体成长的重要意义，从而实现课程内在与外在的统一，让社会的外在要求不断内化为自身的过程，也就是实现课程范式从"主客二分"向"整合"的转型，冲破客观主义的藩篱，以主客体、主客观相互作用、辩证统一的认识论为指导的社会建构主义学习理论将会在很长一段时期内成为现代教育教学理论与实践的指导者。

（二）课程开发理论

课程思想源远流长，但作为一个独立的研究领域是在20世纪初期，课程有着悠久的过去，但只有短暂的历史。如今经过一个多世纪的发展，课程研究经历了几个大的转变，比较有影响的主要有以下两个课程开发理论。

1. 实践性课程开发理论

实践性课程开发理论的代表是美国课程论专家施瓦布。在施瓦布看来，课程是由教师、学生、教材、环境四个要素构成的，这四个要素间持续的相互作用构成了实践性课程的基本内涵。实践性课程是班级或学校的完整文化。在这个结构中，教师和学生是一种交互主体的关系，两者之间的交互作用是最生动、深刻、微妙而复杂的，这种交互作用是课程意义的源泉。施瓦布呼吁课程学家远离教育中的理论，而去注重其实践。理论与实践的关注点是不同的，理论往往是普遍性的、规劝性的、调查性的，从一种情况到另外一种情况一以贯之，不受环境变化的影响。而实践是需要关注具体的和特定的方面，易受到环境的影响，因此高度依赖于非预期的变化。可以说，实践性课程理论是人类超越"泰勒原理"的第一次尝试。

2. 概念重建主义课程范式

所谓概念重建主义，乃是对传统课程范式——科学主义课程范式的概念和观念加以重建的统称。虽然分成了坚持哲学美学取向，以现象学、存在主义、精神分析理论为理论基础以及坚持社会政治视野，以法兰克福学派、哲学解释学、知识社会学为理论基础的两大流派，但是它们有着共同的特点，认为科学主义课程开发理论和学科结构运动这些传统课程理论试图解释课程开发的普遍规律，试图在课程领域建立起典型的自然科学如物理学那样的知识体系，这种追求忘却了课程理论的研究对象是复杂的人的行为。

概念重建主义课程范式的本质是追求解放兴趣，这意味着教师和学生能够自主地从事课程创造，能够在不断的自我反思和彼此交往的过程中达到自由和解放，成为课程的主体。

从课程开发理论的发展历史来看，课程研究从以"技术理性"为价值取向，经历"实践兴趣"到最后"解放兴趣"，这是一种从课程理论到教学情景和实践的回归。

显然我们的微型课程依托于社会建构主义理论，在课程开发中更加注重以概念重建主义的课程范式，从而希望激发教师自身的潜能，在课程校本开发的过程中，掌握开发的原理与方法，不断付诸实践，实现与学生、课程的共同发展。

通过实践探究，我们对微型课程理念又有了进一步的深化，那就是微型课程的设计还包含了使用者设计的理念。在国内提出使用者设计理念的是钟志贤老师，使用者设计方法用通俗易懂的语句描绘就是"授人以渔"的方法。未来具有开放性的特点，其走向如何，取决于人们目的导向和设计实践，设计未来是我们自身的责任，我们理应对自己开创的未来负责。这种方法认为，为了使设计的结果具有真实性、支持性和适用性，应当由身处其中的活动主体去设计。他们是活动系统的设计者、使用者和享用者，因而"九五"微型课程之后，我们在实践与理论的探究基础之上，产生了让儿童主动参与课程设计，从而丰富了我们的校本课程开发的思考。

五、微型课程的时下意义

在执行国家课程计划、实施素质教育的过程中，我们发现，现行课程存在着一些不足。从内容上看，统一性过强，多样化、灵活性不足，以学科为本位，忽视儿童社会性发展，并存在一定的滞后性；从形态上看，主要以长期课程为主，课时划分统一为 40 分钟，学习空间局限在校内、教室内，单一呆板，缺乏变化。课程内容和形态的这些不足，在一定程度上影响了学生全面、生动、主动的发展，而微型课程的存在在一定程度上弥补了现行课程的缺陷。

（一）微型课程使课程体系更丰富、更灵活

中央教科所戴汝潜认为，微型课在课程结构中的作用就好比造房子用的小块砖，如果单用整块砖造不成高楼大厦，墙角拐弯处等重要部位，必须要用小块砖，所以在课程结构中应加入微型课程，整个课程体系更丰富、更灵活。

（二）微型课程类型更具时代性

现行课程类型单一，知识更新慢，一些新的知识和科技成果等当代文化精华不能及时纳入课程教材，相对于日新月异的知识量的迅猛增长，课程内容显现出了严重的滞后性、陈旧感，而微型课程为了适应未来经济建设对人才素质的需求，会开设一些具有超前性和拓展型的课程，把现实生活中和与学生切身利益有关的知识和当前的一些经济信息、科技动态作为微型课的教学内容，以弥补现有课程和教材内容陈旧滞后带来的不足，这样更具时代性的课程能丰富学生的见识、开阔学生的眼界。

（三）微型课程使学科知识更具融合性

现行课程的分科结构，按知识体系来编排以及与之相应的分科型教学，存在着诸多弊端。表现之一是教学内容交叉重复却不能教会学生融会贯通地运用知识，不能让学生从整体上去认识、把握事物，导致学生认知世界的方式单一而片面、割裂而零散。表现之二是课程的分科结构导致分科型教学封闭而孤立，因而会注重现成知识、结论的掌握而忽视科学发现、知识形成过程的展现，从而忽视学生主体的需要，微型课程不是要用别的课程来替代现

行课程，而是围绕全面育人的目标，编制出类型不同、内容综合、起微调作用的新课程融合于现行课程。所以，微型课程在学科知识构建过程中是将零散的、"闲置"的知识经过交互作用变为系统化、结构化、综合化，最后达到课程化的知识，因而这种课程既充分利用了学科知识，又融合、开拓了教育的资源。

（四）微型课程中呈现的教师观

在很长一段时间里，我国中小学教育中不提课程理论和实践，并且实行全国统一的教学计划、教学大纲以及使用统编的教材，广大教师的任务是执行教学计划和依据教学大纲讲授教材，这就造就了教师在课程上只是被动执行者的角色。而随着"九五"期间，对"开设微型课程，优化课程内容与形态"课题的实践与探索，发现微型课程中呈现的教师观与以往大有不同。

1. 突破原有的教师角色，从被动执行转变为主动研制

在过去长期的全国统一的课程管理体制下，课程规划是教育行政部门和专家学者的事，与教师几无联系，使教师形成了教学计划、教学大纲全国统一，教材全国统编，自己是被动执行者的僵化观念。显然，这种旧观念不适应当前课程改革不断深化的新形势。因此，在践行"九五"课题期间，我校让更多的一线教师投入课程的开发工作中，例如，学生在语文课中学《月光曲》时，教师需根据大纲要求让学生了解贝多芬的一些品质，而音乐课上音乐老师需根据教学大纲让学生了解贝多芬的作品与生平简介，但这样的知识是割裂的、零碎的，因缺乏共同背景而容易被忘记。我校音乐教师通过一番重构，以"贝多芬之路"为题做过一次专题的介绍，把作品与人品（故事）贯穿成贝多芬这个人物的一生让学生欣赏，通过这样的课程设计让学生获得了对贝多芬的完整认识，对原本零散的知识提高了认识。所以，在这里教师的角色得到了突破，教师不再是被动的执行者，而开始向主动研制的角色转变，凭借其对教学内容的解读，突破了原有学科体系的封闭界限，通过重构让学生置身于一个新的更宏大、更复杂的，也更接近客观世界和学生生活实际的问题情境之中，让我们看到了教师在课程研究中不容小觑的创造力。

2. 拓宽原有的知识结构，从"教书匠"转向"教研员"

面对当前的课程改革，以往的师范教育和师资培训模式使教师已有的知识结构隐藏着两方面的缺陷：缺乏课程理论知识，专业知识过窄和老化。为了担负起"九五"课题研究和完成课程研制任务，实小的教师们增加了课程理论知识，拓宽了知识面并补充了专业新知识。在课题研究期间，教师们感觉到自身科研理论的欠缺。但是在20世纪90年代初，我国关于"课程"方面的著作可以说是稀缺品，此时课题研究的老师们将"没有条件创造条件阅读"贯彻到底，将当时借来的我国第一部课程论专著，通过抄录、翻印、传阅、分章阅读等方式拓宽了自己课程理论知识，正是这种不满足于"教书匠"的状态，使得我们在教科研路上获得了不少荣誉，提高了科研素养。

由于长期课程注重知识的系统性和逻辑性，一门课程的开发耗时又费力，一般由国家或者地区的教育部门专门组织相关领域的专家经由一定的开发周期开发完成。因此，微型课中呈现的教师观是：教师将自身定位于课程开发的主体位置，主动做出决策，将课程开发作为自己教学生命的有机组成部分。在微型课程的开发过程中，教师不再仅仅是"忠实"地反映课程设计者的意图，而是削弱了自己在这个过程中的主体地位。微型课程内容灵活、周期短的特点完美地解决了教师开发课程时在内容完整性和耗时方面的困难，赋予了教师课程开发的权力和可能性。在微型课程的开发过程中，教师可以充分考虑内容特点以及学生兴趣而设计自己的课程，激发教师自身的主体意识，为课程注入鲜明个性。

（五）微型课程中呈现的儿童观

儿童观是人们对儿童的根本观点与态度，是人们对儿童成长、成熟的理性或非理性认识。它包括对儿童发展的看法、对儿童主观能动性的认识等，它也表现为家长的子女观和教育者的学生观。由于受不同教育思想的影响，人们对儿童的看法和处理自己与儿童的关系时的态度也不同。因此，教师的儿童观直接制约着教育活动的全过程。儿童观正确与否，直接关系到下一代的健康成长，并决定着教育者将为下一代创造什么样的教育环境，决定着小学教育的方向和质量。课程是教育教学发展的核心，微型课程与当时的教育环境中呈现的儿童观有哪些不同呢？

1. 唤醒儿童个体发展的潜能

20世纪90年代迈向千禧年的这十年，教育环境是怎样的呢？教师忽视儿童个体发展，学校成为生产"标准件"的大工厂，而课堂则成为加工"零件"的车间。儿童丰富的精神世界和多样化的需要遭到无视，以语文为例，当时语文的"工具性"发挥到极端，可以说完全误入了"机械语言训练"的怪圈，知识成为教师在教学中的唯一追求。在这种片面儿童观的影响之下，儿童个体的内在发展难以实现。为了突破当时教育环境的缺陷，微型课程以"微己之力"，唤醒了儿童个体发展潜能，给了儿童个性挥洒的机会。微型课程时间虽短，但内容综合，在一个专题中，每个学生都可以获得自己喜欢的东西，都可以找到表现自己的机会。

2. 促进儿童个体发展的生动性

在当时应试教育的环境下，教育往往忽视儿童本身，反而将功利化的目标置于儿童内在发展之上。教育者对儿童的忽视导致儿童丧失了学习的热情与动力，身心素质的发展得不到满足。反观当时教育者对儿童内在的忽视主要表现在忽视儿童的独立自主性、对儿童的能力产生怀疑、采取灌输和控制的教学方式、儿童的独立思考能力和想象力被扼杀，结果造成教师教得累、儿童学得苦、教学质量不高的局面。

而微型课程以"微己之力"给儿童创造出更自主的创造活动空间。微型课程教学时间不长、设计灵活，教师让儿童围绕专题自己搜集编制内容，自己选择和设计活动的方法，自己组织活动过程，使其充分自主地从中获得创造机会和才能。同时，微型课内容的综合也必然带来其活动方式的兼收并蓄，师生在操作活动中自然而然地会把各科的活动方式糅合在一起，儿童在这种似曾相识又有新感觉的多样活动方式中会充满自信、热情主动地参与，儿童的思维被激活，在活动中的创造性不断发挥。

回首凝望那一段时光，在国家第八次基础教育改革之前，梅村实小对"课程"的理解已悄然发生了变化。学校敏锐地察觉到儿童在课程中的地位与作用，也更关注儿童的生动发展、个性和谐发展，还在具体的实践中感受到了教师在课程开发中的地位和作用，这是那一代实小人留给我们宝贵的财富，微型课程犹如一缕星光，以"微己之力"照亮了当时的学校课程，也照亮了每一代实小人的科研之路。

第二节 "微"而广泛——微型课程的实践探索

一、微型课程的目标

我校选择"开设微型课程，优化课程内容和形态"这一课题进行研究，试图通过开设微型课程这一途径，使课程内容更丰富、更灵活，将学科体系、社会需求、儿童发展三者更好地结合，促使学生主动发展；也希望通过开设微型课程这一途径，使课程呈现多姿多彩、开放互动的态势，从形态上得到优化，促进学生主动发展。

二、微型课程的内容

在选择微型课程的内容时，我们遵循三个原则：一是方向性，二是现实性，三是针对性。

方向性，即指微型课程的育人目标，应与21世纪的人才培养目标相一致；微型课程所选择的内容，应在培养学生认识社会、学会做人、学会生活、学会审美、学会思考、学会创造等方面有所侧重。

现实性，即指微型课程所选择的内容，应与学校的现有师资情况及其他相关课题的研究情况相结合，不能脱离学校师资与教育科研的实际。

针对性，即微型课程所选择的内容，应针对现行课程内容统一性过强，多样化、灵活性不足，忽视学生自我发展需要的弊端，体现微型课的价值，促进学生全面、生动、主动发展。

因此，我校设置的微型课程，从涉及的内容来看，可分为五大板块。

（1）三原色。主要学习介绍自然与社会的知识，从"以人为本"的层面，把"人"凸显出来，使其与自然、社会共同成为构成世界的"三原色"。该板块主要结合"农村小学大自然教育的探索与研究"课题进行探索，并适当补充一些社会知识，分为"人与自然""人与社会"两大单元。低年级以"人与自然"为主，高年级以"人与社会"为主。具体内容包括人类与农业、生态、环境、消费、国防、法制、职业教育等，是现行课程中未涉及或涉及不够而现实生活中新兴的、常接触的知识信息，以加强与现行课程中自然、社会等方面内容的联系，并弥补其陈旧滞后的不足，帮助学生更好地认识社会、学会生活。

（2）东方小故事。主要学习中华民族的传统美德，从"东方巨人——中华民族"的立意出发，取名"东方小故事"。该板块主要结合"小学传统美德的课程化实验研究"课题进行探索，分为"礼""诚""智""俭""谦""勇"六大单元，充实现行课程中思想品德课的教学内容，并在努力沟通两者间联系的基础上，发挥传统美德的现代德育功能，帮助学生学会更好地做人。

（3）生活保健。主要研究生理保健和心理保健问题。该板块主要结合

"小学心理辅导课的实验研究"课题进行探索，并适当补充生理健康知识，分为"营养与卫生""心理与健康"两大单元，低年级侧重"营养与卫生"，高年级侧重"心理与健康"。具体内容包括认一认、想一想、听一听、学习心理指导、智能训练、认识与悦纳自我、协调人际关系、挫折应付与情绪调节等，是对健康课内容与形式的拓宽、丰富与优化，能够帮助学生学会更好地生活。

（4）艺术天地。该板块主要结合"农村小学艺术类活动课程的研究"课题进行探索。分为"大家做""大家乐""大家玩""大家学"四大单元，具体内容包括贴画、折纸、穿编、泥塑、自制乐器、艺术专题讲座等。目的是充分挖掘农村艺术教育资源，发展农村艺术教育特色，努力缩小城乡学生在某些艺术素养方面的差异，同时沟通各相关课程间的美育联系，帮助学生学会更好地审美、生活和创造。

（5）走向科学。该板块主要结合学校科技活动及自然学科教学进行探索。分为"科学家的故事""身边的科学""科学幻想""科学创造"四大单元，主要为打破现行教学中学生缺乏想象、缺乏创造，自然学科学习内容形式较为单一枯燥的局面，故而适当增加培养科学人文素质的内容，以更好地培养学生创新精神与实践能力。

在每一板块中，根据内容组织形式的不同及学生所学内容性质的区别，又可分为学科类发展型微型课、学科类拓展型微型课、活动类趣味型微型课、活动类职业型微型课四种不同类型的微型课。

学科类发展型微型课。这类微型课的内容组织主要是从部分学科内容的纵向提高与加深角度考虑，使学生对某些知识掌握得更扎实、深厚，并促进对其他知识的理解运用。在此类微型课中，学生主要学习间接经验。

学科类拓展型微型课。这类微型课的内容组织主要是从部分学科内容的横向拓展与丰富角度考虑，介绍各种综合性的基础知识和最新的科学成就、现实生活中和学生切身利益有关的知识及当前的一些经济信息、科技动态等，以弥补现行课程内容陈旧滞后的不足，丰富学生见识，开阔学生眼界，促进学生全面发展。在此类微型课中，学生主要学习间接经验。

活动类趣味型微型课。这类微型课的内容组织主要考虑学生的不同兴趣爱好，在学生自由选择的基础上发展学生某方面的特长，并注意活动形式的生动活泼。在此类微型课中，学生主要学习直接经验。

活动类职业型微型课。这类微型课的内容组织主要是考虑本地经济建设和地方发展的需要，一般在六年级开设。在此类微型课中，学生主要学习直接经验。

三、微型课程的实施

（一）课程实施思路

1. 以"微"见大，给学生提供更广阔的知识背景

微型课程内容丰富，古今中外、社会、自然、生活等无不涉及，这从整体上打破了学生原有的课程内容框架，展示的是一张博大的知识网。

虽然微型课程时长短，但所学习的内容却是社会生活中的重大问题，如环境问题、人口问题等。

2. 以"微"求活，给学生更自主的创造活动空间

微型课程教学时间不长，设计灵活，教师可以让学生围绕专题自己搜集编制内容，自己选择和设计活动的方法，自己组织活动过程，充分自主地从中获得创造机会和才能。

有这样一个数学活动课，教师介绍一组小数的资料，其中一段是小数产生的历史和小数点的变革历史，老师在发放资料之后，让学生根据这一段内容去出问题考同桌同学，学生的兴致高涨，一个又一个的问题产生，学生在一问一答之中饶有兴趣地掌握了有关知识，并产生了许多感慨："一个简单的小数点竟然有这么多的曲折""我国是数学的故乡，我们中国人真聪明"。学生还有了探求新知的兴趣，有的学生说："老师，以后多给我们介绍这种知识。"最后，教师请学生根据同桌的互相提问编一则故事，学生思维被激活了，创造性思维就有了全面展示的机会，有的设计成师生对话，有的编成童话故事，一则则故事不论长短、精悍都是自主性的、创造性的劳动。

3. 以"微"促全，给学生更丰富的个性挥洒机会

微型课程时长虽短，但内容综合，一个专题往往具有全面育人的功能，每个学生都可以学到自己喜欢的东西，都可以找到表现自己的机会。例如在环境教育这一拓展补充性的有时代特征的教育专题活动中，有一个专题是"你知道大海吗？"围绕这个专题，教师让学生各自收集资料来介绍，可以用绘画、歌曲、故事、诗歌、谜语等形式介绍大海或大海中的某一样东西，教师根据资料再整理补充，组织教学。在这个活动中，学生人人都可以发挥特长露一手，而学生之间的不同表现又在相互影响，从而最终获得的教育是全面的：有知识吸收，有能力的培养与相互作用，还有情感的陶冶。

在具体操作上，我们将微型课分为两大类型：一是学科性微型课，二是活动性微型课。其中，学科性微型课又分为发展型和拓宽型两种微型课，活动性微型课又分为趣味型和职业型两种微型课。

（1）发展型微型课，主要是通过重构知识经验，使学生提高和加深对相应的学科课程的理解、认识，从而对基础知识掌握得更扎实、更深厚。开设这类微型课的名称一般与相应学科的科目名称相关联。例如，数学活动课、语文活动课等。

为了适应未来经济建设对人才素质的需求，开设具有超前性的课程——英语和计算机课。根据农村小学目前尚未普遍开设英语课，初中衔接存在一定困难的现状，宜采用英语口语教学。针对低、中、高年级学生不同的接受水平，把英语字母、单词及日常会话用语等内容，通过学校有线电视阅读欣赏和讲座形式，对学生进行教学。计算课在五、六年级开设，每周一节，通过教学使学生初步掌握电脑的基础知识，了解电脑与现代生活、生产、社会发展的关系。

（2）拓宽型微型课，是为介绍各种综合性的基础知识和最新科学成就开设的，选择现实生活中和学生切身利益有关的知识和当前的一些社会生活问题、科技动态作为微型课的教学内容，以弥补现有课程和教材内容陈旧滞后，与社会关系不密切的不足，丰富学生见识，开阔学生眼界。目前我们已开设的拓宽型微型课主要有人口与教育、礼仪教育、心理辅导和卫生保健、国防教育、环境教育、消费教育等。

（3）趣味型微型课，是为了满足学生不同的兴趣爱好，以发展其某一方面爱好和专长而开设的。参照国家教委《九年义务教育全日制小学、初级中学课程计划（试行）》对小学设置活动课程的有关指示精神，并结合本校课程改革的实际，把科技文体活动分两块设置：一为普及型趣味课，分三个系列——工艺美术系列（一年级贴画、二年级泥塑、三年级剪纸、四年级穿编、五年级雕刻、六年级板画）、器乐系列（打击乐器、竖笛、口琴、竹笛）和球类系列（篮球、足球、排球、乒乓球）。二为提高型趣味课，设置了四大类20个活动组，其中学科类包括朗诵、文学、故事、小记者采访、趣味数学；科技类包括电脑、航模、摄影；文艺类包括民乐、舞蹈、合唱、铜管乐、少年号、腰鼓、滚鼓、国画、素描、实用美术；体卫类包括乒乓球和艺术体操。其中，普及型趣味课将常设课程列入课表，提高型趣味课以小组为单位组织活动。

（4）职业型微型课，一般在毕业年级开设，主要是为了使学生了解本地经济建设和社会发展的现状，以适应地方经济发展的需要而开设的。课程内容渗透职业预备教育和劳动技艺教育，为其将来从事不同的社会职业形成基本的认识，做好思想的准备，如邮递员的使命、教师该是怎样的、编织的发展、果树栽培人员的甘和苦，等等。

在开设上述四种不同类型的微型课时，根据学生年龄特点以及各年段的教育目标和培养目标确定组织课程内容，使微型课设置服从优化课程内容的整体要求，努力使微型课体现地方性、实用性和短期性等特点。

（二）课时安排

课时安排见表2-2。

表2-2 微型课程各年级内容及课时安排表

板块	年级					
	一	二	三	四	五	六
三原色	0.5	0.5	1	0.5	0.5	0.5
东方小故事	1	0.5	0.5	/	/	/
生活保健	0.5	0.5	0.5	0.5	0.5	0.5
艺术天地	0.5	0.5	0.5	0.5	0.5	0.5
走向科学	0.5	1	0.5	0.5	0.5	0.5
周课时合计	3	3	3	2	2	2

（三）课时来源

课时来源采用三个办法：

一是从相关的现行课程中去挖掘，通过对某些相关教材的调、删、改，节省出课时给微型课程，如自然、音乐、美术等课程，每四周节省出一课时分别给三原色和艺术天地板块。节省课时，看似降低要求，实则是学习内容的丰富和充实。

二是包含合并，将微型课程内容与相关课程合并从而获得课时。如将原劳动课部分内容与三原色合并，科技课有关内容与走向科学合并，工艺课有关内容与艺术天地合并。

三是从地方课程中落实，如每周从自修课或晨会课中每周节省一课时的时间安排给微型课程。

具体课表见表2-3。

表2-3　一年级、四年级实验班与普通班课程表（40分钟课时制）

（1996—1997学年第二学期）

一年级1班课程表（实验班）				
	一	二	三	四	五
上午	晨　会				生活保健
	语	语	语	语	语
	音	体育	数	数	数
	数	自然	语	音	美
	语	写字	体锻	工艺艺术天地	科技走向科学
下午	午　休				
	游戏	语	思品	班队	阅读
	自习	劳动三原色	美	体锻	体育
		自习	东方小故事	自习	自习

一年级2班课程表（普通班）				
	一	二	三	四	五
上午	晨　会				
	数	数	数	数	语
	体育	语	语	语	语
	语	音	体育	阅读	音
	科技	工艺	思品	写字	体锻
下午	午　休				
	语	语	美	班队	劳动
	自习	体锻	自然	游戏	美
		自习	自习	自习	自习

四年级1班课程表（实验班）				
	一	二	三	四	五
	晨　会				生活保健
上午	语	语	语	语	语
	数	数	数	数	数
	美	语	社会	体	社会
	写字	自习	自习	写字	语
	午　休				
下午	自然	思品	体育	班队	音
	体育	音	阅读	美	劳动三原色
	科技走向科学	体锻	专题	工艺艺术天地	体锻

四年级2班课程表（普通班）				
	一	二	三	四	五
	晨　会				
上午	语	语	语	语	语
	数	数	数	数	数
	美	语	社会	体育	社会
	写字	自习	自习	写字	语
	午　休				
下午	自然	思品	体育	班队	音
	体育	音	阅读	美	劳动
	科技	体锻	专题	工艺	体锻

注："体"为体育课（国家课程），"体锻"为学生体育锻炼时间，有学校自主开发的体育游戏活动供学生选择。

（四）关于课程形态的优化

我校设置的微型课程，从时间上共分 70 分钟、35 分钟与 20 分钟三种不同的课型。选择哪种时间的课型视实际需要而定，一般为 35 分钟；部分容量大而又具有相对整体性的微型课，则采用 70 分钟的课型，在操作上实行 2 堂课时间合并，如专题讲座"聆听聂耳"就采用 70 分钟的课型；另有部分知识技能点相对较少、学生容易学会的微型课，采用 20 分钟的课型，这类短课统一安排在下午第三节，如活动类趣味型微型课 "吹草哨儿" 就采用 20 分钟的课型。不同时间的长短课结合使用，是优化课程形态的策略之一。

学习空间的自由开放，是优化课程形态的策略之二。现行课程的学习空间主要局限于校内、教室内，而微型课程的不少学习内容，则需要走出教室、走出学校，这就使课程的空间形态更多姿多彩。

第三节 "微" 而丰富——微型课程的成果纵览

一、微型课程的理论成果

我们认为，通过 1995—2000 年近五年的研究实验，基本达到了课题研究的目标：构建了微型课系列，优化了课程内容和形态；促进了学生全面、生动、主动地发展。

（一） 基本构建了微型课系列，优化了课程内容和形态

通过课题组老师及部分骨干教师的不断尝试与探索，我们构建了较易操作的微型课系列，具体反映在《开设微型课程，优化课程内容和形态》这本专集。这本专集从理论和实践两个层面，记录了课题研究的成果，其中理论文章精选了结合课题研究在《人民教育》《普教研究》《江苏教育》等全国、省级核心刊物上发表的论文；实践部分则收录了 600 多篇微型课例，内容涉及自然、社会、道德、心理、艺术、科学、生活常识等多个领域。专集的编辑为本课题研究的推广提供了可能。

（二） 通过开设微型课程，促进了学生全面、生动、主动地发展

1. 微型课程的设置，丰富了课程内容，促进了学生的全面发展

微型课内容丰富，古今中外、社会、自然、生活等无不涉及，拓宽了学生视野，促进了学生全面发展；不仅如此，微型课还打破了分科教学之间封闭的界线，通过对原有零星知识的系统化及适当丰富充实，从整体上展示给学生一张博大的知识网，更符合学生认知发展的特点，有力地促进了学生的

全面发展。此外，微型课涉及的内容中有不少是社会中的重大问题，如环境问题、人口问题等，它可以帮助学生从一个比较宏观的层面进行学习，从而引发学生对其他问题的思考，促进其全面发展。

我们对96级学生在1999年2月至2000年7月期间的艺术类、科技类、写作类等方面取得的成绩进行了统计，也对93级学生的毕业考试成绩进行了统计，统计结果见表2-4和表2-5。

表2-4 96级学生市级以上（含锡山市）素质展示情况统计

1999年2月至2000年7月

班级 ＼ 项目	班级（人）	艺术类获奖（人次）	科技类获奖（人次）	作文（发表或获奖）（篇次）	其他获奖（人次）
实验班	45	21	11	16	5
对照班	45	15	8	7	3

表2-5 93级实验班、对照班毕业成绩统计

（1999年7月）

类指标		N	X	S	Z	显著性水平
语文	实验班	45	90.31	5.09	3.28	$P \leqslant 0.001$ 差异非常显著
	对照班	45	84.97	10.4		
数学	实验班	45	96.98	2.99	2.75	$P < 0.01$ 差异十分显著
	对照班	45	93.14	9.50		

从表2-4和表2-5中我们可以看出：实验班的学生不仅在艺术、科技、文学等各方面的发展明显优于对照班，而且在语数学科方面的学习成绩及应试能力也明显优于对照班，而在一年级分班时，96级两个班级的学生是从255名学生中随机抽样组成的，93级两个班级的学生是从225名学生中随机抽样组成的，在智力、能力等各方面均无明显差异。

2. 微型课程的设置，优化了课程形态，促进了学生的生动发展

微型课由于教学时间灵活，教学空间自由开放，其呈现的课程形态较现行课程优化。教学时可以把教学地点移至图书馆、工厂、田野、社区等环境中，也可以开展各种形式、多种层次的活动，较好地融合了各类课程的特点，使教学从"形式课堂"走向"非形式课堂",也使教学向多样化、个性化、综合化、社会化方向发展,有力地促进了学生的生动发展。

例如,我校设置的微型课中,蚂蚁、马铃薯、养鸭等农事观察活动,环境污染等野外考察活动都是在社会这个大课堂中完成的,这不仅需要学生走出课堂、走向生活,更需要学生综合运用各类知识才能完成活动。

又如,微型课"哭泣的乡村",学生走出学校,到农村中去观察、调查,到农民家中去咨询、访问,到图书馆中寻找资料,最后还要汇总材料。与坐在课堂中接受课本知识相比,这样获得的知识是生动的,获得知识的过程也是生动的。

3. 微型课程的设置,更注重学生的自主体验,促进了学生主动发展

长期以来,由于受学科严密的知识逻辑体系的影响,教学过程中难以真正实现学生思维方式、教师教学方式与学科知识的逻辑关系三者之间的统一,而微型课主要根据学生学习是否有助于自己对问题的探讨与解决来选择内容和形式,不受知识体系框架的限制。同时,更注重学生的自主体验,使学生获得更为充分的施展才华的机会,有利于学生的自主创新,促进了学生的主动发展。如广告设计这一堂微型课,在学生用归纳的手段列举各种广告及其作用和优缺点的基础上,让学生为自己的书包设计广告,并登台展示。学生展示的各类广告设计新颖、独到,富有创意,令人欣喜,更可喜的是,学生由此激发了创作热情,增强了关注生活、自主学习的信心。

我们对96级学生在1999至2000学年第二学期参加兴趣小组的情况、特色活动展示情况、借阅图书情况、电视台投稿情况、社会公益活动情况等进行了统计。统计结果表明,实验班学生主动积极学习发展的态势要明显优于对照班(统计结果见表2-6)。

表2-6　96级学生主动发展情况统计

(1999—2000学年第二学期)

项目 数据	班级 人数	参加兴趣 小组人数	特色活动 展示次数	借阅图书 册数	校电视台投 稿数（中稿数）	社会公益 活动次数
实验班	45	45	6	450	112（21）	4
对照班	45	25	2	200	86（11）	2

我们还对实验班学生在学习兴趣、学习能力、学习品质等方面进行了观察和调查分析,也发现实验班学生具有一定优势。在实验班学生毕业展示活

动中，学生们表现出良好的组织能力、语言能力、交际能力、综合素质及特长素质等，博得了社会人士与家长的赞赏。从追踪调查的结果来看，实验班的学生在中学阶段的学习表现也较为出色，这些学生大多能力强、知识面广、后劲足，有不少在班内担任班干部，还有不少是各类活动的积极分子。

二、微型课程的实践成果

为了便于实验老师操作、推广与修正，我们根据参与实验的老师的平时积累，加工编写了系列教材，共510课时，分为课案范例与活动参考两大类，落实到每一堂微型课。

（一）三原色

1. 实施要求

（1）目标要求

为弥补现有课程和教材内容陈旧滞后及与社会生活联系不密切的不足，面向世界，面向现代化，面向未来，为学生提供人、自然、社会各方面的知识，丰富学生见识，开阔学生眼界。

加强科际知识联系，协助学生把各科中接触的人与自然、人与社会的信息，在寻找人与自然、人与社会的关系的过程中纳入统一的背景，从而使知识结构化、系统化、综合化。

提高学生保护大自然、开发大自然的意识，提高遵纪守法、以法保护自己的法制观念，提高国防意识，培养学生的实践能力与创新精神，让学生全面发展、主动发展，生动活泼地发展。

（2）内容要求

社会自然教材中没有或薄弱，但生活中和其他学科中涉及的人与自然、人与社会的知识内容；能给学生提供实践机会与创新有趣的实践活动。

（3）方法要求

灵活多样，正视差异，重视资料形象化、生动化，学生学习主动化，淡化客观定量评价。

2. 所含单元及单元实施要求

共两个单元：人与自然、人与社会。

人与自然主要在低年级实施，包括人类与农业、人类与生态、人类与环境三个内容。学生通过听形象生动的专题讲座，丰富有关自然的知识，弄清人与自然的互相依赖关系，理解保护自然、开发自然的意义，并在动手实践中，提高认识自然、开发自然和保护自然的操作能力。

人与社会主要在高年级实施，包括消费类、国防类、法制类、职业类四个内容，让学生在教师的介绍中增进对与自身密切相关的社会知识的了解，产生对科学的热情，同时在操作活动中，增进对社会各行业的了解，培养创新精神，提高创造能力和实践能力。

3. 课时安排及具体篇目

三原色共计 127 课时，其中人与自然 62 课时（备选 75 课时）、人与社会 65 课时，见表 2-7。

表 2-7 "三原色"安排一览表

单元		内容	课时	备注	单元		内容	课时	备注
人与自然	人类与农业	农业的诞生	1		人与自然	人类与环境	一去不复返的图图鸟	1	
		认识蔬菜	1				蛇公路	1	
		认识水果	1				少用白塑料，养成绿习惯的生活方式	1	
		认识水稻	1				蒙尘的明珠	1	
		认识甘薯	1				垃圾的自述	1	
		识别常见食用菌	1				海洋与大自然	1	
		马铃薯	1	详案			与海洋为伴	1	
		收山芋	1				不起眼的藻类	1	
		种大白菜	1				大海生病了	1	
		种南瓜	1				给植物加餐	1	
		电脑"菜农"	1				自己动手种植物	1	
		认识家禽	1				乱丢成垃圾，回收变资源	1	
		喂养小动物	1				用废弃袋做笤帚	1	
		养鸭	1				抠门儿	1	
		养鱼	1				变废为宝	1	
		预测天气	3				拒绝贺卡	1	
	人类与生态	蚂蚁	1				我为环保做件事	8	
		蜗牛	1						
		峨眉山的"文明猴"							

续表

单元		内容	课时	备注	单元	内容	课时	备注
人与自然	人类与生态	大象拒绝长牙	1		消费类	我为环保做件事	8	
		后脑勺上戴面具	1			商品介绍	1	
		善待麻雀	2			货比三家	2	
		走近北极熊	1			精挑细选	2	
		鸟的戒指	1			商品包装	1	
		麋鹿传奇	1			火眼金睛	1	
		"海洋清洁工"的厄运	1			合理搭配	1	
		海洋中的懒汉	1			物品妙用	1	
		章鱼和龙虾比武	1			物品保养	1	
		漂流瓶里的秘密	1			收藏知识	2	详案
		动物的观察能力	1			消闲时光	4	
		麻烦动物	1		国防类	未来消费	1	
		制作植物标本	1			国家机构	1	
		羽毛	1			蔚蓝海军	1	
		动物的启示	1			走近陆军	2	
		植树	1			天之骄子	2	
		橡胶树的故事	1			现代战争	5	
		珍奇的植物	2		法制类	未成年人保护法	2	
		美丽的树叶	1			教育法	1	
		动植物能分益害吗？	1			交通法	2	
		只喝纯净水好吗？	1			国旗法	1	
		小小乡村考察家	1			宪法	1	
		哭泣的乡村	1		职业类	风味名吃	4	
		燕子专列	1			烹调妙法	4	
		环保知识竞赛	1			服装设计	2	
		白银仙境的悲哀	1			剪滤缝制	1	
		鸟邻居	1			家电知识	2	
		大蓝蝶和百里香的故事	1			家电保养	1	
						职业介绍	3	

4. 活动案例

人与自然·人类与农业

马铃薯
（学科性发展型）

活动目标

1. 认识马铃薯，了解马铃薯的基本特性。

2. 了解马铃薯的生长过程，知道农业劳动是辛苦的，收获是喜悦的，激发学生热爱劳动、珍惜劳动成果的思想感情。

适用对象

小学一、二年级学生。

活动准备

教师：马铃薯一个，马铃薯制成的食品若干，多媒体光盘，小黑板一块。

学生：每人带一个马铃薯，向大人了解有关马铃薯的知识，指定学生排练故事表演。

活动过程

1. 实物引入

（1）（出示一个马铃薯）你认识老师手中的东西吗？它叫什么？

板书：马铃薯（土豆、洋芋头、洋山芋）

（2）教师小结：它的正式名字叫马铃薯，它的外国名字即洋名叫土豆，它的土名，也就是我们平常叫的是洋芋头或洋山芋。现在老师手中拿的是它的茎。这种茎长在地下，一大块一大块的，叫块茎（齐说两遍：块茎）。

2. 认识马铃薯

（1）下面，我们就来观察马铃薯的块茎，说说它的外形特点。

以小组为单元讨论，完成填空。

出示：马铃薯是_____的，_____色，上面有_____，里面是_____色的。

（2）交流填空：椭圆形（长圆形）、白（淡黄）色、一个个（许多）小"眼睛"（节）、白色。

（3）这些小"眼睛"是什么呢？

（4）教师补充简介：块茎的节。

（5）关于马铃薯，有许多有趣的故事，下面请看其中的一个。注意：看清皇后头上的花是怎样的，听清每一句话中有没有关于马铃薯的知识。比一比，谁获得的知识多。

（6）学生表演《路易十六与马铃薯》。

（7）聪明的小朋友，你知道皇后头上的是什么花吗？

（8）教师补充：马铃薯的花除了刚才看到的淡黄色，还有白色、紫色、粉红色的，非常漂亮。后来，爱美的人们用马铃薯花来装饰自己，马铃薯花成了最时髦的装饰品。各地普遍栽种马铃薯，法国因此顺利地度过了饥荒。

（9）现在你能说说从刚才的表演中学到了哪些关于马铃薯的知识吗？

（喜欢寒冷、干燥；好吃，可作主食；外形可爱；花美）

3. 了解马铃薯的生长过程

过渡：农民是怎样种马铃薯的呢？

（1）多媒体演示

①块茎。农民用什么种马铃薯？

②切块。栽种前先要干什么？为什么要切块？切好的块应放在哪里？把地怎样？撒上什么？放时注意什么？放好后要干什么？

③长芽。一个多星期后，看到了什么？这时农民要干些什么？

④长大。在农民的辛勤劳动下，马铃薯长大了，开始——

⑤开花。花是什么样的？地底下会有什么变化呢？

⑥全图。马铃薯丰收了，农民心情怎样？

（2）看了马铃薯的生长过程，你有什么想法？

（3）马铃薯是什么味儿的？品尝白水煮的马铃薯。

（4）马铃薯还可加工成各种食品，以小组为单位品尝红烧马铃薯、薯片、薯条等。

（5）交流感受。

（6）你还吃过别的用马铃薯做的食品吗？味道怎样？

4. 小结补充

（1）你还知道哪些关于马铃薯的知识？

（2）通过这堂课的学习，你懂得了什么？

人与自然·人类与生态

小小乡村考察家

（学科性拓宽型）

活动目标

1. 指导学生在广阔的大自然里做生态考察。

2. 激发学生对大自然的热爱之情。

活动内容

1. 导入：大生物学家达尔文利用假期随船队远游考察，回来后完成了惊世名著《物种起源》。暑假又到了，你有没有兴趣尝试达尔文曾经做过的事，去广阔的大自然做一次生态考察呢？

2. 准备需要的工具：记事本、塑料袋、收集瓶、大型手电筒、雨具、捕虫网、橡皮筋、军用手套、急救用品等。

说说这些工具的作用。如记事本，定期记录所观察到的生物生活习性及繁殖情况，还有它们栖息的自然环境。它记载的是最珍贵的第一手资料，许多新发现就来自它。

3. 各种可供勘探的环境。在广大的郊野乡村有着丰富的自然生态环境，那里生存着千姿百态的动植物和微生物，可在小河、田野、山坡、树林等地方寻找生命的痕迹。

4. 乡野、树落、田地，农舍中充满了各色各样的生命，还组成了形态各异的生态小区，指导学生寻找这样的迷你型生态区。

活动建议

本活动适合小学三年级学生，共 1 课时。活动时工具要尽可能备齐，指导学生善于发现生物。

（参考资料：《少年科学画报》）

人与自然·人类与环境

我为环保做件事

（学科性拓宽型）

活动目标

使学生将认识升华为行动，以实际行动来保护环境，节约资源，美化我们的家园。

活动过程

1. 每人说出自己对环保的认识。

2. 倡导学生以实际行动来回报大自然对自己的养育之恩，鼓励大家多动脑、勤动手，为蓝天绿草圆一个美梦。

3. 每人介绍自己的环保计划。

4. 把自己的行为和所见所想写成日记，交给老师批阅，并由老师和学生代表实地检查学生的环保成果。

5. 总结这次活动的结果，评出"环保小卫士"。

6. 鼓励学生持之以恒，为环保多做贡献。

参考资料

《我们爱科学》

人与社会·消费类

收藏知识

（学科性拓宽型）

活动目标

1. 使学生理解什么是收藏，知道收藏的意义与价值。

2. 丰富学生有关收藏方面的知识。

3. 引导学生进行收藏活动。

适用对象

小学四、五年级的学生。

活动准备

教师准备好中央电视台《请您欣赏》栏目中有关文物欣赏的录像片段。

活动过程

1. 讲座准备

（1）播放中央电视台《请您欣赏》栏目中有关文物的录像片段。在学生陶醉于艺术审美活动时揭示讲座主题——收藏。

（2）引导学生谈谈对收藏的认识，然后根据学生对收藏方面的知识基础，调整讲座内容。

2. 讲座内容

（1）告诉学生，收藏是一件很有情趣的事情，收藏是一种高雅的文化活动和情趣陶冶活动。收藏需要有眼光，善于发现身旁有价值的东西；需要有耐心，不为金钱所动，要持之以恒。收藏是重在收藏品的文化价值，而不是一味地追求经济价值，否则便失去了收藏的意义。让学生理解什么是收藏。

（2）向学生介绍哪些东西可以成为收藏品。告诉学生，只要它具有一定的文化价值，它就可以成为收藏品。如近年来，文具逐渐向玩具演变：文具盒演变成了"变形金刚""公共汽车""房屋别墅""收录音机"，铅笔、削笔刀、笔记本等的款式也多得令人眼花缭乱。收藏者们认为收藏这些文具就是收藏一个社会的"断代史"，因为这些文具就是一个社会变革和进步缩影。于是这些文具也就成了收藏品。如烟标，集美术、书法于一体，艺术性很强，有很大的收藏价值。还有纪念币、邮票、名人艺术品、古玩玉器、铜器、瓷器、宝石、名人印章、磁卡、明清家具、像章、图书、藏书票、根雕、牙雕、扇面、紫砂壶、艺术挂历等都可以成为收藏品，甚至课本、请柬、戏剧海报也可以成为收藏品。

（3）收藏界信息传递。

①文物收藏中，凡珍稀品种、历朝官窑、巨器大件中的残瓷都具有重要的研究价值，它们的经济价值已难以估定。如一件釉上红彩云龙改盘（残存半只），其价值不下几百万元，所以残瓷成为文物收藏家的新宠。

②集邮信息交流。先介绍近期全国主要邮市邮票年册价格，再介绍10种邮币投资价值简评，最后向学生介绍最近发行的新邮。

③"文房三宝"引起收藏家的兴趣。毛笔算得上是我国独特的书写、绘画工具。最迟在商代，我国就已经有了毛笔。目前发现最早的毛笔实物出自战国时期。到了秦汉时期，毛笔的形状与现在就基本一样了。晋代以后，根据人们书写的需要，在笔锋上有了很大变化，有的坚硬，有的刚柔相济。笔杆以竹质为主，个别的有象牙、玉石、紫檀木等。从20世纪70年代中期起，国际上老式钢笔行情不断向好。1990年一支1910年派克公司出品的"史惠斯蒂卡"牌银色笔杆的钢笔，以8000美元在纽约拍卖成交。次年8月，该笔的主人又将此笔以2.8万美元的价格卖出，其增值速度之快令人惊叹。所以，如今古笔已成新宠。名墨和名砚也是如此，如今明代程君房墨价格已逾黄金数十倍，应了其生前之语："我墨百年可化黄金"。

④课本成藏品。据专家、学者考证，课本在中国的发展只有百年历史。真正注有"课本"二字的课本，出现在民国时期。目前人们收藏的课本主要以中小学语文、数学、外语、政治、历史为主。其中，清代和民国的课本是收藏家的首选目标。延安时期的识字课本、新中国的课本和"文革"期间的课本也是不被放过的收集目标。

3. 讲座小结

今天，我们一起讨论了什么是收藏，哪些东西可以收藏，收藏界有哪些新信息等问题。同学们丰富了有关收藏的知识。下一堂课，我们将讨论同学们可以进行怎样的收藏活动这个问题，然后我们自己便可以进行收藏活动了。

人与社会·国防类

国家机构
（学科性拓宽型）

讲座目标

1. 使学生了解我国的国家机构由哪几个部分组成以及它们各自的职能，明白安定团结的社会离不开这些机构。

2. 使学生知道国家的最高权力机构，让学生深切体会到人民是国家的主人。

3. 激发学生热爱祖国的思想感情。

活动内容

1. 谈话导入，使学生明白所处的安定、团结的社会离不开国家机构。从最基层的乡政府引入，逐层介绍各机构，并讲述它们的职能。

2. 向学生介绍国家的最高权力机构是全国人民代表大会，并配上全国人民代表大会的实况录像，使学生清楚地认识到人民在参与管理国家，深切体会到人民才是国家的主人。

3. 播放各级人民代表大会的实况录像，再次让学生体会到人民的主人翁地位，激发学生对祖国的热爱之情。

活动建议

小学中、高年级学生适用，共1课时。

参考资料

《军事博览》

人与社会·法制类

未成年人保护法
（学科性拓宽型）

活动目标

1. 让学生知道《中华人民共和国未成年人保护法》是少年儿童的保护神。

2. 让学生了解《中华人民共和国未成年人保护法》的基本知识和要点。

3. 让学生会运用《中华人民共和国未成年人保护法》对生活中出现的有关现象进行判断，树立依法维护自己和身边少年儿童合法权益的意识。

活动内容

1. 故事引入：

讲述发生在梁溪区法院的一则案例："七龄童状告亲生父母"，启发学生知道什么是自己的合法权益，以及如何才能保护自己的合法权益。

2. 介绍制定《未成年人保护法》的原因、《未成年人保护法》的基本知识（包括"未成年人"的含义，本法颁布、实施的时间，组成部分等）和"七龄童状告亲生父母"的法律根据。

3. 根据《未成年人保护法》有关条例，判断现实生活中一些做法的好坏，并说出理由。

4. 和学生一起搜集生活中出现的违反《未成年人保护法》的事例，并加以正确引导。

活动建议

小学中、高年级学生适用，共 2 课时。

人与社会·职业类

风味名吃——兴国豆腐
（学科性发展型）

活动目标

1. 培养学生的动手能力和烹调能力。

2. 让学生在品尝中得到愉悦，同时训练学生的品尝能力。

3. 在活动中为生活的基本本领打下基础，了解兴国豆腐的制作方法。

活动内容简介

兴国豆腐原来也叫"粉豆腐"，是江西省兴国地区民间的传统菜，菜式和风味很有特色。学生准备水豆腐、猪瘦肉、虾米、水发香菇、韭菜、青菜叶及调料（辣椒酱、酱油、盐、味精、胡椒粉、葱花、猪油）。先将豆腐块修切成边长 6cm、厚 0.7cm 的正方形厚片，然后沿对角线切成两个相同的三角形厚片，余下的碎豆腐切成小丁，猪瘦肉、虾米、香菇、韭菜均切成末，再把各种粉末加入炒锅中炒匀，将豆腐入锅翻炸，将表皮向内翻转，最后把馅装入豆腐内蒸十分钟左右，蒸好后再撒上葱花，上桌供餐，学生品尝并在回家后自己做一道兴国豆腐，味道要好。

活动建议

小学中、高年级学生适用，共2课时。第1课时教师制作并介绍，第2课时学生制作并品尝。制作时注意安全。

参考资料

《中国名菜》。

（二）东方小故事

1. 实施要求

（1）目标要求

孔子说，君子"好德"，君子"近仁"。教育是培养人的美德的事业。以"东方小故事"这个小学生喜闻乐见的形式，对学生进行传统美德教育，使之从小接受道德传统的熏陶、感染，为培养美德打下基础。

（2）内容要求

根据传统美德，筛选能充实和丰富现行德育体系的，符合学生年龄实际、社会发展要求的，能把学生培养成具有中华民族优秀美德的现代中国人的东方小故事。

（3）方法要求

采用形象的教育手段，为学生建立道德概念提供丰富的表象材料，达到"耳濡目染"之效果。

2. 所含单元及单元实施要求

共六个单元：礼、诚、智、俭、勇、谦。

礼：在一年级第一学期实施，内容为文明礼貌、尊师敬长的东方小故事。通过视听途径以及讲一讲、演一演等手段使学生感受中华民族"礼"的优秀美德，养成讲礼仪、懂礼节的习惯，学做文明知礼小学生。

诚：在一年级第二学期实施，内容为诚实守信、言行一致的东方小故事。通过生动形象的故事活动以及演一演、比一比（比照）等手段，体会"诚"的重要性，培养学生真诚待人、知错即改的好品质。

智：在二年级第一学期实施，内容为奋发向上、认真学习的小故事。通过听一听、看一看、比一比、学一学等手段，激发学生求知欲望，使其养成好学、进取的好习惯。

俭：在二年级第二学期实施，内容为节俭杜奢、艰苦朴素的东方小故事。通过生动形象的故事及学生演一演、学一学等活动，在学习、生活等方面养成节俭朴素、不浪费的好习惯。

勇：在三年级第一学期实施，内容为见义勇为、不畏强暴的东方小故事。通过故事讲读以及辩一辩、演一演，使学生明辨是非，初步养成大胆勇敢、不莽撞的好品质。

谦：在三年级第二学期实施，内容为谦虚不自满、不耻下问的东方小故事。通过故事讲读及学生演一演、比一比等手段，初步养成谦逊的品质。

3. 课时安排及具体篇目

课时总体安排 85 课时，其中："礼"单元 7 课时，"诚"单元 10 课时，"智"单元 17 课时，"俭"单元 17 课时，"勇"单元 16 课时，"谦"单元 18 课时，见表 2-8。

4. 活动案例

<h2 style="text-align:center">礼</h2>

鹿乳奉亲
（学科性发展型）

活动目标

1. 讲读故事《鹿乳奉亲》，知道周郯子巧取鹿乳孝敬双亲的感人事迹。

2. 激发学生自觉追求中华传统美德"敬长"的愿望、情感。

3. 总结敬老爱老活动。对学生在前阶段系列活动中的表现做出评价，对表现突出者给予美德奖励。

适用对象

小学一年级学生。

活动准备

录音故事、投影、奖品"美德娃娃"等。

活动过程

1. 总结导入

小朋友，从九月初九重阳节到今天，我们开展敬老爱老活动已近两个月了。在敬老爱老系列活动中，小朋友在学校里听老师的教导，在家里按老师的指引去做，说让老人开心的话，做让老人欣慰的事，时时刻刻不忘慰藉老人。小朋友还学着去关心家庭之外的老人，去敬老院给孤寡老人送温暖。看得出，我们已具有了敬老爱老美德。（引发学生回忆，进入情境，唤起感情）

2. 宣布得奖名单，发奖

（1）出示"美德娃娃"。（奖品）

表 2-8 "东方小故事"安排一览表

单元	内容	课时	备注	单元	内容	课时	备注
礼	陆绩怀橘	1		俭	暖不忘寒	2	
	杜环侍奉常母	1			一盘獐子肉	2	
	李四光尊敬老人	1			卖狗办嫁宴	2	
	程门立雪	1			节俭的张居正	2	
	华罗庚不忘恩师	1			苏东坡作客	2	详案
	鹿乳奉亲	2	详案		状元回乡	1	
诚	赔本卖牛	1		谦	拜师不惜身为奴	2	
	司马光剥桃	2			寻师乔装卖书郎	2	
	诚实的小神童——晏殊	2	详案		欧阳修一日千里	2	
	曾参杀猪	2			王羲之学字	2	详案
	皇甫绩认错	2			董泷拜师	2	
	彭德怀饿死不说假话	1			仲景访医	2	
智	苏学士问路	2			"诗仙"拜师"砍柴翁"	2	
	饿子偷锅	2					
	巧捉凶手	2			不耻下问的李相	2	
	巧戏奸贼	2			假装有病让相位	2	
	村中老妇考秀才	2		勇	唐僧取经	2	详案
	小岳柱挑毛病	2			区寄勇斗强盗	2	
	白居易写诗	2			冯妇搏虎	2	
	司马光砸缸救友	2	详案		朱云折槛	2	
	海娃巧送鸡毛信	1			完璧归赵	2	
	蔡伦造纸	2			毛遂自荐	2	
	映月读书话江泌	2			海瑞骂皇帝	2	
	室陋人不陋	2			戚继光抗倭	2	

小朋友，这是个"美德娃娃"，具有敬老美德的小朋友可以得到它。你们想得到吗？（激发学生学美德的情感、愿望）

（2）宣布得奖名单。

（3）发奖、领奖。小朋友把"美德娃娃"装入"美德袋"。（奖品装入了有形的袋子，量变成无形的"美德脑袋"）

师：愿小朋友永远具有这个美德。

3. 个别交流，做出评价

小朋友，想想看，你为什么能得到这个"美德娃娃"？在这个活动中，你是怎么做的呢？

小朋友交流，老师给予评价。（评先进，树典型。交流者获得成功的欣喜体验，听者被激起情感，产生赶超先进的愿望）

A. 奶奶摔伤了腿，扶奶奶如厕。看望奶奶。

B. 爷爷感冒了，给爷爷端水递药。

C. 给外婆捶背。

D. 天天给爷爷、奶奶、父母亲夹菜。

……

评价：

A. 你奶奶虽然不幸摔伤了腿，但她是个幸福的老人。

B. 你爷爷的病定会很快好起来。

C. 你呀，真是外婆最贴心的宝贝。

D. 你的家人一定吃得很香，很有滋味。

……

（老师点评"美德"的力量，使学生更深层次感受我们的生活需要"美德"）

4. 讲读故事

（1）导入：小朋友说得真不错，老师为你们的成长感到高兴。但是，与我国古时候那些敬老爱老优秀者相比，还有不小的差距呢。不信，请听——

（2）讲读故事《鹿乳奉亲》。一边看投影，一边听配乐故事。（说的是周郯子不畏艰难伪装成小鹿混进鹿群取鹿奶，伺奉年迈失明的父母双亲的故事。运用电教手段讲读故事，给学生强有力的语言感受，增强讲读效果）

5. 提出日后行为要求、目标

这个故事真感人。愿小朋友在今后的日子里，学习周郯子这种孝敬双亲的好品德，做孝敬亲人、尊敬每一位老人的好孩子。

讨论具体行为，指导实践。（导行作用，将"美德"落实到行为上）

活动建议

本活动分 2 课时完成。

参考资料

《中华传统美德故事丛书》，宁夏少年儿童出版社。

诚

诚实的小神童——晏殊
（学科性发展型）

活动目标

1. 讲读北宋著名文学家晏殊小时候诚实不说谎的故事。

2. 激发学生学习并追求"诚"的愿望。

3. 指导学生日常行为，使其用具体言行实践"诚"。

适用对象

小学一年级学生。

活动准备

录音故事、投影，或音像故事；排练小故事，准备演一演。

活动过程

1. 情境创设

（1）小朋友，你们看过动画片《手捧空花盆的孩子》吗？皇帝为什么选他为大官，他身上有什么好品质呢？（从学生熟知的、喜爱的故事入手，引发共鸣）

（2）今天，让我们去古人晏殊那儿看看，学一学他的好品质。

2. 讲读故事《诚实的小神童——晏殊》

（1）看投影，播讲故事。

说的是晏殊小时候去见皇帝，皇帝拿出考进士的题目试试他的才能。考题是晏殊以前做过的，因此晏殊写的文章很精彩，皇帝大加赞赏。小晏殊向皇帝跪下说明真相。皇帝赞美其诚实的好品质，又一次叫人命题试才，并封晏殊官位。（电教手段的使用，产生良好的讲读效果）

（2）听后说一说讲了什么事。

3. 讨论明理

（1）晏殊看到试题是做过的，是怎么想、怎么做的？

（2）皇帝为什么对晏殊大为赞赏？

（3）晏殊身上有什么好品质？我们要学习晏殊什么？（在讨论中明道理，

在辨析中习美德)

4. 指导行为

(1) 小组讨论：怎么学晏殊？（将"美德"落实到行为上）

(2) 小组交流，归纳指导行为。

(3) 演一演：假如晏殊不诚实，不说明真相会怎么样？（正反对比，进一步懂得诚实的重要性）

(4) 总结：

看一看，比一比，谁能像晏殊一样做诚实的孩子，把诚实美德学到手。（化道德知识为道德行为的作用）

活动建议

一年级晨会故事讲读。本活动分 2 课时完成。

参考资料

《小学生传统美德教育故事》低年级版，江苏教育出版社。

智

司马光砸缸救友
（学科性发展型）

活动目标

1. 让学生了解司马光砸缸救友这个故事。

2. 知道司马光小时候是个聪明勇敢、遇事不慌的孩子。

3. 学习司马光注意观察、沉着冷静、遇事不慌的品质。

适用对象

小学一、二年级学生。

活动准备

1. 多媒体。

2. 事先找几个有表演才能的同学练习表演相关的动作。

活动过程

1. 谈话导入

(1) 介绍司马光：司马光是北宋有名的史学家。他从小聪明勇敢，喜欢读书，长大后花了九年时间编了一部有名的书，叫《资治通鉴》。（通过介绍，让学生对司马光有一个初步的了解）

(2) 你们想认识他吗？（出示多媒体：小时候的司马光）司马光小小年纪，临危不乱，破缸救人。让我们一起来听一听这个故事。（激发学生兴趣，

把学生的情感调到高涨状态）

（3）听录音，看多媒体，同时思考：司马光是怎样砸缸救人的？（让学生带着问题去听）

2. 组织讨论

（1）内容：

①司马光是怎样砸缸救人的？（有利于培养学生语言组织和表达的能力）

②意外的事情发生以后，司马光的表现和别的小朋友有什么不同？

③司马光这个方法对吗？为什么？

④当时还可以用什么办法救那个小朋友？（培养学生的思维能力和创造力）

（2）形式：前后四人为一组。

（3）小组讨论，教师巡回参与，允许学生有所创新。（教师以朋友的身份出现，有利于发挥学生的主体性）

（4）交流：

①交流方式：自由交流及小组代表交流。（给学生充分的自由和民主，做课堂的小主人）

②交流内容：按四个问题的次序依次交流。

③允许且鼓励学生补充、创新。（让学生的求异思维和发散思维得到发展）

（5）教师小结：司马光遇事不慌张，勇救落水儿童。这个故事告诉我们，遇到紧急情况要冷静、动脑筋、想办法。我们要学习司马光机智、勇敢的好品质。

3. 角色扮演（活跃课堂气氛，培养学生的评价能力）

（1）学生根据课文内容来演一演。

（2）形式：抽签表演。

（3）评价演得怎么样。

活动建议

1. 在活动中要充分体现学生的自主性，让他们成为课堂真正的主人，让他们畅所欲言，充分发展他们的发散思维和求异思维。

2. 在小组讨论时，教师走进学生，做他们的朋友，给他们提出建议，并及时帮助他们解决问题。

3. 让学生再收集一些利用智慧战胜困难的故事，准备下堂课的讲故事比赛。

参考资料

《小学生传统美德教育故事》。

俭

苏东坡作客

（学科性发展型）

活动目标

1. 通过听一听，了解苏东坡作客时表现的节俭的作风。

2. 让学生懂得俭朴作为一种品德，在任何时候都具有重要意义。

3. 培养学生艰苦朴素的作风。

适用对象

小学一、二年级学生。

活动准备

1. 幻灯片。

2. 录音故事。

3. 奖品。

活动过程

1. 歌曲导入

（1）齐唱《学习雷锋》，说一说雷锋的事迹。（从熟悉的人物切入）

（2）我们都是蜜罐里泡大的孩子，没有受冻的痛苦，没有挨饿的体验，吃的、穿的、用的、玩的都腻了。可是我们真的那么富有了吗？我们再不需要讲究艰苦朴素了吗？不，理智告诉我们，艰苦朴素的作风不能丢；历史和现实昭示着我们，艰苦奋斗的精神要发扬。古代的苏东坡就是一位生活非常节俭的人。今天，老师给大家带来了一个关于他的故事。你们想听吗？（用激情的语言从现实转入古代，激发学生的求知欲，让学生的情感高涨起来）

（3）听录音故事《苏东坡作客》。（电教手段激发学生兴趣，吸引学生注意）

思考：他为什么这样做？

2. 分组活动

（1）讨论内容（让学生自己来分析问题、解决问题，培养他们的思维能力和表达能力）：

①苏东坡平常是怎样饮食的？

②老友请苏东坡吃饭，酒席准备的比较奢华，苏东坡的态度是怎样的？

③苏东坡是怎样的一个人？

④你准备向苏东坡学习什么？

（2）形式：四人小组。

（3）小组讨论，教师巡回参与，鼓励学生大胆发表自己的见解。（充分体现教学民主，做学生的朋友，走进他们，帮助他们，调动学生的积极性）

（4）集体交流：

①交流方式：选小组代表交流。

②交流内容：前面的四个问题。

③让学生自己提出问题，并集体解决。（给学生充分的自由和民主）

3. 教师小结

现在我们的生活水平有了很大的提高，可是高消费之风也悄然潜入小学校园。在少数学生中出现了讲排场、比阔气，吃喝应酬等高消费现象。通过今天的学习，我们认识到了艰苦朴素、勤俭节约的重要性，我们要接过"传家宝"，艰苦朴素，勤奋学习，为祖国的繁荣富强努力奋斗。（让学生的思想进一步升华，形成正确认识）

活动建议

1. 在活动中多给学生说的机会，力求照顾到全体学生。

2. 充分发扬教学民主，让学生真正成为课堂的主人，并在小组讨论时发扬合作精神。

3. 课前让学生搜集一些名人艰苦朴素的事例。

参考资料

《小学生传统美德教育故事》。

谦

王羲之学字

（学科性发展型）

活动目标

1. 讲读《王羲之学字》这个传统美德故事，让学生在故事中汲取"美"的滋养，体会古人谦虚好学的可贵品质。

2. 激发学生学习古人美德的愿望，引导学生联系实际，讨论作为小学生，平时可以用怎样的行动来练笔、学习。

3. 激励学生从点点滴滴的小事做起，养成谦虚的好习惯。

适用对象

小学三年级学生。

活动准备

录音故事《王羲之练字》。

活动过程

1. 谈话：

小朋友，我们已经听过不少中华美德故事，知道中华民族自古以来一直具有谦虚的传统。平时，我们写字、做作业，对字的要求不高，但书法水平要达到炉火纯青的地步，需要下苦功夫。（从回忆切入）

2. 听故事《王羲之练字》。

3. 讨论：

（1）王羲之的楷书、草书技艺是怎样达到炉火纯青的地步的？（在辨析中再现故事）

王羲之从小就爱上了写字，他自己细心研读《笔阵图》，拜卫夫人为师，还虚心向前人学习，甚至向鹅"求教"。

（2）我们小朋友可以学王羲之什么品质呢？怎么用行动学呢？请小朋友用自己的笔写出自己的想法。（切入实际，联系实际）

（3）交流（现身说"法"之效）：

①我要像王羲之那样认真、谦虚练字。

②我以后写字的时候也要认真动脑，虚心向写得好的同学、老师学习。

③要做好一件事不容易，我们的态度要虚心、认真。我以后做什么事都要虚心。

（4）结束语：

愿小朋友学习王羲之的好品质，从点滴小事做起，逐步养成谦虚的好品质。（点睛之笔）

活动建议

1. 在活动中充分发挥学生的自主性、创造性，让学生畅所欲言。关键在于每个学生的积极参与、尝试及交流，学生交流后老师不要多做评价，以鼓励评价为主。

2. 教师在整个活动中应积极参与，与学生做朋友，并提出建议，帮助学生解决问题。

3. 教师在学生书写、交流中，努力发掘学生的闪光点，对优点要大力表扬，对说得不深、不全的学生不要批评，可以帮助其把语言总结得更好、更深入一些。

参考资料

《小学生传统美德教育故事》。

勇

唐僧取经
（学科性发展型）

活动目标

1. 讲读故事《唐僧取经》，让学生在故事中汲取"美"的滋养，体会故事中人物勇敢的好品质。

2. 激发学生学习美德的愿望，引导学生联系实际，讨论作为小学生，平时可以用怎样的行动来表现"勇"。

3. 激励学生从点点滴滴的小事做起，养成勇敢的好品质。

适用对象

小学三年级学生。

活动准备

1. 歌曲《敢问路在何方》的磁带。

2. 录音故事《唐僧取经》。

活动过程

1. 谈话：

（1）播放歌曲《敢问路在何方》。（引入学生熟悉的、喜爱的影视歌曲，唤起学生情感，进入情境）

（2）小朋友，相信你们对这首歌很熟悉吧？这首歌是哪部电视剧中的主题曲？对了，我们都看过《西游记》。在危难之时，甚至在自己生命安全受到威胁时，唐僧都能勇敢对待，值得我们敬佩、学习。

2. 听故事《唐僧取经》。

3. 讨论：

（1）唐僧取经途中遇到了哪些困难，是怎么克服的？

唐僧去天竺途中，经过无边无际的大沙漠，酷热难挡，他不怕；没有船过河，他想出办法。他置生命于不顾，勇敢地克服种种困难，终于到达目的地，取了经。

（2）小朋友可以学习唐僧什么品德呢？怎样用行动学呢？请小朋友四人一组讨论一下，并派一名代表上台交流。（兼顾说话能力的培养）

（3）交流（我口说我心）：

①我要像唐僧那样勇敢、不怕困难。

②平时学习中，我们经常遇到困难，我们不能怕，要勇敢地想办法克服。

③我们在学习生活中也会遇到大大小小的困难，我们要勇敢地克服。

4. 结束语：

愿小朋友学习唐僧的好品质，从点点滴滴小事做起，逐步养成勇敢的好习惯。

活动建议

1. 在活动中充分发挥学生的自主性、创造性，让学生畅所欲言。关键在于每个学生的积极参与、尝试及合作，建议交流后教师稍做评价，以鼓励评价为主。

2. 教师在整个活动中应积极参与，与学生做朋友，并提出建议，帮助学生解决问题。

3. 教师在学习活动中，努力发掘学生的闪光点。

参考资料

《小学生传统美德教育故事》。

（三）生活保健

1. 实施要求

（1）目标要求

培养小学生良好的卫生习惯，让他们懂得一些卫生知识以加强自身保健。

给予学生一定的时间与空间，进行心理教育，从而使心育实现系统化、结构化和科学化。

促进少年儿童身心全面发展，使其个人潜能得到充分发挥。

培养学生正确的自我观、自主性，提高学习能力和社会生活适应能力。

（2）内容要求

主要涉及人体结构、卫生习惯、饮食营养、疾病预防与卫生保健等方面。

在整体了解学生心理水平和个性差异的基础上，来源于学生学习生活中出现的普遍心理问题。

能提高学生心理素质和人格发展的心理教育内容。

（3）方法要求

灵活多样，结合多种教学媒体，调动学生学习的积极性，重视环境的创设与问题的解决，淡化客观定量评析。

2. 所含单元及单元实施要求

按年级分为两大部分：

（1）低年级：营养与卫生

含三个单元：认一认，想一想，听一听。

认一认：内容以认识人体器官及营养素、维生素为主，学生通过图、实物来认识人体器官及营养素与维生素，在认识的同时增强保健意识，培养良好的卫生习惯。

想一想：内容以生活中的"食""行""用"三方面的卫生保健知识为主，让学生在提出"为什么"之后找到答案，并且在接受这些知识的同时学会运用。

听一听：内容以生活常识与常见病的防治为主，意在让学生了解一些生活中的营养与卫生知识，拓宽学生的知识面，使其能够做到自我保健，增强体质，为圆满完成学习任务打下良好的身体基础。

（2）中高年级：心理与健康

含五个单元：智能训练，认识与悦纳自我，学习心理指导，协调人际关系，挫折应付与情绪调节。

智能训练：内容以训练学生学习的观察力、记忆力、想象力、思维能力和创造力为主，通过心理测验、听故事、做游戏、做作业等手段，使学生的智能得到稳定发展。

认识与悦纳自我：内容以正确认识自我、悦纳自我为主，让学生在角色扮演、智力游戏、热烈讨论中获得愉快的内心体验，并正确认识自己各方面的优势与不足，学会以不骄不躁、不卑不亢的恰当心态去面对自我、悦纳自我。

学习心理指导：内容以帮助学生调动学习动机、兴趣等非智力因素为主，并辅以专题心理讲座，让学生从中受到启发，进而促进其学业的提高。

协调人际关系：内容以协调同学关系、师生关系、亲子关系为主，并教育学生学习人际交往的一些技巧，通过讲解、游戏、讨论等方式教育学生认识并学会团结同学、尊敬师生，提高人际交往的能力。

挫折应付与情绪调节：内容以正确对待挫折与进行情绪调控为主，通过情景扮演、游戏、短剧表演、自我反省等教学方式，使学生正确认识和处理日常生活中遇到的困难、挫折，并有意识地控制和调整自己，疏导自己的情绪，从而驾驭生活，成为生活的主人。

3. 课时安排及具体篇目

"生活保健"共计 102 课时，其中："营养与卫生"共计 52 课时（备选 83 课时），"心理与健康"共计 50 课时（备选 70 课时）。见表 2-9。

4. 活动案例

认一认·认识人体器官

人体的支架——骨骼
（学科性拓宽型）

活动目标

1. 使学生懂得骨骼不仅有支撑人体的作用，还有保护人体重要脏器的功能。

2. 让学生认识人体的主要骨骼。

3. 了解主要骨骼的作用及保护方法。

活动准备

1. 人体骨骼模型。

2. 头盔、绷带、硬纸片或小木片。

活动过程

1. 故事案例（故事在于激发学生对本课教学的兴趣。留出讨论问题，诱导学生思考，为下面的活动奠定基础）：

内容：××月××日，在×××发生了一起交通事故，受伤者骑摩托车不戴头盔，造成颅骨骨折。

2. 学生讨论：

（1）事故造成的后果是什么？

（2）事故发生后应怎样处理？

（3）讨论形式：四人两桌一组。

（4）推荐发言。

（5）教师小结。

表2-9 "生活保健"安排一览表

单元		内容	课时	备注	单元	内容	课时	备注
认一认	认识人的器官	人体的支架——骨骼	2	详案	常见病	预防蛔虫病	2	
		保护好耳朵	1			预防冻疮	2	
		心灵的窗户——眼睛	1			预防感冒	2	
		牙齿不整齐与保健	2			预防腹泻	2	
		舌头的功能	2		智能训练	观察力的训练	2	
		人人都有一双手	2			记忆力的训练	2	详案
		会跳动的心脏	2			想象力的训练	1	
		人体的美丽外衣——皮肤	2			思维能力的训练	5	
		消化系统的作用和保健	2			创造力的训练	3	
		运动系统的作用和保健	2		认识与悦纳自我	我是谁	2	
	认识营养	三大营养素	2			我的优点和缺点	2	
		维生素 A、B、C、D	2			我的外貌	2	
		人体所需的矿物质	2			我的能力	2	详案
想一想	食	今天你喝了没有	1			我的性格	2	
		淘米的学问	1			我的情绪	2	
		蔬菜中的残留农药怎么除	1			我的兴趣爱好	1	
		为何要少吃油条	1			我的理想与人生观	2	
		为啥零食美味却伤人	1		学习心理指导	学习动机的增强	2	
		怎样正确用药	2			学习兴趣的培养	2	
		食物中毒的防和治	2			端正学习态度	2	
	行	怎样坐、怎样立	2			养成良好的学习习惯	2	
		晕车、晕船怎么办	2			怎样听好课	1	详案
		怎样摆脱紧张情绪	2			我的学习方法	1	
		放鞭炮和烟火应注意什么	2			考试心理辅导		
		游泳安全知多少	2			学习心理辅导讲座	2	

续表

单元		内容	课时	备注	单元	内容	课时	备注
想一想	用	怎样正确刷牙	2		协调人际关系	同学之间	3	
		背书包的正确方法	2			师生之间	2	
		安全用电	2			亲子之间	2	
		空调室要防哪些病	2			如何促进班集体团结	2	
		住楼房的安全	2			不让一个同学掉队	2	
听一听	美味佳肴	腊八粥	2			我是个好干部吗	1	
		臭豆腐	2			如何进行有效的人际沟通	1	详案
		三明治	2			如何与人和睦相处	2	
		盐	2			我们都是好朋友	1	
		方便面	2			朋友的压力	1	
	生活常识	不宜多吃的其他食物	2		情绪调节	人与环境	2	
		喝水的学问	2			如何正确对待挫折	2	
		维生素与保护眼睛	2			如何应付心理危机	2	
		绿化与健康	2	详案		克服烦恼	2	
		"随身听"可致耳失聪	2			控制愤怒	2	
		预防龋齿	2			消除嫉妒	2	

3. 导语：

同学们，你们知道头盔有什么作用吗？（让学生用不同的物件打击头盔）我们的颅骨，也就是头盖骨，就好像头盔一样，保护着我们的大脑。

（1）介绍人体共由 206 块骨组成。

（2）看模型，认一认人体的 206 块大小骨。

（3）认识长骨的分布，看一看胸腔是由什么骨起保护作用的。（肋骨）

（4）认识头盖骨。

（5）摸一摸。对照人体骨骼模型，摸一摸自己的肋骨、头盖骨、长骨长在身体的什么部位。（学生亲身实践，对所学知识印象更加深刻）

（6）说一说。人体共有 206 块骨。骨骼能保护器官，头盖骨像头盔，保护大脑；肋骨像盔甲，保护内脏。有了骨骼支撑，人体才能直立。

（7）长骨（四肢骨）可以做哪些活动？请学生练习动作。

4. 小组讨论：

（1）你认为腿部、手臂骨折后应怎么办？

（2）教师小结：骨折是常见的疾病，如发生骨折要去医院拍片、就诊，切忌自己按摩或复位。因为不常规的治疗会加重局部出血、肿胀，延长骨折愈合时间，甚至导致畸形愈合，使骨骼失去原有的功能。

5. 教师演示骨折后的包扎固定，学生分组练习，教师指导帮助。（教师亲自演示，激发学生参与兴趣，为学生练习奠定基础）

6. 教师总结：

骨骼好，体形才好。同学们要注意保护骨骼，防止伤害事故。日常生活中要做到坐有坐相、站有站样，防止驼背、斜肩、八字脚。多吃青菜、豆腐、瘦肉和鱼虾，使骨骼健康发育。

活动建议

共 2 课时，适合 2—4 年级教学。骨折的包扎与固定可让学生分组比赛，第 2 课时重点在于骨折包扎固定的操作。

参考资料

《人体之谜——青少年卫生保健常识》，中国人口出版社。

认一认·认识营养

三大营养素
（学科性拓宽型）

活动目标

1. 使学生知道通常说的三大营养素是指蛋白质、脂肪和碳水化合物。

2. 让学生了解三大营养素不仅是构成人体的主要成分，还在生命活动中起着极其重要的作用。

3. 使学生认识到缺少营养素的危害，并因此而合理选择膳食，补充所需营养素。

活动内容

1. 从人类为了维持生命必须摄取一定数量的食物谈起，介绍三大营养素的名称及分类。

2. 通过录像向学生讲解各种营养素在生命活动中所起的作用。

3. 结合挂图使学生知道各种食物中所含的营养素的多少，并告诉他们缺少某种营养素会出现的一系列症状。

4. 让学生根据自己的实际情况说一说应该如何调整自己的膳食，以弥补营养的不足。

活动建议

小学中、高年级学生适用，共 2 课时。

想一想·食

今天你喝了没有
（学科性拓宽型）

活动目标

1. 使学生明白常喝果汁饮料有碍健康这个道理，并初步了解其中原因。

2. 培养学生勤俭节约、不乱花钱的良好行为习惯。

3. 增强学生的健康意识。

活动内容

1. 播放一系列饮料广告，并让学生说一说平时喝饮料的数量及品种。

2. 请出科学小博士讲述儿童常喝饮料会对将来的身体健康造成损害的道理。

3. 小组讨论：听了科学小博士的讲述后有什么感想？每组选派一名代表发言。

4. 教师小结。

5. 给每位同学发一份"告家长书"，让家长督促学生少喝饮料，以提高自身的身体素质。

活动建议

小学低、中年级学生适用，共 1 课时。

想一想·行

怎样坐、怎样立
（活动性趣味型）

活动目标

1. 让学生知道正确的坐、立姿势。

2. 让学生在活动中养成良好的行为习惯。

活动内容

1. 本课从学生身边的现象谈起，采取小表演的形式，让一些学生做好示范，再让其他学生对照检查自己，从而知道：正确的坐姿应该是上身保持正而直，坐满椅面，两脚落地平放，要挺胸抬头，两肩一样平。正确的站立姿势应该是：站立时上身要保持正而直，挺胸抬头，两眼平视或稍稍仰视，两臂自然下垂，两腿并拢站直，立正时，五指要并拢，脚后跟靠紧。

2. 知道正确的坐、立姿势以后，可以采取个别训练、小组训练、全班训练、个别示范、小组表演等形式，坚持训练，形成良好的习惯。

3. 课的最后可以教给学生们一首儿歌：

坐如钟，立如松，

身体好，利学习。

走路姿势要注意，

从小养成好习惯。

活动建议

小学低年级学生适用，第1课时讲授，第2课时在活动中巩固。

想一想·用

怎样正确刷牙

（活动性趣味型）

活动目标

1. 指导学生学会正确刷牙的方法，纠正拉锯式刷牙方法。

2. 教育学生养成每天早晚坚持正确刷牙的习惯。

活动内容

1. 小品激趣，说明早晚刷牙的重要性。

2. 每组推选一名同学做刷牙的动作，评判对与错。

3. 老师示范，学生跟着做。

4. 老师检查学生的刷牙方法，结合实际进行指导。

5. 教学儿歌：

早晚要刷牙，饭后要漱口，保持口腔清洁，有益牙康健。

活动建议

小学低年级学生适用，共2课时。

听一听·美味佳肴

腊八粥

（活动性趣味型）

活动目标

1. 了解腊八粥的起源。

2. 培养学生的动手能力。

活动内容

1. 讲《释迦牟尼与腊八粥》的故事，让学生了解腊八粥的来历。

2. 简单介绍腊八粥的用料、做法。

3. 集体动手制作腊八粥，培养学生的动手能力。

活动建议

小学低、中年级学生适用，共 2 课时。

听一听·生活常识

喝水的学问

（学科性拓宽型专题讲座）

活动目标

1. 使学生知道喝水也是一门学问。

2. 使学生了解什么时候该喝水。

3. 使学生了解什么人该多喝水。

4. 使学生了解各种水的不同作用。

活动内容

1. 以谈话导入，使学生明确讲座内容。

2. 设疑激趣，讲述喝水的学问。

3. 讲述哪些情况、哪些人应该多喝水。

4. 简单介绍流行的矿泉水、纯净水的好处与弊端。

活动建议

小学低、中年级学生适用，共 2 课时。

听一听·常见病

预防感冒

（学科性拓宽型专题讲座）

活动目标

1. 使学生知道感冒的一些主要症状。

2. 使学生知道感冒后要多喝水、多休息，及时就诊。

3. 让学生了解预防感冒的方法。

活动内容

1. 故事引入课文，让学生了解感冒后的症状。

2. 播放录像，介绍什么是感冒，得感冒的主要原因和治疗方法，使学生知道怎样预防感冒。

3. 根据感冒的原因让同学们谈一谈怎样预防感冒，指导学生读儿歌：

得了感冒要注意，

多喝开水多休息，

及时治疗不迟疑。

常锻炼，强身体，

天气变冷要加衣，

预防感冒要牢记。

活动建议

小学中、高年级学生适用，共 2 课时。

参考资料

小学义务教材《健康教育》第四册第 15 课。

智能训练

记忆力的训练

（活动性趣味型）

活动目标

1. 使学生了解自己的记忆力情况。

2. 掌握良好的记忆方法。

适用对象

小学五、六年级学生。

活动准备

1. 记忆力评估问卷。

2. 单词再认材料。

3. 数字配对材料。

4. 短文《猫号》。

活动过程

1. 记忆力评估：

发给每名学生一份记忆力评估问卷，让学生回答问题。然后与学生共同分析答案，帮助学生了解自己的记忆力状况、自己使用的记忆方法，以及什么记忆方法更好。（通过记忆力评估问卷，使学生了解自己的记忆力以及运用记忆力是否得当）

2. 再认能力评估和训练（为了了解和训练学生的再认能力）：

（1）先向学生呈现第一套单词卡片，叫学生记住。（每张卡片出示时间为2秒）

（2）再出示第二套和第一套合在一起的卡片。（出示时间3秒，间隔时间2秒）

（3）叫学生判断，哪些是已看过的，哪些是新出现的。

3. 数字—汉字配对作业（让学生在实际的游戏中训练学生机械记忆能力）：

（1）出示数字—汉字配对材料，并展示5分钟，让学生识记5分钟。

（2）休息后，展示数字，问：你会配上汉字吗？

4. 意义记忆能力训练（让学生在回答问题的过程中训练意义记忆能力）：

（1）出示短文《猫号》，让学生识记5分钟。

（2）出示有关问题，让学生回答：

①财主老乔称他的猫为什么？

②为什么那些客人要为那只猫改名？

③第1~6个客人将那只猫的名字改成了什么？

④客人中的一位老人说了什么？

⑤这个故事说明了什么？

5. 补充活动：

（1）倒数数字：两两配对，让一个学生顺唱数字，另一个学生倒唱数字。

（2）记忆广告中日用品画面：让学生自己在报纸或杂志上剪下20种日用品图画，将其贴在一张白纸上。让学生静看3分钟后，将其收起来。然后让学生在另一张纸上，凭自己的记忆一种一种写出来。

6. 活动小结：

教师小结：良好的记忆方法和技巧是提升记忆效果的重要条件。同学们不仅可以在课堂上，还可以延伸到课堂外来不断提高这方面的能力。

活动建议

教师在课堂上要多鼓励学生，采用生动活泼、灵活多样的教学方法，增强学生的自信心，激发强烈的记忆动机和兴趣，以促进学生记忆力的发展。

认识与悦纳自我

我的能力

（学科性拓宽型）

活动目标

1. 让学生了解一般能力即智力的概念。

2. 让学生了解自己的智力水平。

3. 了解如何在学习中通过自我努力来取长补短。

适用对象

小学中、高年级学生。

活动准备

1. 智力竞赛题目。

2.《阿凡提的故事》录音。

3. 组织排练、表演有关节目。

活动过程

1. 播放录音故事《阿凡提》。

故事内容：从前，有一个县长从狼口里救下了一只绵羊，绵羊乖乖地跟他回到家里，县长就动手宰羊。绵羊拼命地叫，惊动了隔壁的阿凡提。阿凡提过来看。县长对他说："这只绵羊是我救出来的。""那它为什么还骂你呢？"阿凡提问。"它骂我什么？"县长不解地问道。"它骂你也是一只狼。"阿凡提回答说。县长听了，心里惭愧，便将绵羊放了。（通过故事，引出"聪明"的概念，激发学生了解智力的动机）

2. 讨论：阿凡提是不是很聪明？知道聪明是可以测量的吗？想知道自己的智力水平吗？

3. 组织智力竞赛游戏：教师先向学生讲明智力竞赛的目的，再说明竞赛的规则和要求，将学生分成两组，座位左右分开。（这项游戏在于调动学生的

积极性，让学生开动脑筋，并在竞赛中发现自己的优势与不足）

附：智力竞赛题

（1）假设3只猫能在3分钟内杀死3只鼠，请问100只猫杀死100只鼠要花几分钟？（3分）

（2）大人带着小孩，小孩是大人的儿子，大人不是小孩的爸爸。请问两人是什么关系？（母子）

（3）一位牧羊人有17只羊，除了9只外，全部死光了，请问他还有几只羊？（9只）

（4）下面两种数学式的读法，你认为哪种是对的？（都不对）

①8加8是15。

②8加8等于15。

（5）有一个魔术盒，里面装了几个鸡蛋，魔法一施展，每分钟鸡蛋的数目就增加一倍，1小时整，盒内装满了鸡蛋。请问几分钟时，盒内为半满状态？（59分）

（6）池塘中许多鸭子游水，请问最少要多少只鸭子才能排出下述阵式队形：一只鸭子前面有两只，一只鸭子后面有两只，两只鸭当中有一只。（3只）

（7）河东岸只有一艘船，最大载重量只有200英镑。一位体重200英镑的先生带着两个体重都是100英镑的小孩，3人居然利用这条小船到达河西岸。请问他们用的是什么方法？（两个小孩先过，一人划回来，大人一人过，小孩划回来载另一小孩）

4. 教师结合智力竞赛，简要讲述智力包括反应速度、计算和思维推理能力、记忆力、注意力等。组织讨论（通过讨论让学生认识自我）：

（1）自己的智力在学习中有何优势和不足？

（2）如何通过自己的努力来取长补短？

5. 小结：通过努力学习，可以提高自己的智力水平，平时我们要在学习中注意根据自己的优势与不足有意地取长补短。

6. 角色扮演：请几名学生分别扮演记忆困难、思维概括能力较差、观察不准确、注意力不集中等情况，请其他同学帮助角色中的人物。（通过创设情境，注重对较差的学生给予鼓励和支持）

7. 总结：智力有高低，但只要勤奋，都能成功。

活动建议

1. 在活动中教师要注意多启发、鼓励学生。

2. 要让学生明白智力并不是影响学生学习成绩的唯一因素。

3. 对智力差的学生要有意识地鼓励和支持。

学习心理指导

怎样听好课
（学科性拓宽型）

活动目标

1. 学生知道听课是学好功课的关键，懂得做好课前准备、专心听讲、勤于思考、勤做笔记、大胆发言和努力培养听课兴趣的道理和方法，提高儿童听说能力。

2. 培养学生耐心听讲、专心听讲的好习惯。

活动准备

1. 事先准备好有关卡片。

2. 一封信。

适用对象

小学三、四年级的学生。

活动过程

1. 比一比，讲一讲，懂得听课的重要性。

（1）谈话，提出要求：

同学们，今天这堂课，我们先来开展一次比赛，看谁的听力最强。听老师念一段话，再回答问题。

（2）故事内容如下：

有两只羊同时从一座独木桥上走过，白羊到桥南去，黑羊从桥北来，两只羊走到小桥中间，谁也不让谁。结果怎样？（通过创设情境，激发了学生的兴趣，为下面的活动奠定了一个好的感情基础）

（3）出示小黑板，学生选择：

①白羊和黑羊停在小桥中间，走不了。

②白羊和黑羊一前一后走过去了。

③它们打了起来，都掉到河里去了。

④黑羊撞倒白羊，到了桥南。

（4）请选择正确的答案，并表扬选对的同学。（通过一个选择题，培养学生认真听课、细心的好习惯）

（5）小结：

从刚才的比赛，我们不难发现，听好课是答好题的关键，不认真听，同学们就不知道该想些什么，也不知道该怎么想，所以，听课是学好功课的关键。今天这堂课，我们一起学习讨论怎样听好课。

2. 读一读，议一议，知道充分的课前准备是听好课的前提。

（1）启发回忆：你平时上课前做过哪些准备工作？

交流并小结：充分的课前准备，是听好课的前提。

（2）引入：课前怎么做，才能上课认真听呢？

分组学习材料第 2 节，讨论：上课前准备要……不要……

（3）小组交流汇报。（让学生在实际工作中掌握技能）

（4）教师小结：

课前不预习，听课很吃力；课前不备齐学习用品，课中就手忙脚乱；课前参加剧烈活动或急于做作业，上课精力不充沛。总之，课前准备不充分，是听不好课的。

3. 听一听，议一议，懂得听课时必须专心致志。

（1）听录音故事。

（2）奕秋的两个弟子同时学下棋，为什么一个棋艺精，一个却没有长进呢？从这个故事中，你懂得了什么？（让学生在听故事中明白上课必须认真听讲，不能分心）

（3）小结：学好功课，上课听讲千万不能分心，一定要养成专心听讲的好习惯。

4. 看一看，议一议，懂得动脑思考、大胆发言的重要性。

（1）看录像。从录像中，你知道想听好课还要做到哪些？

（2）你要向录像中的大哥哥大姐姐学习什么？（通过直观教学激发学生的学习兴趣）

（3）小组讨论。

（4）联系实际：我们班上哪些同学能做到勤于动脑、大胆发言呢？

（5）针对这几点，你哪些地方做得还不够？

（6）小结：我们每个同学都要向录像中的大哥哥、大姐姐学习，勤动脑、多思考、多提问，大胆回答老师的问题，这样才能不断进步。

5. 讨论来信，明确听课要自始至终有耐心。

（1）请一个学生把信的内容说一说。

（2）听信思考：许老师在信中告诉我们，上课听讲要注意什么？（给学生

充分的自由与民主，同时训练学生的口头表达能力及讲话的逻辑与层次）

（3）小结：老师在信中说得多好啊！一堂课中，老师的"开场白"提出了学习的目标，使我们做到心中有数；老师的"结束语"画龙点睛，总结这堂课的主要内容，所以同学们一定要养成自始至终听好课的习惯。

6. 听一听，议一议，注意培养听课的兴趣和耐心。

（1）说到信，老师想起前两天有一位同学给老师写的一封信，他说碰到了一个难题，想请老师帮他解答，我请同学们一块儿来帮助他。

（2）读信。

（3）教师小结：

知识是相互联系的，语文学不好，数学也难学；前面学不好，后面更难学。所以每门课、每节课，我们都要认真听。有的课不喜欢怎么办？有两个办法：一是听课时要有耐心，二是培养兴趣。有了耐心，便会专心，听懂了，成绩好了，兴趣也来了。

活动建议

儿童处于长身体阶段，保护他们的身心健康是老师的天职。本堂心理辅导课，力求从学生中来，到学生中去，切实帮助学生解决学习中遇到的难题。建议 1 课时完成。

协调人际关系

如何进行有效的人际沟通
（学科性拓宽型）

活动目标

1. 教育学生明白语言沟通对人际沟通的作用和价值。

2. 教育学生学习语言沟通的技巧。

适用对象

小学五、六年级的学生。

活动准备

1. 教师事先录制好相关的录音带。

2. 事先找几个有表演才能的同学表演相关的动作。

活动过程

1. 情境创设：

播放一段录音，内容如下：

小芳：嗨，小东，你的书包掉到地上了。

小东：咦？怎么会掉了？我刚才不是明明挂得好好的吗？小芳，是你碰掉的吧！你把它捡起来！

小芳：不！不是我碰掉的。我看见时它早就在地上了，我也不知道是谁碰掉的。

小东：我不管，反正你得把它捡起来挂好，否则，我对你不客气。

小芳：你这人怎么这样，我好心告诉你书包掉了，你却说是我碰掉的，说话这么不客气，我不捡，你要怎样？

小东：你不捡，我就揍你。

小芳：你敢，我告诉老师去！（通过创设情境，激发学生兴趣，把学生的情感调到高涨状态，为下面的活动奠定较好的情感基础）

2. 组织讨论：

（1）内容：

①是谁和谁在谈话？

②他们在说些什么？

③他们说得对吗？为什么？

④如果你是小东，你会怎么对小芳说？

⑤如果你是小芳，你会怎么做？

（2）形式：前后四人为一组。（让学生学会小组学习，在相互讨论中有所启示）

（3）小组讨论，教师巡回参与。（教师以指导者、组织者、学生的朋友身份出现更利于发挥学生学习的主体性）

（4）交流。

（5）教师小结：语言是人们进行人际沟通时最常用的方式，同学们无论与谁说话时，都要注意用词恰当，使用文明用语，做到客气、有礼貌。

3. 角色扮演：

（1）如：父子、师生、朋友等进行交流。谈话主题参考：

①去公园游玩；②向教师请教功课；③星期天一起野炊；④放学后一起打乒乓球。

（2）形式：抽签表演。（通过角色扮演这一形式，激发学生的参与兴趣，并使学生体验到不同关系人物交谈的"你真棒""注意点"等语言）

（3）师生讨论交谈是否恰当，应如何改进。

（4）老师用手势语表扬：你真棒！（用手势语表扬，使学生耳目一新，并为下一个补充活动做铺垫）

4. 补充活动：

（1）了解体态语言的作用。

①学生运用体态语言进行表演，大家猜表演内容。（学生通过亲自表演体态语言，对身体语言有更深的认识，激发了学习兴趣，增强了参与意识）

形式：同桌讨论准备。

②上台表演：

情景参考

一学生活动其手臂，上下跳，脸上表现出高兴的神情。

一学生用双手不停摩擦，表现出很冷的动作。

一学生双手不停地摩擦，表现出很痛的动作。

③教师小结：

我们还可以用体态语言来表达我们的意思，因此在与人交谈时要会从对方的表情、动作来了解对方的感受，同时自己必须注意使用好体态语言。

（2）"耳边传话"游戏。

①分成四大组同时进行。

②请每组最后一位同学上台公布听到的那句话。教师和学生共同评判传话的效果如何。（"耳边传话"的游戏使这节活动课进入高潮，学生人人参与更易体验到语言在传递中会发生变化这一特性，并明白在与人交谈时需注意语言的准确性）

③教师小结：

语言在传递过程中会发生一定变化，我们在与别人交流时要注意讲话的准确性，同时要注意理解别人的话语。

人际沟通能力是在实践中形成和发展起来的，同学们不仅可以在课堂上，还可以延伸到课堂外来不断提高这方面的能力。

活动建议

1. 在活动中，教师要给学生创造各种练习的机会。尤其是对于那些内向的，不善于人际沟通的学生，教师应给予帮助与鼓励。

2. 某些学生人际沟通能力差，是由于缺乏与人交往的勇气，教师可以采用循序渐进的方式，先从表达自己的思想开始，选一个自己熟悉的话题向学生转述，在此基础上，表述范围可逐渐扩大延伸，最后达到学生与人熟练进行自由沟通的境界。

情绪调节

如何正确对待挫折
（学科性拓宽型）

活动目标

1. 认识到困难和挫折是我们在生活中不可避免的事情。

2. 认识到困难和挫折的两重性及对待挫折的正确态度。

3. 学会在遇到挫折时寻求帮助。

活动内容

1. 小品表演：一位同学不会做数学题，抓耳挠腮，不知如何是好。

2. 讨论：他该怎么办？

3. 小结：遇到困难无法解决时，要寻求他人的帮助。

4. 交流自己遇到困难时获得别人帮助的事例，让学生知道有很多人能帮我们解决困难。

5. 讨论：在我们的生活中谁能帮助我们？

（1）哪些人可以帮助我们？

（2）这些人可以在什么方面帮助我们？

6. 配对游戏：将人和帮助内容卡片配对。

7. 短剧表演：求助态度不同会导致不同结果。

8. 总结：寻求帮助一要选择适当时机，二要明确说出需要帮助的内容。

活动建议

1. 注意引导学生认识对待困难和挫折的正确态度。

2. 学会有效地寻求帮助。

3. 本内容适宜小学中、高年级学生，需要 2 课时完成。

（四）艺术天地

1. 实施要求

（1）目标要求

弥补农村学生在艺术教育方面的不足，挖掘农村艺术教育资源（如民间艺术等），提升学生艺术素质。

沟通科际美育联系，使学生在各科中接触的艺术信息能纳入统一的背景，从而达到结构化、系统化、综合化。

给予学生更多的自主学习的空间和时间，增加学生直接体验的机会，鼓励学生的个性养成，培养学生的创新精神与实践能力。

（2）内容要求

音美教材中没有或薄弱，但在生活中以及其他学科中涉及的艺术内容。

能带给学生兴趣及愉快体验的艺术活动。

（3）方法要求

灵活多样，正视差异，重视环境的创设及问题的解决，淡化客观定量评价。

2. 所含单元及单元实施要求

共四个单元：大家做、大家乐、大家玩、大家学。

大家做：主要在低年级实施，内容以工艺美术为主，学生通过剪、贴、折、拼、穿、编、撕、捏等方式，感受美、体验美、创造美；同时在这一系列动态过程中，享受成功的快乐，获得手脑的协同发展及审美素质的提高。

大家乐：主要在低年级实施，内容以音乐游戏为主，让学生在蹦蹦跳跳、唱唱玩玩中获得愉快的内心体验，在轻松快乐的过程中陶冶艺术情操，提高艺术素养。

大家玩：主要在中年级实施，内容以自制乐器为主，让学生以"玩乐器"的轻松心态，面对各种乐器，了解各类乐器，并试着制作一些乐器，领略大自然赋予我们的美妙音乐，并激发学生的灵感，使其有新的收获。

大家学：主要在中、高年级实施，内容包括音乐家介绍、好歌献给你等音乐百科知识，旨在让学生了解一些艺术常识，拓宽艺术视野，使其他学科中的艺术内容能在一个更为广阔的主体背景中同化、顺应乃至整合分化。

3. 课时安排及具体篇目

"艺术天地"共计113课时，其中："大家做"41课时，"大家乐"29课时，"大家玩"23课时，"大家学"20课时。见表2-10。

表2-10 "艺术天地"安排一览表

单元		内容	课时	备注	单元	内容	课时	备注
大家做	贴画类	毛巾狮子	1		大家乐	摘橘子	2	
		绒线贴画：苹果	1			拍电报	2	
		金鱼戏水	1			快乐的圆舞曲	2	
		蝴蝶	1			找朋友	2	
		狮子王	1			跳呼啦圈	2	
		小刺猬背红果	1			说名字	2	
		蛙趣	1			传花	2	
		小米贴画：天鹅	1			丢手绢	1	
		火柴人跳舞	1			快乐的动物园	1	
	折纸类	宝塔	1			踩青	2	
		动物	2			我的位置在哪里	1	
		龙珠	1			小熊钻圈圈	2	
		皇冠	1			小孔雀	2	
		猴子爬山	1			蜜蜂和小熊	1	
		计时表	1			他是谁	2	
	穿编类	叶编蝈蝈	1	详案		洗手绢	1	
		纸编金鱼	1			蝴蝶翩翩	2	
		纸编坦克	1		大家玩	来自泥土的音乐	2	
		绳结	1			杯琴	1	
		结扣装饰	1			玻璃编钟	2	
		丝带幸运环	1			沙球	2	
		风铃挂饰	1			响板	2	
		装饰结扣	1			碰铃	2	
		玻璃带宝塔花	1			串铃	2	
		玻璃带金鱼	1			蛙鸣筒	2	
		草编扇	1			排箫	2	
		竹片风车	2			玩芦笛	2	
		竹弓手枪	1			爵士鼓敲起来	2	详案
		公鸡	1			吹画	2	

续表

单元	内容		课时	备注	单元	内容	课时	备注
大家做	穿编类	小猫	1		大家学	中国的音乐院校及音乐会	2	
						国际的音乐比赛及音乐节	2	
	泥塑类	老鼠	1			江南丝竹	2	
		蝴蝶	1			二胡	2	
		人物	1			笛子	2	
		树	1			走近莫扎特	2	
		篮子	1			贝多芬之路	2	详案
	纸玩类	拼图	1			永远的舒伯特	2	
		纸风车	1			李斯特、肖邦与钢琴	2	
		康乃馨	1			美术作品中的艺术形象	2	详案
		彩带结饰	1					

4. 活动案例

大家做·贴画类

毛巾狮子

（活动性趣味型）

活动目标

1. 通过毛巾贴画，培养学生的设计意识。

2. 让学生掌握毛巾贴画的方法。

3. 培养学生形象思维能力以及有序的操作能力。

活动对象

小学中、高年级学生。

活动准备

小方毛巾、各色碎布、绒线、黑色水笔、胶水。

活动过程

1. 把毛巾四边拉毛。

2. 拉毛后的效果。

3. 用碎布剪贴眼睛，绒线做胡须，最后用水笔画嘴和毛孔。

活动建议

教师可以在狮子的基础上让学生展开想象，利用毛巾做其他的动物。

大家做·折纸类

宝塔
（活动性趣味型）

活动目标

1. 培养学生的动手能力和造型能力。

2. 使学生了解折纸的基本步骤与制作符号。

3. 使学生学会宝塔的制作方法。

活动建议

纸折宝塔适合于中、高年级学生。可以采用各色彩纸制作；也可以折好后，上色美化。

大家做·穿编类

叶编蝈蝈
（活动性趣味型）

活动目标

1. 培养学生热爱大自然的情感。

2. 学习有一定难度的蝈蝈编结工艺，使学生能按步骤图完成蝈蝈的编结。

3. 培养学生动手制作的能力。

适用对象

小学中、高年级学生。

活动准备

教具：范作数只，编结分解部件1套，编结步骤图。

学具：35cm长细铁丝1条，火柴梗2根，剪刀、胶布、尺、棕榈树叶若干。

活动过程

1. 导入揭题

启发谈话：同学们，夏天是一个七彩的梦幻季节，是一个金色的童话世界，在树梢上、花丝间、草地里、池塘边，有蝶飞、蝉鸣、蛙声、鸟影，今天老师给你们带来了一位大自然的小客人，大家猜一猜，它是谁？（蝈蝈）（通过创设情境，激发学生的兴趣，调动学生的学习热情）

你们喜欢它吗？它是一位歌唱家，它的歌声委婉动听；它是一位舞蹈家，它的舞姿优美动人。今天我们要在这里开一场蝈蝈音乐会（出示范作）。你看，有的蝈蝈在练声，有的在翩翩起舞，有的穿上了美丽的花衣裳来看表演。这些蝈蝈是真的吗？它们是用什么材料做成的？今天我们就一起来学习用棕榈树叶编结蝈蝈。

2. 指导制作方法

（1）教师示范

请一位同学到讲台计时，并向全班同学报时，教师在 2 分钟内用棕榈树叶编结一只蝈蝈。（教师的直观表演，增强学生的求知欲望）

（2）讲解编结步骤（学生跟老师同步编结，有利于学生掌握蝈蝈的编结方法，培养学生的动手能力和做事要细心的品质）

①用胶纸将线贴在叶折痕处，照虚线剪出。

②照虚线剪开，留 7cm 做蝈蝈尾巴，铁丝弯向蝈蝈腹部，露出长度为 7cm。

③依箭头所示，向内套住铁丝，背面做法相同。

④将挂历纸向上折平，再依虚线向蝈蝈的腹部横折。

⑤同③，向内绕套住铁丝，背部也采取同样的方法。

⑥依④⑤步的方法，一正一反，每边 6 次，折成蝈蝈的腹部。

⑦将叶向上穿过铁丝孔，拉紧腹下铁丝。

⑧修剪蝈蝈头部触须，插上火柴梗做蝈蝈的眼睛。

⑨取两段 2cm×10cm 的叶筋，在 1/3 处打结插进蝈蝈尾部和腹部相交接的地方做腿。

3. 学生制作，师巡回辅导

辅导要点

（1）强调编结的先后步骤，特别是③④步。

（2）启发学生扩展思路，采用多种材料编结。（如丝带、挂历纸等）

（3）注意因材施教，让基础好的学生锦上添花。

（4）动手能力差的学生可三四人为一组，互相启发，协作完成。（给学生自由发挥的余地，发挥学生的主体性和学习主动性，培养学生团结互助精神。注意知识的运用，让学生知道学以致用的道理）

4. 展评作品、小结

今天我们学习了编结蝈蝈，随着你们慢慢长大，知识会越来越丰富，希望大家能用这种基本编结方法，举一反三，编出更多、更美、更精致的装饰品来美化我们的生活。

大家做·泥塑类

老鼠

（活动性趣味型）

活动目标

1. 培养学生的动手能力。

2. 掌握泥塑老鼠的制作方法。

3. 让学生在活动中体验成功的喜悦。

活动对象

小学中、高年级学生。

活动准备

纸、黏土、剪刀、牙签、颜料、一杯水、布、细工棒、白胶。

活动内容

1. 用泥土分别做出老鼠的头、耳朵、眼睛、鼻子、四肢、身体。

2. 使用白胶连接好四肢。

3. 分别完成头部与身体的连接后，在接合处插入牙签，固定时较为容易。

4. 干后上色。

活动建议

开始动手前，准备好所有的工具。另外，要用湿的抹布来保持土块表面湿润，用后多余的土仍以保鲜膜包好。

大家做·纸玩类

拼图

（活动性趣味型）

活动目标

1. 培养学生的动手能力及耐心、细致的品质。

2. 让学生在活动中体验成功的喜悦。

3. 让学生在活动中增长知识。

活动对象

小学低、中年级学生。

材料准备

厚纸板、水彩笔。

活动过程

（1）在厚纸板上画上图案，涂好颜色。

（2）按色块或图案分割。

（3）用小刀沿分割线切开。

（4）衬上底板，拼图就完成了。

大家乐

蝌蚪变青蛙

（活动性趣味型）

活动目标

1. 发展儿童的音乐想象力，培养音乐节奏感。

2. 通过游戏教育学生爱护青蛙。

3. 让学生在活动中长知识。

适用对象：小学一、二年级学生。

活动准备

场地、音乐磁带、录音机、头饰。

活动过程

1. 启发想象

（1）播放《小蝌蚪找妈妈》的故事录音，启发学生想象蝌蚪的游、青蛙的跳，找几个做得最像的小朋友出来表演，其他小朋友学他们做。（通过启发想象，激发学生的学习兴趣，为下面的活动奠定了一个好的基础）

（2）老师引导：今天我们就一起来做一个游戏——蝌蚪变青蛙。

（3）刚才上台来表演的同学表演得好不好？谁还愿意上来试试。（让学生尝试，掌握各自动作的特点）

2. 练习基本动作

（1）练习蝌蚪动作：步子小而快，路线要蜿蜒前进，双手掌心相背在臀部后面，"游动"时手臂、手腕柔软地左右摆动，上身随手臂的摆动摇晃。

（2）练习青蛙的动作：双腿拉宽同肩，脚步朝外，成外八字形。双手五指张开，手心朝前举至头部左右侧。双腿起跳时半蹲，跳起后膝盖伸直，双手也要向空中伸直，落下时脚掌先落地，动作同起跳动作。

（3）学生自由练习，教师巡回指导。（教师以指导者、组织者身份出现，讲解动作要领，让学生学会基本动作）

3. 游戏的方法

（1）全体学生站成一个大圆圈，面对圆心。

挑选出几名小朋友，站在圆圈中间扮演蝌蚪。（让学生自始至终地参与活动的全过程，培养学生的团结协作能力，有利于调节好学生与学生之间的关系）

（2）4～22 小节按蝌蚪游的动作在圆圈中自由"游动"。

（3）23～26 小节，"小蝌蚪"迅速朝圆圈上的小朋友靠拢，这名小朋友就是蝌蚪变成的青蛙了，"青蛙"迅速跑到圆圈中，做好青蛙起跳的姿势。

（4）27～42 小节，五只"青蛙"按青蛙的动作每小节跳一次，在圆圈中自由地跳来跳去。（给学生自由的空间，有利于学生的创新）

（5）43～46 小节，五只"青蛙"迅速朝圆圈上的小朋友跳去，自由地选择一位小朋友靠拢，这位小朋友在下一次游戏中又扮蝌蚪了。小"蝌蚪"跑到圆圈中，游戏又重新开始。（在角色转换的过程中培养学生间的默契，促进了学生的相互团结，能再次激发学生表演的积极性）

（6）在整个游戏中，"蝌蚪""青蛙"不唱，圆圈上的小朋友应边拍手边唱。

（7）活跃气氛，让学生带上头饰表演。

4. 教师小结

同学们，今天我们大家做了蝌蚪变青蛙的游戏，知道了青蛙是由蝌蚪长成的，青蛙是庄稼的保护神，大家一定要爱护它。

活动建议

1. 在活动中，充分发挥学生的主体性。

2. 在整个活动中，教师也应积极参与，做学生的朋友。

3. 在活动过程中，要善于发现学生的闪光点。

大家玩

爵士鼓敲起来
（活动性趣味型）

活动目标

1. 培养学生对音乐的兴趣，并努力使之内化为素质。

2. 培养学生的动手实践能力，展现学生个性风采，增强学生的合作意识与合作能力。

3. 渗透一定的环保意识与创新意识。

适用对象

小学四、五年级学生。

活动准备

饮料瓶、八宝粥瓶、铁质饼干盒、铁条、铁丝、铁杆、木棒、橡胶皮、剪刀、钳子、锤子、彩色颜料、画笔等。

活动过程

1. 情境创设

（1）播放通俗音乐伴奏乐队的录像（最好是《世界杯之歌》）及图片，包括电子琴、爵士鼓、萨克斯、小号等乐器，将演奏的画面定格，允许学生模仿、联动。（通过创设情境，激发学生兴趣，把学生的情感调到高涨状态，为下面的活动奠定一个好的情感基础）

（2）老师引导：今天我们准备的材料较适合制作其中的什么乐器？学生回答。（培养学生的直觉思维）

（3）画面反复播放爵士鼓的演奏，你会演吗？学生用手敲桌子，或用所带木棒敲桌子、盒子等。（先让学生尝试，并领略基本方法）

2. 分组活动

（1）布置任务：今天我们先来制作爵士鼓。

（2）分组讨论：爵士鼓分成小鼓、桶鼓、大鼓、吊钹、踩钹、大小鼓槌、铁架等部分。小组制作目标的确立及手头材料与制作目标是否一致？如何调整？包括目标调整、人员调整、材料商谈等。（让学生在实际工作中掌握分析问题、制订方案的能力）

（3）小组活动：教师到各组巡回参与指导。（教师以指导者、组织者、学生的朋友身份出现，有利于发挥学生的主体性）

音乐、灯光渲染。（根据暗示教育原理，合适的音响灯光有利于学生思维的激活）

制作参考意见：允许学生别出心裁。

（4）展示交流。

①交流方式：自由交流及小组代表上台交流。

②交流内容：介绍自己组的作品、完成过程、问题的解决及制作心得等。

③鼓励其余学生询问、补充与讨论。（给学生充分的自由与民主，训练学生的口头表达能力及讲话的逻辑与层次，让学生的求异思维与发散思维有空间与市场，有利于学生创新）

④音乐、灯光等暗示渲染。

（5）作品美化。

利用所带颜料给自己的作品涂色。

3. 教师小结

今天，大家把一些废旧物品加工成了爵士鼓。老师从中看到了大家的聪明才智，也了解了同学们的动手能力。希望大家在生活中也要多动脑，多动手。下一堂课，我们还要用这些鼓奏出美妙的节奏来。

活动建议

1. 在活动中，充分发挥学生的自主性、创造性，让学生畅所欲言，关键在于每个学生的积极参与、尝试及合作，建议活动后不要评选，以鼓励评价为主。

2. 教师在整个活动中应积极参与，与学生做朋友，并能提出建议，帮助学生解决问题。

3. 教师在学生活动中努力挖掘学生的闪光点，对优点要大力表扬，对作品存在的缺陷不要批评，但可提修改意见。

大家学

贝多芬之路
（学科性拓宽型）

活动目标

1. 初步了解贝多芬杰出的音乐才华、追求平等的民主思想和非凡的人格魅力。

2. 培养对音乐的热爱与热情。

3. 欣赏部分贝多芬的代表音乐。

活动内容实录

同学们，早在 1824 年 5 月 7 日，维也纳的一处音乐厅中，一位老人正指挥着一个庞大的乐队与合唱团演出。乐曲在汹涌澎湃的合唱中结束了，台下的听众再也不能抑制内心的激动，山呼海啸般的掌声与欢呼席卷了整个音乐厅。可奇怪的是，那位指挥依然低着头，用指挥棒轻轻敲打着节拍，当领唱的女高音非常小心地拉着他转过身时，老人禁不住热泪满盈，但此时的他再也无法听到观众热烈的欢呼，他只能从听众外表的狂热表现去窥视他们内心的激动。这位老人便是早已双耳失聪的"乐圣"——贝多芬。看他那刚毅的脸，再加上那一头乱蓬蓬的卷发，多么像一头雄狮啊！

贝多芬全名路德维希·凡·贝多芬，于 1770 年 12 月 16 日诞生于莱茵河畔的波恩城。他的祖父是一位宫廷乐长，父亲是一位男高音歌手，母亲是厨师的女儿。和许多伟大的音乐家一样，贝多芬出身贫寒，但凭借着非凡的音乐才华与超人的毅力，最终成为伟大的音乐家和思想家。今天，老师将在这里介绍贝多芬闪光的一生中几则小小的故事，聆听贝多芬浩瀚的音乐作品中的几则经典之作。

早在 20 岁的时候，贝多芬就离开家乡波恩，来到当时欧洲的音乐之都维也纳。经过十年的努力，贝多芬成为维也纳最为著名的新兴音乐家。但在1796 年，贝多芬 25 岁时，他常感到听力有些不妥，有时听不到高音，有时听别人讲话会漏掉几个字，这情形时好时坏。又过两年，开始耳鸣，听不到别人轻声说话，为了不被人发觉，他一直装出一副心不在焉的样子，直到 1800年，贝多芬已充分意识到自己的听觉出了大问题，对于音乐家，这无疑是世界末日。

1802 年，在维也纳北郊海立根斯塔特这个小镇，贝多芬写下了著名的《海立根斯塔特遗嘱》。在遗嘱中，贝多芬说：

"以为我厌恶尘世、憎恨人类、心怀恶意的人们，你们就大错特错了，你们不知道我离群索居的秘密。从童年起，我的心胸就充满善意，渴望造福人类，但是我被迫放弃与他人交往的乐趣，就像一个被社会放逐的人，因为一旦接近别人，我就心怀恐惧，生怕自己的隐疾被人发觉……"

但贝多芬终于把对准自己胸口的枪放了下来，他说："只差一念，我就已经结束了自己的生命了，但艺术不容许我这样做，在完成命中注定要写的作品之前，我觉得自己不可以离开这个世界。"接着，他又在他的笔记本上写出了这样惊世骇俗的话语："我要扼住命运的咽喉，绝不让它把我拖倒。"哦！说出这样的话，需要多么大的勇气啊！可在当时，谁都不知道贝多芬离死神这么近。他耳聋后继续坚持当音乐家，坚持到底，终于攀上了前无古人、后无来者的巅峰——自古以来，只有贝多芬一人而已。贝多芬有一首《命运交响曲》，这正是贝多芬一生光辉的写照，从黑暗到光明，通过斗争走向胜利，这是《命运交响曲》的整个发展过程。在乐曲的开头，出现了象征命运之神的音乐主题，仿佛命运之神在强烈地敲击着你，在命运之神面前，人是非常渺小的，但又是如此坚韧，于是就出现了人的音乐主题，仿佛与命运抗争之人在艰难爬行。(听《命运交响曲》第一乐章)

贝多芬一生著有三百多部作品，其中有非常著名的九大交响曲。从写《第三交响乐》开始，贝多芬的听觉日趋恶化，而《第三交响乐》正是经历过自杀危机之后所写的一部巨作，也是贝多芬一生创作的最关键、最急迫的转折点。当时正值法国大革命时期，贝多芬备受革命的鼓舞，以极其狂热的革命激情写下了《第三交响乐》，并准备将这首交响乐献给革命的领袖——拿破仑。在贝多芬心中，拿破仑之所以伟大，那是因为他深信这位将军是一个维护自由、理想的大无畏战士。但当他得知拿破仑称帝的消息，在愤怒之下将原来写有献给拿破仑题词的《第三交响乐》的封面撕得粉碎，大骂拿破仑是"新的暴君，是个小人"。等到心情平静下来，便在封面上写道：献给一位逝去的伟人。拿破仑虽将贝多芬心中人道理想打碎了，但贝多芬的内心深处依旧为拿破仑的伟大而心旷神怡，他欣赏拿破仑从社会的最底层一直到法国皇帝的奋斗过程，这大大鼓舞了贝多芬民主、平等的思想。他一直痛恨出生论，认为人的高贵与否并非在出生，在他心目中，艺术家与学者远比达官显贵高贵。有一次，贝多芬曾自豪万分地对一位亲王说："你不过是个亲王，而我却是贝多芬，亲王可以有无数个，但贝多芬只有一个。"贝多芬认为，人生来都应该是平等的，他有一次在给友人的信中写道："人对人恭顺，这使我痛苦！"贝多芬从心底瞧不起那些皇亲国戚，有一次在酒馆中，他与友人谈及皇帝的时候，突然站起来大声说："像这样的家伙首先应该被吊死在大树上！"此言一出震惊四座，吓得整个酒馆的人都跑掉了。但最经典的应数关于贝多芬与歌德的事了。有一次，贝多芬与歌德在维也纳相遇了，这是两位伟人的第一次相遇，他们亲切地交谈着，一同回到贝多芬的寓所去。在回家的路上，他们遇到了皇室的一家子。此时，歌德松开了紧拉着贝多芬的手，站在小路一边恭候。贝多芬想让他回来，但终没说出来。他戴上帽子，扣好上衣，昂首挺胸地穿过那堆脑满肠肥的人群。刹那间，爵爷与侍从们立刻肃立两旁，鲁道夫公爵脱下帽子，皇后又立即向贝多芬致敬。因为这些达官贵人都认识贝多芬。而人群从贝多芬那里走过之后，歌德的表现真让人失望：他站在路边，深深地鞠躬，直到人群的最后一个走过，他才把他的头抬了起来。贝多芬因此非常生气，他大声对歌德说："像我和您走在一起，王公贵族们就该对我们表示敬意才对！"歌德是世界伟大的诗人之一，被誉为德意志民族精神的导师，贝多芬对其极为崇拜，非常热爱他的诗作，但就这一次令贝多芬万分失望的表现，使两位伟人之间的第一次会面竟成为永别。

作为伟大的音乐家、钢琴家，他用音乐征服了世界，但这也是一个异常艰苦的历程。贝多芬的音乐征服了无数听众。据说，每次他演奏完钢琴后，全场观众很少有人眼睛是干的。但在当时，对贝多芬及其音乐持否定态度的人也是相当多的。许多当时著名的音乐家及评论家都说贝多芬"骄傲自大""被胜利冲昏了头脑"；更有甚者，说他的音乐是"疯子的音乐""疯子拼凑出来的作品，如此奇怪、粗糙的音乐，直到听众失去了一切耐心和享受"。等到贝多芬的《第三交响乐》一问世，讨伐之声更是一浪高过一浪，甚至这部伟大的作品在布拉格音乐学院被禁止演出，理由是演奏这样的曲子"有伤风化"。对于敌人的攻击，贝多芬毫不理睬，甚至骄傲地对他的友人说："这些蚊虫的叮咬，不能阻挡一匹骏马的飞奔。"讲到这里，同学们不禁要想，贝多芬为何有如此之多的敌人呢？下面老师就讲几件关于贝多芬的小故事。

贝多芬脾气暴躁，他痛恨别人打断他的乐思，因此常常与仆人吵架，不断更换仆人。据说有一个人只随贝多芬一晚，凌晨便离他而去，因为贝多芬的脾气实在太坏。贝多芬是当时数一数二的钢琴家，在当时的维也纳，钢琴家流行"比武"，在一次比赛中，与之对垒的一位演奏家惊呼："他是魔鬼，他会把我们都弹死掉！"另外，还有一则流传最广的故事：一次，一位新到维也纳的钢琴家与贝多芬比武，他当众宣称，我写的音乐，我所弹奏的曲谱是你贝多芬不懂的，也是弹不了的。当时贝多芬未动声色，待到这位所谓的"技巧高手"弹完，便从其手中拿过乐谱，看了一遍，就将乐谱倒放在钢琴之上，然后头也不抬地弹起来……贝多芬尚未弹奏完毕，这位倒霉的"技巧高手"便逃之夭夭了。这故事让我们这些热爱贝多芬的人听起来很过瘾，可同行如敌人，碰到了像贝多芬如此强劲的敌人，除了敬佩之外，就只有妒忌和怀恨在心了。《月光曲》的故事大家定然很熟悉，虽然他的传闻并非属实，但从这个侧面，我们可以看出贝多芬的演奏的确出神入化，下面让我们一起来听这首月光曲。（放音乐磁带《月光曲》第一乐章，一份乐谱书）

在贝多芬的晚年，他疾病缠身，孤苦无依，他所写的《土拨鼠》也许是他晚年生活的真实写照。（放《土拨鼠》的音乐带，请学生一起唱）但即使在这样的情况下，他的精神仍然如一头雄狮，昂然挺立着，他仍希望在有生之年创作第十交响曲。但疾病始终没有放过他，在1827年3月26日，死神割断了他的生命之弦。据说在贝多芬临终的一刹那，维也纳的上空雷声大作（三月份在维也纳打雷是非常罕见的），生命垂危的贝多芬突然睁开双眼，举起右手，对着狂风暴雨大声疾呼："我要与你们对抗，我将与上帝同在！让暴风雨来得更猛烈吧！我不怕，我的心中有一座堡垒。"谁能想象这是一个临死的人的话，谁能想象一个垂危的人还能说出如此惊世骇俗的话语，谁能想象一个人面对死亡还能如此坚强！

1827年3月29日，下午三点举行了庄严的葬礼，维也纳万人空巷，所有的人都自发地走上街头为贝多芬送葬，8位维也纳著名的音乐家抬着贝多芬的灵柩走在最前面，舒伯特举着火把紧随其后，舒伯特的身后是一万多人的送葬队伍。维也纳所有的近卫军都上街维持秩序，所有的学校都放假，所有的商店都自动停止营业，表示对贝多芬最深的哀悼和敬意。

讲到最后，我又回想起一开始和大家讲的故事，双耳失聪的贝多芬究竟指挥的是什么曲子而让在场的听众如痴如狂呢？他所指挥的正是《第九交响乐》。今天，让我们再次感受这响彻宇宙的回响，再次聆听贝多芬的《第九交响乐》。（放音乐《第九交响乐》）

贝多芬离开人间快要两百年了，其间有许许多多的人对他做出了伟大的评价，但我还是非常喜欢刻在他墓碑上的那一句"当你站在他的墓碑前，笼罩着你的并不是志颓气丧，而分明是一种崇高的感情，我们只有对他这样一个人才可以说：他完成了伟大的事业。"直到现在，贝多芬的音乐继续在感动着一代又一代的人，因此，我们有理由相信，只要人类文明还存在一天，贝多芬这个名字以及他的音乐将永不会在地球上消失；只要地球乃至，宇宙还存在，他和他的音乐，必要响彻整个宇宙！

活动建议

小学高年级学生适用，共 2 课时，讲座前做好资料、挂图、音响的准备工作。

（五）走向科学

1. 实施要求

（1）目标要求

对学生开展科学启蒙教育，指导学生"信科学、爱科学、学科学、用科学"，提高学生的科学素养。

沟通语文、数学、自然等学科之间科学知识的联系，使学生在学习知识、训练技能的同时将各种相关的科学信息构建成一个统一的体系，达到综合化、条理化、系统化。

满足学生了解知识、了解未来、参与活动及自主表现的欲望，增加学生观察、实验等掌握直接经验的机会，使知识的掌握更加全面、科学。鼓励学生良好实践习惯的养成，为树立科学的世界观奠定基础，培养学生的创造精神及实践能力，为学生认识世界、改造世界服务。

（2）内容要求

语、数等学科中所涉及但比较零散、薄弱，跟日常生活联系比较密切，在自然、社会等学科中涉及的科学启蒙及需教育普及、延伸的内容。

能帮助学生认识生活、认识世界，了解科学技术原理，揭示事物之间联系的，能带给学生愉快体验的认识实践活动。

（3）方法要求

灵活多样，正视差异，注意着重激发学生学习科学的兴趣，培养关注生活、崇尚科学的良好习惯。重视学生创造性思维及科学实践能力的培养，指导学生学以致用，理论联系实际。淡化科学基础知识及技能的书面考核与片面评价。

2. 所含单元及单元实施要求

共四个单元：科学家的故事、身边的科学、科学幻想、科学创造。

科学家的故事：分散在低、中、高各年级段实施，内容以古今中外著名科学家的故事为主，学生通过看录像、听故事、讲故事、看展览等方式，初步了解伟大的科学家对人类所做的巨大贡献及他们生活中一些引人入胜、发人深思的事迹，激发学生对科学家的尊敬与崇拜。使学生产生爱科学、从小学科学的愿望及意志，拓宽学生的视野，让学生认识到科技的进步与人类社会发展之间的紧密联系。

身边的科学：主要在低、中年级实施，部分难度大的知识安排在高年级，内容以有趣的小实验、小观察、小讲座为主。鼓励学生充分调动感官，及时捕捉科学信息，在动手实践的机会中对无处不在的身边的科学有个正确、全面的认识。在活动中以直接经验为主，直接经验与间接经验有机结合，认识社会、世界，增长科学见识，提高科学认识，使学生养成关注生活的好习惯，懂得"留心处处皆学问"的道理。

科学幻想：主要在中、高年级实施，内容以合理的科学想象和创造思维活动为主，培养学生"学科学、用科学"的能力。指导学生本着"科学为人类的进步、发展服务"的意识，打破传统观念的束缚，拓展学生的思路。以现代先进的科学技术为基础，对未来科学的预测展开想象，使学生具有创造精神，逐步奠定学生将知识转化为实践能力的基础。科学创造主要在中、高年级实施，内容以实际创造活动为主，在重视创造性思维训练的基础上鼓励学生动手创造，启发创新，拓展学生的科学认识区间，培养学生"用科学"的能力，使学生认识世界、探索世界并改造世界，做生活与自然的主人。

3. 课时安排及具体篇目

"走向科学"共计 70 课时，其中："科学家的故事"39 课时，"身边的科学"28 课时，"科学幻想"2 课时，"科学创造"1 课时。见表 2-11。

表2-11　"走向科学"安排一览表

单元			内容	课时	备注	内容	课时	备注
科学家的故事	中国	现代	数学家华罗庚	1		条件反射学说的创立者巴甫洛夫	1	
			气象学家竺可桢	1		农学家布洛格	1	
			地质学家李四光	1		发现元素周期律的门捷耶夫	1	
			小行星专家张钰哲	1		昆虫的眼睛	1	
			生物学家童第周	1		昆虫怎样唱歌	1	
			桥梁专家茅以升	1		动手做——制作昆虫标本	1	
			制碱大王侯德榜	1		发光的鱼	1	
			医学界的巾帼英雄林巧稚	1		小黄鳝的妈妈哪儿去了	1	
			"两弹"专家钱学森、钱三强	2		有趣的鸭嘴兽	1	
			荣获诺贝尔奖的华人	2		鸟类趣事	1	
		古代	第一个测定地震的张衡	1		蝙蝠和鸟	1	
			中国古代科技史上的坐标沈括	1		小狗的身体	1	
			中国的狄德罗——宋应星	1		猫的科学	1	
			都江堰与李冰	1		营养丰富的菌类植物	1	
	外国		发明大王爱迪生	1		西瓜无籽的秘密	1	
			牛顿	2	详案	奇异的石头	1	
			哥白尼	1		植物的呼吸	1	
			实验科学的奠基人之一伽利略	1		植物界趣闻	1	
			富兰克林	1		树轮和年龄	1	
			生物进化论的创始人达尔文	2		动手做——制作压花	1	
			首创量子论的普朗克	1		动物怎样睡觉	1	
			开创现代科学新纪元的爱因斯坦	2		人体的惊人数据	1	
			居里夫人	1		牙齿——人体的身份证	1	
			诺贝尔和诺贝尔奖	1		怎样喝牛奶	1	
			阿基米德	1		糖的妙用	1	
			杰出的实验大师法拉第	1		能干的醋	1	
			蒸汽机改革家瓦特	1		普通而宝贵的盐	1	
			X光的发现者伦琴	1		稻壳的妙用	1	
			测定热功当量的焦耳	1		动手做——有趣的哨子	1	
			天空立法者开普勒	1		潮涨潮落	1	
			神童维纳	1		地下热水库	1	

单元	内容	课时	备注	内容	课时	备注
科学幻想	墙上发电厂	2	科学创造	逆向思考法	1	

4. 活动案例

科学家的故事·中国现代

数学家华罗庚
（学科性拓宽型）

活动目标

1. 了解华罗庚的生平以及其在数学研究方面的伟大成就。

2. 感受华罗庚刻苦学习，不断探索，"工作到最后一天"的精神。

3. 激发学生热爱科学的志趣，培养学生勤奋学习、不怕艰苦的精神。

活动内容

1. 从法国南锡大学礼堂的授奖仪式切入，介绍华罗庚的生平。

2. "顽强毅力"，讲述华罗庚在病魔缠身时，在经济拮据时仍然不停止研究数学的故事。

3. 简述华罗庚在数学研究方面取得的成就，以及他的愿望：工作到最后一天。

4. 以华罗庚在东京一个国际会的讲话作结，他在说完最后一句话后，倒下了。

活动建议

适用于小学低、中年级学生，共1课时。

参考资料

世界名人故事丛书《华罗庚》。

科学家的故事·中国古代

第一个测定地震的张衡
（学科性拓宽型）

活动目标

1. 了解张衡在天文方面的贡献以及他在天文历史上的地位。

2. 欣赏候风地动仪。

3. 通过了解张衡的贡献，激发学生的民族自豪感，培养学生的爱国情感。

活动内容

1. 利用录像介绍候风地动仪及其作用，设疑后介绍地动仪的制造者张衡的生平。张衡（78—139 年），东汉科学家、文学家。字平子，河南南阳西鄂人。曾两度担任主管天文的太史令。他精通天文历算，创制了世界上最早利用水力转动的浑天仪和测定地震的地动仪，他第一次正确解释了月食的成因。

2. 介绍张衡的天文学贡献。张衡三十四岁那年，皇帝派人召他到京里去做郎中。郎中只是在宫廷里值班当差，比较清闲，还有机会看到许多不常见的书。张衡做了三年郎中，读了不少书，其中有一本扬雄写的《太玄经》，使他受到了很大的启发。张衡看了《太玄经》，对天文和数学产生了浓厚的兴趣，开始研究起来。后来，他又调任太史令，主管观察天象的工作。在担任太史令期间，他精心钻研天文学，对我国天文学的发展做出了巨大的贡献。

（1）张衡经常观察日月星辰，探索它们在天空运行的规律，他把研究的结果写成一本书，叫作《灵宪》。在这本书里，他已经用了赤道、黄道、南极、北极等名词。他记录了 2500 颗恒星，并且画出了我国第一张完备的星图。

（2）张衡认为，天是圆的，像个鸡蛋壳；地是球形的，好像蛋黄。天大地小，天靠气支撑，地悬浮在气中，半边天在地上，半边天在地下。日月星辰附在天球壳上，随周天旋转，这就是张衡的浑天说。为说明这个道理，张衡发明了一个大型天文仪器——水运浑象仪。这台仪器的主体是一个大的空心铜球，上面刻满了日月星辰。铜球在水力的驱动下，缓慢地转动，一天旋转一周。到了夜晚，人们能从仪器上看到星辰的起落，和实际观测的天象完全相等。

3. 太史令除了观察天象，还要记录灾象。为了记录地震，张衡又创造了世界上第一架测定地震方向的仪器——地动仪。这架仪器也是铜铸的，形状像一个酒坛，四周铸着八条龙，龙头对着东、南、西、北、东南、西南、西北、东北八个方向。龙嘴是活动的，都衔着一颗小铜球。每一个龙头下面，又放了一个张大了嘴的铜蛤蟆，要是哪个方向发生了地震，正对着这个方向的龙嘴就会自动地张开嘴来，铜球"当"的一声恰好落在铜蛤蟆嘴里。

地动仪安装在京都洛阳的观象台上。公元 133、135、137 年洛阳相继发生有感的地震，它都测出了震中方位。人们莫不叹服它的奇妙。公元 138 年的一天，在洛阳谁也没有感到有地震，而地动仪却测出了西方位上发生了地震，人们都说它这次可没有测准。不料到了第 4 天，甘肃陇西派人赶到洛阳，报告那里发生了地震，地震时间竟和地动仪铜球下落的时间完全一致。这样一来，人们算真正信服了。从此，朝廷就下令记录每次地动仪测出的震中方向了。

4. 张衡还创造了世界上第一架观测气象的仪器——候风仪，又叫相风铜鸟。这架仪器和欧洲装在屋顶上的气候风鸟相仿，但是欧洲到了 20 世纪才有候风鸟的记载，比张衡晚了 1000 多年。张衡还造了当时只是在传说中有过的指南车。

5. 总结：

张衡除了在天文学方面表现了非凡的才能，同时他又是一位大画家。

张衡曾经说，一个人不应该担心自己的地位不高，而应该担心自己的品德不高尚；不应该为了收入少而害羞，而应该为知识不广博而害羞。

活动建议

适用于小学低、中年级学生，共 1 课时。

参考资料

少年百科丛书（精选本）《中国古代科学家的故事》；《科学家小故事》；《中国少年儿童百科全书》。

科学家的故事·外国

牛顿

（学科性拓宽型）

活动目标

1. 向学生介绍牛顿在力学、光学、化学、自然、哲学等方面的伟大成就。

2. 了解牛顿的生平及其诚恳坦率、谦虚谨慎的治学态度。

3. 渗透全面发展的素质教育意识，鼓励学生大胆创新、刻苦钻研。

适用对象

小学四、五年级学生。

活动准备

1. 教师事先准备相关材料的录像资料、图片等。

2. 指导学生收集一些关于牛顿的图片、资料等，提前布置环境，注意气氛的渲染及情境的创设。

活动过程

1. 创设情境，导入主题

（1）模拟表演：一个人躺在苹果树下休息，一个熟了的苹果掉下来，砸在他的头上，引起了他的思考：苹果为什么会下落呢？它怎么不向天上飞去，也不向远处飘呢？他仔细研究，精密测算，终于发现了万有引力定律。（通过创设情境吸引学生的注意力，为下面的活动奠定了一个良好的心理基础）

（2）设疑：他是谁？学生自由交流、讨论。（运用疑问牢牢抓住学生的注意力）

（3）介绍：对，他就是生活在 300 多年前的英国著名科学家——牛顿。（出示牛顿图像）

2. 组织活动，了解童年

（1）布置任务：让我们一起先来看看牛顿小时候是怎样度过的。

（2）观看录像资料，介绍牛顿的童年生活经历及才能。

①牛顿出生在英国林肯郡农村，父亲在他出生前两个月就去世了，母亲在他两岁多时改嫁，牛顿由外祖父及舅舅抚养成人。（童年生活的介绍与了解可以缩短学生与被介绍人之间的距离。童年趣事既能给学生留下深刻的印象，又可以增进学生对牛顿的了解）

②牛顿的学校生活。

③故事：《小水车的故事》。

（3）"只要自己肯做，就没有什么做不成的事情。对！我一定要努力学习，在学习上决不能居于人后。我应该给他们做出个样子来，让同学们重新认识我。"

读了这段话，你有什么收获与想法？交流、讨论。（渗透思想教育，鼓励学生踏实、认真地做好每一件事）

（4）指名学生讲一讲牛顿小时候的其他故事。

相机出示相应图片或幻灯片。

注意调动学生学习的积极性和主体性，调动多种感官参与学习。

3. 参观图片，了解学习经历

（1）出示图片，组织学生参观，辅以讲解和说明。（采用多种学习方式，

让学生保持注意力)

①1661 年，18 岁的牛顿经过奋力攻读，以优良的成绩从金格斯中学毕业，以"减费生"的身份考上著名的剑桥大学，23 岁时获学士学位。

②1665 年夏季，为了躲避伦敦发生的瘟疫，牛顿回到家乡。在乡下居住的 18 个月，是牛顿一生中创造性思维最为活跃的时期，他在数学、光学、天文学、力学等领域都有划时代的发现。

（2）小组活动：牛顿怎么能在数学、光学、天文学、力学等领域都有伟大的发现呢？这与他小时候对科学的强烈兴趣有什么关系呢？

①交流、讨论。

②小组代表上台发表意见。

4. 收集信息，展示成果（充分发挥学生主人翁的学习地位和作用，变"灌入"为"输出"）

（1）课前大家都认真查阅了资料，牛顿到底取得了哪些科学研究成果呢？

（2）展示交流。

①方式：自由交流或上台展示。

②内容：自己收集到的资料图片、说明等。（追根溯源，渗透理想教育，鼓励学生成才）

（3）补充介绍：针对学生不了解的部分有的放矢地详细说明。

（4）观看电视资料，对牛顿的成就做一个全面、正确的了解。（运用电教的灵活、生动功能，加深学生的印象，变片段为连续，变片面为全面）

（5）小结：牛顿多方面的贡献对 300 多年来自然科学的发展起到重要的作用，他写下了世界历史上极其辉煌的一页。

5. 学习名言

（1）出示名言

"因为我站在巨人的肩上，所以，才能比这些巨人看得更远一些。"（牛顿）

（2）从这句话可以看出牛顿是个怎么样的人？

（3）读一读：

"我不能不懂装懂。"（牛顿）

6. 总结

牛顿以他谦虚谨慎的治学态度及严谨求实的精神在科学研究方面取得了辉煌的成就，是我们每一个人学习的榜样。（重视学习态度的教育，坚持遵循学习知识与思想教育协同发展的原则）

活动建议

1. 在活动中要充分发挥学生的自主性、创造性，放手鼓励学生积极收集资料，教育学生自主探究知识。

2. 活动中要鼓励学生积极参与，运用多种教学形式缩短学生与伟人之间的距离，使他们产生亲近感和熟悉感，使学生有所得。

3. 活动中要灵活安排各项内容，突出难重点，使学生对牛顿有一个全面、正确的认识。

4. 本内容分 2 课时完成，活动中要注意内容安排的承接。

参考资料

《科学家的青少年时代——牛顿》；《中国少年儿童百科全书》科学、技术卷；世界名人故事丛书——《牛顿》。

身边的科学

昆虫的眼睛

（学科性拓宽型）

活动目标

1. 观看录像或图片，了解昆虫眼睛的特性及用途。

2. 了解人类如何利用昆虫眼睛的特性制造出了一些先进的仪器。

3. 培养学生对自然科学的兴趣。

活动内容

1. 观看录像或图片，激发学生的兴趣。

2. 介绍昆虫的眼睛。昆虫的眼睛由许多小眼构成，称为复眼。如蚊子的一只复眼由 50 个小眼组成，苍蝇的复眼有三四千只小眼，蜻蜓的眼睛最大，由 10000~28000 只小眼构成。复眼视力很好，既能看清物体形状，也能辨别其颜色，甚至能看到些紫外光和偏振光。

3. 介绍仿照昆虫复眼的先进仪器。

活动建议

小学中年级学生适用，共 1 课时。

参考资料

《小学生十万个为什么》（程明主编）。

科学幻想

墙上发电厂
（学科性拓宽型）

活动目标

1. 使学生对发电厂的情况有一定了解。

2. 构想墙上发电厂的建造和它的优点，展望未来资源开发前景。

3. 培养学生的创新精神和节约使用能源的意识。

适用对象

小学五、六年级学生。

活动准备

发电厂录像资料和电子表。

活动过程

1. 录像导入

（1）播放在火力发电厂拍摄的录像。问学生：你看到了怎样的一幅场面？（高耸的烟囱、巨大的冷却塔、隆隆工作响的发电机和挥汗如雨的工人，由于远离学生的生活实际，给学生一种直观感受）

（2）随着科学技术的飞速发展，我国还建成了哪些类型的发电厂？（举例：葛洲坝水力发电厂、大亚湾核发电厂、风力发电厂等，使学生了解我国在发电行业的进程）

（3）这几种发电厂是怎样进行发电的？（发电厂通过煤的燃烧、水的流动和核堆的反应分别把热能、势能和核能转化成电能再输送给用户，让学生了解发电的过程）

（4）各种发电厂在提供了大量电力的同时占据了大量的土地，造成环境污染，又因要选择特殊的地理位置和特殊的材料，所以缺陷很多。因此说每一度电都来之不易，我们可要珍惜啊。（培养学生节约用电的意识）

2. 构想墙上发电厂

（1）有一种能量无处不在，那就是阳光。阳光放射过程中带有许多的能量，我们能不能利用它呢？生活中人们已开始利用太阳能为人类生活服务，像太阳灶、太阳能热水器等，那么我们能不能用太阳来发电呢？（源于生活实际，提出构想）

（2）有一些能源科学家已经在打阳光的主意了。英国纽卡斯尔应用中心的太阳能专家希尔就在一座大学大楼翻新表面装饰的时候提出在墙上安装一座小型发电厂。（由事实给予论证，证明构想的科学性和可行性）我们一起来看看他是怎样做的。希尔将研制的许多块相连的硅半导体太阳能电池板朝大楼向阳一面安装镶嵌，在阳光充足的夏季，可以产生40千瓦的电力，即使是在阳光较弱的冬季，也能产生18千瓦的电力，这就相当于一座小型发电厂的功率。如果把硅半导体电池换成光电转换效率更高的砷化半导体太阳能电池板，太阳能的利用率会更高。不过，这种电池板比较昂贵，一时难以推广。但是随着科技的发展，生产出廉价的高效电池板绝非不可能，到那时，墙上发电厂的计划就可以大面积推广了。

（3）墙上发电厂有许多好处：除了在墙上发电能缓解能源危机外，还可以充当建筑物的装饰品。（提出新的问题，供学生思考，激发学生攻坚克难的决心）

（4）相信在不远的将来，全球都将实行墙上发电厂的计划，我们可以在大批建筑物的顶上安装太阳能电池板，然后把它们联网发电，积少成多，形成规模，解决城市用电不足的难题。（展望美好未来，培养学生热爱生活的感情）

3. 教师小结

科学就在我们身边，我们要学科学、用科学，我们要充分发挥我们的聪明才智，去创造发明更多更好的新产品，解决我们的实际困难，为我们服务。

活动建议

在讨论过程中可由学生多问为什么，多提出设想，充分体现学生的自主性。

参考资料

《学与玩》（1998.8）。

科学创造

逆向思考法
（活动性职业型）

活动目标

1. 使学生了解逆向思考法的定义。

2. 使学生了解逆向思考法的特点以及在创造发明中的意义。

3. 激发学生从事科学发明的志趣。

活动内容

1. 介绍一、两个具体应用逆向思考法的小发明实例。例如"内外双用门扣"等。

2. 在具体实例中引出逆向思考法的定义。

3. 从具体实例中找到逆向思考法的特点与方法：采用倒过来想的办法，先假设这个东西已经发明出来，再研究它的特点。

4. 讲述逆向思考法在创造发明中的意义。它是科学发明创造的一种基本思考方法，在创造发明中意义很大。

活动建议

小学高年级学生适用，共 1 课时。

参考资料

《小发明·小论文·小制作》。

第三章 "为每一个儿童设计课程"的发展
——指向学生个性发展

洪流

辽阔的世界，宏伟的人生，
长年累月，真诚勤奋。
周而复始，却从不停顿，
继承传统，又乐于创新
啊，这样才能前进一程。

——歌德

进入 21 世纪以来，随着三级课程体系的大幕拉开，素质教育全面推广，新课程理念逐步深入，一股改革创新的洪流在梅村实小这片热土上涌动。这种改革，源于梅村实小长年累月的研究积淀。"九五"期间，关于"开设微型课程，优化课程内容和形态"的研究，学校初步构建了具有校本特性的微型课程系列，对课程的创造性、选择性、个性化等进行了初步的实践，为新世纪改革的洪流积蓄了力量。2001 年，学校创造性地提出了"为每一个儿童设计课程"的理念，随着理念"转型—建设—发展"的历程，我们逐渐形成了尊重学生的主体性、个体差异性，注重学生个性发展的课程观。学校消解了课程与教学的二元对立，进一步廓清了课程的本质，将研究视角由微型课程拓展为学校课程，即发生在学校里的一切课程。学校在"十五"期间，从实施个性化教学的视角研究了"为每个儿童设计课程——个性化教学的研究"的问题，在"教学目标的开放性构建""教学内容的人本化处理""教学形式方法的多样化选择""教学评价的多元化实施"等个性化教学策略积累了经验。学校在"十一五"期间，继续深入研究"为每一个儿童设计课程"的问题，视角从"个性化教学"拓展为"课程的校本发展"，主要从国家课程的校本化发展和校本课程的个性化开发两个方面入手，在课程改进、教学改进和学习改进三个方向进行研究，并开发了"菜单式"艺体课程、双语课程等，初步形成了具有学校特色的课程群。通过更深层次的研究，促使学生在深度上充分发展、广度上多元发展、整体上和谐发展、相互间共生发展，最终实现个性的生态发展。几轮的实践我们更坚信课程设计的主体儿童不能缺位，儿童应该成为课程的中心。由此，学校在"十二五"期间的研究视角转变为"让每一个儿童主动参与课程设计的校本研究"，更注重学生的主体性和参与性。经过30多年来对儿童与课程的研究，我们逐步从外围走向核心，从宏观走向微观，从外铄走向内生，从模糊走向精准，开发了适切儿童个性发展的校本课程，丰富了课程内容和形态。

第一节　个性化之丰沃土壤——指向学生个性发展的课程萌芽

一、素质教育

（一）素质教育的概念

从1949年新中国成立至今，我国共经历了八次基础教育课程改革。前七次课程改革，虽然均有成效，对促进我国政治、经济、科技、文化等各个方面的发展做出了巨大的贡献，但课程教材体系不能适应全面推进素质教育的要求，依然存在教育观念滞后、课程内容偏难偏繁、德育缺乏针对性和实效性、课程结构单一、课程评价过于强调学业成绩与甄别选拔功能、课程管理强调统一和人文学科比重过低等问题。针对旧课程中的一系列问题，2001年6月7日，教育部颁布了《基础教育课程改革纲要（试行）》，标志着新一轮基础教育课程改革全面启动，被称为我国第八次基础教育课程改革。第八次基础教育课程改革以全面实施素质教育为核心，以构建新的基础教育课程体系为目标，是一次以素质教育为基本取向的课程改革，是党中央、国务院立足于全面提高国民素质、提升综合国力所做出的重大战略决策。

素质教育是20世纪中后期针对片面追求升学率的应试教育而提出的。要想知道什么是素质教育，首先要知道什么是素质。素质是以人的先天禀赋为基础的，在环境和教育的影响下逐渐形成和发展起来的相对稳定的、长期发挥作用的基本品质结构，即品德、智力、身体、心理品质以及审美能力等的整合，是制约人的活动方向、水平、质量的内在因素。人们素质的提高和发展，是多种因素综合影响的，其中很重要的因素就是教育。中小学教育是基础教育，是青少年健康发展的基础，是提高全民族素质的基础，是素质教育关键性的阶段。关于素质教育的含义，国家教委在《关于当前积极推进中小学实施素质教育的若干意见》中做了明确解释："素质教育是以提高民族素质为宗旨的教育。它是依据《教育法》规定的国家教育方针，着眼于受教育者及社会长远发展的要求，以面向全体学生、全面提高学生的基本素质为根本宗旨，以注重培养受教育者的态度、能力，促进他们在德智体等方面生动、活泼、主动的发展为基本特征的教育。"

（二）素质教育的内涵

1. 素质教育以提高国民素质为根本宗旨

俗话说："科教兴国靠人才，人才的培养靠教育。"所以，教育必须以提高国民素质为根本宗旨。只有提高了国民的素质，才能提高中华民族的素质，从而促进经济以及社会发展，提高我国的综合国力，实现中华民族的繁荣富强。

2. 素质教育是面向全体学生的教育

素质教育强调教育是面向全体学生的，人人都有受教育的权利，强调在教育中使每个人都得到发展，而不是只注重一部分人的教育，更不是少数人的教育，因此教师在教育的过程中要能面向全体学生。

3. 素质教育是促进学生全面发展的教育

社会主义现代化大生产需要全面发展的新人。实施素质教育就是通过德育、智育、体育、美育等的有机结合，来实现学生德、智、体、美等方面的全面发展。

4. 素质教育是促进学生个性发展的教育

素质教育不仅强调全面发展，在基于人的个性上还强调人的个性发展。它在承认人与人在个性上存在差异的基础上，从每个人的差异出发，以人的个性发展为目标，是一种实现个性发展的教育。

5. 素质教育是以培养学生的创新精神和实践能力为重点的教育

创新能力是一个民族进步的灵魂，是国家兴旺发达的不竭动力。创新能力是素质教育的核心和时代特征，是现代教育与传统教育的根本区别所在，是教育对知识经济向人才培养提出挑战的回应。

（三）实施素质教育的意义

1. 实施素质教育是我国社会主义现代化建设的需要

21世纪已经到来，我国从计划经济体制转变为社会主义市场经济体制，经济增长方式从粗放型转变为集约型。我国还大力实施科教兴国战略和可持续发展战略，力求在21世纪激烈的国际竞争中处于战略主动地位。在社会主义现代化建设这一宏伟实践当中，我们面临着资金、技术和物质资源不足等问题，而其中最大的问题是素质和人才问题。在我国这样一个人口多、底子薄的发展中国家，如何把沉重的人口负担转化为人力资源的优势，是现代化建设的关键所在。这正如党的十五大报告所指出的："我国现代化建设的进程，在很大程度上取决于我国国民素质的提高和人才资源的开发。"国民素质的提高必须依靠教育，人力资源的开发所指就是教育，这就要求我们必须优先发展教育，而且必须实施素质教育，唯有如此，才能实现发展教育的根本任务，提高民族素质。《中国教育改革和发展纲要》也这样指出："发展教育事业，提高全民族的素质，把沉重的人口负担转化为人力资源优势，这是我国实现社会主义现代化的一条必由之路。"

2. 实施素质教育是迎接21世纪科技挑战的需要

当代科学技术发展的特点是：发展速度加快，新领域突破增多；学科高度分化而又高度综合；科学技术转化为生产力的周期大大缩短；知识信息传播超越时空。当今时代，科学技术飞速发展，知识经济迅猛推动，经济社会发展日益转向创新驱动。与此同时，这也带来了产业结构的不断调整和职业的广泛流动性。所有这些都对未来人的素质的培养和教育提出了新要求。为了更好地迎接21世纪科学技术和知识经济的挑战，我们要高度重视和发展素质教育，大力培养创新型人才，同时每一个人都必须坚持终身学习，不断调整、提高、发展自己。在终身教育观和大教育观下，基础教育阶段具有特殊的意义，每一个人在基础教育阶段都要打好基础，养成基本素质，学会学习，学会自主地发展自己。

3. 实施素质教育是我国教育改革与发展的内在要求

我国正在实施、普及九年义务教育，所谓义务教育，指的是依据法律，国家、社会、家庭必须予以保证，适龄儿童和青少年必须接受的一定年限的教育。义务教育的实施，标志着社会教育观念从少数到全体、从权利到义务、从家庭和个人的事情到社会公务的革命性转变。义务教育的本质要求就是要使每一个人都得到应有的发展，素质教育面向全体，反映了义务教育的这一本质要求。

1996 年，联合国教科文组织在《教育——财富蕴藏其中》这一报告中强调终身教育是打开 21 世纪光明之门的钥匙。所谓终身教育是指人在一生中所接受的教育的总和。其从纵向来看，主张教育应贯穿人的一生，而不只局限于儿童和青少年时期；从横向来看，主张通过各类教育资源的整合，形成开放的教育体系。"终身教育"这个概念起初应用于成人教育，后来逐步应用于职业教育，现在则包括整个教育过程和人的发展的各个阶段。它首先关心儿童教育，帮助儿童过他应有的生活。同时它的主要使命是培养未来的成人，使他们准备去从事各种形式的自治和自学。这就要求基础教育阶段实施素质教育，培养学生的基本素质以适应终身学习的要求。

实施素质教育也是克服应试教育倾向的需要。我国中小学教育长期存在片面追求升学率的问题，这违背了《教育法》和《义务教育法》的原则，影响了国家教育方针的全面贯彻实施，不利于青少年一代的全面发展和健康成长，不利于教育为社会主义现代化建设服务，更不能适应 21 世纪社会经济、政治、文化的发展，而素质教育的实施有助于遏制目前基础教育中存在的应试教育倾向。

总而言之，实施素质教育是时代的呼唤，是社会发展的需要，是我们基础教育改革的时代主题，也是我们克服应试教育影响的总对策，值得每一位教育工作者去认真贯彻落实。

二、个性化教育

（一）个性化教育的概念

在实施素质教育的过程中我们发现，每个学生之间的素质是有差异的，要促进每个学生素质的发展就必须因材施教，促进每个学生优势素质的发展，并在此基础上，兼顾学生其他素质的发展。这样一来，个性化教育应运而生。

"个性"一词来自英文"individuality"或"personality"，源于拉丁文"persona"，本意是指戏剧演员所戴的表演角色的假面具，后来被人们用来表示一个社会人的独特特征。个性是一种十分复杂的社会心理现象，有研究者认为：教育学中的个性可以理解为人性在个体上的具体反映或表现。它既反映人性的共同性，也反映其差异性，是指个体在生理素质和心理特征的基础上，在社会实践活动中，通过一定社会环境、家庭和学校教育等因素的影响，在生理、心理和社会性等方面所形成的一系列较稳定而持久的独特性特征的结合。而个性化教育就是培养受教育者良好个性素质的教育，是与工业时代的划一性教育相对应的教育。

（二）个性化教育的基本理念

个性化教育是对划一性教育的否定，它不仅是教育组织形式方面的变革，也是教育目的论、教育价值观方面的跃进和更新。其基本理念表现如下：

1. 尊重个体的独特性和差异性

划一性教育的重心在教师，教师行使权利，而无视学生的差异和需求。个性化教育的重心在学生，教师要把学生当"上帝"，树立为学生发展服务的观念，这就是生本教育的理念。

树立生本教育的理念，就必须尊重每个学生，既要在道德上、人格上尊重学生，又要尊重每位学生的生命独特性。①尊重个体的个性。人是教育的出发点和归宿，所以在教学过程中必须尊重每一个个体。而每一个个体的存在都是一种个性的存在，所以说尊重人归根到底就是尊重人的个性，尊重每一个个体的人格。②尊重个体的需要。需要是行动的动力，也是个体发展的动力。发展就是对人的需要的不断满足，因此，正确的教育是尊重个体需要的教育。个性化教育既要尊重教育者的需要，又要引导受教育者的需要，使其向有利于个人身心健康和促进社会进步的方向发展，使所有学生都享有个性化教育的权利，从而满足每一个学生的教育需求和身心需求，促进他们身心的和谐发展。

每个人的生命都是独特的，也都是有差异的，教育必须根据每一个学生的差异来进行，谋求适合差异的教学策略。个体的差异不仅表现在能力、学习风格、愿望、学习步调等这些后天形成的因素中，而且也表现在先天形成的差异中。先天差异中，最值得注意的是人的智能优势类型的差异。美国哈佛大学教授、著名心理学家霍华德·加德纳经过长期的研究，提出了多元智能理论，他认为人的智能是多元的，个体的智能结构是全面性与独特性的有机结合①。加德纳提出了经过验证的9种智能：言语—语言智能、逻辑—数理智能、视觉—空间智能、音乐—节奏智能、身体—运动智能、人际交往智能、自我反省智能、自然观察者智能和存在智能。他认为，每个人都同时具有这九种相对独立的智能领域，但每个人都是以各自独特的方式把各种智能组合在一起的，形成各自的智能组合。

根据加德纳的多元智能理论，每一个学生的智能都各具特点，学校教育就应该是开发各种智能，并帮助学生发现自己的智能。因此，他反对划一性的教育内容和方法，主张"以个人为中心的学校"。学校应该在评估学生个体能力和倾向方面富有经验，寻求和每个学生匹配的课程安排，也寻求与这些课程相适应的教学方法。只要教育充分尊重每个学生的优势智能，为他们提供适合他们的教育方法，为他们创设各种各样的展示自己才能的情境，他们会激发自己潜在的巨大潜能，充分发展自己的个性特长，形成独特的自我。

2. 发挥学生的自主性和选择性，使个性发展的过程成为一个自主、自由的过程

人的发展是在活动中进行的，但活动有两类：一类是自主的活动，一类是被迫的活动。马克思认为每个个人在自己的联合体中并通过这种联合体获得自由，才能使自己作为个性的个人确立下来。这就说明，只有当人成为劳动和一切活动的主体，他们的活动成为自由、自主的活动时，人才能成为有个性的人。因此，个性的发展只能存在于自主活动中。

教育要发展学生的个性，首先要摆脱教师的控制，还学生以自主性和发展的主动权。自主性是指在一定条件下，个人对自己的活动具有的支配、控制的权利和能力。科恩说："自主有两个尺度。第一个尺度描述个体的客观情况、生活环境，是指相对于外部强迫、外部控制的独立、自主、自觉和自主支配生活的权利和可能。第二个尺度是对主观现实而言，是指能够合理地运用自己的选择权利，有明确目标、坚韧不拔和有进取心。自主的人能够认识并善于确定自己的目标，不仅能够成功地控制自己的环境，而且能够控制自己的冲动。"② 自主的人是客观环境的支配者和控制者，是自己活动的主人，能以自己的意识、思维支配自己的行动，而不是盲目受客观环境的支配，也

①　沈致隆，霍华德·加德纳. 多元智能理论在中国与世界的现状和未来［J］. 全球教育展望，2007（01）：3-7.

②　伊·谢·科恩. 自我论［M］//吕良环. 论外语自主学习能力之培养. 上海：华东师范大学，2005：18.

不是盲目顺从他人的意志，能够自我控制，具有自律性。

　　长期以来，我们把教育过程视为教师施加影响的过程，是"制造"符合教师理想的"产品"的过程，教育者或教师将知识、品德等强加到儿童身上，而忽视了发展只能由儿童自己来完成。这样破坏了儿童健康的智力发展和精神发展的基础，破坏了培养他们个性品质的基础。教育过程以促进学生发展为目的，是学生自我建构的过程，我们必须树立"学生的发展只能由自己完成"的观念，真正把精神发展的自主权还给学生，给他们一片自主的天空。当然，自主不是放弃教师的引导，更不是取消教师和盲目的自主。教师在学生自主过程中要从前台走向后台，扮演着"资源提供者"和"顾问"的角色。学生的自主不是盲目的自主，而是对教师提供的多样的教育资源进行自主的选择，这种选择不仅包括选择不同的学科内容，还包括对教师提供的同一内容的自主理解，珍视自己独特的经验体会。自主和选择是密切相连的，没有自主就不可能有选择，选择的过程体现着自主的过程。当学生面对多样化的教育内容并具有了自主选择权，才能避免划一性的教育，个性的发展才有希望。

　　自主的最高境界是自由，自由自觉的活动是人的最高本质，因而也是个性的本质。自由的人即是有个性的人。自由包括多个层面：处理对象性活动中的主体自由，处理人与人之间关系的社会自由，以及处理人与自身关系的内在自由。在教育活动中，前两种自由赋予了学生自由活动的权利和合理的限度，它使学生在一种非强制性的状态下或非强迫的制度下自主地学习。与此同时，这两种自由也是人的内在自由的途径。内在自由是儿童在智力上、情感上、道德上发展的自由，它反映了人的自主性，是人按照内心世界的愿望，不断超越、实现自我的过程。

3. 创设展示生命潜能的条件，使生命潜能得到自由而充分的发展

　　哲学人类学认为，人是未完成的存在，人的未完成性决定了生命具有发展的潜能。弗罗姆甚至把人的本质看作一种特定的潜能。潜能是生命所蕴含的、潜在的、可能发展的倾向，是人自身中"沉睡着"的力量，是现实生命发展的源泉。潜能不是培养、教育的结果，但潜能也不会自动转化为现实。潜能的实现依赖于一定的条件，对于潜能而言，教育既可以促进潜能的发挥，也可以扼杀人的潜能，这取决于教育的指导思想。

　　长期以来，我们的教育是"一刀切""一锅煮"的思想，严重忽视了学生之间存在的个体差异和个性特征，教育因此成了压抑潜能自由发展，扼杀

学生个性的"元凶"。个性化教育的首要原则或首要理念是"适应性原则"，即"让教育适应学生"，而不是"让学生适应教育"。学生和教育之间的关系是教育服务于学生，满足学生的需要，学生的自由、自觉的发展是第一位的，教育只是为发展提供机会，创造条件。可以说，有什么样的学生，就需要提供什么样的教育，教育对每个学生都是特色化的、一体化的。

个性化教育所主张的生命潜能的发展，不是潜能的平均发展。个性化教育相信每个人都有着独特的生命，生命的独特性表明每个人都具有优势潜能，教育就是要扬长避短，发现每个学生身上最强的一面，在对丰富的教育资源进行自主选择的基础上，通过有目的、有针对性的、特色化的教育，努力挖掘每个学生优势潜能的巨大潜力，使其优势潜能得到最大化、最优化的发展。

生命潜能的发展需要教育者提供个性化的教育资源，但这只是一种外在的因素，这种外在的因素并不必然保证生命潜能转化为现实个性。促进这种可能性变为现实性的关键在于生命自身的活动，在于这种活动的自主性。只有在自主活动中选择、消化、吸收、利用这些资源，才能激活沉睡的潜能，使潜能的发展不仅是全面的、和谐的，而且是自主的、自由的。自由而充分发展的人，是全面发展而又具个性的人，是一个真实实现自我的人。所以，生命个性化的发展还必须置于主体教育的视野之中。人只有成为发展的主体，才能全面激活潜能，使潜能得以自由地发展，使优势潜能得到最大限度的发挥。

不仅激活生命的潜能、发展优势潜能需要主体性，而且有个性的人也必然具有主体性的人格。因此，主体性不仅是培育独特个性的条件，而且也构成了个性的本身。只有具有主体性的人，才是有个性的人，缺乏自主性、能动性和创造性的人，是不可能成为有个性的人的。所以，个性化教育在实施过程中要唤醒学生生命成长的自觉意识，发展学生的主体能力，培育不断追求、不断超越的良好人格，给生命的自觉、自由、创造性的发展提供动力。任何的发展都是基于自身的现实，是对已有现实的自觉超越。而人由于先天的遗传，具有个体的差异，因而发展的过程就是增强差异和个性化的过程。

综上所述，个性化教育是面对独特的生命个体，通过适合每个独特生命的手段挖掘个体生命的潜能，促进每个生命体自由发展的教育。所以，个性化教育不是要培养个性，而是要采取个性化、特色化的手段，保护原本就有的独特生命，促进个体生命更好地朝着个性化的方向发展。

（三）个性化教育和素质教育的关系

个性化教育与素质教育的紧密联系之处在于：第一，它们都重视教育的发展功能，旨在人的全面发展。第二，它们都承认个体差异的存在，针对个性差异施教。第三，它们都强调个体自身的能动性是十分重要的因素，反之，任何发展都不可想象。第四，它们都注重教育的民主化，将学生视为完整、独立的人，放在平等的地位上施行教育，更恰当地说是让学生参与而非被动地接受教育。第五，它们都认为活动是教育的主要手段。第六，它们都将挖掘学生潜能，培养学生的想象能力、创造能力以及对外界的适应能力作为教育的重要目标。

与素质教育相比，个性化教育更深入人的本性，更切入教育的内核，因为人的素质，包括身体素质、心理素质、科学文化素质、思想道德素质均是个性发展的主体素质，它们既是个性发展的基础，又是个性发展的结果。个性化教育充分实现个体在发展过程中的独特性，真正把个体作为一个独立完整的对象加以充分地体现和尊重，因而在摈弃了"群体"的"模糊"之后，凸显出"个体"的"清晰"。教育的每一个个体对象都有其独特的价值，都是不容忽视的。个性化教育强调了教育对象的独特性，使每一个受教育者的个性得到充分发展，在此基础上，群体的素质也就自然得到了提高。

素质教育从某种意义上讲也是一种个性化教育，是统一性与差异性相结合的教育。素质教育和发展个性是不矛盾的，可以认为个性的发展既包含在素质发展中，也具体体现在素质发展中，而真正实施素质教育一定要重视因材施教，重视学生个性的发展。素质教育与个性化教育在本质上是统一的。个性化教育包含在素质教育之中，发展个性是素质教育的重要目标，个性发展应成为素质教育的一个核心追求。个性化教育是素质教育的具体化和实现途径，与此同时，个性化教育也会在实践中促进素质教育的内涵和外延的发展。没有个性化教育就不可能有真正意义上的素质教育，但不能离开素质教育去发展个性，而应在素质教育中培养个性、弘扬个性。

从素质教育到个性化教育，这是一个教育理念不断具体化的过程，理顺素质教育和个性化教育之间的关系，有助于我们在教育学生的具体实践中有针对性地发展学生的个性和素质，在发展学生优势的基础上，给予学生鼓励和支持，从而促进学生的全面发展。

（四）实施个性化教育的意义

1. 个性化教育有助于促进学校教育个性化发展、家庭教育专业化发展、社会教育系统化发展

学校教育最大的缺陷是缺乏个性化，无视人的个性存在和人与人之间的差异。学校教育模式下，无论是教师、学生、教学内容或课程、教育装备和教学管理等都是标准化的、划一性的，这样的直接后果就是严重制约学生创造性和自我个性的发展，教育出来的学生仿佛是从一个模子里出来的。家庭教育是学校教育、社会教育等一切教育的基础，一个人的成长和未来的成就很大程度上取决于家庭教育而不是学校教育或社会教育。家庭教育千姿百态、各不相同，其中普遍性的问题是缺乏专业的教育知识、教育手段、教育方法和教育资源。社会教育非常灵活，而且又无所不在，社会教育最大的缺陷就是缺乏系统性。个性化教育根据被教育对象或学生的个性化成长需要，以量身定制的方式整合适应的教育资源（包括师资、教材、课程、学习时间和进度、教育场所和设备、学习过程管理等），为被教育对象和学生提供个性化的教育服务。因此，个性化教育将有利于改进学校教育、家庭教育和社会教育自身的缺陷和不足，是家庭教育专业化、学校教育个性化和社会教育系统化走向统一和融合的最终选择。

2. 个性化教育可以使教育对象人格更完整、知识更全面、能力更突出、身心更健康、阅历更丰富，具有更强的独立、创新能力

个性化教育通过对教育对象的气质、情绪、认知、兴趣、能力、性格、价值观和信念等进行人格整合和个性优化，能够有效预防心理障碍，减少人格缺陷，使教育对象的人格更完整，更具人格魅力。

个性化教育通过潜能开发、素养教育、学科教育、阅历教育、职业教育、创业教育等，对被教育对象的思维、能力、观念、行为、知识、性格和潜能等进行沟通、引导、纠正和培养，从而实现知识的传授、能力的转移、思维的训练、情操的陶冶、潜能的开发、心灵的提升和自我的超越，促进教育对象全面发展。

个性化教育根据被教育对象的性向特征、兴趣爱好和最佳才能来充分发展个人特长，使个人专长和能力更突出，更有利于个人在社会中取得竞争优势和获得事业成功。

独立是适应环境的基础，创新是改变环境的手段。教育的根本目的是帮助教育对象获得独立与创新能力，个性化教育将有助于提高教育对象的独立能力和创新能力。

3. 个性化教育体现了人文价值的回归

教育是人类的实践活动之一。从价值哲学的角度来看，教育作为主体的实践活动，既有工具性价值，以满足其他活动（如发展经济）的需要；又有主体性价值，以满足人自身理性价值的需要（如道德和精神追求）。主体性价值作为内在价值，是人的实践活动的根本价值，它是工具性价值（外在价值）的源泉。但长期以来，强烈的功利主义、技术主义的价值取向导致了教育的失衡和异化，即丢失了教育的主体价值。教育无视人的尊严、价值、情感、地位，以立德树人为根本任务的基础教育沦为一种高度工具化、技术化的训练，人文精神、人文价值可怕的消失了。随着对教育实践的反思和认识的加深，人们更加重视教育的人文价值，召唤人文价值的回归已成了人们共同的呼声。个性化教育以人为世界价值的核心，以对个体生命的生存形态和意义之尊重为最高价值追求，它把"以学生的发展为本"作为一种教育理念，这正体现了人文价值的回归。

4. 个性化教育有利于实现教育公平

一直以来，教育的公平问题备受社会关注。中国教育学会原会长顾明远在 2011 年个性化教育国际会议上再谈教育公平，并提出一个发人深思的新观点："最终的教育公平，应该是每个学生都能通过教育激发潜力、得以发展，获得人生路上的成功。要实现这个目标，则需广泛推行因材施教、鼓励个性发展的个性化教育，以取代陈旧的教学模式。"实现教育公平并不等于实施平等划一的教育，而应是创造适合不同学生的教育，让所有的学生都获得适切的教育。全面发展也不应是所有人的德、智、体、美、劳等基础素质平均发展，而应是基础素质与个性特长的协调全面发展。因此，我们的教育既要了解学生发展的规律以把握共性，更要研究所面对学生的智力水平、个性特点、志向特长、学习态度、能力差异等，把学生当成活生生的具体的人进行因材施教，让教育真正成为面向具体学生的活动。虽然受制于各方面的因素，许多教师还无法真正落实个性化教育，但是起码可以避开一刀切的对待方法，采用两端加中间或特殊加一般等分类法，进行不同类型学生群体的研究，在一定程度上实现因材施教，尽量创造真正适合于不同学生的特色化教育过程。

第二节　个性化之丰富行动——指向学生个性发展的课程实践

进入 21 世纪以来，随着素质教育的全面推广，新课程理念的逐步深入，学校进行了一系列课程改革的尝试与探索。在 2001 年学校创造性地提出了"为每一个儿童设计课程"的理念，尊重学生的主体性、个体差异性，注重学生个性发展的课程观。学校在"十五"期间，从实施个性化教学的视角研究了"为每个儿童设计课程——个性化教学的研究"的问题。在"教学目标的开放性构建""教学内容的人本化处理""教学形式方法的多样化选择""教学评价的多元化实施"等个性化教学策略积累了经验。学校在"十一五"期间，继续深入研究"为每一个儿童设计课程"的问题，视角从"个性化教学"拓展为"课程的校本发展"，主要从国家课程的校本化发展和校本课程的个性化开发两个方面入手，在课程改进、教学改进和学习改进三个方向进行研究，并开发了"菜单式"艺体课程、双语课程等，初步形成了具有学校特色的课程群。通过更深层次的研究，促使学生在深度上充分发展、广度上多元发展、整体上和谐发展、相互间共生发展，最终实现个性的生态发展。经过这几轮的实践，偏重于教师在课程设计中的权利与责任。但课程设计的主体——儿童不能缺位，儿童应该成为课程的中心。由此，学校在"十二五"期间继续研究"为每一个儿童设计课程"的问题，研究视角转变为"让每一个儿童主动参与课程设计的校本研究"，更注重学生的主体性和参与性。

一、转型：个性化教学的研究

在新课改"为了每位学生的发展"的核心理念的指引下，在"十五"期间，学校选择了"为每一个儿童设计课程——个性化教学的研究"，从实施个性化教学的视角研究了"为每一个儿童设计课程"的问题。在"教学目标的开放性构建""教学内容的人本化处理""教学形式方法的多样化选择""教学评价的多元化实施"等个性化教学策略的操作方面积累了一定的经验。

（一）教学目标：开放性建构

开放性，意味着教学目标不是线性封闭的，也不是完全可以检测的。设计开放性的教学目标，基于这样一种思考，即认同教学目标是具有一定的可预知性、可操作性、具体性与普遍性，同时，又认识到课程教学目标具有过程性、不可预知性及随机性、个体性。因此，我们设计的教学目标，是一个开放性的目标系统，包含预设性目标、生成性目标两大方面。预设性目标，即可预知的、普遍性的目标，主要体现为具体的、可操作的行为目标，可用说出、背诵、辨认、回忆、列举、复述、解释、使用、判断、收集、解决等行为动词描述，它处于整个目标系统的基础部分，是对全体学生共同的学习要求。生成性目标，是在教学情境中随着教学过程的展开而自然生成的课程目标，是人经验生长的内在要求，在某种意义上是不可预设、不可检测的，而学生的个性化表现，却往往体现在生成性目标的出现之中，因此，生成性目标虽不能具体预设，但应在宏观上有所准备，更应在课后反思整理补充，以利于以后教学的借鉴。

开放性目标系统的建构，意味着在教学过程中，允许师生根据具体情况，游离于预设的教与学的目标，去实现有利于学生发展的生成性的目标，这便是对"每一个"的尽可能的尊重。特级教师钱梦龙在"故乡"一课的教学过程中，在一位学生提出"跳鱼是一种什么样的动物"这样一个无法预料的问题时，他没有置之不理，也没有简单搪塞，而是顺势而为。他首先承认自己没见过，也不知道，表现出一种应有的诚实；然后又征询其他学生，也无人知晓。钱老师接着就说：跳鱼是一种什么样的动物，我不知道，你们也不知道，但有一个人肯定知道，那就是少年闰土，因为闰土生活在故乡——广阔的江苏农村。钱老师不仅充满智慧地回答了学生的提问，还让学生感受了诚实的品格，体会到农村大自然的魅力，相信每一位学生在这一教学事件中都会有不同的收获。从中我们可以更好地理解什么是生成性目标。

（二）教学内容：人本化处理

人本化的教学理念强调"以人为本"，从学生的生活世界出发，以尊重学生人格为基点，以师生之间的情感为纽带，以培养完善的人性、促进潜能的充分发展为主要特征。

教学内容的人本化处理，即努力使教学内容贴近人的生活经验，贴近人的生活实际，符合人的兴趣要求，照顾人的个性特长，努力使教学内容适应本地区、本学校、本班级的儿童。实际上，人本化处理是对统一教学内容的二度开发，是一种增删调度，其二度开发的出发点和归宿是学生，而学生的生活经验、生活实际、兴趣要求都是各不相同、丰富多彩的。因而，教学内容的人本化处理，将最大限度地考虑每一位儿童的个性特点，也更加富有个性化的色彩。比如在"长城"一文的教学过程中，让学生们听一听到过长城的同学对长城的描述，看看他们拍的照片；歌唱得好的同学演唱《长城谣》；让同学们欣赏董文华演唱的《长城长》；还让学生展示他们用自己的方式搜集的关于长城的资料；等等。在这里，原来的教学内容（即课文）不再是唯一的、霸权的，师生共同开发的内容对于特定的学生甚至有着更为重要的意义与价值，更能引起他们的兴趣，激发他们的情感。这便是教学内容的人本化处理，也可以体现人本化处理试图达到的对于"每一个"的重视。

我们认为教材是重要的，但不是唯一的；教材是有用的，但不是万能的。我们打破教材的"神圣"地位，将原有的教材人本化处理。努力使教学内容贴近人的生活经验，贴近人的生活实际，符合人的兴趣要求，照顾人的个性特长，努力使教学内容适应本地区、本学校、本班级的儿童。我们尊重"儿童文化"，发挥"童心""童趣"的课程价值，针对不同学生的爱好要求，适时适度地开发学习内容。

丰富多彩的教学内容的人本化处理，不是一味迎合学生，我们会考虑教材间必要的逻辑顺序，我们同样尊重教师的个性特点，发挥教师课程开发者的作用，包括对教材的遴选、调整，局部的改编、整合、补充、拓展等，反映主体的个性，从而促进儿童个性方面的和谐、自然发展，促进教师教学个性的充分发挥。探索中，我们认为"人本化处理"策略应该追求教学内容的"生活性""趣味性""动态性"和"开放性"。我们在以下具体方法上进行了尝试。

1. 将教材内容整合

在使用教材时教师要深入理解教材，领会编者意图，同时允许教师根据学生的认识规律和本班学生实际水平适当调整教材内容的先后顺序，或与其他学科整合，提高教学资源的利用效度。如语文"长城"一文的学习，可与社会课上了解修筑长城的历史及名胜古迹一课，音乐课上欣赏、学唱《长城谣》相结合，从而让学生更全面地去了解长城。科学教学中，"认识蚂蚁"这个内容，如果根据教材安排的顺序，那么当教学时，师生会一个蚂蚁也观察不到（因为那时的气候已经不适合蚂蚁在户外活动）。所以我校的科学教师就将教学内容适当提前。数学"垂直"一课的内容中，教材先安排教学从一点向已知直线画的线段中垂直线段最短的知识，然后安排教学怎样画垂直线段的方法。我校钱老师认为这两个内容先后调换教学会更科学，于是，她将垂直线段最短的内容移后教学，先教学画垂直线段的方法，然后让学生在画垂直线段练习的过程中去探索垂直线段最短的知识。事实证明，她的策略非常成功，教学效果很好。当然，将教材内容前后调整不能随心所欲，应该谨慎使用，必要时需科学严谨地论证。

2. 将教材本土化改造

教材中涉及的具体事例、情景，可能远离本地学生的生活，我们设想对其进行本土化改造，找准教材内容与学生生活实际的切入点，创设两者相结合的情境学习新课，使教学内容更贴近学生的生活，调动学生学习的兴趣和参与的积极性。至于如何改造，可能会面临多种选择，这就取决于主体的个性，不做过分统一的要求。

低年级语文"春到梅花山"一课，作者描写了南京梅花山的美丽景色，我们的学生绝大部分未曾到过梅花山，但无锡的梅园有许多学生听说过，也去过。因此，教学中预先布置学生去了解梅园梅花的情况，课始安排学生汇报所了解的内容。这样的引入，贴近学生的生活，沟通了书本知识与现实生活的联系，使学生真切地感受语文的确在身边，从而消除对语文教材的陌生感，上课时学生便能与作者进行自然对话，加深体验。这样，对教材进行本地化改造，让学生在生活中学习语文，正是我们现代语文学习所需要的。

另外，课文里有关地理位置、气候环境、方言名词等内容与本地不一样，或不符合现实，教师可根据本地情况进行改造。数学中有很多例题所要求的教具或学具在教学中很难准备，我们的数学教师就适当地将这些题目改为容易准备学具的题目，这样的改造不仅不会减少原题的功能，还更有利于操作与理解。

3. 将教材与生活、时代相贴近

很多课文叙述的事件、时间发生在以前，甚至20世纪等，远离学生的生活。教学新课前，可以尝试让学生讲述与学习内容有关的生活、近期发生的事件，这样更贴近学生生活、时代，拉近教材与现代学生的距离。

比如学生在学习"土壤和我们"一课内容后，他们了解了土壤为人类所做的贡献，通过调查还了解人类的哪些行为对土壤造成了破坏，从而产生了开展保护土壤的行动的愿望。这时就可以利用学生内心的美好愿望，结合"国家土地日"教育这一契机，不失时机地指导学生制作保护土地的宣传册，到社会上去宣传土地保护的方法与思想，或组织学生给有关部门写信、参与社会实践等。

4. 增加补充一些内容

"补充"是人本化处理策略中常用的方法。我们尝试补充生活中蕴涵的学科知识的例子，或将教学内容和生活情境结合起来导入新课；尝试在教学中结合教学内容补充无锡地区的相关知识；我们尝试在完成教学任务的基础上，补充学生感兴趣的或生活中需要的相关内容，激发学生学习的欲望，满足学生个性化发展的需要。比如四年级组举行放风筝比赛后，关于风筝的话题成了信息技术课的研究内容；五年级组探讨数字编码的规律与应用，同学们把身份证号码、手机号码带进了数学课程。语文教师在教好原有教材的基础上延伸扩展，依据师生双方的兴趣与特点及个性风格，提供文章供学生泛读。如根据学生的年龄特点，低年级推荐一些民间故事、童话故事，中高年级推荐一些儿童文学、杂文随笔、科学漫画等书籍，允许学生根据自己的兴趣和需要，读不同种类的书籍。如学了课文"争吵"，便推荐学生阅读亚米契斯的《爱的教育》。春天到了，布置学生自学相关的描写春天的古诗、名家的作品。上课时，请学生把这些文章介绍给大家，然后一起学习这些文章。这样，不仅使学生巩固了已学到的内容，而且大大拓宽了学生的知识面。

在操作过程中我们也发现，很多教师能开发教学资源，在文本式课程资源的开发方面比较到位；但是在对材料的使用上没有意识到精雕细琢，对选取的课程资源的利用没有进行优化设计，导致课程资源的价值和效用没能得到很好的发挥。

(三) 教学形式方法：多样化选择

在研究过程中，教师通过学习了解了各种教学形式及方法，并在实践中锻炼了合理选择教学形式和方法的能力。这种合理包括适合"这个"教学内容、适合"这个"班级群体的风格、适合自己的风格。

同时，我们引导学生体验什么是接受性学习，什么是探究性学习，什么是合作学习，然后指导学生找到自己最喜欢的、最有效的学习方式进行学习。研究性学习、探究性学习、体验性学习、实践性学习，这些新的学习方式和传统的接受式学习一起，构成了多样化的学习方式，让学生参与并投入学习活动，真正成为学习的主体，也让学生开始有个性地学习。

学习拼音时，教师把超市搬进了课堂，将枯燥的拼音教学寓于丰富多彩的生活世界中，课堂成了"商场"，学生成了"顾客"。有的老师把课堂搬进了大自然，师生沐浴着和风细雨，在蓝天白云下学习关于春天的词语，朗读关于春天的诗句，观察周围春天的景色，抒发热爱春天的情感。在学习"只有一个地球时"，擅长电脑的语文老师则把课堂搬进了电脑房，让孩子们在网络世界中搜集信息、处理信息，把语文课与科学课、社会课融为一体。课外还有同学对全班同学的课外阅读情况进行调查统计，并且向全校同学倡议：不要只盯着童话故事，要多阅读科技类书籍，要从小增强科技意识。五（1）班的同学学习"调查与统计"的内容时，直接走进听课老师中，调查听课老师有关信息。五（5）班的同学自告奋勇地为学校大草坪设计美化方案，学生从中明白了什么叫设计，怎样的设计才是有意义的设计……

课堂上，教师根据多元智能理论，采用匹配与失配策略科学合理地综合各种教学形式与方法。在"情境创设""游戏开展""歌谣使用""全身反应法""任务型教学法"等教学形式方法的操作策略上，我们积累了很好的经验。我们来看一位老师对"小学英语课任务型教学途径"认识与操作。

我们精选了一个案例，试图通过对它的解读，帮助我们从宏观上产生对"为每一个儿童设计课程"操作的框架性的认识。

小文的个人学习计划
——个别化教育计划范例

个别化教育计划是指为单个学生制订的教育计划，它是根据某个儿童身心发展特点和实际需要制订的针对某个儿童的教育方案，在"为每一个儿童设计课程"的研究实践中，个别化教育计划具有重要而特殊的地位，它是个别化教学的典型，是"为每一个儿童设计课程"的理想形态之一。

小文的个人简介

一、制定者

小文（学生）、马红燕（小文的妈妈）、李筠（班主任）

二、背景资料

（一）个人基本资料

学校名称：无锡新区实验小学

学生姓名：金文

性别：女

出生日期：1996 年 1 月 25 日（班中年龄最小）

父母姓名：金律（父）、马红燕（母）

父母职业：中学数学教师

住址：无锡市新区梅村镇××号

电话：0510-88154148

（二）身体发展资料

出生时身体发育良好，成长过程中较健康。上小学后，小文的体育成绩较差，原因是学校用了高一年级的评价标准。三年级时她的眼睛开始近视，家长带她及时去医院检查，医生诊断结果是小文的近视与家族近视有关。经过治疗，小文从四年级起戴上了眼镜。

（三）观察记录和测验资料

学习与行为评价量表、学科成就测验等。

（四）个人与社会生活资料

学习态度端正，学习动机较强，情绪稳定，自我约束力较强，和班级同学和睦相处，社会交往能力不够强。

根据背景资料，小文为自己设计了三年级、四年级两学年的个别化的教育计划。

学习计划（一）

一、学习时间

2003 年 9 月—2004 年 6 月（三年级）

二、个人学习特点

本人学习态度认真，有良好的阅读习惯，喜欢语文学科，对数学不大感兴趣。

三、个人学习目标

学好知识，锻炼才能。在数学学习上多花功夫，提高成绩，多读课外书，提高写作水平，争取发表习作。

四、学习材料

1.《身边的科学》；

2.《一千零一夜》《格林童话》等中外童话名著。

五、学习计划

1. 认真阅读《身边的科学》。现在我已经读完了前两本，我打算在这一年里再把第三、四本《生命的世界》《人类与社会》读完，每天读三到五页。

2. 认真地回味、体味童话故事。现在，我已经读到《一千零一夜》的中间部分内容了，我计划在这一年里读完《一千零一夜》和至少一本童话书，每天读一个故事。

3. 认真学习新开的学科：英语。现在我已经做到小学三年级的了，我准备在这一年里早晨起来花 10 到 20 分钟读英语，每天听磁带，打好基础。

4. 平时坚持阅读《无锡日报教育周刊》《我们爱科学》等报刊。

5. 坚持观看《少儿节目》《科技博览》等知识性栏目。

以上是我初步制订的学习计划，如遇到特殊情况，可做适当调整，但总目标不变。

相信通过这一年的学习，我一定能够获得更丰富的知识，"我努力，我成功!"

六、保障措施

1. 每天首先完成老师的任务，然后完成自己制定的当天目标（包括阅读课外书、观看新闻）。

2. 保证定期阅读《无锡日报教育周刊》《我们爱科学》等报刊。

3. 每次测验完，做好总结工作，并按照情况，制定下一次的目标。

七、评价

一学年下来，小文的学习成绩在班中名列前茅。她在 2004 年 4 月的《无锡日报》上发表了习作《青蛙》，同学们读了她的作品后，都说她的语言生动，构思巧妙。班主任老师的评价是：小文语文学得不错，但要是在数学、英语上再多花点功夫，在活动中进一步锻炼工作能力就更好了。

学习计划（二）

一、学习时间

2004 年 9 月—2005 年 6 月（四年级）

二、个人学习特点

本人学习态度认真，而且懂得劳逸结合，但对学习知识的掌握还很欠缺，形象思维较好。

三、个人学习目标

学好知识，锻炼才能。继续在数学、英语学习上多花功夫，提高成绩，多读课外书，进一步提高写作水平，争取发表习作。

四、学习材料

1.《三国演义》《西游记》等四大名著。

2. 学校指定的必读书目《繁花似锦》。

3. 杨红樱系列文集。

4.《奥赛数学》等。

五、学习计划

1. 认真阅读杨红樱系列文集，了解她笔下的小学生的学习、生活。

2. 认真地体味、回味四大名著。现在，我已经读到《三国演义》的第二十回了，我计划在这一年里读完《繁花似锦》和《三国演义》，每两天读一个回合。

3. 认真地做《奥林匹克数学》。现在我已经做到小学四年级的了，我准备在这一年里做完，每天做一页。

4. 平时坚持阅读《数学大世界》《新语文学习》《英语周报》等报刊。

5. 坚持观看《新闻联播》《动物世界》《科技博览》等栏目。

以上是我初步制订的学习计划，如遇到特殊情况，可做适当调整，但总目标不变。

相信通过这一年的学习，我一定能够获得更丰富的知识。将来，我一定能成为国家的栋梁之材。

六、保障措施

1. 每天首先完成老师的任务，然后完成自己制定的当天目标。

2. 保证定期阅读《小学生数学报》《新语文学习》《英语周报》。

3. 每次测验完，做好总结工作，并按照情况制定下一次的目标，学生实际表现可参考表3-1。

七、学习成长历程

（一）家长的回信

阅读、写作言语小困惑

开学后第一个星期，我给全班孩子的家长写了一封有关如何指导孩子课外阅读的信，托孩子交给家长。小文的妈妈给我写了回信，在感谢老师的同时，信中具体讲了孩子阅读方面的情况：小文是一个非常喜欢阅读的孩子，她已经阅读了一些成语故事、科普故事、优秀作文等，只是由于眼睛先天遗传已患上了近视，家长经常控制她阅读的时间与阅读量，作为家长很是矛盾。信中，她妈妈要我推荐孩子适合读的书，并提出了两个问题：①孩子作文已入门，怎样能让她的作文上一个新的台阶。②尽快激发孩子学习数学的兴趣。

阅读完她妈妈的信，我也思考了很久。这是一个关心教育、关心孩子成长的好妈妈的心里话，更是摆在每个教师眼前的很好的研究课题。我们知道，良好的学习习惯对一个人的成长是何等的重要，而学习习惯好的孩子往往是那些阅读习惯好的孩子。在当今，作文能力的高低是语文学得好坏的重要标志。小学阶段，正是一个语文能力培养的大好时机，作为一名语文教师，在已有经验的同时，必须得继续摸索、实践，让班中的每一个孩子爱读书、爱写作。另外，由于小文较同龄人早上学，逻辑思维的发展还跟不上大家，在数学上她需花点功夫，相信以后她会慢慢跟上来。

（二）反思日记

成长中的感动

那是个晴空万里的日子，清脆的放学铃声响了。班上的同学拿着成绩优异的考卷，像小鸟一样纷纷"飞"出了学校。而我呢，走在马路上，双腿如灌了铅似的，怎么也走不快，心里就像15只吊桶七上八下。惨哪！这次数学考试我考得好惨，可以说是有生以来最大的一次失败。我怕父母骂我。试卷，该如何交给他们呢？想着想着，我竟无可奈何地笑了出来。哎，想到试卷上刺眼的"82"，不争气的泪水流了下来。

回到家，父母还没回来，心里稍微轻松了一些。走进书房，我打开书包准备做作业，那张试卷就掉出来了。那刺眼的数字又一次映入了我的眼帘，真是又触伤了我的心。我越想越气，拿起书包中的书、本子就扔起来。泪水，第二次无助地流了出来。

表3-1 甲（丙）学生学习、行为习惯养成测评表

姓名（金文）

序号	内容	第2周		第5周		第14周		第19周	
		教师评	家长评	教师评	家长评	教师评	家长评	教师评	家长评
1	早读： 1. 准时到校 2. 抓紧时间交作业 3. 认真早读，读书效率高	☆							
2	上课投入： 1. 认真做好眼保健操 2. 不做小动作，学会倾听 3. 积极举手发言，学习效率高			☆					

续表

序号	内容	第2周		第5周		第14周		第19周	
		教师评	家长评	教师评	家长评	教师评	家长评	教师评	家长评
3	回家活动： 1. 抓紧时间完成果后作业 2. 能阅读书报半小时以上，关心时事新闻，能发表自己的感想 3. 经常与家人交流学习、生活中的事	Δ					☆		

备注：请根据学生实际表现在相应栏内打"☆、Δ、X"。☆表示"优"，Δ表示"良"，X表示"合格"。

"呵呵呵，哥哥，你看，我搭的'楼房'是不是很……"话未说完，只听得"啪"的一声，紧接着是小妹妹的哭声。我抬头往窗外望去，原来是隔壁的一对兄妹正在院子里搭积木呢！他们搭的杰作——"大楼房"倒了，成了"乱石堆"。小哥哥气呼呼地一脚踢了"乱石堆"说："不干了！"小妹妹又拿起了积木，扑闪着两颗黑葡萄眼珠说："倒了可以重来，为什么一下子不干了，亏你还是哥哥呢。"我的心头一震，不由自主地在窗口看着他们。不一会儿，一幢漂亮的大楼又"诞生"了。小妹妹笑着说："哥哥你看，我们的大楼不是又堆好了吗？"可是正当他们想欢庆胜利的时候，"大楼"好像被一只大手推了一下，突然倒了下来。小妹妹一声不响地又拾起积木，又一块一块地叠起来……哟，这会儿大楼真稳了，没有倒。"我说一定能搭好的。"小妹妹拍着手欢呼起来。

刹那间，我的脸"唰"的一下红了。在这两个不懂事的小娃娃面前，我显得多么的渺小。平时，我语文课上积极发言，写的作文还发表了，但数学课上我怕动脑筋，成绩总上不去，这次考试这么差，又不敢面对困难。不，我要重新站起来，面对现实，克服困难。于是，我又来到书桌旁……

（三）我来当裁判

《语文周报》有一个栏目：我来当裁判，要求投稿的学生习作后要有同学、老师的点评。按照这个要求，老师和几位同学给金文的习作《感动》做了点评，并及时投了稿。下面摘录几位的点评。

1. 同学钱旻辰评

我觉得这篇文章写得很生动，我看的时候脑子里就像在放电影一样。其实，金文碰到的问题我们也都会碰到，考试考砸了，自己心里会特别难受，回家还得挨父母的骂。金文从小弟弟、小妹妹搭"楼房"中得到启发，从失败中走出来，终于迎着困难而上……我从中也明白了"失败乃成功之母"这句话的意思，我以后遇到困难也不能退缩。

2. 同学王心怡评

这是一篇有真情实感的好文章。小作者因为考试成绩不理想，所以心情很差。她无意中看到了小朋友在搭"楼房"，从中受到启示。全文语言流畅，特别是心理活动写得非常生动。

3. 同桌邵凌曦评

作为金文的同桌，我特别佩服她。她在班中年龄最小，但非常喜欢读课外书，加上她能留心观察，因此她的写作水平很高。金文在考试失利后，能从他人身上汲取前进的力量，表现了她积极上进的好品质。

4. 李老师评

我们真替小作者金文高兴，因为小作者不仅能正确面对失败，而且还用非常生动细致的语言将自己心情的一系列变化与体会展现在我们面前。

（四）读、想结合效果好

我非常喜欢上语文课，我的语文成绩不错，这与我养成良好的学习习惯是分不开的，我认为学语文就应该做到多读、多想，读想结合。

书是我的好朋友，只要一有空余时间我就读书，我的书读得很"杂"，涉及面很广。读书要注重积累，不能边读边忘，最终竹篮打水一场空。

读书要多动脑，想想别人是怎样写的，为什么要这样写，假如是我来写，我又会怎样描述，是我写得好，还是书中写得好，长此以往，问自己几个为什么对自己的收益是很大的，好习惯贵在持之以恒，不信你也来试试。

（五）成功的喜悦

在小文的努力下，四年级第二学期她取得了优异的成绩：习作《松鼠姐姐进美容院》《感动》发表于《语文周报》，《常青树与美人蕉》发表于《新语文学习》，参加区青少年读写大赛获小学组二等奖。在校英语百词默写赛中，她获得了二等奖的好成绩。由于年龄偏小，逻辑思维能力欠缺，数学书本上的题目都能解决，解决综合性强的开放题尚有困难，但与同龄人相比，思维的发展还是令人满意的。作为班级副中队长，她能做好带领同学早读、检查纪律等工作，在同学中有了一定的威信。期末，在老师和同学的评选中，她被评为校五好学生、获特长奖——智慧奖，还被评为校"读书之星"。

二、建设：基于学生个性发展的课程校本开发

学校在"十一五"期间提出"为每一个儿童设计课程——基于学生个性发展的课程校本发展的研究"。"为每一个儿童设计课程"的课程观回归到了课程本义的一种系统思考，它是对新课程理念的一种本土化理解，这个研究丰富了课程的理念，是基于学生个性化发展的需求，回归童年、回归生活，来寻求一种学校课程校本开发的实践模式，提供一种学校课程实践的经验，对其他学校具有一定的借鉴意义。

（一）课程目标

课程校本发展的研究在中国的教育体制下，基本有两种价值取向：一种是基于学校发展需要的校本发展，另一种是基于学生发展需要的校本发展。我们学校谈的课程校本发展，更多强调的是基于学生个性发展需要的课程校本发展。我校课程校本发展的具体目标包括：

（1）促进我校基于新课程理念，对"为每一个儿童设计课程"进行系统的思考，提高我们对基础教育新课程的认识，形成我们学校的课程理念。

（2）课程校本开发作为一种改良实践，从学校和学生的实际出发，创造性地实施国家课程、开发校本课程，形成学校的课程校本开发体系与特色。

（3）研究与实践相结合，通过课程结构的优化以及课程实施方式的变革，提高新课程实施的质效，实现学生的全面发展，促进教师的专业发展，提高学校的整体办学水平。

（4）通过课程校本开发，让学生的个性在深度上充分发展、广度上多元发展、整体上和谐发展，最终实现个性的生态发展。

（二）课程内容

基于小学生个性发展的需要，学校以"为每一个儿童设计课程"为追求，立足儿童个性发展的基点，瞄准儿童个性发展的可能，统整国家课程和校本课程，在基于儿童个性发展的国家课程校本化实施及基于儿童个性发展的校本课程的开发两个方面进行整体联动研究。

根据爱利埃·克里克森的个性发展阶段理论，我们可以知道，小学阶段主要是孩子个性发展的第四个阶段。在这个阶段，孩子所面临的个性发展任

务是获得能力。所以，提高学生各方面的能力，让每一个学生获得成功的体验，增强每一个学生的自尊感，让每一个学生的个性朝着积极的方向发展，是我们在发展学生个性方面要做的主要工作。同时，我们也认识到，不是所有进入小学学习的学生都拥有了很好的个性基础，他们对以前的发展任务的完成水平是参差不齐的。这个阶段积极发展的学生的个性基础是：孩子获得了对世界的信任，有了安全感，他们成功地巩固了自己的自主性，有了自我控制能力，主动精神获得积极的发展。消极发展的学生的个性基础是：胆怯、烦躁不安、敌对、攻击、情绪压抑、羞怯、疑惑、自疚。而个体只有很好地完成了一个阶段的发展任务，才能顺利地进入下一个阶段，所以，在以发展能力为主要发展任务的小学阶段，学生还需要补差性发展的机会，用来完成前阶段完成得不够好的发展任务。通过补差性学习获得对世界的信任，增强自己的自主意识，提高学生自我控制能力，培养主动精神。

1. 国家课程的校本化实施

"十一五"期间，我校关于国家课程的校本化实施，重点放在学科课程领域，见图3-1。学科课程的校本实施是指学校根据本校实际情况，创造性地实施学科课程的过程。但在课程的功能、领域、门类、目标、内容、要求、课时比例等方面，首先体现国家意志，具有强制性，其次才体现学校实际，体现弹性设计，在课程资源、形态、结构、实施策略、单元进度、授课顺序、教学方法等方面，则较充分地体现学校特色，较好地运用校本开发的技术。

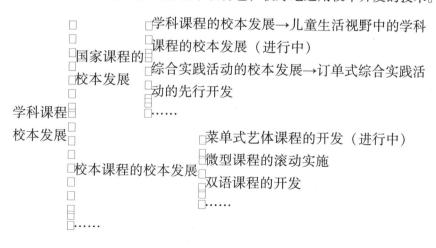

图3-1 学校课程的校本发展结构图

在国家课程的校本实施中，为了使研究能更好地深入推进，我们主要研究语文、数学、英语三门学科的校本实施。同时，适时地在音、体、美、科学等学科，进行"田野研究"。在具体实施中，我们强调尊重每个儿童独特的生活经验、智力强项、兴趣爱好和学习风格等方面，重视基于学生个性发展的学科课程的校本理解，在儿童视野中开发实施课程，让每位儿童在学科课程的校本实施中自由、和谐、全面地发展。

数学学科根据学科特点、知识特点、儿童年龄特点、新课程实施现状等需求，主要在计算能力、空间观念、数学概念、应用能力四个领域深化个性化教学。研究内容分别细化为：趣味设计，提高学生计算能力的个性化教学研究；精彩预设，发展学生空间观念的个性化教学研究；关注本质，形成学生数学概念的个性化教学研究；实施体验，发展学生应用能力的个性化教学研究。

语文学科主要研究儿童生活视野中的阅读教学和习作教学两个领域。阅读教学领域，低中高年级的研究内容分别细化为：绘本入门，激发广泛阅读的兴趣；典型引路，获得正确的阅读方法；经典品味，养成自主阅读的习惯。习作教学领域，低、中、高年级的研究内容分别细化为：童话入手，激发说话兴趣；抓住契机，认识习作价值；拓展空间，捕捉习作素材。

英语学科主要研究"提高学生口语表达能力"的问题。具体研究内容有：开展国际合作，与英国美池岛学校结成"课程资源开发"团队，提高学生口语表达能力的研究；创编教材，创设情境，提高学生口语表达能力的研究。

在研究过程中，我们还适当地关注了综合实践课程的校本开发，尝试了将综合实践活动课程分别与科学、英语课程相整合的开发活动。

国家课程的校本化实施，"十五"期间，主要从目标、内容、方式、评价等要素入手，可以看作一种横向的设计；"十一五"期间，注重从学科本身的要素入手，可以看作一种纵向的设计，两者结合，就成为一种立体交织的结构，大大丰富了研究的形态与内涵。

2. 校本课程的个性化开发

校本课程是最有利于学生个性发展的课程，而怎样开发才能高效地促进学生个性健康的发展，是一个值得研究的问题。基于学校以往在艺体选修课程方面的研究成果考虑，我校以艺体选修课程的开发为突破口，来研究校本课程的开发问题。

艺体选修课程是国家艺体课程的拓展。为了尽可能多地满足学生个性发展的需求，在操作上，我校艺体选修课程的开发，整合学生需求、办学目标、学校资源三方面的因素，制定课程菜单并组织实施。在"菜单式"艺体课程开发过程中，我们以师生为主体，全员参与、合作探究，以人的发展为核心，培养学生的兴趣、爱好，发展个性特长，并要突出培养学生综合迁移能力、实践能力和创新意识，努力提高学生艺术素养、终身学习的愿望和能力，以及对社会和自然的责任感，锻炼身体，促进学生德、智、体、美等方面主动、全面发展。

（三）课程实施

1. 探询自主区，进行课程补充

在实施国家课程时，为了满足学生的需要，在国家课程的框架下，以及不增加学生课业负担的前提下，我校补充相关课程，旨在通过适应学生需求的课程，帮助学生实现其个性发展的可能。

（1）寻找课程开发自主区

课程补充活动，操作的关键点是要补在需要处。学校要清楚，学生的发展需要什么？而现行课程中又缺乏什么？无锡是我国改革开放的前沿城市，其外向型经济已经取得令人瞩目的成绩。经济的国际化发展对全面提升我市教育国际化水平提出了要求。要求教育要不断优化培养目标，要全面提高教学水平，要培养更多的适应开发型经济需求的国际化人才。而且我们学校所在区，是国家级高新科技开发区，是无锡的前沿区域——新吴区。大量的外资涌入新吴区，使新吴区成了国内外大批高层次、高素质人才的集聚区。我们学校外商子女占有比例呈现逐年增多的趋势。家长和学生都对目前的教育提出了新的、更高的要求。加快教育国际化进程，是我校的教育适应社会发展、服务地方经济、尊重学生需求的必然选择。

如何提高国际化水平，首先要根据学生发展的需要，寻找国家课程中因地域差异而带来的缺失点。例如，我校许多孩子都希望在学校里学习轮滑、棒球等体育项目，而目前的体育课程中尚未开设这些项目。再如，个别班级或学生群体会对某些专题感兴趣，但是目前课程中却没有相关专题。如此这些都是现行课程中的缺失点，这些缺失点就是我们要补充的课程项目，也可谓自主开发的区域。

（2）构筑课程开发自主区

找到自主区后，重点是要构建自主区，即进行科学高效的课程补充活动，

让学生的需求获得真正的满足。下面举两个例子，谈谈具体的操作。

例一，针对学生对轮滑和棒球的需求与课程的缺失，我们开始思考在体育课程中补充轮滑和棒球项目的可行性问题。经过考察我们发现，体育课程中只有课程目标，没有具体的教材，这个特点给了我们一个自主设计体育项目的区域。也就是说在这样一个自主区里，我们可以基于学生的学习需求，在体育课程中进行课程补充活动。轮滑和棒球都是充满趣味性和挑战性的健身运动，练习轮滑和棒球能有效促进学生体育素质的提高；同时它又是符合学生兴趣需求的项目，因此我们就不需要担心增加学生课业负担的问题。所以，在体育课程中补充轮滑和棒球项目有其学科价值和现实意义。于是我们从 2007 年 9 月起在体育课程中增加了轮滑和棒球项目。为了保证课程的质量，我们配备了标准的轮滑和棒球设施，聘请了国家级专业教练。

以棒球课程为例，介绍操作范式：①课时整合。我们将开设的棒球课程与体育课程相整合，在体育课中每周开设一节棒球课，周总课时不超过国家规定课时。②试点先行。在每个年级各确立一个班开展棒球课程的教学试点实验。③编写教材。为使棒球课程教学有序、系统，我们编写了棒球教材。④细化规则。采用符合学生心理特点的方法教学棒球课程，把棒球"技术"教学分层化，"规则"教学简易化，"战术"教学游戏化，让学生爱学、易学、易懂。⑤建立机制。为确保棒球课程实施质量，建立了课程领导和经费保障机制。

例二，针对一个年级或一个班级学生的特殊需求与课程的缺失，我们补充了班本自主课程。我们倡导，各年级、各班级可以根据具体的课程内容、团队特点，开发丰富多彩的自主课程，这样的课程更具灵活性、适切性和开放性。课程内容一般是就某个小专题的研究，课程周期一般比较短，如一个学期或数周，甚至一个星期。这样的课程学生参与开发的程度最深，从内容的选择到计划的制订，再到具体的活动形式选择、时间安排、成果展示方式的确定，学生深度参与了大部分环节。

如六（3）班语文老师因为该班学生对《论语》有浓厚的兴趣，便与学生一起开发了"走近《论语》"阅读课程。六（1）班语文老师根据该班学生对电影的狂热追求和他们班作文内容的苍白现状，在本班开发了影视作文课程。而五（2）班的数学老师，则根据班级学生的特点，利用《小学生数学报》这个资源，开发了数学童话课程……

每一项自主课程都会给人以美好的期待，每一次活动更会给人以惊喜。师生在一次次的期待与惊喜中，享受充实、展露才华、拥抱激情、提升自我。

2. 抓住关联处，尝试课程整合

课程整合是指超越不同的知识体系而以关注共同要素的方式来安排学习的课程开发活动。我校抓住意义关联处将很多学科都进行了课程整合活动。如将科学学科与综合实践活动相整合，把科学学科的教学活动延伸至综合实践活动课上，围绕科技小发明、小制作、小创造、小论文主题，自主组建学习小组，展开研究、创造活动。将英语学科与其他学科相整合，开发双语课程。下面以双语课程为例，谈谈抓住意义关联处，尝试课程整合的具体操作。

①重点切入：根据学校实际情况，我们以音乐、美术学科为切入重点，逐渐辐射到科学、数学活动、体育、综合等课程，目前我校共有6门学科进行双语实验，有30位教师参与双语教学。②教材重组：体育、信息技术是以苏教版教材为主线，由任课教师根据学科特点、学生特点、教材特点制定双语教学目标；健康教育、科学学科引进新加坡教材；美术、音乐学科教材，由双语教师小队自己创编。目前编辑完成了双语课程的教材《一年级美术双语教材》《一年级音乐双语教材》。③分层实践：根据学校实际情况，我们将双语教学分为三个层次：以母语为教学主体语言的维持型双语教学，母语与英语互为教学主体语言的过渡型双语教学，以英语为教学主体语言的浸身型双语教学，我们立足维持型，向过渡型发展，最后尝试浸身型。

具体实施举措为：优化教育环境，创设双语氛围；选准切入学科，做好实验探索；有序校本培训，完善队伍建设；强化英语教学，促进内涵发展；创新教学管理，推进双语教学；开发外部资源，提升发展品位；确保实验需求，加强实施保障。

3. 整合优质资源群，实践课程拓展

课程拓展是以拓宽课程的范围为目的而进行的课程开发活动，它包括国家课程的延伸和一类学生（包括个别学生）的个别化拓宽。在拓展中，既要保存学科的本质意义，又要有所拓展，关键是要找到合适的生长点和科学的拓展方式，这样的拓展活动才更有价值。我校在一些课程中进行了课程拓展活动，形成了独具特色的课程。

我们精选了三个案例，试图通过对它的解读，帮助我们从实践层面上产生对"基于学生个性发展的课程校本开发"课程实施的认识。

例一："菜单式"艺体课程

我们整合学生需求、办学目标、学校资源三方面的因素，对艺体课程进行适当的拓展和延伸，设置了相应的选修课程。并且为了尽可能多地满足学生个性发展的需求，我们开发了多样性的、可供学生选择的课程菜单，称之为"菜单式"课程。我校"菜单式"艺体课程的类型主要包括美术类、书法类、体育类、器乐类、声乐类、舞蹈类六大类，目前一共开发了拉丁舞、跆拳道、围棋等30多个项目。为了保证这一类学生得到最佳的发展与提高，学校艺体课程开发委员会聘请了社会资深专技人员来校授课，每周一次，并指定学校艺体教师或有相应特长的教师担任助教，在艺体教育专家每周授课一次的基础上，助教老师还会根据教育进程指导学生每周练习两次。

多年实践形成的"菜单式"艺体课程具有以下特点：

开发主体凸显互补性和互动性。教师小队是该课程的开发主体之一，由社会专业人员与学校艺体教师（或具有艺体特长的教师）组成。社会专业人员具有一流的专业水平，而学校艺体教师（包括具有艺体特长的教师）的教学水平及学生管理水平相对较高，两者相互结合，产生了1+1>2效果，形成既有开发力又有执行力的教师小队，为学生的发展提供优质的资源平台。

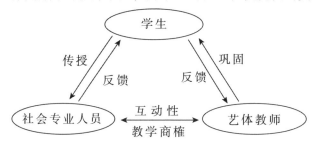

图3-2　课程开发二维结构

学生是另一个非常重要的开发主体，他们除了可以根据自己的兴趣和需要选择课程，还可以建议学校开设自己需要的课程项目。在课程开发过程中，专业人员、教师、学生三者通过互动，和谐发展。

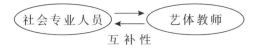

图3-3　课程开发三维图

"'菜单式'艺体课程"凸显了需求的主导性。其是在对本校学生的需求、兴趣进行科学评估的基础上，兼顾社区和学校课程资源而确立开发的多样性、可供选择性的校本课程。学生可以根据自身需求来建议开设项目以及灵活安排课程的内容、课时、形式等。

"'菜单式'艺体课程"凸显了课程的严谨性。其是一种崭新的课程开发模式的尝试。它的严谨性要求每一项艺体课程项目都必须从学校资源条件或学校经过"努力"可用的资源条件出发，严格按照学校的课程开发程序进行操作。

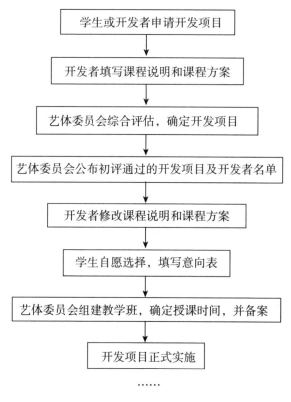

图 3-4 课程开发程序

"'菜单式'艺体课程"凸显了教育的公平性。其面向全体学生，体现了机会平等，学生选择的项目是适合自己的兴趣需要及个性发展的，体现了学生的主动发展，并让不同的学生通过不同的选择获得自身最合适的发展，真正体现人本意义上的教育公平。

"'菜单式'艺体课程"凸显了评价的多样性。从评价主体看，主要包括学生、家长、学校等。从评价方式看，主要包括诊断性评价、过程性评价和终结性评价。当一个学生要选择艺体课程项目时，课程开发者首先要对该学生进行诊断性评价，帮助其选择适合他的或相应进度的课程项目。这里的过程性评价，主要体现为表现性评价。对于每一个选择"'菜单式'艺体课程"

项目的孩子，老师都从学生每一次上课的参与度、积极性、学习热情、能力提高，以及参加的演出、比赛等方面进行综合性的评价，关注他们成长过程中的每一次进步与变化。"'菜单式'艺体课程"中的终结性评价主要包括社会考级等。此外，我们还将学生在"'菜单式'艺体课程"中的表现作为期末评选优秀生参考项目。

"菜单式"课程的活动成果得到了社会的肯定与赞赏，其中民乐项目获得了以评审严格著称的美国铁姆肯教育基金的赞助；梅韵曲社获全国优秀红领巾校社团称号；校棒球队蝉联 2009 年、2010 年全国青少年棒球锦标赛 A 组冠军。

例二：语文课程校本发展实践

语文课程校本发展，就是寻找一切有可能进入语文课程，并能与语文教育教学活动联系起来的资源，有效开发和利用，从而提高学生语文学习的兴趣和语文教学的效率。我们从以下几方面进行多渠道语文课程校本开发实践。

一、开发语文教材，发挥多种功能

教材作为重要的课程资源，其开发和利用的重点是研究和处理教材。教材不仅仅是学生学习语文知识，提高语文能力的文本，还承担着丰富学生生活经验，提高人文素养，培养创新精神和实践能力，养成良好的学习习惯等诸多任务。因此，在课堂教学中，要倡导自主、合作、探究的学习方式，让学生借助教材这个例子，主动理解和体验，有所感悟和思考，获得情感熏陶和思想启迪，通过对教材的学习领悟到教材以外的东西，从而获得学习方法，形成正确的学习态度和习惯，综合提高语文素养。

1. 合理重组，让教材"立"起来

为了使学生的知识结构与能力结构更趋合理，教师应在整体把握教材系统的前提下，大胆改革其中的不合理因素，根据需要做出适当调整，对教材知识进行重组和再创造。教师必须认真钻研教材，把握知识的内在联系，从学生的角度出发，体察学生的学习情感，诊断学生的学习障碍，改变呈现方式，激活教材，向学生提供充分从事活动的机会，帮助他们在自主探索和合作交流中真正理解和掌握知识，使课堂充满生机和活力，使学生的参与更加积极、主动和富有成效。

2. 适时链接，让教材"厚"起来

我们知道，真正的阅读是读者与文本之间的平等的对话与沟通，这是一种非常自我、非常个人化的行为。在学生已有知识经验的基础上，引进相关的"同题""异质"的文本材料，通过在更大空间中对文本的解读，就能够使得课文中模糊的意义变得清晰起来，在完成新意义建构的同时不断丰富文本的情感，升华自己的情感。

3. 联系生活，让教材"实"起来

将语文课堂学习活动建立在生活的基础上，把生活中与学生学习内容有直接联系的鲜活材料引入课堂，从学生已有的生活经验和知识储备出发，让课堂生活化，让学生感到所面临的问题是熟悉的、常见的，又是新奇的、富有挑战性的，促进学生由"已知区"向"未知区"转化，经历一个从"生活到知识再到生活"的螺旋式的上升过程，最终形成联系生活实际思考、解决生活中实际问题的能力。教师在深入挖掘课内资源的同时，重视拓展利用各种课外资源，使教学紧密联系生活，最终服务于生活。

二、依托儿童文学，提高阅读素养

通过"好书推荐课""阅读欣赏课""读书汇报交流课"等激发学生的阅读兴趣，指导学生掌握科学的阅读方法，帮助学生养成良好的阅读习惯，构建课外阅读课程开发三部曲。

1. 绘本入门，激发广泛阅读的兴趣

作为低年级段学生的课程资源，绘本的叙事性往往能引领学生走进绘本，走进作者的想象世界。同时，作为整本书的阅读，可以增加孩子们的阅读成就感。我们在指导学生进行绘本阅读的过程中提炼出一些基本步骤：封面激趣、环衬设疑、情节拓展、封底延伸。绘本阅读，给教师和学生都打开了广阔的阅读空间。

2. 典型引路，获得正确阅读的方法

授之以"渔"，让学生真正学会阅读，学会精读，学会选择读书，学会写读书笔记。析书名、探背景、观作者、品情节、赏人物、试续写，运用各种手段，提高阅读的效果。建立读书汇报制度，确保读书时间。

3. 经典品味，养成自主阅读的习惯

我们将读书课和常规语文阅读课相整合，在语文课中每周开设一节读书课，周总课时不超过国家规定课时；每天中午12：00—12：20进行午间阅读，并建议学生每天回家阅读半小时以上。学校还拟定了"书香班级""阅读之星""书香家庭"的评比细则。

学校有规范的阅览室、图书室，并制定了详细的图书室借阅细则，保证学生每年去图书室借阅图书不少于14次。另外，各班还有"漂流图书架"，以弥补学校图书室在书籍数量和种类上的不足，以实现读书资源的共享。

学校定期举办校园读书节，开展丰富多彩的读书活动，如举行读书座谈会，交流心中的七彩故事；组织各类读书联谊活动，展示学生编写的读书小报；组织读书竞赛活动，评选藏书、读书最多的同学为"读书之星"；举行读书分享会，让孩子们朗诵自己富有真情的读后感，并评选出"小鲁迅""小冰心"；举行课本剧大赛，把故事搬上舞台；根据学生的需求，学校还邀请杨红樱、黄蓓佳、郑渊洁等儿童文学作家与学生面对面交流……从而营造出浓厚的书香校园环境，让好书成为孩子们学习语文的一部分，更是童年生活的一部分。

三、透过儿童视野，提高习作素养

1. 童话导入，激发写话兴趣

"兴趣是最好的老师。"童话导入，并一步步引导孩子们走进童话，放飞了孩子们心中想象的翅膀，使他们拥有了更广阔的写话天地，不拘形式地、自由自在地在写话的天地里驰骋，享受童话的快乐，享受写话的快乐。

例如，听童话，讲童话；看图画，编童话；画图画，写童话；结合课文编童话；词语串联编童话；提供头尾补童话。

2. 抓住生活契机，提升习作价值

练就慧眼——教师应充分利用学习、生活中的偶发事件，生成习作教学内容，在学生真切的体验基础上培养习作意识；有效包装——作为语文老师，要运用多种手段，精心创设写作情境，激发习作兴趣，有效地包装习作课，引导学生有目的地写；读写结合——在阅读教学中，要注重作文基本功训练，把写作技巧和方法与作文教学紧密结合，及时指导学生内化与吸收，提高学生积累能力与写作水平；开创舞台——与展示、比赛等活动相结合，写作过程中贯穿热烈的情感，在作品中收获成功的喜悦，得到公众的认可，形成正确的动机。

3. 有效拓展，捕捉习作素材

与生活同步，与活动互通，与文本共赏，与各科整合，与影视共舞。

例三：数学课程校本发展实践

在实施国家课程时，我们根据学校实际情况对国家课程进行校本开发，实践校本化实施的理念。一般采用的校本开发方式是：课程选择、课程改编、课程整合、课程补充、课程拓展、课程创编等。我校的数学课程校本开发主要通过课程改编、课程补充和课程拓展三种活动方式展开。我校的数学课程校本开发既有明确的规划，又按照学生的实际情况进行。本着"为了每一个孩子的发展"的教学理念，我们从"趣味设计，提高学生计算能力""精彩预设，发展学生空间观念""关注本质，形成学生数学概念""实践探究，发展学生应用能力"四个方面入手，来精心设计适合学生的数学教学过程。

一、课程改编：在理想与现实中寻找平衡点

教材编写人员在设计教材内容时，主要是以其自己的经验为基准来编写教材的。这样编写出来的教材是处于编者理想状态中的教材，它对各所学校的适应性是各不相同的。而且它与每个学校的现实资源情况多少会有点距离。这种距离很少在知识层面，而主要在操作层面。这时，为了提高校本实施的水平，我们一线教师就要在编者的理想与教学的现实之间寻找一个平衡点，进行适当的课程改编。

课程改编主要是指根据对课程内容、结构安排等的不同理解而进行的相关调整或修改的课程开发活动，可以是调整教学顺序，也可以修改教学内容。一般教材的编排比较科学，所以调整结构和顺序最好要经过备课组集体审议，不要擅自改动。而对教学中某个教学情景或某些教学工具的修改机会会更多一些。在数学教材中，有一些情景离学生的生活比较远或者具有明显的地域性，起不到应有的作用；也有一些需要操作的学具准备起来非常麻烦或在本地区根本找不到，遇到这些问题，老师可以适当地改编情景或将这些题目改为学具准备相对容易的题目，便于学生理解和操作。

二、课程补充：在需求与缺失中寻找对接点

课程补充是指为了提高国家课程的教学成效，而补充相关课程资源和相应教学设计的课程开发活动。课程补充活动，可以说我们每个老师都操作过。操作关键点是要补在需要处。作为教师，要清楚学生的发展需要什么？而现行课程中又缺乏什么？还要清楚如何在学生需求与课程缺失中找到对接点。让学生的需求得到真正的满足，而非南辕北辙或缘木求鱼。数学课程补充一般有两个价值取向：基于数学素养发展的需求和基于学生全面发展的需求。

三、课程拓展：在保存与拓展中寻找生长点

课程拓展是指以拓宽课程的范围为目的而进行的课程开发活动，包括国家课程的延伸和一类学生（包括个别学生）的个别化拓展。如学校开设的数学创新思维班、数学老师指导学生编写数学童话故事等都是数学课程的拓展活动。在拓展中，保存了数学学科的本质意义，关键是要找到合适的生长点和科学的拓展方式，这样的拓展活动才更有价值。以编写数学童话这种课程

拓展方式为例，谈一谈课程拓展活动的操作要点。

（一）难点处的拐杖

当学习一个比较难掌握的知识点时，我们可以进行适当的课程拓展活动，让课程拓展活动成为认知难点处的拐杖，搀扶着学生迈过认知过程中的一座座高峰。指导学生编写数学童话是一种常用的方式。如在初学含有小括号的运算时，学生经常会忘了先算括号里面的运算。于是布置学生编写相关的童话故事。通过编写让学生体会不先算小括号里面的计算的后果，在交流中它对小读者们的教育力量不言而喻。

（二）混淆处的镜子

碰到容易混淆的概念时，也可以进行适当的课程拓展活动，让课程拓展活动成为认知混淆处的一面明镜，帮助学生明察秋毫，形成正确的认识。这时我们仍然可以利用编写童话的方式，帮助学生辨析、梳理概念。比如在教学角的分类时，部分学生又出现了认知混乱。为了帮助学生清晰地建立各种角的概念，我们让学生编写关于角的童话故事。学生们兴趣非常浓厚，有的将各类角的大小特点写成《神奇的角国》，有的根据各类角的特征编写成有趣的《猜猜我是谁》，有的将小角变成大角的各种方法写成《小角的梦想》。

其实小作者编写童话故事的过程，就是他带着相关概念照镜子的过程，就是他辨析概念、提升认识、自主建构的过程。

（三）延展处的平台

新课标指出："学生的数学学习活动应当是一个生动活泼的、主动的和富有个性的过程"，在知识延展环节中，这种个性化学习的外显特征就更加明显。教师这个时候如果能"向学生提供充分从事数学活动的机会"，那么，"不同的人在数学上得到不同的发展"的理想将得到根本性实现。课程拓展活动，可以给学生提供创造性活动的平台，可以满足学生个性的需求，让他们获得发展。

三、发展：让每一个儿童主动参与课程设计

"主动参与"的一般理解是指学生在教师的有效指导下，通过教育教学活动，端正参与动机，增强参与意识，提高参与能力，从而体现学生的主体作用。其中关于"主动"的含义，《现代汉语词典》的解释是：①不待外力推

动而行动；②能够造成有利局面，按自己的意图进行。① 可以看出，"主动"的意蕴是关于主体具备一定能力的自动行为。因此，我们对主动参与的理解至少包括积极参与、适性参与和建构性参与三个方面。积极参与是情感态度方面的要求，既有参与课程设计的意愿，同时相信自己有能力来设计课程。适性参与是操作方面的要求，学生能根据个性差异，找到符合自己认知规律的参与方式，根据自身学习能力选择参与程度。建构性参与是结果方面的要求，要求学生在参与的过程中，通过规划设计、操作实践、归纳总结等活动使得课程参与能力得到有效提升，智能、情感得到发展性建构。这里的"每一个儿童"，是类与个体的结合。我们的理想是希望每一个儿童都能够主动参与到课程中来，让课程和儿童融合的过程能充分体现学生群体乃至个体的意志和声音。"每一个"意在强调：一是儿童要参与到课程设计中来，成为课程的参与者、建设者和创造者。二是尽可能让所有儿童都参与进来。三是让不同类型的儿童都有自己适合的参与方式和参与程度。四是每一个儿童主动参与课程设计是一个逐步发展的过程，在量的发展上是从部分学生的主动参与走向所有学生的主动参与，在质的发展上是从表层参与走向深度参与。文中的课程设计，一般狭义的理解是指拟定一门课程的组织形式和组织结构。但如今的课程设计，已从专注于静态的结构、形式转向动态的、连续性的、发展性的作业，几乎可以等同于课程开发和课程实施的过程，在学校课程设计中，这种意味尤为明显。

让儿童参与课程设计，也包括为每一个儿童设计课程，这是对课程传统观念的挑战。如何对待儿童有没有这个能力的问题，我们认为如果一直认为他们没有这个能力，那么他们永远没有这个能力。泰戈尔说："不是铁器的敲打，而是水的载歌载舞，使粗糙的石块变成了美丽的鹅卵石。"每个儿童心中都有一粒种子，一旦被唤醒，他们就会以一种茁壮的方式，成长为属于他们的特有的姿态。作为教育者，只要充分相信孩子，给他们创造一个施展的舞台，他们就会还给我们一个惊喜。那么如何使课程与儿童有机融合，让儿童能够愉悦地、自觉主动且有能力地参与到课程设计中来呢？

（一）课程目标

增强学生的课程参与意识和课程参与能力，引导学生从课程设计"主体

---

① 中国社会科学语言研究所词典编辑室. 现代汉语词典［M］. 第7版. 北京：商务印书馆，2016：1710.

失落"走向"自身觉醒"①，促进学生的个性在深度上充分发展、广度上多元发展、整体上和谐发展、相互间共生发展，最终实现个性的生态发展。

提升学校和教师的课程意识，特别是将学生纳入课程开发主体的认同的意识，提高教师课程领导力以及课程设计的效能，形成学校、教师和学生共同设计课程的实践范式。

发展学校核心办学理念，深化"为每一个儿童设计课程"的实践内涵，推动学校和谐、持续发展。

（二）课程内容

1. 国家课程的校本设计——找准切入点

因为国家课程体现着国家意志，教学受到课程标准、考试制度等因素的制约，学生参与课程设计更加需要小心呵护，更加需要得到来自成人世界的努力和帮助。因此我们确定的原则是从大处着眼，从细微处入手。我们重点在语、数、英三门国家课程中找寻目前学生可能参与课程设计的突破口。

（1）数学学科紧扣学生主动参与练习设计

为不同年段的学生找不同的切入口：低年级学生的设计切入口是计算领域的练习形式，中年级学生的设计切入口是所有领域的练习内容，高年级学生的设计切入口是练习课的练习操作。在具体操作中，我们采用不同的策略。低年级组尝试了学生在课堂上的"模仿—尝试—修正—再设计"的学习模式和"简单、一元—复杂、多元"的练习模式。研究小组还将这种模式拓展到其他学校进行尝试使用，效果比较好。

（2）语文学科紧扣学生主动参与读书课程设计

以"阅读手册"的设计为切入口，实现学生参与读书课程的设计。每个年级确定两个实验班，设计"阅读手册"，也是不同的年段不同的内容。所有内容的出台都基于学生的需求，在经历了多次修改和补充后，目前分为五个板块：文学、历史、电影、当地文化、学生的个性笔记。

（3）英语学科紧扣学生主动参与口语教学设计

一是在课堂上，让学生自编儿歌来记忆单词或者理解重点难点。二是在课外活动中，增加学生设计的成分。我们开发校外资源，与江苏省梅村高级中学国际班开展联谊活动，带领学生设计双方的联谊活动方案，并开展西方

---

① 朱峰，惠锋明. 儿童课程主体意识的觉醒——以"走班制"下的项目型科技校本课程为例［J］. 江苏教育研究，2016（28）：64-67.

节日文化大餐活动。再如,排演英语歌剧活动中,学生参与剧本与歌曲的创编与表演。

2. 校本课程的品牌设计——捕捉兴趣点

我们重点设计了以下两大校本课程:"菜单式"艺体课程和"项目式"科技课程。这两项课程分别是国家艺体课程和科技课程的拓展。学生在这两项课程的每个层面都有参与的机会。在操作过程中,我们尽可能捕捉学生的兴趣点。下面以"项目式"科技课程为例,进行具体介绍。

宏观层面——学校在确定科技课程具体项目前,首先在三到五年级通过调查征集学生感兴趣的项目,教师整理问卷,选出 10 个热门项目。接着,在实验班再通过问卷了解五年级学生的意向,实验班学生自己选择一个项目进行学习。在具体实施中,我们采用走班制管理。

中观层面——进入每个项目组后,每个学期的学习内容、学习形式、学习进程都由组内教师和学生通过订单共同确定。

微观层面——在学习过程中的很多环节也都给学生设计的机会,巧妙地引领学生自主设计了富有个性的学习过程。

3. 班本课程的设计——找准新亮点

班本课程的设计主要是突出每个班的个性设计,走出亮点的路线。

(1)以试点班为主,以点带面指导各年级开展年级组特色活动。以学生班级生活为载体,以学生的德行、习惯、生活能力、心理健康为主要研究内容。在学生参与设计前,学校发挥主导作用,先确定各年级组的活动主题,每个班级在同年级同一个主题下,由师生一起自主设计具体的活动。

(2)打造富有特色的亮点项目:在学生参与以上学校规划设计的年级主题活动外,我们亦鼓励各班根据学生和教师的爱好,自主设计班本课程。这样的课程学生参与开发的程度最深,从内容的选择到计划的制订,再到具体的活动形式选择、时间安排、成果展示方式的确定,学生深度参与了大部分环节。

班级生活成长课程是我校以班级为基础开发的生活成长课程,是指以班级为基点,从各班的实际出发,运用各种资源,由本班教师、学生、家长共同参与的在具体教育情境中创生新的班本课程。通过该课程的实施,重点提高学生自我管理的能力。

我们以试点班为突破口,以点带面,指导各年级组开展特色活动:一年级"我是文明孩子";二年级"我是自律孩子";三年级"我是自能孩子";

四年级"我感恩我成长";五年级"我绿色我成长";六年级"我健康我成长"。在活动中,引领孩子创新各种活动形式,如"啄木鸟小队""文明礼仪漂流墙"等,通过多种活动的参与,让学生的行为从外在的规范制约走向自我教育和自我管理。

(三)课程实施

自我决定论告诉我们,在许多情境中,引发行为的催化剂外在于个人,外部的期望被内化并引发高度自主的活动是一个从他律走向自主的过程。促使动机水平逐步内化的条件有二:一是个体知觉自己有能力胜任某件事;二是感到行为是自我决定的。因此,在研究实践中,我们横向开发足够丰富的课程,吸引并引导学生发现最好的自我;在纵向课程实施过程中,坚持从课程和学科本身切入寻找便于学生参与设计的要素。

1. 由单一到多元的课程供给侧改革

加德纳的多元智能理论指出:每个学生都是独特和唯一的,不同的人有不同的智能组合,人之所以会在不同的领域差异化地发展,原因就在于此。那么对于教育而言,在相对单一的基础性、保障性的国家课程之外,开发尽可能丰富并且能够覆盖学生多样智能组合的校本课程,就能够让学生发现最优秀的自己,埋下未来发展的种子。基于此,在近十年,我们开发了拥有六大类30多个项目的"菜单式"艺体课程,以及包括"未来工程师""能工巧匠屋""电子探索宫"等11个项目的走班制科技课程。在此基础上,逐步形成了以"绘本"幸福课程(Positive Psychology based on Picture Book)、"菜单式"体育课程(Elective PE Curriculum)、"菜单式"艺术课程(Elective Art Curriculum)、"项目式"科技课程(Elective Science and Technology Curriculum)为课程群的PPAS课程。校本课程让学生能够在自己的优势领域产生一种自我满足、积极愉悦的情感,这种良好的情绪状态对学生主动参与课程设计有着积极的促进作用。

2. 由二元对立走向主体参与的国家课程实施

(1)传统课堂中的学生参与

国家课程体现着国家意志,教学受到课程标准、考试制度等因素的制约,儿童的能力、经验也相对欠缺,学生的课程设计参与只是作为补充形式存在而不能替代课程专家和教师的设计主体地位。下面以数学、语文和英语三门学科为例,在练习设计和读书课程两方面谈一谈实施策略。

例一：数学学科紧扣练习设计

我们为不同年段的学生找到了不同的切入口和研究策略：低年级——计算领域的练习形式，尝试了学生在课堂上的"模仿—尝试—修正—再设计"的学习模式和"简单、一元—复杂、多元"的练习模式；中年级——所有领域的练习内容，探索了"课堂习题功能解读—课外模仿设计—课上择优选用"的设计模式；高年级——练习课上的操作实施，采用条件性策略，选择符合条件的课让学生设计。

我们设计了以下策略帮助学生参与到练习的设计中来：创设情境，引发学生设计欲望的初始动力；暴露盲点，为学生提供设计素材；恰当引领，帮助学生形成设计能力；知识点整理，透析练习之本；等等。我们发现，在数学教学中的练习设计，是学生比较熟悉的领域，也是和学生切身相关的领域，学生完全有可能、有能力参与练习设计。

以"知识点整理"为例。我们知道，数学知识犹如一张网，网上的节点就是一个个知识点，学生通过对知识点及其关系的掌握来学习数学。而练习，就是巩固学生对知识点的掌握情况和灵活运用的能力。但机械、被动的练习往往使学生身心俱疲，因为他们不知道为何而练，不理解练习的本质是什么，不知道怎样练习更有价值。因此，我们以"知识点整理，形成知识树"为抓手，将相关知识进行横向、纵向的梳理和总结，使之横成面、纵成线，最后结成"知识网"。学生从起初毫无目的的点状呈现，到模仿老师的方法连点成线，最后逐步内化，再以自己独特的方式进行表现。

学生在教师的指导下，根据知识间的逻辑关系构建知识网络结构图，感受知识间的密切联系。之后，再根据结构图罗列的所学内容和关系来设计相应的应用练习，基本题、变式题、开放题……这些练习就化为自身学习的需求。

例二：语文学科侧重读书课程设计

语文学科承载着思想、文化、价值观的传承和发展，也决定着其他学科的学习效能。如何在语文教学中唤醒每一个孩子生命最深处的内驱力，挖掘每一个孩子的潜能，建立学生内心世界的秩序，让学生主动参与读书课程设计呢？我们的做法是：

"真人图书馆"，分享身边的好故事。每个孩子都有自己独特的经历，在"真人图书馆"，他们可以一展身手，带着PPT，带着小道具，甚至带着爸爸妈妈，设计有趣的互动环节，分享他们自己的故事。在这一过程中，培养了学生选材、表达、倾听的能力，使他们在同龄人的故事中获得了精神成长的元素。

"班级出版社",有才有心够"任性"。班级出版社的成立,让内部"出版"盛行。班集体的成员,如果原创内容达到 8 页以上,就可以向出版社提出申请,通过考核后就可以单独出版,也可以由出版社社长按一定的主题组稿,出版合集。虽然这只是一种班级内部交流形式的优化,但当"发表"与"出版"对他们而言不再是遥远的梦想时,学生写作的热情因此被点燃。

"我和他很像",从阅读中照见自己。阅读的意义之一,就是在阅读中寻获自己。在共读的过程中,我们可以请学生在故事中找一个和自己相似的人物,重读文本,并进行换位思考,然后进行分享,剖析内心,让阅读的力量渗入灵魂的根部,涵养健全的人格。

"阅读手册",温馨又实用。我们在每个年级确定两个实验班,设计了低、中、高三个学段的"阅读手册"。手册内容基于学生的需求,在经历了多次修改和补充后,分为五个板块:文学、历史、电影、当地文化、学生的个性笔记。每个板块都有详细的设计,如文学板块下设了"重点推荐""选读书目""自选篇目"三个小块,并对每个小块进行了温馨的设计。

例三:英语学科紧扣学生主动参与口语教学设计

一是在课堂上,让学生自编儿歌来记忆单词或者理解重点难点。二是在课外活动中,增加学生设计的成分。比如说围绕"学生主动参与歌曲的创编、课本剧的排演"主题开展了 English Talent Show 英语节活动,不仅给学生搭建了锻炼口语、表现能力的舞台,还让学生全程参与了歌曲的排演,课本剧剧本的创编的全过程,体现了学生主动参与设计的过程。

同时,英语组大力开发校外资源,与江苏省梅村高级中学国际班的联谊活动,带领学生设计双方的联谊活动方案,并开展西方节日文化大餐活动,和英国美池岛小学课堂连线等等,创设口语环境,吸引学生主动参与。

(2)互联网与学科深度融合下的学生参与

布鲁姆将教育目标分为识记、理解、运用、分析、评价和创造。在传统的课堂中,课内以识记、理解为主,而最需要教师引导、同伴互助、交流提高的"运用、分析、评价和创造"则在课外完成。即使课内有所体现,也会因为课堂任务额定、时间有限而蜻蜓点水,一带而过。将互联网技术与课堂深度融合之后,我们可以将布鲁姆的目标实现课内外的翻转,也就是将简单的知识的识记、理解通过微视频、电子书包等方式在课外完成,而课内则是内化知识,将有限的课堂时间充分利用在更有价值的事情上,以此提高课堂的参与度,拓宽学习的广度和深度。近三年来,语、数、英三门学科都进行了翻转课堂的试验，特别是数学学科，以基于单元的翻转课堂的设计与实践为抓手，在知识点梳理与重构、课前任务设计与实施、翻转课堂教学资源的设计与开发、翻转课堂师生互动等环节上积累了大量的经验。

3. 由外铄走向内生的科技课程的开发

相对于国家课程而言，校本课程在课程要求、课程编制、课程实施、课程评价等方面都有一定的灵活度和自由度，学生拥有更多的参与机会和可能。"十二五"期间，我校结合学生的需求以及铁姆肯基金会的项目要求，建造了科技楼，开发并实施了拥有包括"未来工程师""能工巧匠屋""数学测量坊"等11个项目的科技课程。

科技课程的实施以"走班"为形式，一学期调整一次，采用横向和纵向两方面相结合的方式实行动态调整、滚动发展。学生既可以选择原有项目深化研究，也可以换班学习，有充分的学习自主选择权。

课程项目的确定来源于学生的需求，通过调查对学生意愿进行统计和分析，再结合学校和周边环境条件，开发符合各类学生订单需求的项目型科技课程。

在项目型科技课程的教学中，我们提倡聚焦于问题，开展研究性学习。在问题驱动下生成学习预案，即让学生根据自身特点和需求，主动对个人学习目标、学习计划、学习方法、学习过程、评价机制等进行预设，形成文本预案，让学生更多地体验到自己在课程学习中的自主性和自我导向感，满足了学生的内部学习需要，保证了参与同一项目同一主题的每一位儿童都可以个性化地学习。

我们创新该课程的评价机制，采用"走班制护照"的形式记录学生进步和成长的历程。"走班制护照"是每一个学生通过走班、进入项目课程的通行证。学生加入一个项目课程，便加盖一个项目课程的印章；每参与一次项目课程活动，便加盖一个签到印、一个小组互评印；每完成一个学习主题，便加盖一个教师评价印章。"走班制护照"是一本见证学生成长的小册子。因故不能参加项目课程，会为签到印章的缺失而遗憾；体验了多个项目课程，会为得到多个项目印章而自豪。正如学生所说的："留给我们的是一份棕皮'走班制护照'和一份独一无二的回忆。"（如图3-5所示）

作为一种鼓励持续反思的评价工具，"走班制护照"记录了学生进步和成长的历程。借助"走班制护照"，以一种积极的方式影响学生的学习行为；借助签到章，激发学生参与的积极性；借助小组互评，提高学生的同伴交往能

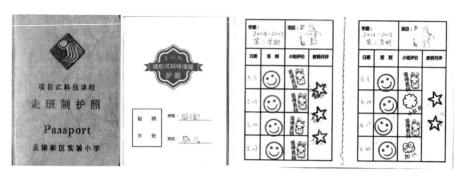

图 3-5 走班制护照

力；借助教师评价章，提高学生的自知自省智能。多元的评价方式，促进了学生内部动机和外部动机的和谐统一。随着课程的深入，他们积极思维，有计划、有选择，更有自己的决策，他们对课程的参与热情正在与日俱增。

第三节 个性化之丰硕收获——指向学生个性发展的课程成果

经过二十多年来对儿童与课程的研究，"为每一个儿童设计课程"逐步从外围走向核心，从宏观走向微观，从外铄走向内生，从模糊走向精准，开发了适切儿童个性发展的校本课程，丰富了课程内容和形态。通过不懈的努力，取得了较为丰硕的成果，积累了宝贵的经验。

一、理论成果

（一）塑造了幸福且个性的教师

1. 教师在学校享受到成功的喜悦与发展的幸福

在"为每一个儿童设计课程"的理念下，学校不仅推动了课程理念和体系的完善，还推动了教师的专业成长，提高了教师的素质，使教师在学校享受到成功的喜悦与发展的幸福。

（1）提升了教师的专业自主意识

由于我国原来高度集中统一的传统课程管理模式，导致"校校同课程，师师同教案，生生同课本"的局面，教师对课程内容无权过问，也无权更改。教师是课程的忠实执行者，教师的职责就是把设计好的课程方案在学校中加以落实，教师成为一个国家课程的传声器，而不是创造者，因而普遍缺乏专业自主的意识与能力，这严重影响了教师的专业成长。课程校本发展意味着原来属于国家的课程开发权利部分下放给学校和教师，赋予了教师一定的专业自主权，教师成为课程决策、编制、实施和评价的主体，教师可以根据学校的自身特点和学生的实际需要自主决定课程的内容和教学的方式。这样，教师不再仅仅是课程的消费者和被动的实施者，而在某种程度上成为课程的生产者和主动的设计者。他们不仅要考虑"怎么教"，还要考虑"教什么"。同时，个性化课程事实上也使得教师没办法仅仅靠以往的单纯的被动实施课程就能完成教学任务。这一切无疑都有助于教师的专业地位和专业自主意识的提高。

（2）提高了教师的研究能力

首先，个性化课程是基于以学校为立足点、出发点和落脚点，以满足学生的学习需求、促进学生的发展为宗旨而进行的开发活动，这必然要求教师深入了解学生的各种需要，了解社区对学校的需求以及校内校外可利用的课程资源，否则就无法进行个性化课程的研究，这就要求教师或多或少地从事实践研究。其次，个性化课程就是一个教师参与科研的过程，它要求教师承担起研究者的任务，这对于教师的研究能力的提高大有裨益。我们经常提出"教师要成为教育研究者"的口号并不是一句空话。在个性化课程中，教师不仅要研究学校、学生和自己，还要研究课程制度、课程理论、课程开发方法；不仅要研究问题的解决，还要研究交流、协调的方法；等等。在这种不断的探索和思考中，教师的研究能力逐步得到提高，教师完全可以做到不仅仅是一个教书匠，更是一名教育研究者。

（3）促进了教师之间的合作交流

传统的学校组织，教师往往在教学上都采用"单兵作战"的方式，缺少相互之间的沟通与合作，这种单一的组织形式已经被认为在一定程度上阻碍了教育的发展。个性化课程要求教师走出"各自为战"的局面，通过与同事、与研究小组成员之间的观摩、切磋、探讨和研究，从而合作设计和开展教学，形成一种教学共同体。这里的合作并不仅仅指交流备课笔记这样的简单交流形式。因为如果教师的教学理念不变，只是单纯在一起讨论如何更好地向学生灌输知识，那么这种合作并不是我们所提倡的。在真正的合作中，教师可以关注他们的兴趣，利用他们的专长，更为恰当地进行个性化课程研究活动。

2. 形成具备"六于"品质的个性化教师群像

（1）乐于学习

我们通常所说的"学习"，或者指获取知识的行为，即"学习一些事情"；或者指通过那种行为所获取的知识，即"被知道的东西"；或者指获取知识的过程，即"怎么样学习"。对于一个优秀的教师来说，这三种学习都是必要的，而且都是终身要做的事情，而不是像人们常常错误认为的那样，学习只是教师在进入课堂教书以前要做的事情。真正的教师总是在寻求机会学习更多的知识（他们很努力），跟踪他们所教的课程的最新进展，让那些课程保持足够的新奇和激动，以便让热情洋溢的教育活动一天又一天、一年又一年地持续下去。总之，学习使他们拥有不断更新的知识，改变他所知道的东西的表现方法和传授方式，进而在不断提升他们的教育能力。

掌握一门完整的知识是极其困难的，它需要某种程度的牺牲，需要集中精力、自我约束和不懈努力。充分掌握一门完整的知识，然后把它传授给别人，这是一项独立的任务，它常常是一场正在学习的人与其他人——作家、科学家、艺术家之间的默默对话。通常，即使没有内在的刺激或回报——没有额外的报酬，没有更高的晋升，学习也必须进行下去。获取知识是个人的和独立的行为。

对于最熟练的和最专心的教师来说，知识来自对学习和对一门学科的强烈热爱。这种感情的来源也许是神秘的和不为人所知的，它可能是被偶尔看到的一本小人书、父母的表扬，或者老师的鼓励。绝大多数专心的教师很早就被一些特别的新奇事物"钩"住了，而且这些新奇事物的魔力和神秘会一直不断地抓住他。同样，教师一直努力地去"钩"住他们的学生。知识，更不用说教育的热情，也被一种永不停止地去学习更多知识的志向和永不满足地去知道、理解更多事情的愿望经久不衰地保留下去。同样，如果学生有能力把教师带进他们的学习活动中去，并用他们的激情和好奇心把教师带动起来，而教师对此又能够虚怀以待，知识也会因此得到强化。

所以，教师本身必须是一个思想者，而不仅仅是一个碰巧干上了教育这个职业和具备教育技巧的"教书匠"，他们的大脑必须不断得到充电和滋养。他们必须依靠自己而不是靠他人的培养获取和运用知识，而且要引导其他人也这样做。这便是学习对于教师的意义与价值。

做一个善于学习的实小人，首先要解决学习的观念问题。对学习过程要有一个正确的认识。学习不仅仅是对知识的继承，同时也是对知识的重新构建与创新；学习不仅需要专心致志，做到两耳不闻窗外事，又需要有开放意识，做到向他人学习，在思想互动、心灵互动中学习，这就是一个封闭与开放的统一过程。学习不仅仅是艰苦的过程，需要有耐心，甘愿承认孤独，同时也是一个乐在其中的过程。学习能使自己的精神世界丰富，使人格完善，使情感满足。

做一个善于学习的实小人，更要注重解决学习方法的问题。大多数教师的学习方法是在传统教育的环境下培养出来的。经过大学的教育，教师都有一定的自学能力，改变了死记硬背的学习习惯，能用分析与综合的思维能力抓住书中的重点与难点。但是大多数教师对研究性学习方法了解不多，在阅读时也没有养成记笔记的良好习惯，对写反思录也不够重视。另外，学习的内容也颇多局限，对自己所教学科的书能认真地看，而对其他书较少关注或仅是停留于浏览，并没有努力地去读懂、去贯通。还有，现在的论坛日益增多，很多教师能上网看看，但带着学习吸收的态度上网的人还不多，利用网上丰富的资源用于自我发展的效能尚不强。可见，教师对研究性学习、网上学习的方法并没有很好地掌握。

（2）勤于实践

作为个性化的实小老师，他们敢于尝试自己的教学理念，敢于把自己的教学思想在教育活动中体现，敢于把自己探索的教学方法应用到学生身上，应用在课堂上。一句话，敢于把自己的一切想法付诸实践。在实践中检验自己思想的正确与错误，判断自己的教学过程对学生的有效和无效，从而孕育新的方法和采撷硕果。

当"为每一个儿童设计课程"的课题研究刚刚起步时，伴随着课改的清风，我校的教师都饱含激情地投入了对课程、课程资源等的探索与实践，开展了一系列多彩的创意活动。过英老师执教"家"一课时，把课堂搬到了学校艺术公园；邹莉老师在草地和通过网络完成了"春天多美"的教学；采摘和品尝草莓、放飞风筝、捕捉昆虫、发个短信等活动，都成了学生习作的鲜活源头；朝阳下学校校园广场人头攒动的"我与外籍老师会话"激发出了学生自主学习英语的极大兴趣。这些颇具创新的实践活动，有效地促进了课程资源开发的研究，推进了课题研究的进程，培养了学生良好的学习个性，同时也在更多层次上促成了教师个性化品质的形成和成熟。

我们实践着、探索着，我们成功了，我们欣喜。我们积累着、升华着，我们成为了我们自己。当然，具有个性的我们，同时也具有面对失败的准备，因为失败同样触发我们思索，失败中隐藏着成功。

（3）善于反思

反思是教师以自己的教育教学活动为思考对象，对自己在教育教学活动中所产生的行为以及由此产生的结果进行审视和分析的过程。教学反思被认为是"教师专业发展和自我成长的核心因素"。新课改就是对过去教学改革进行的深刻反思，它对教师提出了只有在不断地反思和实践中才能内化我们的教育智慧和教学行为，教师才能真正地实现由"教书匠"到"科研型教师"甚至"专家型教师"的转变。新课程要求我们在教育实践中不断反思自己的教育观念、知识结构、教育方法、教育评价等，在反思中思考，在思考中变化，在变化中进步，在进步中发展。反思要求我们：一是更新教育观念。使自己的教育思想随着时代的前进、实践的发展而不断进步。二是调整知识结构。新课程在内容上大为更新，增加了许多反映社会、经济、文化、科技新进展，时代性较强的新内容。三是改变教师的教学方式和学生的学习方式。教学是课程传递和执行的过程，更是课程创新与开发的过程；教师是教学的控制者，更是促进者；教学是教师教学生学的过程，更是师生交往、积极互动、共同发展的过程；教学要重结论更要重过程；教学要关注学科更要关注人；学生的学习不是被动的而是发现性的、探究性的、研究性的。四是反思评价的导向是否符合新课程的要求。即评价的功能是否体现为为学生发展服务，帮助我们"创造适合儿童的教育"；评价指标是否关注学生个体发展的方面，如积极的学习态度、创新精神、分析和解决问题的能力以及正确的人生观、价值观等；评价方法是否强调质性评价，实现定性与质性相结合。

反思也有一定的方法可循：一是实践反思，一般是指课前反思、课中反思和课后反思。课前反思是指在制定课堂教学预案时，分析执教过程中可能会有哪些问题出现，教师可采用哪些策略或方式来促使教学成为一种自觉的实践；课中反思，剖析教师的教学行为是怎样影响学生的学习行为，可强化正面影响，也可评析负面影响，从学生学习行为中的得与失、成功与失败、积极与消极等情况入手来反思教学行为，促使教学高质量地进行；课后反思，教师对课堂上的某一片段、某一现象、某一环节、某一举措进行评断、分析、调查，促使教学经验理念化。二是换位反思，即随堂听别人的课，分析别人的成败与得失，反观、对比、审视自己的教学行为，在教训和启发中认识自我、设计自我、完善自我。三是信息反思，指从相关媒体上获取一些先进的教学理念和方法，也可分析学生的作业试卷，在操作实践中发现一些信息，借鉴和学习别人解决问题的方法，培养自我分析问题的能力。

养成反思的习惯尤其重要。善思考、勤动脑、多实践有助于我们养成良好的反思习惯。我们以课题研究为载体，为教师的反思提供平台，一旦发现问题，就要及时地抓住问题进行深入研究，在研究问题过程中，又会发现一些新问题，不断地发现和解决问题，就是一个反思创新的过程。反思也可以不失时机、不拘形式，可以独立反思，也可以集体反思；针对不同的问题，可以短期反思，也可以长期反思。方法灵活多样，效果也是各有千秋，只要是出自自身需要的、持之以恒的反思，对教师的专业化发展就有很大的促进作用。

（4）勇于构建

勇于构建的基础与核心是勇于构建自己的教学思想。这种思想是植根于自己的教学课堂和教学对象的产物，是教育教学理论和自己的教学实践相结合的产物，具有融外物于内化的个性特质。

勇于构建自己的教学思想的过程，是教师海纳百川，不断充盈丰满的过程；是不断摆动思维之筛，筛选提炼，荟萃百家而出于百家的改造完善自我的过程；是百折不挠，反复实践验证，不断提升优化的过程；是一个充满胆识和气魄，充满个性张扬，勇于自我拓展的过程。十代的老实小人曾为之而行动着，也成功着，身处课改进程中的当今实小人，传承着实小勇于构建的秉性，沿着老辈人开辟的构建之路奋力拓宽着。

教育是心与心的交流，情与情的交融。——王志兰

生活的色彩是随着心灵的开阔而变得五彩缤纷的。——金琴

用宽容对待学生的过失，用爱心感化学生的心灵。——唐梅琴

把钥匙递给学生，他会用自己的智慧开启明天的门锁。——蔡炳南

让学生真真切切地感受你的爱，别让严厉的说教掩盖了他。——周勤华

这一串对教育的诠释，折射了当今实小人努力构建的教学思想。勇于构建自我教学思想的人，才能产出自己的教学设计。这种教学设计是吻合了自己的性格特征，烙刻了自己的教学理念，具有通灵个性的"这一个"。一个个"这一个"的叠加，才有可能构建出自己的教学风格……

（5）长于合作

合作是教师工作特点的需要。新课程的教育教学已经不是仅限于学校、教室、课堂、大纲和课本的严格范围之中，教也不是仅限于三尺讲台之内的高谈阔论，而是需要立足于学生的终身发展，着眼于学生的创新精神和实践能力的培养，去研究教材、指导教学，这就需要教师的合作，需要教师相互借鉴、共同探讨。对新课程中一些学生感兴趣、对学生的发展有意义、超越教材的学习内容，给不给学生讲？讲多少？讲到什么程度？这都是过去不曾

遇到的问题，没有现成的答案，需要教师去实践、探讨、交流、合作。另外，新课程倡导教师教学的个性化，一个教师的专业发展与提高的过程，实际就是教师个人的教学反思、教师群体的相互借鉴合作以及个人的系统理论学习几者相结合的过程。

新课程背景下的教师合作也是学生学习的需要。过去教学中，过多的接受性学习，把学生看成只管接受知识的容器，注重的是我给了他多少，而较少考虑他实际学到了多少。在新课程背景下，学生的需要和兴趣才是施教的前提，这种兴趣的了解、情况的掌握需要教师的合作。如学生思想动态的差异，就可能因为不同的讲授内容、不同的讲课教师有不同的表现，在这里，班主任需要负主要责任，课任教师的合作教育也十分重要。在教育"学困生"的问题上，更需要所有任课教师施以耐心、辅以爱心，给予共同的关注，才能求得在原来基础上的进步。新课程背景下，随着学生的自主学习、个性化学习和自我空间的增大，自主意识的增强，学生提出的问题也越来越多，这些都需要教师加强合作。

长于合作的教师必须有虚心学习的博大胸怀。教师不是生来就是万能和万通的，而是在不断学习前人的经验和理论基础上，结合自己的教学实践和探索，才拥有了丰富的知识储备和广阔的阅读视野，所以学习先进的经验永远是教师进步的动力。

长于合作的教师必须有积极向上的雄心。一个个性化教师始终是积极向上的，不会停留在既得的教学水平上，不会躺在已有的个性化温床上吃老本，而是努力进取、与时俱进的。他将不断吸取别人的经验，充实自己的教学，丰富自己的经验，提高自己的水平，永葆自己的个性化教学特色。在他们身上，永远闪烁着生命的活力。

（6）敢于创新

据心理学家研究表明，学生对知识的好奇心是由教师培养的，教师的好奇心越强，学生的创造性就会越高涨。创新型教师若要把学生稚朴的好奇心系统地培养为科学的好奇心，教师本身就必须具有强烈的好奇心。想象力是创造的先导，是创新的动力。凡是创新型教师都充满了对学生发展、教学方法、教学手段、教学场景的想象。由此可见，教育的创新往往是从教师开始的，而教师的创新源于教师的人格特征。

要敢为最先。要有能够敢为最先的素质，包括能力和心理素质。要有能力最先，就要敢向传统挑战，才能成为新课程实验的积极尝试者。同时，即使具备了最先的成就，也要不骄不躁、虚心学习、继续最先，使自己努力保持这种领先的态势。不能居功自傲，不能在树荫底下乘凉，得过且过。倘若如此，也就失去了敢为最先的素质。

要敢于否定。敢于否定，就是要敢于否定权威、别人和自己的教学思想、设计、方法，敢于跳出圈子，从另外一个角度思考、探索。"否定之否定"，才能使自己在否定中前进，在否定中保持自己鲜明的教学个性。创新难免遇到困难甚至失败，可能还会遭到传统评价者的指责，受到别人的冷嘲热讽，遭遇学生和家长的误解。因此，创新型教师需要具有坚忍不拔、百折不挠的意志品质。

西方很多学者都认为，人的创造力、竞争力、工作效率与人的性格有关。成功人士大多充满激情，征服欲强，进取心强。我校一位有经验的语文教师，非常注重对学生情商因素的挖掘，了解学生，善于激发学生，学生喜欢她，一上她的课就兴奋，她总是在学生的笑脸中步入课堂。所以我们认为创新型教师除了具有稳定的情绪，还必须富有激情，其情感和思维是灵动的。托尔斯泰说："我们创造，没有激情是不行的。"特鲁斯坦雅克也说："如果有人认为世界上有什么比教学这一职业更为崇高，那么他们就是一点也不了解这一行。我们热爱教学，热爱学生，热爱自己所教的学科，我们充满了创造的激情。"

现代社会是一个全方位开放的社会，人格的开放能够互相启迪、求异求新。具有开放性人格特征的教师才会培养学生的开放性和创造性。教师要善于通过实地观摩、专题交流、网络查询等手段和途径，借他山之石，学他人绝技，把握时代赋予的创新机遇，在创新事业的过程中，改造自我，形成独特个性。

（二）成就了全面且个性的儿童

1. 丰富的课程体系促进了学生全面发展

丰富的课程体系促进了学生全面发展，实现了学生的社会需求与个人发展需求的统一。社会发展与个人发展的矛盾一直是教育所赖以存在的条件，这个问题也是教育领域内需要协调解决的基本问题。我们无论是国家课程的校本化设计或实施，还是校本课程的创造性开发和实施都极大丰富了"为每一个儿童设计课程"的课程体系，众多的课程群为学生的全面发展提供了课程保障。学校和教师在保证基础的前提下，可以针对学生的不同特点自行组织教材，灵活机动地进行教学，既实现了社会对个体的要求，又兼顾了每一个个体的积极发展，达到了社会与个体的和谐统一。

2. 个性化课程设计促进了学生个性发展

与国家课程开发注重基础性和统一性的特点相比较，校本课程策略充分尊重和满足广大师生的独特性和差异性。由于学校教育的具体执行者——教师广泛参与课程决策，学校各类课程都充分考虑到学生的需要。针对学生的生活时代背景、社会环境、年龄特点以及个性特征等因素而专门进行的课程校本发展，不仅能满足他们学习的差异性需求，更能适应学生的个性化发展需求。学校通过多样化的课程选择和课程教学，在一定程度上为学生建立了自尊感、成就感和自我认同感，让学生的个性在深度上获得充分发展、广度上获得多元发展、整体上获得和谐发展，在与周围的环境的交互中实现共生发展。

3. 在多样课程选择中实现自我认知

"语文课学什么要选择、艺体课学什么要选择、参加什么社团要选择，甚至作业写什么都要自己选择……那么多的选择逼着我们去思考我喜欢什么，我要什么，我要怎样去实现。这些都是促进我们主动发展的原动力。作为一个梅村实小学子，我觉得自己特别幸运，因为这样着眼于未来、发自于内心的成长是很多同龄人无法体会的。"五年级学生如是说。在梅村实小，出现频率最高的字眼是"选择"。学生不仅要选择自己参加的活动、社团和组织，创造自己个性化的课外生活，还要选择自己要学的课程、学习时间，制订自己个性化的课程表，决定自己的学习方式与学习内容。

（三）完善了个性且丰富了课程体系

1. 初步形成"为每一个儿童设计课程"的课程理念

"为每一个儿童设计课程"，这是一句响亮的口号，更是一种康德式的远大理想，在多年的研究实践中，它的内涵正被我们逐步理解并不断生成新的意义，成为我校的课程理念。

在不断地求解中，我们认识到，"为每一个儿童设计课程"，就理论层面理解，是基于对传统课程理论、现代课程理论、后现代课程理论的整合，涵括了学科、目标、经验、活动与对话；就实践层面理解，是兼顾学科知识、学生特点、社会需求，包括目标、内容、实施策略与评价的连续性活动；就其价值取向而言，是在面向全体的过程中落实每个人的发展，是力求让学生参与的每一次教学活动都更有利于其个性的发展。

在学校浓厚的课程发展文化熏陶下，尊重每一个孩子的个性需求、尊重每一个群体的个性需求、为"每一个"服务、"为每一个儿童设计课程"的课程理念已根植于每一位教师的心中。

2. 形成了"为每一个儿童设计课程"的课程文化

如果把课程与文化看作部分与整体的关系，把课程本身视作一种文化，一切便又峰回路转、柳暗花明。文化因人而存在，所以，课程因学生而存在，课程存在的目的和依据只能是学生。课程作为一种文化，不再是训练学生的工具，而是与学生一起，不断获得进步、生长与创新，学生不再是被驯化的对象，而是在创造课程的活动中获得真正意义上的主体地位。

恩格斯曾说："文化上的每一个进步，都是迈向自由的一步。"因此，先进的课程文化，应着眼于每位儿童个性自由的发展，"为每一个儿童设计课程"便强烈地体现了这样一种渴望。为什么要"为每一个儿童设计课程"？就是为了让课程更好地适应每位儿童，让儿童更好地获得发展。不仅如此，还要让课程与每位儿童一起自由、和谐、全面地发展。换言之，也只有"为每一个儿童设计课程"，才能让每一个儿童自由发展、和谐发展、最优发展，才能使课程文化不断发展。大一统的课程无法很好地满足不同个性的儿童的发展，也无法使课程文化本身获得科学化、个性化、多样化的发展。

在"为每一个儿童设计课程"的过程中，课程与儿童一起从工具与对象走向文化本身，进而获得解放与新生，这便是本研究的倾诉与追求。

在新课程的视野中，课程正逐步从文化传承的工具向文化主体地位转变，简言之，课程文化是一种教育学化与人学化的文化，是学校教育人群在生命与精神世界充实和完善的过程与结果。校长、教师和学生在教育活动中创设的一切人化和物化的因素，都可视为课程文化的范畴。我们逐步构建了自己个性化课程文化。学生在学校能得到生态发展，即通过多样化的课程选择与课程教学，学生个性在广度上实现多元发展，在深度上实现充分发展，在整体上实现和谐发展，在与周围的环境的交互中实现共生发展。教师在学校能享受到成功的喜悦与发展的幸福。围绕"乐于学习、勤于实践、善于反思、长于合作、勇于表达、敢于创新"的实小教师品质，不断超越自我。在课程校本开发的过程中，与同伴一起，逐步唤醒主体意识，掌握开发的原理与方法，并不断付诸实践，实现与学生、课程的共同发展。学校以"为每一个儿童设计课程，让每一位师生幸福成长"为追求的办学个性正在形成。

3. 形成了"为每一个儿童设计课程"的课程体系

在进行课程校本发展的研究过程中，我们努力做到"面向全体"与"关注个体"的科学把握，在严格执行国家课程计划，确保全体学生全面、基础发展的前提下，我们尽可能地"关注个体"。关注个体，就要以尊重儿童学习的独特性、差异性、多样性为前提来开发课程，让每位儿童在学科课程的校本实施和校本课程中自由、和谐、全面地发展。关注个体，是一种关怀意识，不单指对每个个体的关注，也包括对各类学生的关注、对一个团队（班级、年级）学生的关注等。为此，学校各个层面协同努力，打造了一个立体、多维、灵活、互动、开放的校本特色课程群。

学校层面的统一课程：基于时代需求，我们在国家课程校本实施的同时，开发了读书课程、双语课程、轮滑课程、棒球课程。

班级层面的班本课程：我们鼓励班级基于班级学生的特殊需求，每个班级自主开发班本课程。很多班级都拥有了自己的班本课程，有影视作文课程、数学童话课程、研读《论语》课程、走近李白课程等班本课程。

个体层面的选修课程：基于学生个性发展的需求，我们开发了多样性的、可供学生选择的"菜单式"课程。主要包括器乐类、声乐类、舞蹈类、书法类、美术类、体育类、社团类七大类，目前一共开发了拉丁舞、跆拳道、围棋等35个项目，具体见表3-2。

表3-2　课程类型

课程类别	课程项目	课程开发者
器乐类	二胡演奏	杜炳兴、沈　娴
	古筝演奏	李英杰
	竹笛吹奏	沈国峰、陈　娴
	琵琶演奏	刘英梅、丁红娟、许敏红
	扬琴演奏	阚国忠、陈　英
	大提琴演奏	姜海宝、陈　英、丁红娟
	鼓号队演奏	钱雷、毛天宇、周晓燕
	打击乐器演奏	金莹
	民乐团演奏	姜海宝、丁红娟
声乐类	合唱表演	许敏红、金　莹
	独唱表演	许敏红
舞蹈类	拉丁舞	樊晓言、李英杰
	形体与舞蹈	陈　娴

续表

课程类别	课程项目	课程开发者
书法类	毛笔书法入门级	陈小方
	毛笔书法提高级	陈泉华
美术类	印染	俞琴
	水粉画	李静娴、蒋志艳
	中国画	俞琴
	儿童画	陈小方
体育类	跆拳道	杨建加
	轮滑	蔡英军
	羽毛球	沈芳
	乒乓球	查晓华
	阳光伙伴	陈晓明
	踢毽	张惠琴、吕月娟
	跳绳	胡晓岚、蔡英军
	棒球	张莉、张洪道
	田径	查晓华、张洪道
	围棋	曾山、张惠琴
社团类	文学社	曹玉兰
	梅韵曲社	许琳、邹君
	航模组	华正宇、蔡晓峰
	机器人组	王贤
	科技组	陈琳
	小剧团	杜博

（四）形成了个性且多样的课堂教学形态

"为每一个儿童设计课程"的价值观是十分明确的，即为了每一个儿童个性的协调发展、充分发展与自由发展，我们课堂教学也是围绕这一价值观展开的。在多年的研究实践中，我们主要通过四种实践形态来体现：全纳性教学、个别化教学、个性化教学、差异化教学。

1. 全纳性教学：理性的自律

马克思认为，人的全面发展是建立在个性充分发展的基础之上的。同样，个性的自由充分发展应建立在和谐发展的基础之上，离开了和谐发展谈个性发展是毫无意义的，甚至是十分危险的。因此，儿童个性的自由发展不是随心所欲、漫无目标的，而是需要有一个基本的规范，需要一种理性的自律，学校无疑要为这种基本规范的建立，为儿童自律的获得提供帮助。全纳性教学便是体现这种理性自律的实践形态。全纳性教学是在全纳教育的基础上发展而来的，但它的运用已不再局限于特殊教育领域，而是指面向学校中全体学生的教学。现行学校课程中的固定学习科目，已涵盖了儿童和谐发展的必需课程，可以保证儿童在道德规范、知识领域、健康运动、艺术活动、基本生活技能方面的发展。因此，在实际的行动中，我们的主要操作是确保每门课程的开设与实施（包括部分地方课程与校本课程），同时，又对每门课进行梳理，把基础的、核心的内容作为全纳性教学的内容，要求全体学生共同参与、共同掌握。正如康德所说，只有遵循自律的行动才是道德行动，也是美的行为。全纳性教学，作为基础中的基础，需要教师与儿童带着一定的理性与自律来参与，甚至还需要学校刚性地规约，并以此进一步培养教师与儿童的理性，这对儿童个性的和谐发展是十分必要的。

2. 个别化教学：个性的自为

儿童个性的自由充分发展，关键是儿童能发现自己的兴趣与需要，唤醒自己的潜能，并通过自我努力，达到可能发展的最佳与最高境界，同时，儿童生活的环境（包括学校、家庭、社区）要能为儿童的这种可能性发展提供机会与平台。个别化教学，便是通过儿童的"率性而为"，通过机会的创造与平台的搭建，努力使儿童个性发展的可能性成为现实。关于个别化教学，由于文化背景和所处时代的不同，目前尚无统一完备的定义，但有几点我们是可以理解并认同的，即个别化教学是因人而异的教学，是儿童自我决定的教学，是适应特殊学习需要的教学，是适应环境的教学，是适应并发展个性的教学。我校倡导实施个别化教学，在课堂教学中尝试。选用分组探索教学、合作教学、同伴媒介教学、社会交往技巧教学等个别化教学模式，积极寻求如何因材施教以促进个体发展的策略。学校还大力提倡由班主任、任课老师及学生、家长一起制订个别化教育计划，在实施集体教学的同时尽可能地关注班级内每一位儿童的个性差异。学校通过组建各类兴趣小组，让具有不同兴趣爱好的学生都能获得机会，找到发展的平台。并且在这一行动中，家长也被充分调动起来，通过在家的个别教学、资源的充实、师长式的引领、伙伴式的参与等形式主动进入这一个别化教学系统。

个别化教学在实践中尚面临许多困难，如个别化教学对教师能力要求很高，目前拥有的社会配套资源及经验资源尚不够丰富，工作量过于巨大，教学成本也十分昂贵，这些都需要我们去探索、努力、解决，需要政府、社会的关怀。不管怎样，个别化教学将儿童的自主性作为教学的出发点和归宿，以发展儿童的独特性为目的，强调通过儿童的自我指导、自我负责达成个性的自我发展，从而将目的与手段统一起来，将儿童与课程统一起来，对每一个儿童的个性化发展是十分有益的，是值得我们尝试并期待的。

3. 个性化教学：合法的自在

在每一次课堂教学中，教师与儿童如果能实现自由自在的教与学，让每一次教学过程成为彼此心灵的舒适之旅，让每一例教学事件成为彼此难忘的回忆，让每一番对话成为彼此会心的交流，那么，我们的教学无疑会更靠近"为每一个儿童设计课程"的理想。这种自在，必定符合一定的"法度"，符合教育教学的规律，体现课程文化的价值，也会兼顾彼此的个性特点，关照国家、地方、学校、班级、教材与特定的情境。

个性化教学，便使课堂走向合法的自在，我们通过教学目标的开放性建构，遵循"下要保底，上不封顶，各尽其能"的弹性原则，努力让不同的学生获得不同的发展；生成性目标的把握，更是尊重学生经验生长与个性发展的实际（这种实际有时是无法预知的，因而是生成的），追求学生真实而自然的个性化表现，从而发展学生的个性。

4. 差异化教学：多层次自由

学生之间内部情况发展水平的差异是客观存在的，其表现形式是多方面的。这种差异情况是教和学的现实依据，是教学展开的条件和基础。同时，有差异的学生之间相互作用所产生的互补作用以及教学"生长力""助推力"，是教学的动力来源之一。所以，我们要正视学生间的差异，并将这种差异作为教学资源利用好，展开课堂教学活动，即实施差异教学。关于差异教学，其精髓是基于学生不同的需求，对学习任务分层设置、分层要求。尽可能让所有任务都分别接近又略高于不同学生的最近发展区，满足他们的内在需要。在这种量身定做的目标引导下，不同层次学生的学习动机水平都将被充分激发，并学有所获。让不同层次的学生带着自己的知识、经验、思考、灵感、兴致参与学习，教学就必将呈现出丰富性、多变性和复杂性。这也正是"为每一个儿童设计课程"的重要理据。

二、实践成果

经过多年的实践，学校沿着"为每一个儿童设计课程"的发展路径，积累了丰硕的实践成果。我们从不同学科、不同主体、不同层次中选取了经典案例，来呈现我们的实践成果。

（一）国家课程

案例一：语文

研究主题：适时链接，让教材"厚"起来

班级	五（2）	学科	语文	时间	2009 年 5 月
课题	晓出净慈寺送林子方			执教	曹玉兰

设计理念：

《晓出净慈寺送林子方》是一首西湖的写景诗。古人说"诗中有画，画中有诗"，教学时，我期望突破以往古诗字词句精确理解的教学，通过引入《钱塘湖春行》《平湖秋月》《冬至后西湖泛舟》三首诗的诵读比照，让学生在脑海里形成鲜活的、热烈的六月西湖风光图。

《晓出净慈寺送林子方》更是一首送别诗。通过调用学生熟读成诵的《黄鹤楼送孟浩然之广陵》《送元二使安西》等，让学生找到情感的依托所在——景，从而去感受杨万里对友人的深厚情谊，感受"一切景语皆情语"的古诗文韵味。

教学目标：

能正确、流利、有感情地朗读课文，背诵课文。理解古诗词句的意思。感受六月西湖晴天的奇特景象，体会诗人的情感和诗句的语言之美。

教学过程：

一、导入

古人说："诗中有画，画中有诗。"看到这幅图我们就想到了《游园不值》："应怜屐齿印苍苔"……《宿新市徐公店》："篱落疏疏一径深"……还有《春晓》："春眠不觉晓"……这"晓"（板书：晓）就是——早晨。大诗人杨万里就在一个晴朗的早晨，从净慈寺出来，去送别好友林子方。（板书：净慈寺 送 林子方）

谁来读课题？

二、初读古诗

1. 净慈寺在哪儿呢？让我们到诗中去找。

2. 指名读诗，交流。

把诗题和诗句联系起来读读就知道啦。

净慈寺是杭州西湖历史上四大古刹之一。因寺内钟声洪亮，"南屏晚钟"被誉为"西湖十景"之一。

三、诵读古诗，感受画面美

1. 谁再来读一读？听了大伙儿这么一读，我也想来读。

听曹老师读了，你有什么要说的？这就是古人读诗的方法。想不想学这种文化的瑰宝？要两个字两个字读，"毕竟"连着读，"西湖"连着读，"六月"连着读，"中"单独读。读的时候我们要按照一种规律，那就是要讲究平仄。在我们普通话里有四种声调，这四种声调我们把它们分成两类：

第一类是平声，也就是普通话里面的第一声和第二声，如果遇到平声的时候我们尽量把这个字的声音延长。来，读一读这个"接天"。（茫茫的，一直伸到天的尽头了）

第二类是仄声，也就是普通话里的第三声和第四声。仄声读的时候，声音一出来马上收掉，我们称为仄短。"莲叶"一读我们马上收住。

自己试着读一读。

闭上眼睛听老师再来读一读。

听老师朗读，你的眼前仿佛看到些什么？

"无穷碧""别样红"……

让我们再来读一读这首诗。

2. 接天莲叶、映日荷花，这阴历六月间的西湖真美！让我们再走进春日的西湖。

（1）这春日的西湖：

钱塘湖春行（节选）

【唐】白居易

孤山寺北贾亭西，水面初平云脚低。

几处早莺争暖树，谁家新燕啄春泥。

春天的西湖＿＿＿＿＿（温柔）

（2）再去看看秋日的西湖：

四景图·平湖秋月

【宋】孙锐

月浸寒泉凝不流，棹歌何处泛归舟。

白苹红蓼西风裹，一色湖光万顷秋。

秋日的西湖＿＿＿＿＿（高远）

（3）冬日的西湖又是怎样的？

冬至后西湖泛舟

【唐】李郢

一阳生后阴飙竭，湖上层冰看折时。

云母扇摇当殿色，珊瑚树碎满盘枝。

冬日的西湖　　　（宁静）

西湖的春、秋、冬，各有自己的美。

3. 让我们再来看看盛夏的西湖，给你怎样的感觉？

激情绽放

生机盎然

练习朗读：毕竟不一样，引读"毕竟……不与四时同"（板书：不同）。

4. 这六月西湖的美丽画卷已铺展在我们眼前，让我们看着这画，再来吟吟这诗。

四、比较古诗，感受情意美

1. 这是一首西湖的写景诗，但还是一首送别诗，这类送别诗我们还真读过不少，如：

李白的《黄鹤楼送孟浩然之广陵》："故人西辞黄鹤楼，烟花三月下扬州。孤帆远影碧空尽，唯见长江天际流。"（李白对孟浩然的浓浓情谊都化作了滔滔的江水）

王维的《送元二使安西》："劝君更尽一杯酒，西出阳关无故人。"（王维对元二的送别之情都藏在了……，所以喝了一杯又一杯）

李白的《赠汪伦》："桃花潭水深千尺，不及汪伦送我情。"（李白和汪伦的深情……这桃花潭的水都没法相比呀）

2. 这杨万里送林子方，话还得从头说起，这林子方深得皇上喜欢，破格提拔连升两级，作为好友杨万里自然万分高兴，可在这送别的诗里却只字未提，他的情又藏在何处呢？（无穷碧、别样红）

练习朗读。

3. 因为自己对好友的款款深情，六月的西湖风光与四时不同，今日的西湖景色更与他日不同，莲叶因送而"无穷碧"，荷花因情而"别样红"。

练习朗读。

板书设计：

晓出净慈寺送林子方

〔南宋〕杨万里

无穷碧

不同

别样红

同行评价：

　　曹老师这节课，在精准把握教材的基础上，摒弃了古诗教学字词句的机械理解，从整体入手，两次适时引入西湖组诗、送别组诗的诵读，通过画面、情感的营造、鉴赏，让人感受到了这首诗所特有的画面美、情意美。而富有古诗韵味的"平仄"诵读指导，更让整节课洋溢着浓浓的音韵美。

自我反思：

　　教学时，我通过引入《钱塘湖春行》等西湖诗的比照，《黄鹤楼送孟浩然之广陵》等送别诗的感悟，在一遍遍的"平仄"诵读中，让孩子们在脑海里形成了鲜活的六月西湖风光图，感受到杨万里对友人热烈的深厚情谊，更领略到了古诗的意蕴美。但"平仄"的古诗诵读技巧指导可略作淡化，让孩子们更好地沉浸于简练的古诗所营造的美妙意境中。教学中，教材的丰厚与充实还是停留在教师层面，其实完全可以调动学生的已有经验，让其成为教材的校本开发者，定会更好地激发他们的阅读兴趣，提高阅读效率。

案例二：数学

周长是多少

（数学活动课）

教学目标：

1. 通过实践活动，加深对长方形、正方形特征的认识和对图形周长含义的理解，进一步掌握长方形、正方形周长的计算方法。

2. 在操作实践、交流讨论和解决问题的过程中培养创新意识，提高数学思考及合作交流的能力。

教学重点：掌握长方形、正方形周长的计算方法。

教学难点：几个小正方形的不同拼法的掌握。

教学准备：多媒体课件，实物投影，将学生分成 6 人一小组，印有表格的作业纸，剪刀、线、纸片（10cm×6cm），3cm、5cm 长的小棒各 4 根，12 个边长为 1cm 的小正方形等。

教学过程：

一、开门见山，直接导入

1. 观察：在每个小组面前都有一个箩筐。请仔细看一看，里面都有哪些学具呢？

2. 揭题：今天，老师就将和大家一起用这些学具来研究一些平面图形的周长。

板书课题：周长是多少

（评析：干脆利落、直奔主题，目标指向明确。简短的几句话成功地引起了学生的好奇心，轻松地把学生注意力吸引到课堂上）

二、操作实践，解决问题

（一）围一围

1. 提问。

（1）图中的这些小朋友们正在干什么？（他们在用线围自己喜欢的图形）

（2）图中的这些小朋友分别围成了哪些图形？（钥匙、松树、五角星、三角形）

（3）仔细观察：这些围成的图形有什么共同点？（首尾相连、空心）

2. 操作：让学生用一根线，来围出自己喜欢的图形（小组合作）。

要求：

（1）要把你们小组所选择的线全部用完。

（2）所围成的图形应该也是首尾相连、空心的。

学生操作，教师指导。

3. 提问。

（1）同学们用线围成的图形形状各异，真好看。说一说，各小组分别围成的是什么图形？

（2）现在你能用手指一指你们小组所围成的图形的周长吗？

注意：用手指的时候，要沿着边线，从哪里开始，就要回到哪里才算结束。

（3）各小组所围成的图形的周长会是多少呢？怎样量最方便呢？（把线拉直，用尺量一量）

4. 学生量周长、填表格，再交流。

5. 追问：如果用同一根线改围成其他的图形，猜一猜，所围成的图形的周长又会是多少？再围成一个其他的图形呢？

指出：用同一根线所围成的图形，不管形状怎样变化，周长总是相等的。

6. 老师评价在"围一围"这个活动中各同学的表现，在评价表中打上等级。

（评析：通过"围一围"，引导学生在动手的过程中体会周长的意义。教师指导细腻，小结到位）

（二）摆一摆

1. 观察：图中的小朋友在干什么？

2. 提问：箩筐里的小棒 4 根短的长度是多少 cm？4 根长的长度是多少 cm？

3. 操作。

（1）激趣：你能巧妙运用这些小棒，来摆成一个正方形或长方形吗？

（2）想一想：打算用几根小棒？围成什么图形？（在小组里交流想法）

4. 交流。

（1）我摆的是长方形，它的长是（　　　）cm，宽是（　　　）cm，周长是（　　　）cm。

（2）我摆的是正方形，它的边长是（　　　）cm，周长是（　　　）cm。

5. 请各小组长根据自己组内的同学的实际表现，为他们在评价表里打上等级。

（评析：在"摆一摆"的过程中，培养学生学会选择的学习能力。评价时能在教材要求的基础上做出一些有效的拓展，反馈时有意识地引导学生得出不同的摆法，渗透了搭配思想，进一步培养了学生的思维能力）

（三）剪一剪

过渡：同学们表现得不错，接下来老师想和大家一起用纸片来玩"变、变、变"的游戏，想玩吗？

1. 老师帮每个小组准备了一张小纸片（长：10cm，宽：6cm），你能从这张纸上看出其中蕴藏着哪些数学问题吗？

生 1：这是什么图形的纸？回答：长方形的。

生 2：长方形有什么特点？回答：有 4 条边，对边相等；有 4 个角，都是直角。

生 3：它的周长是多少？

2. 提问：要知道这张纸的周长，应该怎么办？（学生测量这个长方形的长和宽）

学生计算这张纸的周长。

3. 如果在这张长方形纸上剪下一个最大的正方形，这个正方形的边长是多少？（边长是 6cm，就是原来长方形的宽）

指出：在长方形里剪一个最大的正方形，这个最大正方形的边长其实就是长方形的宽。

4. 请学生先动手折一折，再把这个正方形剪下来。

5. 提问：这个正方形的周长是多少？（学生口答：6×4＝24cm）

追问：剩下的这个小长方形的周长又是多少呢？（学生动手算：20cm）

6. 提问：你能再把这个正方形剪成两个完全相同的长方形吗？（学生动手剪）

7. 猜一猜：现在每个小长方形的周长又是多少呢？会是原来正方形周长的一半吗？（学生先猜测，再动手算进行验证）

8. 交流：你是怎么算出来的？为什么现在这个小长方形的周长并不是原来正方形周长的一半？

9. 小结：从刚才的练习中，我们发现无论这个图形怎么变化，只要善于观察，善于发现新旧图形之间的联系，找出相对应的图形的长、宽或者边长，就一定能正确求出周长。

（评析：这一内容是教材中没有的，章老师根据学生的实际情况，对教材进行了开发，在挖掘过程中向我们展现了学生思考的价值）

（四）拼一拼

过渡：看一看，在桌子上还有什么学具没有用？

1. 读题：用 12 个边长是 1cm 的正方形拼成一个长方形。

2. 操作。

（1）请各小组拿出 12 个边长是 1cm 的小正方形。

（2）先请各位同学闭上眼睛想一想，你准备怎样拼？

（3）再小组合作，试着把所有的拼法都找出来。

提醒：一边拼，一边记录。

3. 小组交流：一排摆几个？摆几排？长是多少？宽是多少？周长是多少？

4. 提问。

（1）请观察这些数据，说一说你有什么发现？

（2）都是由 12 个小正方形组成的，周长怎么会不一样呢？

（3）在我们拼出的 3 种长方形里，它们的周长哪个最长、哪个最短？你发现了什么规律？

5. 小结：排出的图形越长，它的周长越长；排出的图形越方，它的周长越短。

（评析：这一活动通过老师规范的指导操作，学生的思维非常活跃，顺利地摆出了所有的拼法。教师并不停留于答案的得出，还引导学生透过现象发现规律，成功地将学生的思维引向深入）

（五）量一量（多媒体出示课本上的插图）

过渡：同学们今天上课都非常动脑筋。老师还给大家准备了一个有挑战性的题目。

1. 先量一量，再算一算，图形的周长是多少（课本第 69 页）。

2. 小组交流，你是怎样量的？周长是多少？还有不同的方法吗？

3. 课件演示：两种量法。

（1）一条一条量的。

（2）移一移，只需要量一条长和一条宽。

4. 小结：在以后练习时我们可以先观察，找一找有没有简单一些的方法再动手，这样可以节约很多的时间。

（评析：经过了前面的活动，学生的思维活跃，很快想到了利用移动线段的方法来计算出图形的周长）

三、总结谈话，评价激励

这节课我们用线和小棒、长方形、小正方形研究了好多的问题，你认为自己表现得怎么样？请小组里的同伴互相评一评，在评价表中打上等级。

到现在为止，哪些同学三颗星都拿到了？你们真棒，老师为你们感到骄傲！其他同学也不必气馁，只要你敢于尝试、勇于表现，定然会像他们一样出色的。

（评析：评价是这节课的一个亮点，形式多样，且围绕始终。有老师的口头评价，也有组长对组员的评价，还有组员之间的相互评价。通过一系列评价，操作活动得到了有效的实施，同时在活动中培养了学生良好的个性）

四、布置作业，回归生活

同学们都知道，学习数学可以帮助我们解决生活中的许多问题。课后，老师想请同学们运用所学的本领，先估计一下我们身边的课桌面的周长，再量一量、算一算，看一看与你估计的是否接近。

（总评：这是一节数学实践活动课，其内容属于"空间与图形"这一领域。重点是通过一系列操作活动巩固对长方形、正方形的特征以及周长的含义和计算方法的认识，同时在动手操作中积累空间感知。章老师教学时，在深刻分析教材的基础上，对编排的内容进行了重整和挖掘，丰富了操作内容。每次操作活动开始之前，章老师都会安排一个预设，让学生明确操作的过程及操作中要注意的地方，保证了活动的有序性。活动时注意调动学生的学习积极性，并及时调适学生的情绪，保证活动的有效性。每个操作内容在反馈交流时，能考虑到学生水平的差异，进行了及时不同的评价，延长了活动的

持续性。分析时教学内容进行由易到难的逐步提升，充分挖掘出了学生的学习潜能，让学生体验到了成功的快乐）

案例三：英语

寓故事教学于小学英语课堂中
——The Jumping Lamb 的开发实例

开发设计理念：

本课时内容是自编的英语小故事，故事情境是情境教学的一个方面。本故事设计了一个生动活泼、可爱又富有故事性的主人公跳跳羊，旨在利用讲故事的方式激发学生学习英语的兴趣，提高学生口语交际能力。

一、完整的故事为学生呈现了一个整体语境

语境是故事的最重要部分，便于学生理解语言的意义，理解语言运用的具体环境。在这个故事文本中，配有色彩丰富、幽默风趣的插图，插图旁又配有少量的对话，似连环画构成了一个连串的事件。此故事中"sad""lamb"等单词不需要教师解释，学生就知道这个词的意思，以及这个单词是在什么情况下使用的。因为在这个故事语境中，学生已经从图片、老师的动作和周围的环境布置中了解了故事发生的背景或是情境。

二、利用故事的趣味性调动了学生的积极性

引人入胜的故事解决了学生的学习动机问题。读故事时，学生没有字字弄懂也能理解意思，故事中许多词语的重复出现既自然又令人愉快，这样语言方面的困难就随之迎刃而解了。为了读懂内容，孩子会好奇地、有目的地去学，读懂了就有满足感，并有兴趣进一步提高理解故事的能力。讲故事活动既能提高学生听和读的熟练度，又能培养他们说和写的流利度。当学生聆听和阅读故事时，不可能一下子理解所有内容，因而也得到了推断、猜测字义的训练。而当学生讲故事和表演故事的时候，他们往往以积极的态度去参与活动，在尝试的过程中取得最佳的学习效果。这样，学生的才智和创造力就得到了充分的发挥。

三、表演故事为学生建立了良好的语感

英语故事能帮助孩子们建立起一种外语的语感，使他们熟悉各项语言内容和句子结构。讲故事和表演故事能鼓励学生表达自己的好恶，交流思想，并成为其他活动的一部分。在表演故事的活动中，学生有时当观众，有时又拥有观众，这无疑给学生带来了很大的乐趣。在本课的设计中，学生在老师的帮助下既接受了新知识，又从词到句、从句到段，或复述，或表演，尽可能多地运用已学知识；在表演过程中，结合小组的力量，吸收更多的知识，学生的想象力和思维能力得到发展，学生自主学习的能力、交际的能力和创造能力得到提高。

开发案例：

一、教学内容

自编教材动画故事"The Jumping Lamb"。

二、教学目标

（一）知识目标

1. 能听懂、会说、会读，会写单词 lamb，wool，shining，proud，sad，laugh at，change.

2. 能听懂、会说、会读和会写句型：

I … before, but now …

（二）能力目标

1. 提高阅读的能力，学会对文本进行一定的猜测。

2. 学会有感情地朗读，乃至表演。

（三）情感目标

1. 教导学生不应该以貌取人。

2. 进一步要求学生积极面对挫折，乐观面对人生。

三、教学重点

1. 对单词和句型的理解。

2. 对文本的理解。

四、教学难点

让学生能充分掌握和理解文章的内涵及其情感。

五、教学准备

多媒体课件、毛绒玩具和单词卡片。

六、教学过程

Step 1　Free talk：

T：Today I'm your new English teacher. I'm Miss Wang. Now I'll tell you a story about the jumping lamb.

【设计思路】

直接切入主题，目的明确。

Step 2　Presentation

T：First let's watch a cartoon.

1. Teach：lamb

（拿出玩具羊）T：How is the lamb? Is he beautiful/ lovely/ funny …

2. Teach：wool，shining

T：I'm the lamb.（拿出头套）

T：I have beautiful wool. It's shining. I can dance beautiful.

So I'm very proud.

3. Teach：proud

S：Read after T and act.

"I have beautiful wool. It's shining. I can dance beautiful."（Act it proudly.）

【设计思路】

在教授单词时，要求学生们有感情地朗读。既锻炼了学生们的口语，又有助于他们了解短文，理解当时主人公"跳跳羊"骄傲的心情。

T：So my friends like me very much.

（Act his friends.）

T：His friends like him very much. Do you like him? Do people like him?

What will happen next?（学生先预测接下来的情节）

【设计思路】

让学生们发散思维，自己预测故事的发展情节，设置悬念以提高学生们的兴致，使其始终保持高度的注意力。同时，在猜测故事情节时，也充分锻炼学生的口语表达能力。

（Watch a cartoon.）

T：He can't dance beautifully. He has no wool.

Do his friends like him?

No，they laugh at him.

4. Teach：laugh at

T：What will they say?

You look so funny.（大声嘲笑）

S act.

T：His friends laugh at him.

You look so funny. Ha-ha.

S act.

T：My friends laugh at me. I'm very sad.

5. Teach：sad

S read after T sadly.

【设计思路】

声情并茂地朗诵和表演能帮助学生更好地理解文本，同时也让学生们从紧张的课堂气氛中解脱出来，使自己各方面都得到锻炼。

T：What's wrong with the lamb? Why is he sad?

Look. （A table.）

6. Teach the sentences：I … before, but now 6…

S read after T sadly.

（Finish the rest sentences.）

配音练习

Friends：You look so funny. Ha-ha.

Uncle：What's wrong with you?

Lamb：I'm sad.

Uncle：Why?

Lamb：I had lots of wool before，but now I don't. I danced beautifully before，but now I don't. My friends liked me before，but now they don't.

【设计思路】

简单的配音练习，虽然只是将朗读的形式加以变化，但对学生们来说有新鲜感，朗读时会更加用心。

T：My friends laugh at me. Are they good friends? Who can help me? Look, my uncle helps me. What will he say?

（Watch the cartoon.）

S read after the computer.

Exercise 1：Try to find out the most important sentences.

揭示主题句：No one can change you，but you can. Everything is OK.

【设计思路】

通过生动的动画和学生们自己对文本的阅读，让他们自己发现文中的主旨句，从简单的词句教学真正过渡到了对文章的理解，真正地锻炼了学生们的阅读能力。

7. Teach：change.

Exercise 2：T or F.

Exercise 3：Retell the story.

【设计思路】

通过一些简单的但又切合文章的小练习来进行巩固，使得学生们更进一步地了解文章，使教学得到升华。

Step 3：Homework.

1. Write down the story by your own words.

2. Tell the story to your friends.

板书设计：

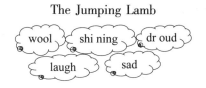

The Jumping Lamb

图 3-6 例谈在情景中提高学生口语能力

兴趣是学生最好的老师，为了培养学生口语表达能力，我每节课前都要做大量准备工作。我非常重视为学生创设学习情境，从反复设计教案到认真准备教具、学具，目的都在于努力让学生在情境中学习英语，在实践中提高口语表达能力。

【课例回放】

在准备"What would you like?"这节课的时候，我动手制作了许多食物的图片，准备了水果与饮料。在课前将这些东西拿到教室时，同学们马上迎上来，好奇地看着老师拿来的东西。虽然都有些丈二和尚摸不着头脑，不知道这节课老师要如何上，但我看得出，他们对这些东西非常感兴趣。

上课开始，我从 Everyday English 引出了问题"What day do you like?"然后端起水果盘："What fruit do you like?"这时，学生们纷纷举起手来，抢着回答自己喜爱的水果。看到学生兴趣高昂，我话锋一转，引出了新句型"What would you like?"在认学单词后，我端起水果盘，将"What would you like?"这个问题抛给了学生。一个同学回答道"I'd like banana."我将盘中的香蕉给了他。他得到老师的奖励高兴地笑了。此时班里学习参与的气氛更加热烈。更多的学生举起手，许多平时不爱发言的同学也高高地举起了手，课堂上学生争着说、抢着说。一个个通顺、流畅的句子从学生口中流出，没有了恐惧，没有了冷场，教学掀起了第一个高潮。

接着学习食品名称的单词，我拿出了一张张美丽的图片，先让学生说出食品名称，然后进行英语单词的学习。我采用先猜后学的游戏方式，激发了学生的学习积极性。看着他们一个个认真地猜、使劲地读，真没想到一向被同学们视为最枯燥的单词，他们也能学得这么起劲，声音大得超乎我想象。

"There are many food. Do you want to drink?""Yes."同学们大声回答。我拿出了事先准备好的可乐、果汁及杯子，这时投向我的是全班同学好奇的眼神。随后我将饮料倒出，依次讲解了一瓶饮料、一茶杯饮料以及玻璃杯饮料该如何表达。所有的学生已经完全被我所吸引，被学习内容所吸引，我刚介绍完 a bottle of Coke，几乎立刻就有同学说出了 a cup of Coke，a glass of Coke。他们就像比赛似的，比谁说的声音大，比谁说的数量多。当我在这个环节提出"What would you like?"这个问题时，我把机会留给了一个从来没有举过手的学生。虽然他说得不是那么流利，甚至还出现了些许错误，但在我期待的目光与全班同学的鼓励下，他顺利地完成了回答。

最后的操练，我设计了一个在麦当劳餐厅点餐的情景，并发给了每个小组麦当劳的包装盒、包装袋和工作服。很快，教室就好像变成了一个麦当劳餐厅，买卖的声音不绝于耳。看着同学们的样子，我觉得他们正沉浸在一份喜悦当中。

【分析与反思】

这节课是我在课题的研究过程中准备和实践的。英语教学的落脚点应在于学生在实际生活中会说会用，能够用英语解决人们之间的沟通问题，即口语表达能力。但是在实际教学中最让老师头疼的问题恰恰就是学生不想开口、不敢开口，最后导致我们经常所说的"哑巴英语"现象。我研究的"小学英语教学中培养学生口语表达能力的策略研究"这一课题正是针对此问题提出的。首先研究如何在课堂英语教学中积极创设学习情境，利用各种教学手段激发学生的表达积极性，让他们产生强烈的表达欲望，愿意开口去说。其次营造融洽的师生、生生关系，为学生提供一个安全、和谐的表达环境，树立表达的自信，敢于张口说英语。最后通过学习与训练，让学生能说、会说。

在本课的教学中，我准备了大量的水果、饮料等实物以及食品图片，目的就是利用这些小学生感兴趣的事物，给他们一个较强烈的视觉刺激。这正好切合学生的兴趣点，激起了他们的兴趣，从而产生开口表达的欲望。之后又将这些水果、饮料作为奖品，给了学生一个物质与精神上的刺激，满足了他们追求自身价值实现的心理需求。学生这时的积极性可想而知，心中产生了想说的冲动，他们渴望发言的需求是那么的强烈，出现了争先恐后的场面。

在研究中我发现，融洽的师生、生生关系是学生自信的来源，是学生敢读、敢说的关键。只有建立起民主、平等、合作、理解的师生、生生关系，才能激发学生的自尊、自信、自强与自立，语言表达的潜能才能够被开发。在教学中我要求自己首先不吝啬鼓励。有一句话说："孩子都是往大人鼓励的方向发展。"尤其是小学生，特别看重老师的赞美。这对他们来说是莫大的荣耀。有时老师简简单单的一句表扬的话，足以成为学生学习的最大动力。所以当学生肯表现、敢表达时，教师应在适当的时候多给学生鼓励和赞美。其次应有容错的雅量，不在同学发言的过程中指正甚至批评，对学生的各种错误延缓下结论，而鼓励学生继续读、继续说，并尽可能多读、多说。要求班内的同学在别的同学发言时安静地听、学习地听、欣赏地听，学会保留意见。等发言结束后，教师首先给予的应该是鼓励，然后再与学生一起对发言中的错误委婉地提出意见。这样不仅保护了同学的自尊心、自信心，使他们在开口表达英语时不再害怕、不再有顾虑，同时也能够促使学生的学习不断提高。在这节课中，一个平时从不举手的学生有了表达的欲望，我赶忙给了他机会。这是老师对他这种积极行为的肯定，虽然他的回答不完美，但我和同学们所给予他的仍然是支持与鼓励，使他能够勇敢地说下去、说正确。有了这样的一次经历，从此他不再害怕举手、不再不敢表达。

（二）校本课程

案例一：双语课程

打磨空白细节，腾出双语空间
——例谈数学双语活动课践行感悟

【引子】每每设计一堂数学双语活动课，我常常会陷入同样的困境中——总是想着要让学生在课堂上有充分的语言练习空间，同时又想着尽量不能损伤数学的学科性。于是，矛盾便应运而生——课堂上的可用空间太狭窄了。

是的，数学课堂采用双语展开教学，并不是简单的英语课加上数学课，也不是把英语作为教学的重点，而是把英语作为传递数学知识的工具。所以，在进行双语教学时，它仅仅是在辅助学生进行英语教学，不能把数学课上成不折不扣的英语课，或者说把原来的数学课翻译成英语讲授的课。那么在我们双语教学并不成熟的初级阶段，究竟怎样来寻找数学和英语这两者之间的磨合点，为孩子打磨出宝贵的课堂空间，构筑数、英和谐的平台呢？

在我看来，应该从语言设计和环节设计两方面考虑，为双语课堂腾出"空间"。

一、使用渗透、过渡的语言方式，腾出双语课堂空间

数学是思维的过程，母语教学中教师是运用或生动形象、或严谨科学的教学语言引导学生学会思维，而英语本身的语言特性限定了我们不可能像母语一样娓娓道来。所以在数学双语教学中怎样使用合理的语言表达方式进行教学显得尤为重要。

示例一：

在"Sports and body change"这一课中，测试脉搏数之前，设计一个非常简单的过程：

T：Look at me.（教师示范方法）

T：Have you felt the pulse beating?（1、2、3……）

示例二：

在"weighing"中，第一个环节是让学生称一称 1 千克苹果大约有多少个。

T：Who has also brought the apples?

T：Please guess how many apples does 1 kilogram probably have?

T：Actually has how many?

The grouping weighs . Group leader fills in the form.

T：You called how many apples does 1 kilogram probably have?（We weighed 5 apples）

T：Why this group's result is 4, that group's result is 5?（教师巡视）

Are you wrong? Why?（Because some apples are big, some apples are small）

Let's compare your apples!

小结：同样 1 千克苹果，有的大一点，数量就少一些；有的小一点，数量就多一些。根据同学们称出来的结果，我们可以说 1 千克苹果大约有 5 个——1 kilogram apples probably has 5.

示例三：

同样在"Sports and body change"中，测试完运动前和原地跑步 30 秒后 1 分钟的脉搏数后——

T：Before doing sports, how much is your pulse?

After running 30 seconds, how much is your pulse?

……

（略过片刻，教师出示学生回答句式）

T：Before doing sports, my pulse is…

After running 30 seconds, my pulse is …

以上三个过程给我的启示是：

（一）动作演示，简化语言表达

在示例一中，测试脉搏前快速准确地寻找到脉搏跳动，对下面测试脉搏数极为重要。虽然这一过程在二年级已经接触过，但是不少学生可能已经略显生疏了，所以有必要让学生复习一下测脉搏的方法。如果在普通的数学课上，我们一般会告诉学生把右手搭在左手腕那根粗粗的动脉上，然后感受"扑扑"的跳动。可是作为一堂数学双语课，这种表达略显复杂了，如果用动作代替语言，静默的瞬间不仅达到了与用语言表述相同的目的，更赢得了宝贵的课堂空间，规避了英语表述给师生双方造成的困惑。这种无声胜有声的方式，除了简单的动作演示，还可以有肢体语言、图片呈现等等。

（二）中英结合，降低思维难度

数学是思维的学科，语言又是思维的工具，学生原本要用汉语进行思维的，现在要用英语进行，在头脑中要进行二次翻译，可想难度之大。数学双语教学的本身还是进行数学教学，如果只强调双语，不仅英语没有学好，数学的预期效果也不会达到。所以，像示例二一样，课堂上的操作部分可以用英语加以引导，但是其内在的数学规律，可以用中文来表述。这种中英结合的方式在现阶段双语教学中省略了完成思维过程的对译转换，直接接收信息，一步完成思维过程，教师易教，学生易学易懂。

（三）句式渗透，淡化说教痕迹

在示例三中，老师提出了问题，这时候的学生很可能会出现两种现象：一种习惯性地使用中文回答，一种就是干脆不知怎样用英语的句式说而使课堂出现冷场。看我们的老师是怎样处理的，她很自然地出示句式，并且用口语加以引导，这种"润物细无声"的方式，也摆脱了中文式引导的生硬感，让双语的课堂表达更加顺畅。学生使用双语的意识需要老师的引导来为学生创设更全面、更丰富的学习英语的环境。

总之，我们应该寻找中文和英语表达的最佳磨合点，把繁复的过程省略，在不损伤数学学科性的基础上，有更多说英语的空间。

二、紧扣简洁、有效的环节，腾出双语课堂空间

还是先来看看下面两个节选过程吧！

【数学双语活动课上的情景】

Before doing sports

T：Before doing sports, let's measure the pulse. What do you plan to do?

T：Before doing sports, how much is your pulse?

After running 30 seconds

T：Now, let's run 30 seconds, than measure the pulse.

T：After running 30 seconds, how many is your pulse?

T：What have you discovered?

T：How many times faster than before?

After running 60 seconds

T：let's running 60 seconds, then measure the pulse.

T：After running 60 seconds, how much is your pulse?

T：Group leader, tell me the average.

T：What have you discovered?

T：Why two changes are different?

【数学活动课上的情景】

运动前

师：我们就先来测一下运动前你的脉搏一分钟跳几下，测完以后填入表中。

原地跑步 30 秒后

师：咱们就要开始运动了。原地跑步 30 秒，然后马上测你的一分钟脉搏，测完以后，填入表中。

提问：你发现了什么？

通过运动，脉搏的跳动都变快了，你快了几下？用计算器算一下。

原地跑步 60 秒后

师：接着要进行原地跑步 60 秒了。

提问：原地跑步 60 秒后，你的脉搏达到了每分钟多少次？

你发现了什么呢？

生：原地跑步 30 秒后脉搏跳动比运动前快，（教师追问：快了多少？算一算）原地跑步 60 秒后不但比运动前快，（教师追问：快几下？）还比原地跑步 30 秒后快。（教师追问：快多少？）

师：为什么两次的变化不同呢？

这是"运动与身体变化"中运动前、原地跑步 30 秒、原地跑步 60 秒后的三次测量脉搏的统计活动，以及对数据的分析过程。前者是数学双语活动课上的环节，后者是数学活动课上的环节。两者比较，最大的区别在于分析数据的处理上。尤其是第三环节部分的分析，数学活动课上的处理非常细腻，一环紧扣一环，三个追问蕴含了三个层层递进的关系——原地跑步30秒后脉搏跳动和运动前比，原地跑步60秒后和运动前比，原地跑步60秒后和原地跑步30秒后比，充分体现了数学学科的特色——严谨、科学，思维细密。而数学双语活动课上的处理则相对简单得多，"What have you discovered? Why two changes are different?"两个关键性的问题一出，就交由学生去分析了。这样的处理，简化了数学的思维环节，把严密的推理过程变成一个学生自我分析、发现的过程，一方面学生思维的空间广阔了，另一方面也摆脱了许多数学逻辑语言的束缚，腾挪出更多的双语空间。同时，由于本堂课是一堂运用统计知识解释简单生活现象，积累分析和处理数据的方法，发展统计观念的活动课，所以简化的环节并没有降低数学本身的特性，只不过是把原本的细腻的推理内化为学生自我分析的过程。

所以，我们在数学双语活动课的设计中，应该充分结合数学环节和英语环节的特性，加以综合考虑，适当简化不影响学科特性的环节，以空出一定的时间实现双语目标的达成。

恰当的双语教学不应该有损于学科知识的掌握，而初级阶段数学双语课应该以数学知识的教学为载体，为学生营造一种学习数学英语知识的环境，使学生能用英语进行数学方面的交流，而这种交流的空间需要教师紧扣数学和英语两者之间的最佳支点，改造、取舍，创设宽松的双语氛围。

案例二：艺体课程

下面我们以棒球项目为例，邀您全程见证"菜单式"艺体课程开发的实践始末。

快乐棒球，击打精彩童年

一、缘起

国家体育课程在学校的实施，不仅仅是一个执行的过程，同时还是一个更为重要的创造和丰富的过程。学校体育教研组不仅仅是课程实施的团队，还应是课程开发的团队。自2007年开始，我们本着激发学生体育兴趣，培养学生自觉参与锻炼的意识和习惯，提高学生强健的身体素质的目的，想开发一项能彰显我校个性特色的新的体育课程。在寻找与探索的时候，棒球进入了我们的视线。

随着我们的深入了解，我们逐渐了解到了棒球运动的一些特色，发现它非常适合少年儿童，对他们的运动能力甚至智力、心理能力的培养都有很好的促进作用。同时，它也拥有很强的魅力，非常吸引少年儿童。

棒球运动的第一个特点是：它是一项复合性技术类体育运动。由于年龄关系，小学生对单一性体育课项目的兴趣持续性差，对复合性技术类项目往往有极大热情，而棒球极富有田径特色，集跑、跳、投、传、接、击、触、滑、扑等多种技能于一身。同时，棒球运动的接球、击球、跑垒、触击、抢分、滑垒等技术术语，小学生在练习、比赛中随时能看到、用到。大多数同学在经过一段时间的参与后，很快被这些技术要求所吸引，他们对各自担任的场上位置、角色非常在意：始投手是队伍核心，接手为总指挥，三垒得分垒为"热角"，二垒手为"铁垒"，等等。不同的位置，完成不同的任务。训练场上他们彼此呼应，大家为每次成功的配合而欢呼，也因为技术不熟练造成的失误而叹息。因此，棒球运动对孩子很有吸引力。

棒球运动的第二个特点是：它是一项集体性的游戏类运动。棒球运动比赛的进攻和防守截然分开，非常强调队员之间的默契，充分培养了参与者集体协作的精神。同时运动过程张弛有致，更对人的勇敢、智慧、反应、空间判断、协调、应变能力等进行全面开发，对青少年身心健康极有益处。攻守分明的比赛不但强调协作与牺牲，更给每一个人充分表现自己能力的机会。

棒球运动的第三个特点是：在众多体育项目中，唯有棒球比赛的教练必须亲临赛场指导作战，既培养了参与者绝对服从的组织纪律和品德，在充分展示个人技艺的同时，又要有牺牲自己送队友进垒或得分的意识。因此，棒球运动能够培养参与者的牺牲奉献精神、团队合作意识。

棒球运动的第四个特点是：一场比赛，不但是能力与技艺的竞争，也是比意识、比心理承受能力的过程。一场比赛下来，往往精神和心理比身体更加感到疲惫。棒球是时间、距离争夺的比赛，在 0.1 秒之内可以决定选手是安全还是出局的命运。场上风云变幻的形势，更是对参与者心理素质的最好考验。

因此，通过我们的考察与研究，发现棒球是一个非常适合小学生的体育类项目。

二、开发

为了满足学生的需要，我们希望在实施国家体育课程时，在国家课程框架下，补充调整相关课程，通过开发适应学生需求的棒球课程，让他们的潜能和个性得到充分发展。在棒球课程的开发活动前，我们进行了充分的思考：为什么要开发棒球课程？学生的发展到底需要什么？现行课程中又缺乏什么？对此，我们进行了新一轮调查研究，并重新梳理了认识。

无锡是我国改革开放的前沿城市，其外向型经济已经取得令人瞩目的成绩。经济的国际化发展对全面提高教育国际化水平提出了要求。教育要不断优化培养目标，要全面提升教育质量，要培养更多的适应未来发展的国际化人才。我校地处国家级高新技术开发区——无锡新吴区。一方面，大量的外资涌入新区，使新区成了国内外大批高层次高素质人才的集聚区。在校学生中美国、日本、韩国等的外商子女占有比例呈现逐年增多的趋势。另一方面，随着我校与美国、日本、韩国等国外学校修学交流活动的开展，每年有 100 多人来校或出国互访。这些国家和地区深厚的棒球文化对我校的课程产生了强力的冲击和影响。从研究棒球运动的特性来看，棒球运动是讲究团队精神培养的运动项目，是集传、接、投、击、跑、滑等技术动作于一体的运动项目，是手脑并用、讲究意识判断的运动项目，它富有很强的趣味性，深受少年儿童的喜爱。

但是，由于棒球课程是一种崭新的课程开发尝试，在前期计划、筹备开发此项目时，我们从学校资源条件或学校经过努力可用的资源条件出发，按照如下的开发程序进行操作（如图 3-6 所示），突出严谨性，确保可行性。

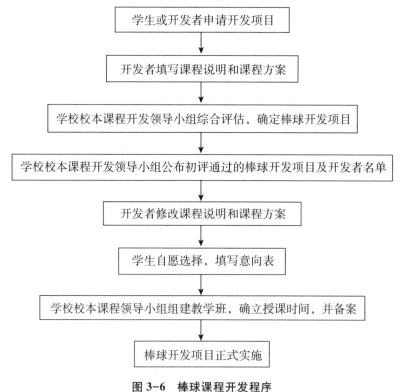

图 3-6　棒球课程开发程序

三、驱动

棒球课程作为国家体育课程框架下的校本补充点（也可谓自主开发区）确立后，面对这一崭新的领域和挑战，体育教研组的任务就是要找准科学高效的切入点，进行课程驱动。我们的做法是"竞赛先行，激励驱动"。

1. 借助经验资源，为棒球课程开发提供扶持

为让我校的决策变为现实，并且快速进入棒球课程开发的轨道，我们需要寻找引领和扶持。中国棒球协会（以下简称"中国棒协"）锡山青少年培训基地是国内第一个棒球培训基地，积淀了深厚的棒球运动教学经验，拥有很强的组织管理能力和技术力量。经双方多次磋商，并征得中国棒协同意，我校与中国棒协锡山青少年基地签订合作协议书，按协议履行职责：一是对我校第一阶段的棒球课程开发项目进行研讨，确立了"以竞赛为抓手，促进棒球运动逐步向广度和深度发展"的思路；二是在学校棒球队组建、教练引用、器材购置、场地建设、技术辅导等方面给予了恒久性的帮助和扶持，使我校的棒球课程开发顺利地迈出了第一步。

2. 开发教练资源，为棒球课程开发提供支撑

教师是开发课程的主体，建设一支棒球学科专业技能和教育专业技能的师资队伍是棒球课程开发成败的关键。在师资队伍的建设上，一是引进，专门聘用了国家级专业教练为学校首席教练；二是培训，在首席教练引领下进行校本培训，参加省、市开展的棒球专题班培训，实践各种赛事活动技术裁判的现场培训……在一系列的培训活动中，切实提高教师对棒球课程的理解力、开发力和执行力，从而拥有自己兼具棒球学科专业技能和教育专业技能的一流的师资队伍，为课程开发提供保障。

3. 创造硬件资源，为棒球课程开发提供保障

棒球课程开发必须有设备条件做保障。起始阶段，我们充分发挥教师这个开发主体的能动作用，采用借、补、制、改的方式，为棒球课程的开发创造硬件资源。借：我们运用校际、人际关系资源向锡山体校借来头盔、击棒等器材；补：把棒球专业学校闲置的破旧接球手套进行修补后，让学生在训练时使用；制：动手制作软式棒球；改：因陋就简，将学校的田径运动内场地由教师按棒球场地要求进行整改，作为学生棒球运动场地。而后，我们在棒球课程的开发中，以务实的作风、较好的课程实施质量，吸引了教师的关注，赢得了学校领导的支持，通过积极主动地争取，申请购置了全套棒球运动硬件设备，2009年暑假又斥资120万元建设了专业的棒球训练场，为棒球课程的开发提供了有力的保障。

4. 选择学生资源，为棒球课程的开发提供可持续力量

把棒球课程的诸多实施因素作用于学生，提升棒球教学的质量，让学生了解、熟悉、热爱棒球运动，这是棒球课程开发的出发点和归宿。限于学校的资源，我们从学生自主需求和潜能出发，选取了部分学生组成了学校棒球队，进行开发试验活动，平时在教练们的带领下，利用课内、课外时间，每天确保 2 小时的系统训练，从基本技术、体能、战术等各方面提升学生的运动水平。每年暑假进行为期一个月的夏令营活动，进行竞赛教学，提高竞技水平。2008 年学校棒球队获无锡市小学生棒球比赛第一名、江苏省青少年棒球比赛第一名、全国青少年棒球锦标赛第三名。2009 年更是一举拿下了江苏省青少年棒球比赛第一名、全国青少年棒球比赛第一名。学校棒球课程的实施探索活动，为学校棒球课程开发的进一步深化积累了成功的经验和做法，同时给教师、学生注入了开展棒球运动的内驱力。

四、普及

棒球课程的开发走过了两个年头，初见成效。这时需要我们考虑的问题是：棒球课程的开发究竟朝什么方向发展，应该怎样定位？带着问题，2008 年底，我们到日本棒球组织（野球联盟）进行考察学习。2009 年初，美国棒球大联盟贝杰夫教练来校期间就上述问题又进行了深层交流和研讨，通过考察学习、交流研讨，我们对棒球课程开发的理念和思路得到了进一步的更新和拓展。2009 年，我校确立了棒球课程的开发理念：让每一位学生享受棒球带来的快乐。思路是：在抓好高水平的棒球竞赛队伍、培养高质量的竞技苗子的同时，更关注抓普及。目标是：以普及深化学校棒球文化建设，逐步做到“人人知懂棒球，人人会打棒球，人人爱好棒球”，力争与美国、日本、韩国等国家小学生棒球运动教学接轨。我们的实施策略是：

1. 把棒球课程整合进体育课程

开展棒球运动教学活动，与体育课程有着很大的关联性。我们将开设的棒球课与体育课相整合，在体育课中每周开设一节棒球课，周总课时不超过国家规定课时。低年级的棒球课约占体育课时的 25%，中、高年级约占体育课时的 30%。同时，根据年龄特点循序渐进开展教学。

（1）一至二年级，以游戏教学为主，培养学生对棒球的参与兴趣，缩小内外场距离，编排相应的棒球徒手操作为每堂课的热身操，如传球动作行进间操、原地挥击或移动性挥击球、投球动作操等。所有这些，老师通过由慢到快地反复讲解示范，让学生逐步掌握一些棒球技术知识，逐渐贯通运动神经和大脑记忆，化解单一的“稍息”“立正”“向左向右看齐”“跑步走”等

枯燥模式。在球以及棒子的使用方面,采用软式球以及塑料棒子,软球可以避免受伤,塑料棒子轻,易于掌握动作要领。最初,学生在纪律性和学习动作方面问题很多,但通过老师耐心地编排教导,同学们会逐步掌握一些技能和规则。老师再编排一些有竞争输赢的比赛,激发学生的荣誉感。一旦他们真的被棒球课所吸引,关注棒球、亲近棒球也自然水到渠成了。

(2)三至四年级的学生已经有了一定的基础,老师可以制订授课计划,如基本功训练、传接球、内场配合、内外场配合、全场配合等,内容训练以时间为单位,薄弱环节训练定时较长即可。这里要特别注意的是:抓投手训练为重中之重(投手是一队之魂);其次,场员技术动作,越难学的技术越是棒球运动的精髓;在竞赛编排方面,注重班与班之间的比赛,比赛越多,对开发学生大脑应激反应好处越大。

(3)在一至四年级打下的基础上,五至六年级的棒球授课重点应放在完成训练方面。从完成出发,是所有竞技项目的训练共性,棒球也不例外。完成训练就是要练就在比赛中取胜的能力。五至六年级学生学业重、压力大,因此老师要在有限的训练时间内抓重点训练,比赛缺什么练什么,比赛用什么练什么,练个人技术与全队配合的精细度,不练热闹。通过校内比赛,把品学兼优的选手选入校队,代表学校参加省、市、全国,甚至国际比赛。

2. 以点带面

逐步拓展在前2年实验探索的基础上,2009年2—4年级继续各确立一个班开展棒球课的教学试点实验探索,一年级各班全面进行棒球普及教学实验探索。

3. 编写校本教材,让棒球课程教学有序、系统

棒球课程的校本开发,如果最终形成校本教材,则对棒球课程的进一步开发、实施、完善大有裨益。这样,训练更加规范、科学、有序,管理也更加精细、到位。2008年年底,我们从基于儿童个性发展的课程校本开发的视野入手,着手编写自己的棒球教材,内容有:教学目标、教学内容、基本要求、组织与教法及资源准备等(详见《棒球教程》一书)。教材编写从课程的校本开发的视角入手,较强地体现了让课程贴近学生的意识,同时又突出棒球课程的有序性和系统性,使得棒球课程的实施更具可操作性。

4. 采用符合学生心理特点的方法教学棒球课程

按照小学生的年龄和心理特点,以适应和满足学生的实际需要,在不改变棒球运动本质的情况下,我们对棒球运动项目和器材进行改造,把棒球技术教学分层化、规则教学简易化、战术教学游戏化,让学生爱学、易学、易

懂，从而感悟棒球的内在魅力，保持他们对棒球学习的持久力。

5. 建立运行机制，确保棒球课程实施效度

一是建立棒球课程教学管理机制，学校课程开发领导小组全面负责对课程的目标、计划、内容、实施等方面的落实情况做过程化反馈评价，发现问题及时调控。二是以体育教研组为单元，组织教师开展制订教学计划，集体备课、听课、评课、研讨等活动，收集《棒球教程》使用中出现的问题，并进行反思，进而对校本教材进行修改、完善。三是建立经费保障机制，学校设立专项经费，保证棒球课程开发活动正常进行。

五、成绩

我校自 2007 年开展棒球运动项目以来，校棒球队在省、市、全国的比赛中取得了优异的成绩。从无锡市的冠军，到江苏省的第一名，再到摘得 2009 年全国青少年棒球锦标赛的桂冠，再到成功承办 2010 年全国青少年棒球锦标赛并蝉联冠军，一路走来，成绩斐然。2007 年 10 月，我校被无锡市教育局、无锡市体育场馆训练管理中心命名为"无锡市小学生棒球训练基地"。2009 年 12 月，又被国家体育总局小球中心命名为"中国青少年棒球联盟培训基地"。

同时，学校培养出了一大批"棒球明星"，并被输送到高一级的学校继续从事棒球运动。棒球课程已经深入人心，在学生、家长心中占据了很高的位置，不少家长找上门，学生主动申请加入棒球队。而每周固定的棒球时间更成了学生们的欢乐时光。在学习棒球的同时，学生不但锻炼了身体，强健了体魄，也变得更加能吃苦、懂谦让，改变了不少独生子女的坏习惯。

快乐的棒球运动，真的击打出了实小学子的精彩童年!

反思篇

"'菜单式'艺体课程"开发过程中，我们努力让课程目标科学合理，主要针对学生需求和社会要求；课程决策民主，强调教师对课程的决策和学生的参与性；开放课程内容，增强课程情景的互动性，从而体现学生最佳的学习状态与方式；创建更加精良的教师小队，选择更加合理的教学评价，遵循更加严谨的操作程序，面向全体学生，最大限度地体现人本意义上的教育公平。

在实践着对课程的理解的时候，我们不可避免地产生着新的理解。反思的本质是一种理解与实践的对话，是两者之间相互沟通的桥梁。我们在这样的桥梁上实现自己，也完善着课程。

（三）课程设计叙事

科技课程

奇妙的走班课

"唉，上学真无聊！"相信大家都曾经发出过这样的呼喊。其实，上学不就是整天听课、做作业吗？上学，是如此枯燥，如此地令人昏昏欲睡，不过，有一张纸彻底改变了我的想法……

一天中午，毛小姐（Miss Mao）给我们每人发了一张纸，上面写着：走班课选择表。我瞟了一眼下面的内容，立刻高兴地喊道："我的最爱，小动物研究所！"随着我的第一声高呼，越来越多的同学加入了"欢呼"交响曲，陈烨以迅雷不及掩耳之势跳上了桌子，大声喊道："居然可以由我们来定上什么课！"陈泽瀚的眼睛笑成了一条缝，朱全鑫的嘴张大得与河马平分秋色……一时间，原本安静的课堂变成了热闹的集市，任凭毛小姐拍红了双手、拍散了桌椅，"欢呼"交响曲仍然不肯停止。学校竟然设置了众多的课程让学生来选，真可谓"飞来大奖"！

自从我们有了走班课以后，枯燥的课堂成了欢乐的海洋。一个学期过去了，正当大家疑惑走班课会不会停止的时候，班里的"事事通"陈烨再次带来了好消息：咱们可以再选一次走班课，将上次"我既要这个，又要那个"鱼和熊掌不可兼得的情况彻底抹去。一时间，屋顶再次被欢呼声掀开了……

走班课，让上学不再无聊！

五（3）班 瞿厉行

有趣的科技课

在上个学期末，我们的劳研老师给我们每人发了一张纸，上面画了一张表格。我看着表格，不禁抓耳挠腮：这是个什么东西啊？什么第一第二志愿的……我接着往下看，这才恍然大悟，原来是我期盼已久的项目式科技课程！

回到家，我干的第一件事就是"哗——哗——哗"果断地打下了三个钩。第一志愿：电子探究宫；第二志愿：未来工程师；第三志愿：趣味百科坊。我对电子方面很感兴趣，所以电子探究宫是我的不二之选！

时间像飞箭，转眼一个寒假又过去了。春风吹醒了万物，吹去了小朋友的冬装。一个阳光灿烂的日子，我们一做完课间操，老师便开始宣布科技课分班结果。我紧张得都说不出话来了，一直紧盯着老师的嘴：我会被分到哪一组呢？这时，我的神经好像被什么触动了似的，"许承烨、陈俊杰……你们去未来工程师！"我一惊：啊？未来工程师？我首选的不是它啊！老师是不是搞错了？我的心情一下"晴转阴"了。等老师报完，我立马跑上前问："老师，我没有选未来工程师啊！"老师说："实在不好意思，'电子探究宫'满员了，不过，'未来工程师'也很有意思哦，学好了说不定以后还可以设计自己的家哦！""哦，好吧！"我有些失望。

第1节课，我们做了一个简单的秋千。老师分好材料后，我们小组就立马把支架搭起来，随后又把主梁搭上去。为了让秋千能活动，我还用一个蓝色的圆块装上去。最后，我们的一项"大工程"终于完工了。看着自己一点点的辛苦成果，心里真是无比的满足。当老师来小组检查时，不停地夸我们，我真是乐开了花！我朝着那两个贪玩的同学挤了挤眼，他们也朝我点了点头，似乎在说：你好牛，以后跟定你了！

上了几节课之后，我发现任课老师还挺幽默的，最重要的是课很有趣。哈哈！我完成了许多作品，得到了更多的快乐！

当上帝为你关上一扇门时，总会留下一扇窗。往小处说，就是虽然你没被选上最想上的课程，但也许会有更好的课程迎接你呢。

四（2）班　许承烨

体验课程，为儿童的生命注入活力

这学期，学校风风火火地推行了以学生自主参与为主、教师引导为辅的项目组科技课程，给我安排了"小小养蚕家"这一课程。这对从未养过蚕，甚至从未见过蚕和桑叶的我来说是前所未有的挑战。如何在这春寒料峭之季成功孵化蚕卵？蚁蚕不吃饲料怎么办？蚕宝宝生病怎么办？一周一节的课，如何确保每个孩子每天都有时间能观察自己喂养的蚕？等等，这一系列的问题始终在我脑海中徘徊，直到那节让我印象深刻的开学第一节课。

开学第一节课，来自不同班级的孩子带着浓烈的好奇和满腔的热情走进了"小小养蚕家"的教室。我先播放了一段养蚕的视频，让孩子们简单了解了蚕的一生和蚕农养蚕的过程。接着我简单地做了自我介绍，然后只能老老实实地向孩子们说明情况，老师从未养过蚕，所以这门课程只能和你们一同体验学习了。

孩子们听到这个消息，表示难以置信，并小声议论了起来。我马上示意让教室安静了下来，对他们说："孩子们，这没有什么大惊小怪的，我相信你们当中有的孩子养过蚕，有的孩子和老师一样也未曾养过甚至从未见过蚕。这都没关系，凡事都有第一次，我相信在亲自体验养蚕的过程中，我们会有所收获。"孩子们点头表示认可。

"不过，老师现在有些难题，想请你们帮我出出主意。首先，我们的活动一周才一节课，而蚕宝宝每天都需要人照顾，老师一个人每天来照顾会忙不过来，如果你是老师，该怎么办？"

"这还不容易，我们每天抽时间来照看一下不就行了吗？"一个孩子站起来大声说道。

"蚕室不可能一整天都开着，你们每个人确保每天都能在一定的时间赶过来喂养蚕吗？"我继续追问道。孩子们你看看我、我看看你，一时也拿不定主意。"要不然，你们讨论商量下。"

孩子们热闹地讨论了起来，有的说："要不然，派几个写作业速度特别快的每天来喂养。""不行，这样也会增加他们的工作量，另外，要是其他人也想来呢，对他们岂不是不公平？"立即有同学反驳道。"那按学号名单来。""这样也不行，万一哪天某个同学忘了呢？""也对。"

看到孩子们激烈地争论着，有的还不时来寻求我的意见。我故意表示我也没有办法，这个难题只能靠他们自己解决。经过讨论，孩子们最终决定分成小组，每组5个人每天轮流派一名组员过来照顾，由组长负责监督执行。这个主意好，得到了师生的一致认可。看来，孩子们自己也有解决问题的能力。

接着，我又抛出了一些难题，如"课堂外师生间如何取得联系？""养蚕成果如何展示？""小组间如何进行竞争？"等等，孩子们依靠集体的智慧为我提供了锦囊妙计。看来还是群体的力量大，有时候教师适当地示弱，师生互换角色，让孩子们在课程的学习过程中，自主找到解决问题的办法，未尝不是一个很好的教学策略。这也为我接下去的教学提供了方向，不妨将养蚕这门课程看成一门体验课程，我与孩子一同在体验中成长。

（叶瑶）

走班的乐趣

走班课是我最喜欢的课程。说到走班课，就让我想起上课铃打响，同学们都兴奋地跑去上自己最爱上的课的场景。

走班课就是让我们选择一个自己喜欢的课程，然后去上。一开始，我简直不敢相信自己的耳朵，课竟然可以让我们自己选！不只是我，同学们都欣喜若狂。老师把课程选择表发下来，嗬，课程还真多！不过，我只能选一个来上，我该选什么呢？我很纠结。但我最后还是选择了"植物百科园"。真好！我的好朋友也选择了"植物百科园"！

上课铃打响了，我心中所有的快乐、惊喜都被这铃声给惊醒了。刚开始，它们有些惊慌、四处乱跳，过了一会儿，它们才平静下来。但，还是会蹬着脚，有些害怕。我蹦蹦跳跳地走进教室。

开始分组了，我有些担心，我会不会和我的好朋友分开。但老师仿佛知道我们的心思，把我们放在了一个组，这让我很开心。开始上课了，老师开始讲着各种各样的植物，上课发言并不积极的我也开始发言，最后还被奖励了一颗糖！在班级里，我一直是个差生，但现在，我竟拿到了一颗糖！这给了我极大的信心。我十分愉快地度过了这个学期。

到了第二个学期，我真想试试其他课程。嗬！真好！真的又可以重新选课了！我看了看表格，还是上学期的选项。我想了想，最后在"比特实验室"下面打上了钩。我笑了笑，想：这个也一定会很好玩的！

来到"比特"，这真的是一个很有趣的课程。只不过我和我的好朋友分开了，不是一组的了。这次，我们的任务是：让一个静的物体安装上一些电子配件，让它动起来。在我看来，它很艰巨，但有了队友的帮助，这件事十分轻松。这次还要比赛，我们压力很大，再加上学习的负担，就更累了。但是，经过我们的不懈努力和练习，我们组获得了一等奖，我十分开心。之前的累，全部都转化成了自信，注入我的体内，让我元气满满。

我喜欢走班课！它给了我自信！

五（3）班 倪艺禾

"玩"起来才能主动参与

2012 年 9 月，我的机器人课堂上迎来了第一批走班制学生，他们那一张张兴奋激动的脸至今我还能清晰地记得，他们来自不同的班级，都对机器人充满了无限的期待……但是经过几节课的学习后，有不少学生却表现得挺失

落，甚至有几个学生在课堂上完全不听老师讲课而是想方设法玩电脑游戏。之后经过了解，我发现在我这个机器人项目的班级里，有不少是原班级中的调皮大王、后进生，他们很多都是抱着玩机器人的心态而选择这个项目的，上课之后才发现原来机器人课基本没得玩，大多是枯燥无味的电脑编程，甚至比数学还难。很多人因此马上没了学习兴趣，变成了无奈的被动学习。

我深知，这种学习情绪必然会大大影响教学质量，随着机器人编程的难度不断提高，用不了多久很多人就会学不下去的。这种情况必须要改变！要让学生主动参与学习过程，必须创造条件，从培养兴趣入手。学生有了兴趣，才会自觉地花时间、下功夫、动脑筋、积极地学习，才能产生强烈的求知欲，主动地进行学习。

我针对之前上的机器人课进行了反思：（1）对于机器人基础知识都是通过文字、图片、视频形式展示学习，学生并没有真正见到、摸到机器人；（2）直接让学生学习机器人编程，认为要学会了编程才能够去接触控制真实的机器人；（3）授课形式单一枯燥，总是老师讲授完一节内容后学生编程操作。

从满怀希望地进入课堂，上了一个月的课可至今还没有见到、摸到真实的机器人，难怪学生们都要如此失落、没有兴趣了。由此看来，学生失去学习兴趣的最大原因是老师造成的。

一个字：改！

想了很多种方法，但要重新激起学生的兴趣和热情，只有让他们真正地"玩"起来！

之后的机器人课上我一改老师讲学生听的枯燥的教学方式，将更多生动有趣的任务情境安排进课堂。比如在学习机器人行走、转向这一专题内容时，我通过多媒体课件告知学生："我们的火星探测机器人在火星着陆时由于天气原因造成着陆地点偏移，现在需要重新编写程序让机器人避开火星上的坑洼

地带，回到预设着陆地点去完成探测任务。"同时，我将预先准备好的火星地图及教学机器人根据情境中描述的位置放在地上，让学生能够更真实地进入情境中，更重要的是，学生编好程序后可以马上拿真实的机器人去实践操作。果然，这一情境的设置让学生们兴致高昂，都迫不及待地思考机器人的行进路线并尝试编程，以前总想玩游戏的那几个后进生也兴奋地在地图上勾勾画画，帮自己的团队出谋划策，当编程遇到困难或者实践操作有问题时，学生也会主动问老师了。

在机器人课堂上，我还常常使用任务驱动、团队竞争比赛等方法让学生"玩"起来，不但能激发学生兴奋感和愉快感，而且在这种气氛下能更好地激发学生主动学习的欲望，使学生乐于参与、主动参与。

（王贤）

老师的柠檬怎么了？

"老师的柠檬怎么了？"小陆好奇地问我。

这是我的一堂项目型科技课。课前我准备了一个柠檬、几根导线和一个简易电压表。课堂上，我信心十足地与孩子们谈话："同学们，老师手上有一个柠檬，你相信它能发电吗？"孩子们都露出了难以置信的表情。我拿出一把小刀，小心地将柠檬切成两半，在其中半个柠檬的两端各插上一片铜片和一片锌片，故作神秘地说："老师已经施展了魔法，使这半个柠檬变成了一节电池。不信？咱们用电压表来测一测。"我心里想：孩子们看到柠檬能发电一定会觉得很惊奇，这样我就可以顺势引导他们去探索柠檬发电的原因。当我把导线正确接在电压表上时，出现的结果却令我措手不及：电压表指针没有任

何偏转。

失败的实验引发学生们的议论："咦！为什么指针没有偏转?""难道柠檬不能发电吗?"我也有些紧张，赶快仔细检查设备和连接线路，终于找到原因了。原来这个柠檬不是我昨天去超市买的那个，我以为只要是柠檬，就一定能发电。这可怎么办呢? 于是我说："这个柠檬太调皮，不听老师的话。谁愿意借老师一个听话的柠檬?"孩子们纷纷举起了小手。远处，一双黑亮的眼睛吸引了我，我笑眯眯地接过小陆递来的柠檬，重新做起了实验。终于，电压表指针偏转了。

正当大家欢呼雀跃的时候，忽然传来一道清脆的声响。"老师的柠檬怎么了?"同学们纷纷转过头去，哦，原来是小陆的声音，他站在那里，一脸疑惑地望着我。

这个问题使大家兴趣大增，我决定抓住时机，及时引导学生进行讨论："同样是柠檬，为什么老师的柠檬不能发电呢?"

我把实验先后用的两个柠檬发给同学们，让他们轮流观察。经过大家的仔细研究，发现两个柠檬大小差不多，只是一个存放时间久了，外皮有些皱，重量也轻了些，尝一尝也没有酸味了；而另一个还是比较新鲜，汁水饱满，酸性十足。

积极的小陈娓娓道来："老师的柠檬因为放了太久，酸性物质都散发掉了，所以不能发电了。"瞧，他可真像一位科学家呀。

"没错，新鲜的柠檬是强酸性，能够发电!"小徐抢答道，眼中闪烁着自信。

"我知道! 我知道! 我们上节课学过，柠檬的 pH 值很小，是酸性很强的物质，所以发电能力也很强。"小陆也不甘示弱。聪明的他还能联系所学知识，举一反三呢!

……

一句简单的疑问，引发了一场激烈的讨论。经过这个小意外，我深刻地体会到科技

课堂是一个变幻多端的小世界。我们的项目型科技课是以学生探究为主的课程，在教学过程中，随着学生课堂主体性、自主性的增强，学生质疑、反驳、争论的机会大大增多，常常会有很多意想不到的事情发生，往往超出了课前预案的设计。这些"小意外"的发生或许打乱了我们的教学节奏，然而正视这些意外，有效引导，我们定能发现一个不一样的变化——学生的好奇心被激发了，学习的热情高涨了，更多的学生主动参与进来了……

（戈　艳）

创新，从故事分享开始

比特实验室的课程开展至今已有三年多的时间了，孩子们在比特实验室玩儿得很开心，在这里他们能够跟小组的同学一起大声争论，能够尽情地根据自己的想象动手做一些小东西，还能够体验到非常奇妙的感应系统给人们带来的方便，还可以通过亲自动手做一个个作品送给自己的亲人、朋友表一表心意……作为比特实验室的一名老师，我很开心，每次上比特的课看着孩子们开心的笑脸，自己内心都感到无比的自豪。

但是，我也很不情愿说"但是"，我情愿就这么看着他们开心的笑脸一直笑下去，可我们的教学不能让学生没有进步、没有收获，因此，不得不提这个"但是"，有些不完美的方面，还是要说。比如，作品的设计缺少创意，想到什么就做什么；小组内缺少统筹，小组内每个人都做一个造型，最后把它们组合在一起，弄成了"四不像"；一提到要让他们写作品说明，就极不情愿，相互推诿。我不得不反思，从构思到设计，再到最后写成文字描述，本身就是一个相互联系的整体。因为一开始就没有构思好要做什么，后面的造

型设计就会很随意，更别谈作品说明了。要想解决这个问题，就要在"构思"环节下点"猛药"，真正让每一个学生都有所"思"。

在完成"拍手点亮的小夜灯"之后，我调整了教学计划，将后面的"家用留言机"提到前面来，从学生最熟悉的"家"开始，让每个人分享一个家的故事。

"同学们，每个人都有一个温暖的家，有疼爱你的爸爸妈妈、慈祥的爷爷奶奶，可能有些人更幸福，会有可爱的弟弟妹妹。我就有一位 80 岁的奶奶，身体很硬朗，80 岁还眼不花、耳不聋，只是我们这些孙子孙女的由于工作原因都不在身边，我想要做一个家用留言机送给她，录音说'奶奶，我们都很想你，要记得每天吃个苹果哦！'你的家里有些什么人呢?"

一番启发下，大片的爷爷奶奶冒出来，"我的奶奶……我的爷爷……"

有一个学生，平时非常霸道，小组的同学经常向我打小报告投诉他的各种"恶状"，找他谈话几次都不起作用，我也很头疼。但是，他的一番话，却改变了大家对他的看法。只见他一双大大的眼睛，真诚地看着大家说："我有一个弟弟，才六个月大，每天都哭哭闹闹的，不知道是不是心情不好。每次他哭的时候，我就会去哄他，有时是拿个小玩具，有时也会拿自己画的画给他看，每次他看到我就开心地笑起来。可是，我不能一直陪着他，因为我还要上学，我想要做一个彩色的摇篮，周围用 LED 灯点缀，只要一拍手，它们就闪闪发亮，然后再在摇篮上装上一个录音模块，把我想要说的话都录下来，弟弟哭的时候就给他听我唱的歌，就让这个爱心摇篮替代我陪伴弟弟吧！"当他说完，教室里便响起了一阵掌声，我想大家的掌声都是发自内心的，都被这个"小霸王"暖心的一面所感动。在他的启发下，各种爱心故事如雨后春

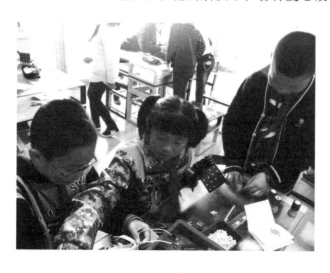

笋般触动我们内心最柔软的地方。同学们根据故事情景中的需要，设计出了一个个有创意、有实用意义的作品。在形成作品说明时，大家都像讲故事一样，娓娓道来。在讲故事的形式中，突出需求性，引导学生进行有意义的创造。

现如今，处处都在提创新，人人都在讲创新。教师的教学需要创新，学生的作品要创新，作文要创新，但是这创新从哪里来呢？我想，还应该从我们的生活开始，生活是创新的源泉，故事是开启人的心灵之门的钥匙，让我们在故事的分享中开始我们的创新之路吧！

（李　静）

语文课程

今天我开讲

学习语文的方法有多少？读书、背诵、听写……数不胜数。它们或者简单明了，或者潜移默化，令人回味。说起潜移默化，我不由得想起了五年级的一次活动。

为了提高我们的阅读水平，老师别出心裁，让同学们在阅读空间上选择文章上讲台为全班同学"讲解"做阅读分享。对于我们来说，这是一次艰巨的任务，无经验、无借鉴、无尝试，典型的"三无"，压力大啊！更"可怕"的是，我被选为"先锋"，心里感觉到既紧张，又兴奋，特别想"讲解"得好一点，给同学们开一个好头，真有一点五味杂陈的感觉！

回到家后，偷偷地问"百度博士"，把网页翻了个底朝天，可是平时万能的互联网也抓不住"资料鱼"了。罢了，自己来感悟感悟吧，老师经常说，最关键的是说出自己的真实感受、切身体会。我选择了《安静》这篇文章，它赞美了"安静"的身残志坚、乐观向上，和《番茄太阳》很像！我凭着自己的感觉，自然而然地将两篇文章联系在了一起。

很快，我开讲的时刻来临了。我缓缓地走上讲台，心里超级紧张，同学们用"犀利"的目光盯着我，仿佛瞬间就将我"伪装"的镇静粉碎了，但是一想到《番茄太阳》，我的底气足了几分。

"大家都知道，人有五觉，五种感官"，我镇定地伸出了五根手指，比画着，"听觉、视觉、嗅觉、味觉、触觉，这五种感觉会将信息传递到大脑"。

同学们似乎困惑不解，但是又期待着。

"这篇文章的'安静'不太一样，她只有四种感觉"，我将代表"视觉"的手指拉了回来，"缤纷的世界跌进了无尽的黑暗，我们可以想象这是一个不能接受的残酷现实。那么文中的'安静'她是如何面对的呢……"也许是太紧张了，同学们的目光让我的脸火辣辣的，似乎要燃烧起来，顿时，我的大脑一片空白。这时，吴老师朝我看了过来，目光里有鼓励、有信任，我的脑海里闪过她的话语"相信自己，你们内心都有一个小宇宙，不要把自己看成一个容器，而要把自己想成一个火把。点亮自己的主动性，做真正的学习的主人"。

我定了下神，下意识地动了一下身体，我的灵魂似乎瞬间被召回，"这篇文章使我想起了另外一个乐观向上的盲童，想起了另外一篇文章《番茄太阳》"。话音刚落，台下"哦"声一片。

效果达到了，我也度过了"危机"，我决定"乘胜追击"，"本学期我们还要认识一位盲童，她的影响很大，写出了一本家喻户晓的《假如给我三天光明》。""海伦·凯勒！"同学们大声叫起来……

我的第一讲得到了大家的高度评价。老师这样评论，最出彩的地方就是能做出联想，把自己的阅读经历放到文章中，读出只属于自己的独特感悟，这就是主动地学习。

今天的开讲，让我打开了自己阅读的经验、生活的经验；让我打开了自己的心扉，与我的语文学习完美对接。我爱语文！

（张诺言）

学习就在行走间

忙碌的一学期结束了，就读于无锡新区实验小学的女儿也迎来了她快乐

的寒假。今年的寒假，无锡特别冷，福鼎却艳阳高照、温度宜人。我们趁着少有的空闲，慕名来到了福鼎的太姥山度假。

你看，这里石阶与洞穴相依，山峰与碧树常伴，天空湛蓝湛蓝的，云朵雪白雪白的，湖水碧绿碧绿的，一切都是那么纯洁、明净。

行走在太姥山，孩子自有孩子

的乐趣。女儿不时抱住大石块，任由那山泉水从山顶的细缝间流下，她侧耳倾听，笑眯眯地说："听，这是山石在呼吸。"我也学着她的样子，聆听着，那是微微的水流声，耳畔不时传来风的细语。

"山石在咯咯地笑呢！"女儿又笑起来。我也忍不住接了一句："那一定是山风在倾诉她对大自然的衷肠。""哈哈哈……"孩子听着听着，不停地笑了，银铃般的笑声穿过了树林，回荡在山间，最终沉淀在我的心田。她和大自然一样纯净，纯净得可以轻易地听到这些大自然独有的声音。

继续行走在这青山碧水间，眼前越发开阔。"妈妈，你看这两座山峰多么像两尊人像啊！"顺着孩子的手指方向，我也清楚地看到一个童子虔诚地跪拜在观音脚下。"妈妈，妈妈，这里有块石头，上面写着'童子拜观音'，真是栩栩如生啊！"不曾想，这赏风赏景的时候竟然是学习语文的好契机呢！"妈妈，你看，你看，这更有趣，一座座连着的山峰像什么？"孩子面对高耸入云的山峰，好奇极了，突然她又眼前一亮，"这石头上说这叫'九鲤朝天峰'！""你看这山峰像什么？"孩子一听我的问话，便兴致勃勃地回答："妈妈，我数了数，一共是九座山峰，还真像一条条跃起的鲤鱼，在仰望蓝天呢！"很快，孩子又遥望着另一端的山顶，说："妈妈，你往远处看，那山顶的前面是白茫茫的一片，那里云雾一团又一团，连在一起，真的好像一望无际的大海！我终于知道'云海'的意思了。我好想在那上面行走，扯一点云攥在手心里；我也想变成一只小鸟，飞到最高处的云端上，因为那些云特别白，特别亮，一朵又一朵，真是漂亮！"孩子滔滔不绝，天马行空地想象着。

望着女儿，我感慨万千。在过去的两年语文学习中，新区实小的语文教学注重引导学生采用多种样式在生活中主动学习语文，清鋆的语文老师更是鼓励孩子们把旅游见闻做成 PPT，利用每周的阅读课与大家分享。我的女儿曾经那么内向，不善表达，而现在常常能就事物进行想象、表达想法，真令我欣喜。

孩子说累了，就在附近挑了一块大石头，爬了上去，小憩良久。女儿伸展胳膊，晒着这芬芳的阳光，赏着这奇山怪石，看着云卷云舒。而我满目青山碧水，满怀着活力与希望，甚是惬意。阳光从那树的缝隙间洒下来，投下点点斑驳的光影。"这里真是个诗情画意的人间仙境！"女儿眯着眼睛，却舍不得闭上，索性拿着手机，在那美滋滋地自拍起来。看着这可爱的孩子，我不禁轻轻地说："原来，这好山好水也是学习语文的最佳课堂呢。"孩子却不以为意："对啊，开了学，我还要参加我们班的'真人图书馆'计划，把这些美景跟大家分享呢！"原来如此！

读万卷书，行万里路，行走在这一路风景的山石小路间，我们收获的不仅仅是内心的宁静与愉悦，也收获到了语文独有的味道，而我也从这样的时光中重新理解了新区实验小学的语文课程。

（王清鋈妈妈：陆雅颖）

数学课程

买菜记

在学习了小数加减乘除法后，我给同学们布置了一项实践作业：星期天和家长一起去菜场买菜，并记录买菜的经过，计算买菜所花的钱。

下面是部分同学所写的买菜日记片段：

A同学：刚走进菜场，只见人山人海，满耳都是小贩们的吆喝声。我在这里面穿梭着，心里想："今天买点啥菜呢？"突然，我眼前一亮，发现前方青翠欲滴的青菜正在那等着我呢！我紧走两步，跑上去问道："请问青菜多少钱一斤？""一块五！"卖菜的老爷爷边说边递给我个袋子。我拿着袋子学着妈妈的样子装了一点，"1.6斤。"老爷爷称好后正要给我算多少钱时，我脱口而出："一共是2.4元。"老爷爷目瞪口呆，"现在的小孩子真聪明！小妹妹，我便宜点给你，算你2元吧！"我连忙道谢，拿着青菜蹦蹦跳跳地走了。

画外音：小数的四则运算在买菜的过程中，得到了运用。通过买菜这一活动，学生真正体验到了数学知识与生活实际的紧密联系。

B同学：在菜场里走了一会儿，我就发现了第一个目标——青菜。我跑过去一看，挺新鲜的。于是，我挑了2棵又大又新鲜的，然后让卖菜的阿姨帮我称一下，卖菜的阿姨称好后对我说："青菜一共半斤，1元2角钱。"我把钱给她，她找给我钱后，我数了数，对了。妈妈问我，你能算出青菜的单价吗？""小事一桩。"说着，我算了起来，"单价的计算公式是总价÷数量＝单价，所以用1.2÷0.5＝2.4（元）""还有别的方法吗？"妈妈又问。我想了想，又说："1.2元是半斤的价钱，一斤的价钱就是半斤的2倍，所以只要1.2×2＝2.4（元）。"妈妈听了连连夸奖我。

画外音：单价、数量和总价之间的关系是生活中最常用的数量关系。只有到生活中去理解，才能深入浅出，融会贯通地理解三者之间的关系。

C 同学：最后，我们来到肉摊前。卖肉的是一位叔叔。"我买小排。"有了前两次经验，我变得更加大胆。"18 元 1 千克。""多少千克？""0.9 千克。""17 元。""叔叔，你算错了。"我说。"大人怎么会算错，小孩子别乱插嘴！"一向温柔的妈妈在一旁训斥道。"他肯定算错了！"我固执地说。"为什么呢？"妈妈一脸怀疑。"1 千克 18 元可以推算出 0.1 千克是 1.8 元，0.9 千克的钱数只要 18−1.8＝16.2（元），很明显叔叔他算错了！"叔叔再用计算器一算，忙赔着笑脸说："对不起，是算错了，是算错了。就算你 16 块钱吧！"

画外音：知识只有在生活中，才能活学活用。估算，算法多样化多么枯燥的知识，遇到买菜这么鲜活的生活实际，显得多么的有用。

D 同学：来到豆腐干的摊位前，那儿的人更挤了，早已排起了长龙，我也只好排起队来。这儿为啥人那么多呢？因为好吃呗！我足足等了三分钟，才轮到我。

"阿姨，豆腐干一斤多少钱啊？"我有些生气地问。

阿姨似乎看出了我的心思，一边称一边说："小朋友等久了吧？对了，一斤 2.2 元。"我点了点头，付了 10 元钱，顺便看了一眼秤台，阿姨用 2.2×4＝8.8（元），还说："一共五斤。"我当时开心极了，5 斤应该要 11 元，这个阿姨可真客气。她收了我 10 元钱，就给下一个客人秤了。

我一拎，觉得重量不对，对阿姨说："阿姨，你骗人，你少给我了 1.2 元的豆腐干。"

可阿姨却说："不就一块二嘛，我还要做生意呢！你别来捣乱！"

我更大声地说："除非你重新称一下，让给我们看看。再说了，1.2 元能买来你的人品吗？"众人听了，也议论纷纷，点头赞同。阿姨也许是心虚了，在众目睽睽之下，硬着头皮给我称了 1.2 元的豆腐干。

哈哈，这次去菜场可真是开心啊！不仅体会到了买菜的快乐，还运用了数学的运算。同时，也揭开了那些不良商贩的丑恶行为。

画外音：通过买菜实践活动，学生体验了数学知识在生活中的应用，还认识到了学好数学可以保护自己的利益不受侵害。

通过买菜这一实践活动，同学们真正体验到了数学知识与生活实际的紧密联系，学会了用数学的眼光来观察身边的事物，帮助他们在实践中积累了有关小数四则运算的经验，同时自信、诚实、守信等做人的基本品质在买菜过程中也得到了历练。这样的数学实践活动是学生喜爱的，也是主动参与的。

（华锡东）

英语课程

带着一颗童心来讲故事

一直觉得，课堂教学是老师的课堂，更应该是学生的课堂，就像吃饭，应该是愉快地进食，而非强行喂饭，剥夺了吃饭的乐趣。所以，我们提出，让学生主动参与课堂教学，不只是行为上的参与，更应该是学生思维上的投入，以及师生间情感上的交流和碰撞。

以牛津译林版的教材中故事教学为例，我们已经形成了固有模式，是教师带领学生学习新词句，教师做好课件，师生跟着课件的思路，一成不变地"顺利"完成教学任务，始终是老师带领、学生跟随，完全缺失了故事教学应有的趣味性、曲折性和悬念带来的思考。缺少了孩子的主动参与，我们的英语课堂总是少了那么一些"味道"，仿佛是在拿嚼过的食物喂孩子。——到底该怎样进行故事教学呢？

在一节二年级的口语课上，我很开心地体验到了让学生主动参与课程开发的乐趣。

我先提问："你们是喜欢唱歌还是喜欢看英语小故事？"孩子们齐声说："小故事！"我们的教学光盘附带了很多有趣的动画故事，孩子们很喜欢看。让孩子能自主选择学习的内容，他们会很开心，学的也很积极主动。于是我在光盘的拓展库里搜索了一个"Caterpillar"的故事。故事的画面充满童趣，也很简单易懂：

动画1：两只蝴蝶飞过，一只毛毛虫爬过来。

动画2：A caterpillar is very hungry, he eats through a grape. （一只毛毛虫很饿，它吃穿了一颗葡萄。）

动画3：He is still hungry, and eats through an apple. （它依然很饿，吃穿了一个苹果。）

动画4：He is still hungry, and eats through a banana. （它还是很饿，吃穿了一根香蕉。）

动画5：He is still hungry, and eats through a cake. （它仍旧很饿，吃穿了一块蛋糕。）

动画6：Then he goes to sleep. （然后他就睡着了。）

动画7：He sleeps and sleeps and sleeps. （他睡啊睡啊睡啊。）

动画8：When he wakes up, he becomes a butterfly. （当他醒来时，他变成了一只蝴蝶。）

如果我是小朋友，并不会急于学习什么，而是想要再欣赏一遍动画。可能很多小朋友还没看懂，也有的可能喜欢故事的画面。所以第一遍看完故事，我问小朋友，你们想再看一遍吗？他们异口同声要求再看一遍。这样的一个站在孩子立场上的提问，是对孩子的理解和尊重，他们也会投入更多的兴趣和精力在故事情节中。

第二遍看完，我适时给孩子表现的机会，问道："你们知道 caterpillar 是什么意思了吗?"

"毛毛虫!"孩子齐声回答。于是我就教他们这个"非常难读"的单词。并在黑板上画出一只毛毛虫。

"毛毛虫都吃了什么呢?"随着孩子的回答，我按次序在黑板上画出葡萄、苹果、香蕉和蛋糕的简笔画，帮助孩子记忆故事内容和顺序。然后我问学生"你们知道毛毛虫的成长过程吗?"有几个小朋友绘声绘色地用中文讲了毛毛虫变成蝴蝶的过程，他们的语言和手势也让我真心感觉，孩子们真厉害，不但懂得多，而且表达能力也很强！于是对他们投以欣赏的眼神。

"现在让我们来猜猜看，这些词什么意思？看看哪些小朋友最会动脑。"通过鼓励猜词意来进一步激发孩子的求知欲。老师通过做动作教学新单词，帮助理解故事大意。边表演边提问，学习了"hungry，eat，eat through，still，go to sleep，wake up，butterfly"（请自动脑补我的表演画面），这些词难不倒他们，孩子们都争先恐后地举手发言，词义猜得很正确，我大大地表扬了他们，给了他们更多的信心，也更加积极主动地参与到课堂中来。

我接着问："这个故事很有趣，单词也很多哦，谁能教教大家呢?"一些简单的单词像"apple，banana，grape，cake"我找了一些中等和信心不足的学生。"eat，hungry，sleep，butterfly"等词，我找了几个学习比较好的学生。有些小朋友在校外参加了各种英语培训班，也有的小朋友对于语言有先天的优势和天赋，由他们做小老师，更加激发了他们学习英语的兴趣和信心。有些小朋友还会学着老师的样子，边教边表演，我在旁边看得忍俊不禁。有些单词比较难，像"eat through，still，wake up，become"，我只好亲自上阵了。孩子们通过夸张的肢体语言，边学边表演，加深了印象，也最大限度调动了他们的积极性。

最后，我们又一起看了动画，学习了很长的句子。对于二年级的小朋友来说，这些东西很有难度，但是他们居然像毛毛虫一样把这些句子"啃"下来了。

然后，我尝试着让孩子们表演故事，先是老师配音，学生表演，提示他们两人手拉手成苹果、香蕉、葡萄、蛋糕状，我在旁边用语言帮助他们：Look，this is an apple. Now，it is a banana…一个孩子表演毛毛虫，依次从他们的中间穿过。

二年级的孩子最喜欢用肢体语言了，他们演得不亦乐乎。同时我请个别孩子给画面配音"He is still hungry. He eats through an apple…"这对他们来说，是一个很高难度的挑战，但也是一个很有趣难忘的时刻！我也会永远记得这节轻松愉快、充满灵气和惊喜的课！

思考：孩子们在这节课上，真正主动地参与了课堂教学：

自主选择了学习的内容，看故事学英语。孩子对故事总是喜欢的。

自主选择并参与各种了学习的方式，如看故事猜大意、看动作猜词意、看图说句子、小老师教单词、听句子表演故事等。

老师虽然没有仔细备课，但是一切是顺着孩子的认知思路和顺序走下来，在学习的过程中，老师适当地激发了学生的求知欲和表现欲，知趣地退出平时的教学主导角色，尽量做一个为学生服务的角色，提高了学生参与的程度和效果；学生通过观看、思维、交流、猜测、记忆、表演等活动，在行为、思维和情感上都积极参与，也得到了训练和提高。

再次反思这节课，我觉得，作为老师，不但需要丰富的知识储备和教学的热情，更要懂得学生的心理，以孩子的角度和心态来学习，以一颗童心来讲故事，把"咀嚼"的权利还给孩子，时刻注意给孩子更多的表现机会和参与空间，让他们主动参与故事教学，让平时所谓的"教学"化为无形，真正地把学习过程中的乐趣还给学生，这样的课堂是否值得研究呢？

（张继影）

成长课程

与成长手册一起成长

做班主任的时候，每个学期都要填写学生的成长报告册，为学生填上成绩、写上评语。以前评语是一年写一次，每到写评语的时候总觉得自己的脑子不够用，一个班五十几个学生，你要写出每个学生的特点，而且要与其他人不一样。更痛苦的是后来一学期写一次评语。一个学期就四五个月时间，有变化的学生还好写，没变化的学生你也得在措辞上体现出他（她）的变化来，这更让我感到黔驴技穷。不做班主任之后，觉得总算可以不用再为写成长手册烦恼了，没想到又要为女儿写成长手册了。

一次我在给她写"家长寄语"，她凑过来看了一眼，一本正经地对我说："妈妈，你把字写大一点吧！"我问她为什么。"我们钱老师说有些小朋友的字写得太小了，看了眼睛很疼。我都看到我们钱老师眼睛里有很多血丝了，你把字写得大一点的话她看着就不会那么累了。"那一刻，作为老师，我为有这样的学生感到欣慰；作为妈妈，我为有这样的女儿感到骄傲。

　　还有一次，她跟我说："妈妈，你给我写的评语说'这个学期陈子曰终于拿到"五好生"的奖状了'，可是你为什么要说'终于'呢？"我很高兴她能注意到这些细节，我就跟她说："妈妈为什么要说'终于'呢，说明我对你拿到'五好生'奖状很高兴，但是又觉得有点遗憾。因为我觉得陈子曰有能力做'五好生'，而且早就应该做'五好生'，可是直到现在才做到。也就是说你离老师和妈妈对你的要求还有一点点距离，我们觉得你有能力做得更好，只要你能更努力一点，更主动一点，你就能成为最棒的孩子。"她很认真地听完，什么话都没说，坐到书桌边，拿起了书。

　　如果说，从139cm到146cm，体现了这两年来陈子曰身高上的成长，那么，这两件小事，让我感受到了孩子心理上的成长，也许这才是成长手册的真正意义，让孩子主动参与其中，并在记录成长手册的过程中，不知不觉地获得成长。

　　其实，与成长手册一起成长的不只是孩子，还有作为家长的我。以前做班主任时工作太忙，基本没时间管她；现在借着填写成长手册，让我有了"还债"的机会：为了剪贴"精彩瞬间"和"得意之作"，我就必须在平常生活中与她一起动手，与她一起参与，陪她一起"玩"；给她写每学期的父母寄语的时候，我就有机会对我过去一学期对她的教育进行总结、反思……不知不觉中，我发现在参与成长手册记录的过程中，自己不仅更加关注孩子的成长，也在跟孩子一同成长着。

　　有人说，父母是孩子的第一任老师。其实，有时候，孩子才是父母最好的老师。以成长手册为纽带，我俩相伴着成长……

　　　　　　　　　　　　　　　　　　　四（3）班 陈子曰妈妈

成长手册伴娃成长

一本小小的成长手册，就是一部精彩的儿童成长传记，每一本都是珍藏版的孤品。

以往的学习成绩单，老师告知家长孩子在学校的表现和成绩，一目了然。但现在的成长手册评价立体多元化，不仅有老师和父母的评价，还有学生自我评价、同伴评价。这点非常好，让孩子充分意识到要做自己学习的小主人，以及通过了一学期的努力，能有什么收获。诺诺是个"学习困难户"，让她自我评价的时候，她怯生生地说："妈妈，我觉得我数学只能评上一星，考试经常考得不好！"看着她无奈羞愧的可怜样，我一改平日"后妈"般的作风，温和地告诉她"妈妈觉得可以给你评两星，你看平时我们口算天天练，做过的错题也

都归纳整理了几次，你要相信自己，平时要用心，考试要细心"。她看着我给她打的两星开心地笑了。果然这次期末考试考了满分，小家伙高兴地跳了起来。

"我的累累硕果"，记载了一学期获得的荣誉和奖项。一个好面子的诺诺可不情愿此项空白。记得前年钢琴考试的时候，任凭我怎么催她"快练琴，用心弹"，她总是一副"皇帝不急"的样子，自从有了这个魔法栏目，去年四级考试，很自觉地练琴，临考前几天，一坐在钢琴前就是四个小时，顺利拿到了考级证书。她神气活现地拿出证书，"妈妈，你把我的证书写上去哦！"成长手册使她看见了自己的进步，感受到成功的喜悦！

有收获就必须有付出，累累硕果的背后，少不了汗水淋漓的精彩瞬间，一张张照片记录了多姿多彩的课外生活。三年来，诺诺每次打开成长手册，看见不同时期的自己，都要自我陶醉一次。

成长手册，为孩子提供自我展示的舞台；成长手册，家校沟通的纽带；成长手册，孩子认识

自己的第一本书。我觉得可以留一处空白,让孩子写上"最想说的话",和老师、家长说说自己最真实的想法,编写好人生的第一本传记!

三(3)班 袁依诺妈妈

题记:成长手册让你我更亲、更近、更出色
成长手册让班主任工作更出色

我是一名从教二十几年的老教师,一直奋斗在教育的第一线,担任低年级的班主任。自从我参与了学校主课题"为每个儿童设计课程"下的成长手册课题组后,我深深地觉得成长手册让我在班主任工作方面更加细致、全面,逐渐向一名优秀教师迈进。

一、成长手册让我对孩子了解更透彻

记得以前,对每一届孩子的了解大多停留在平时和孩子一起的学习生活中,和孩子游戏、聊天、活动,会发现孩子的小秘密。在深入走访家庭和父母面谈沟通中,知道孩子在家里的所作所为。如今,除了这些传统的做法之外,每到学期结束,翻看孩子们成长手册中的"精彩瞬间"和"我的得意之作",我的心里充满惊喜,每个孩子都是那么灵动,生活那么丰富,除了学习,真的还有很多很多我们老师平时没有发现,而应该去发现和欣赏的东西。有个孩子平时在学校里是个话痨,经常不守纪律,但是在课外学习机器人拼装以及电脑上做简单的编程时,是那么专注;有个孩子在班级里不善言语,成绩也不怎么理想,但是在舞蹈比赛时却笑得那么灿烂、那

么自信；有个孩子从小没有了妈妈，虽然平时在学校里对奶奶的教育有一点抵抗情绪，可看着他帮奶奶一起干活的照片，我知道他是孝敬奶奶的，是善良的孩子……噢，一页页翻看着，我心潮澎湃，成长手册带给我太多的震撼！让我诧异，让我惊喜，让我沉思，对孩子了解得更多、更丰富、更全面，使得我在今后的学习、生活中，能好好利用孩子的特长、优点，真正地因材施教，发挥每个孩子的潜能，在活动中得以发展，并得到大家的肯定。如这个拼装机器人的孩子，因为平时不够守纪律，被批评到的次数也不少，在同学们心目中留下了不怎么好的印象。我利用班队课，请他展示自己拼装机器人的才能，并向大家介绍学习的过程，全班同学看完报以热烈的掌声，大家顿时对他刮目相看。课后，我又找他，既肯定了他的优点，同时又指出了存在的问题，并指导他今后怎么做，孩子在大家面前提升了自信，学校里的学习也逐渐好转。看着孩子的成长，我笑了，这无疑是成长手册带给我的收获，全方位了解孩子、尊重孩子、引导孩子。

二、成长手册让我对孩子评价更全面

记得以前的成绩报告单，采用的是正反两面一张纸，上面基本都是老师对孩子一学期以来行为习惯以及学习方面的评价。看到现在的成长手册，你一定会有截然不同的感受。成长手册对于习惯、学习，除了老师评价，还有家长评价、同伴评价、自我评价。就老师对孩子的评价方面来看，不仅可以看到孩子在学校里的表现，还可以看看父母在家里是怎么看待孩子的，同伴、自己是怎样客观、公平公正地看待的。除了根据大家的综合意见，还可以参考孩子的兴趣爱好、活动表现，以及从得意之作呈现出来的能力等等，给孩子一个比较全面的评价，而不是一味地从老师主观的感受出发，比较狭隘地、片面地评价学生。这种评价不会局限于孩子的学习，把人一棍子打死，而更多地会关注孩子的能力、品质、素养。而这些，正是一个孩子全面发展所需要的。

三、成长手册让我把活动搞得更丰富

成长手册是孩子成长的足迹，是一份值得回忆的印记。因而，在平时的班主任工作中，我格外重视孩子们的活动，创造一个个难忘的瞬间，为孩子们健康成长做好护航，也为成长手册的资料增添新的一页。如"手抄报"制作大赛、"好书推荐"交流会、"我的小书房"班级书香家庭评选、儿童节孩子们亲手包馄饨……特别是带领孩子们参加公益活动，请残疾协会的工作人员来校教孩子们亲手制作手工皂，把募捐所得的费用全部捐献给残疾人协会，孩子们在丰富多彩的活动中体验了劳动的快乐，也把爱心献给需要帮助的人。在活动中，孩子们感受生活的乐趣，各方面能力不断提高，"无锡市小主持人金话筒、银话筒、铜话筒"不断涌现，小余同学还被评为"新区十佳好少年"呢！有了成长手册，翻看上面的活动，多年以后，回忆起当时的场面还历历在目，一刻的温暖化作永恒。

成长手册，因为有了你，让我跟孩子更亲；因为有了你，让我跟家长更近；因为有了你，让我的工作更出色。当然，它还在试行过程中，还有很多不完美的地方。其中有"老师的话""家长寄语"，作为使用成长手册主体的孩子，是不是更应该有一块他们想说话的天地

呢？相信我们全体成员会不断努力、不断完善，真正让成长手册陪伴孩子成长，成为快乐的童年中难忘的一本画册。

（过英）

共进步，同成长
——我与成长手册的故事

从一年级开始，每一个学期结束都会发一张小学生素质发展报告单，来汇报我们这一学期的表现和成果。可到了三年级下学期，我们班的这张单子却换成了一本花花绿绿的大册子，这令我们感到十分新奇。

这本成长手册由许多张纸在一侧打上孔，再用一个活页钉装订而成。之后每次要再添新纸时，可以直接再装进去，每个学期、每个学年的都装订在一起，这样就避免了乱丢乱放，最后找不到的情况。这一点对于有些保管东西马马虎虎的同学来说，真的是非常棒。

在使用过程中，我发现这本册子比之前的成绩册内容丰富了很多，有班级概况、班级事记、个人档案、得意之作等板块。班级概况里，我们每学期都会贴上一张班级全家福；班级事记里，我把每学期班级里开展的丰富多彩的活动都记录上去，我们班的小伙伴们一年一年的成长都能看得到；个人档案里，增加了生日、性格、理想、爱好、榜样等多个内容，使我们的个人资料更加完善；还有得意之作里每学期的一张照片，成长报告册让我们有了更多个性展现的记录。在评价一栏里，不仅有老师对我们的评价，还多出了自我评价、父母评价和同伴评价，使我们每个同学都能得到全方位的评价。我最喜欢将我每学期努力取得的成功拍成照片，留下纪念。我更喜欢努力拼搏，完成每一项过程中坚实的每一步。每张照片背后的汗滴、泪水、鲜花、掌声……一并留在了我最美好的记忆之册里。每学期班主任的评语，对我们一个学期的表现做出了翔实的反映，表扬优点，指出不足，让我们在新学期有了前进的方向。家长的话又是对我进一步的鞭策和鼓励。

这本成长手册已经十分完善，只是我还有个小建议。我们马上要毕业了，希望能在最后一页上开一个同学签名栏，毕业前，让每位同学都签上自己的大名，给我们的小学生活留一份深刻的纪念。

六（5）班　蔡王洋

共同的记录——成长手册

宝贝已经是三年级的小学生了，每到学期末成长手册都会准时回到各位家长的手中，完善成长手册是每位家长、小朋友和老师们学期末共同的必修课。不知不觉三年下来，捧在手中的成长手册已不是最初的两三页纸，而是沉甸甸的一大本了。

记得宝贝刚升入小学一年级的第一个学期末，班上老师下发给家长的不是通常的成绩报告单，而是一本特殊的册子——成长手册。开始家长包括自己也很疑惑，毕竟升入小学，开始了人生中最重要的学生时代，一学期末大家比较关心的还是小家伙们在学校的学业问题，比如每次考试成绩如何、平时表现如何。花这么多心思来完成这本成长手册到底值不值，有没有必要呢，会不会浪费时间呢。伴随着疑惑，家长们还是听从了老师，按要求认认真真地完成了每一页。

成长手册的内容也比较丰富，有学校概况、校长寄语、校歌、实小好习惯、个人小档案、我的班级、精彩瞬间、我的得意之作、硕果累累、老师、家长寄语，还有自己、家长、老师和同学对自己各门功课的评价。成长手册中校长寄语、校歌、实小好习惯，帮助孩子从小树立爱国主义精神、集体荣誉感，教育孩子从小养成良好的习惯。此外，还有很多充满特色的栏目，像"一班一品"，一、二年级为"人人写得一手漂亮字"，三年级为"悦，伴我成长"，倾注了老师们不少的心血。当然，作为家长在整理的过程中也充满了甜蜜，成长手册每一张照片都是我和儿子精心挑选出来的，剪、裁、贴、写、画，每一个环节都可以看作一次难得的亲子活动。

最初填写时儿子不自信地说："妈妈，我根本没有精彩瞬间的照片。"我回答说："宝贝，其实你的每一个瞬间都很精彩，轮滑摔倒了自己站起来的那一刻，打乒乓奋力接球的那一刻，踢足球成功射门的那一刻，为外公外婆洗碗的那一刻……"他听了开心地笑了，又说："妈妈，那我也没有得意之作啊？"我笑着说："怎么会呢，写得漂漂亮亮的作业，捏得栩栩如生的橡皮泥，几千个零件拼成的乐高航空母舰，教师节亲手给老师制作的贺卡，为义卖制作的手工皂……""哦，妈妈我知道了，那我包的馄饨算不算呢？""算，算，算，都算，你呢，就是妈妈的得意之作。""哈哈哈"我们都笑了……

每次认真地付出总会有意想不到的收获，这些年来，我们对成长手册由陌生、排斥到接纳、喜爱。每次打开成长手册，一年又一年，孩子的变化在翻动的照片、老师的寄语中再现，一张张班级全家福、一个个精彩瞬间，都记录着孩子成长的点点滴滴……翻过一张张照片，自己会为孩子的成长而欣慰得嘴角上扬，也会看到照片上孩子第一次入队戴上鲜艳的红领巾行队礼而激动地掉泪。

每个学期都会和孩子一起翻看、制作成长手册，身边的每一个人，如爷爷奶奶、外公外婆，都会加入进来细细品评一番。

成长手册，孩子成长的脚印，一边做一边翻，回头看孩子成长的过程。孩子的成长只有一次，我们能为他们留下点什么，让我们和孩子一起伸出双手，发挥创意，用照片、绘画、文字等在成长手册里记录下孩子在小学这个特殊阶段的成长轨迹。相信这些美丽的记录，将会成为孩子一生最珍贵的财富！

三（3）班　家长　蔡熹

第四章 "为每一个儿童设计课程"的深化
——指向核心素养的品质发展

风，顽固地逆吹着，

江水，狂荡地逆流着，

而那大木船，衰弱而又懒惰，沉湎而又笨重，

而那纤夫们，正面着逆吹的风，正面着逆流的江水

在三百尺远的一条纤绳之前，

又大大地——跨出了一寸的脚步！

——阿垅

自学校"十五"期间确立"为每一个儿童设计课程"的理念，我们围绕课程建设展开了十多年的研究。期间，我们开发了包含"'菜单式'艺体课程""绘本心理课程""走班制科技课程"在内的近50个项目的PPAS"强壮儿童"校本课程，以及服务地方文化、吴文化的地方课程，形成了按照课程开发主体为划分标准的三级课程体系。庞大、丰富的课程群为儿童的个性化发展提供了沃土。

随着新一轮课程改革和核心素养的提出，当下的课程逐渐开始强调学生主动学习的态度，倡导学习方式的变革，以培养学生的核心素养为目的，注重学生解决真实问题的能力。故而，学校对于课程的研究也逐步从原有的以丰富课程为基础、强调学生的自主建构，逐步往纵深发展。通过一轮课题的研究，我们逐步回归到课堂，形成了以学习方式为抓手、以项目和活动为载体的行动路径。通过对不同课堂和学习样态的行动研究，我们努力让"为每一个儿童设计课程"的理念从原有的课程落实到课堂内的每一个儿童。

第一节　素养之力——指向核心素养品质发展的课程萌芽

一、"素养课程"的时代背景

（一）核心素养的提出

"key competences"，又译作核心素养、关键能力，它的提出回应了联合国教科文组织、欧盟等国际组织倡导的课改潮流。随着国际上各个国家、各个组织对核心素养研究的深入，核心素养已经成为许多国家教育改革和课程改革的指向标。

"核心素养"起源于职业教育。1972 年，德国教育家梅腾斯提出了"核心素养"的概念，他认为应该培养人"对职业生涯、个性发展和社会存在等方面起关键性作用"的能力，帮助人们胜任人生中不可预见的各种变化。[①]

1979 年，英国继续教育处正式提出人才培养的核心素养体系：读写能力、计算能力、问题解决能力、动手能力、个性和道德能力、技术能力等。直到 20 世纪 90 年代，核心素养的研究逐渐渗透于教育领域。1997 年，经济合作与发展组织（以下简称"经合组织"）构建了核心素养的体系，后来欧盟各国家也开始对核心素养进行重点研究。

通过从 2000 年到 2006 年的不断探索与完善，对一系列报告版本的修改，2006 年 12 月 18 日，欧盟议会和欧盟理事会通过了关于核心素养的建议案，建议成员国将 8 项核心素养作为教育改革的参考框架与共同目标（裴新宁、刘新阳，2013）。此后，很多国家和地区也相继开展核心素养的本土化研究，将核心素养作为课程标准的参考框架。

核心素养框架研究大多都是描述其组成结构，较具代表性的就是欧盟核心素养框架、芬兰核心素养主题。苏格兰依据欧盟核心素养框架设计了核心素养，包括成功的学习者、有自信的个体、负责的公民、有效的贡献者四大素养，并在此基础上开发了"卓越课程"（蔡文艺、周坤亮，2014）。

欧盟在 2005 年发布了《终身学习关键能力：欧洲参考框架》（*Key Com-*

---

① 李久军. 中等职业教育价值取向研究［D］. 成都：四川师范大学，2021.

petences for Lifelong Learning：*A European Reference Framework*），确定了包括使用母语交流、数学素养与基本的科学技术素养、数字素养、学会学习、社会与公民素养、主动意识与创业精神、文化意识与表达七大核心素养。芬兰以欧盟八大素养为依据，以及本国对公民的要求，将素养分为七大主题：成长为人，文化认同与国际化，信息素养与交际，参与行使公民与企业家的权利，对环境，健康和可持续发展的将来的责任感，安全与交通，技术与个体，并将七大主题融入国家课程的构建（辛涛、姜宇、王烨辉，2014）。

同时也基本明确了各国家和地区的核心素养框架。欧盟作为核心素养研究的权威组织，不仅对核心素养进行了明确的界定，同时也很好地践行了核心素养的框架体系，将核心素养作为国家课程的主要依据。但是纵观各地区的核心素养框架体系，其有共同的素养要求，如母语交流、公民素养、文化素养等，但是也具备各地区的本土化特征。因此，我们要从本土特色出发，制定具备本土特色的核心素养框架体系，并在此基础上开发学校课程。

我国非常重视核心素养的培养，2014年教育部发布了《关于全面深化课程改革 落实立德树人根本任务的意见》，2017年普通高中数学课程标准研制组修订的《普通高中数学课程标准》将培养学生核心素养列为总目标之一。

（二）核心素养的概念与实质

1997年12月，经合组织启动了"素养的界定与遴选：理论和概念基础"（简称 DeSeCo 项目），并提出了核心素养概念参照框架图（如图4-1所示），明确了核心素养是指覆盖多个生活领域的，促进成功的生活和健全的社会的重要素养，包括互动地使用工具、自主行动和在社会异质团体中互动三大类核心素养。

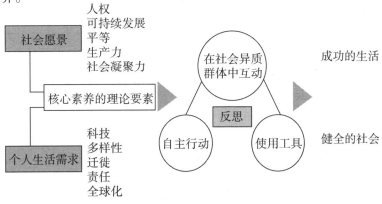

图4-1 核心素养概念参照框架图

欧盟在 2002 年 3 月核心素养工作进展报告中提出了核心素养的定义：核心素养代表了一系列知识、技能和态度的集合，它们是可迁移的、多功能的，这些素养是每个人发展自我、融入社会及胜任工作所必需的；在完成义务教育时这些素养应得以具备，并为终身学习奠定基础。

在中国，对核心素养定义比较具有代表性的观点有：

台湾学者蔡清田认为"核心素养"是可透过课程设计专业将"学科知识"与"基本能力"进行平衡并加以精密组织及安排先后顺序，而且是可学习、可教学、可评价的关键必要素养。①

窦桂梅认为核心素养是指在一定时期内，帮助个体实现自我、成功生活与融入社会的最关键、最重要的知识、能力与态度，确立了包括家国情怀、公共道德、社会参与、学会学习、身心健康、国际视野在内的小学生核心素养，并建构了基于核心素养发展的"1+X"课程体系。②

钟启泉认为核心素养是指学生借助学校教育所形成的解决问题的素养与能力。③

史宁中教授指出，教育要树立以人为本的理念，核心素养有利于将其落到实处。因此，核心素养也可以描述为：后天习得的、与特定情境有关的、通过人的行为表现出来的知识、能力和态度，涉及人与社会、人与自身、人与工具三个方面。④

不难看出，尽管各种组织与学者对"核心素养"的界定多种多样，但是其所指向的内涵达成了一定共识。

北京师范大学林崇德教授受教育部委托，对我国学生核心素养开展专项研究。林教授认为核心素养是学生在接受相应学段的教育过程中，逐步形成的适应个人终身发展和社会发展需要的必备品格和关键能力，是所有学生应具有的最关键、最必要的基础素养，是知识、能力和态度等的综合表现。总框架以培养"全面发展的人"为核心，分为自主发展、社会参与、文化修习三个主要维度，每个维度下设相关指标。

2016 年，教育部将核心素养定义为：学生应具备的，能够适应终身发展和社会发展需要的必备品格和关键能力。

---

① 　蔡清田. 台湾学生核心素养课程研究的审视与想象 ［J］. 中国创新教育网，2019，48（07）：87-96.

② 　窦桂梅，胡兰."1+X 课程"与学生发展核心素养 ［J］. 人民教育，2015（13）：13-16.

③ 　钟启泉. 再谈"核心素养"的界定 ［J］. 新教师，2020（1）：1.

④ 　史宁中. 推进基于学科核心素养的教学改革 ［J］. 中小学管理，2016（2）：19-21.

（三）什么是"素养课程"

基于学生核心素养指标体系，世界各国各地区纷纷启动了新一轮的基础教育课程改革。尽管各国或地区本土情境脉络不同形成了不同的改革路径和方式，但总体而言，以核心素养为本的基础教育课程改革内容主要包括以下几个方面。

1. 课程改革目标的更新

目前，国际上将学生核心素养研究成果应用于课程改革的途径主要有两种：直接指导型与互补融通型。

所谓直接指导型，就是将核心素养指标体系直接作为课程改革的基础框架，指导国家的课程改革。如法国在 2006 年 7 月 11 日正式通过并颁布了《共同基础法令》，以教育法的形式将核心素养指标融入课程目标之中。与之类似，匈牙利教育文化部于 2007 年颁布了《国家核心课程》。新西兰在 2009 年正式颁布了《新西兰国家课程阅读标准》，其中正式提出了五种核心素养，并建构了相应的发展核心素养的网络。然而，这些国家在开展核心素养为本的课程改革时，核心素养目标并未具体化，也并未真正结合具体的学段课程目标。与之不同的是，日本基于新近提出的学生核心素养指标体系，提出了分化到各个年龄阶段的具体化课程目标方案。以其中的"自律活动力"这一指标具体到各学段，其表述见表4-1。

表 4-1 日本在学校各阶段需要培养的实践能力及共享价值

学段			小学		中学	
			低年级	高年级	初中	高中
自律活动力	个人	【能力】自我认识、自我调整、决策主体性【价值】控制、自尊·自信、张扬个性、不屈不挠、上进心	【生活习惯】【健康·体能】养成基本生活惯，注意健康生活【计划执行力】在日常学习和生活中培养基本生活习惯	【生活习惯】【健康·体能】自己能做的事情自己来做，仔细思考，过有节制的生活【计划执行力】找到目标，在日常生活学习中为此努力………	【生活习惯】【健康·体能】养成良好的生活习惯，追求身心的进步，生活中注意分寸与节制【计划执行力】拥有朝着更高目标踏实努力的决心。根据实际情况调整计划………	【生活习惯】【健康·体能】养成有节制的生活习惯，针对身心的健康状态采取适当的应对措施【计划执行力】努力完成自我探索与自我实现，为了实现目标而制订计划并予以评价………

这样的分阶段化目标体系便于加强不同学段课程目标之间的有效垂直衔接，实现课程目标体系的一致化。

当然，由于许多国家和地区在学生核心素养研究成果未出来之前已经启动新课程改革，颁布了相应的课程标准，因此，在实现核心素养为本的基础教育课程改革时，主要以互补的形式将核心素养指标逐渐渗透进课程标准中，进而使二者达到融通的状态，我们把这一类型称为"互补融通型"。例如，美国的21世纪核心素养联盟为了更好地将核心素养融入学校教育系统之中，就努力沟通核心素养指标与共同核心州立标准，建构了各核心学科的核心素养课程目标。下面以英语学科中部分核心素养目标为例，见表4-2。

表4-2　美国英语学科中部分核心素养学习目标

核心学科	学习与创新素养		信息、媒体与科技素养		生活与职业素养	
英语	创造力与创新素养	·提出新想法，交流观点 ·学习中表现原创性和创新性 ·提出创新想法，在新领域做出贡献	信息素养	·获取的信息不得违背道德和法律 ·精确有效地利用已有信息解决问题	灵活性与适应性	在含义模糊不清和优先考虑因素变化的情况下，能灵活应对

2. 课程内容结构的调整

从课程改革的实践路径来说，课程目标的落实必须通过课程结构与分布来完成。因此，在更新了课程目标之后，如何将其以更加合理的方式分布在各学科课程之中，是所有改革者都必须思考的问题。以澳大利亚为例，它将核心素养落实的程度分为三个层次，要求所有课程都要实现核心素养的课程目标，只不过存在程度水平的差异而已。这样的一种结构分布使得核心素养目标的实现得到巩固和加强，然而其不足之处就是难以凸显学科特色。

与整体分布相较而言，这样的结构分布更能凸显学科课程的特色，也减轻了各学科所承担的目标任务。当然，它存在的不足就是核心素养目标本身的系统性就相对被弱化了。

3. 课程实施过程的创新

以核心素养为本的课程改革在实施过程中，围绕"核心素养"不仅要求教师能够丰富教学内容，更要求教师能够挖掘深藏知识形态下的核心素养，以此来进行教学设计。与此同时，活动形式的创新设计以及教学评价的差异设计也能为"核心素养"这一目标的实现来服务。在以核心素养为本的课程改革中，课程实施的过程给予了教师更多的创造空间，从教学内容的选择和开发、教学过程的设计到教学活动或学习活动的展开、教学评价任务的设计等，教师都可以围绕促进学生核心素养发展的这一目标来进行创新，从而真正实现课程改革的目标。

4. 课程评价内容与形式的变革

课程改革的成功与否最终都要看学生学习的质量，因而以核心素养为本的课程评价其内容与形式也必须根据核心素养目标而进行变革。

首先，变革评价内容是最直接的改革路径。以经合组织为例，在 DeSeCo 项目提出核心素养指标体系之后，国际学生评估项目则在此基础上对阅读、数学及科学素养进行了新的界定，同时也发展了已有的评估内容和手段，见表4-3。基于这一素养概念，国际学生评估项目组正在开发一系列新的测评体系。

表4-3 国际学生评估对数学、阅读与科学素养概念的最新阐释

阅读素养	为了实现个人目标、发展个人知识与潜能、增进社会参与而理解、运用和反思文本的能力
数学素养	认识和理解数学在现代生活中的地位，做出有充分根据的判断，有效地运用数学以满足一个具有构建性、反思性的热心公民的生活需求
科学素养	运用科学知识、发现科学问题与得出有证据的结论，从而帮助我们理解自然界，对其做出决策，并通过人的活动对其进行改造

其次，根据核心素养变革评价方式也不失为一种有效手段。例如，英国将核心素养水平化，而后阶段化，并采用资格证的形式来激励核心素养的发展。可以说，在核心素养的整体结构中，认知类的核心素养（如数学素养等）更容易量化测查，并且国际上也陆续开发出一系列比较成熟的测评工具。相对而言，对于非认知类的核心素养，例如一些态度价值观、情绪情感方面的素养等，其客观化评价与测量具有较大的挑战性。未来在这部分核心素养的测评方式及工具开发方面，还需要加大研究的力度，丰富测评手段，运用观察、谈话、档案等多种方式，以探索出有效的测量与评价手段。

可见，核心素养下的课程特别强调学生的主动学习，倡导学习方式的变

革，需要有一套行之有效的评价体系，并且要以培养学生的核心素养为目的。简言之，"素养课程"指的是基于核心素养指标体系，以实现学生核心素养为培养目标，以深度学习为重要特征的课程。

二、"素养课程"下教与学的转变

（一）核心素养导向下教师教学方式的转变

1. 核心素养与课堂教学

（1）核心素养理念指导下的新型课堂教学的特征。

第一，素养性。核心素养导向下的课堂教学不同于传统的学科本位教学，其呈现出较强的跨学科性和课程整合性，这也为知识的整合与迁移提供了便利条件。以培育学生核心素养为本的课堂教学，坚持以学生为中心，注重学生的情感体验，教学活动密切联系学生的生活经验，并引导学生回归生活。当然，核心素养理念指导下的课堂教学允许学生个体差异的存在，支持学生的"异见"，教师应积极创设有利于学生核心素养发展的条件，尽量使每个学生的能力都得到全面发展。

第二，动态性。课堂教学是一个开放的系统，教学不可能始终朝着预设方向发展。师生投身于教学活动中，互相启发，发现问题，在交流对话中生成的新思想和新观点，解决问题，这些都是教学生成的结果。因此，教学要兼顾预设与生成。当学习主体、学习方式和教学环境发生了变化，课堂的动态生成也将随之变化。教师在充分预设的基础上，才能够在超出预设时提出解决策略。另外，教师在重视学生生成的同时，不能忽视自身的生成。教师受环境与学生主体的影响，可以产生教学灵感，并形成即兴的教学思路，补充和完善原有的教学设计。

第三，发展性。教学行为促进师生的共同发展，"学科本位"和"知识本位"的教学模式片面强调学科理性，未能着眼于师生的长远发展。而核心素养视域下的课堂教学倡导在平等、合作、和谐、发展的环境中实现师生的共同发展。其一，师生在人格上是平等的，即教师和学生作为课堂教学的两大主体，应以平等的方式展开对话；其二，课堂教学是建立在合作基础上的，师生能够通过共同探讨教学问题、共同感受活动过程、共同分享教育经验有效提高教学效率；其三，课堂教学的各个要素是和谐共存的，包括师与生的和谐、教与学的和谐；其四，课堂教学本质是一个动态的、发展的过程，师生在人际交往和互动活动中寻求发展。

（2）核心素养导向的课堂教学观

第一，教学基于立德树人。基础教育的根本任务是立德树人，通过"立德"途径来育人，最终实现"树人"。基于此，核心素养视域下的课堂教学应以引导人、激励人和感化人为主要目的。首先，应发挥课程育人的作用。其次，应发挥文化育人的作用，如提升学校物质文化、建设学校制度文化、改善校长管理行为、塑造学校共同价值观等。最后，应发挥实践育人的作用，如组织学生参加社会实践活动、红色旅游活动、专题考察活动，在让学生端正劳动态度、体验劳动情感、增强社会责任感的同时，引导学生学会动手、学会合作、学会做事、学会生存。

第二，教学基于课程意识和学科本质。课程意识就是教师对课程的本质、功能及其与自身关系的认知。核心素养导向的课堂教学要确立正确的课程意识。教师要从学习者角度出发设计现实中的课程，注重学生体验。核心素养视域下的课堂教学强调对学科核心素养的关照，其本质是引导学生形成学科思维，使学生学会从学科视角去观察世界、用学科思维思考问题、用学科语言表达观点和想法。

第三，教学基于学生学习。学科学习需要经历阅读、思考和表达三个基本环节才能形成学科核心素养。不同于学科学习，核心素养视域下的课堂教学是以学为主线的课堂教学体系，它赋予学生学习的权利，鼓励学生自主学习和自我教育。

（3）核心素养导向的课堂教学策略

第一，整体化策略。知识导向的传统教学模式中知识碎片化特征较为明显，而核心素养视域下的课堂教学是以知识的整体化为前提的，强调知识的联系、组织、整合，这也是知识转化为素养的基本要求。

第二，情境化策略。情境是学生认识的桥梁，也是知识转化为素养的桥梁。根据不同的划分依据，情境创设可以分为以下几种：一是基于实际生活的情境创设。教学与生活相互联系，理论与实践相结合，学习者通过观察现实生活发现问题，在生活实践中提升解决问题的能力。二是基于问题的情境创设。现代教学论指出，问题是学习行为产生的根源，学习者在发现问题、解决问题、提出新问题的过程中深刻体会知识的内在价值问题导向的课堂教学，旨在引导学生进行更深层次的思考，使学生的求知欲获得满足，学习走向深化阶段。三是基于语言表达的情境创设。教师若能在教学中采用朗读、描绘、比喻等方法，不仅能帮助学生更好地理解教学内容，还能激发学生的学习积极性。

第三，深度化策略。指向核心素养的深度教学，旨在克服教学过程中的表面学习，主张通过对知识的深度处理，引导学生深度学习。深度学习不是无限增加知识的深度和难度，而是要以问题为导向，聚焦核心知识，凸显学科的本质特征。教师实施深度教学应做到以下几点。首先，以问题为导向。其次，聚焦核心知识，实施"少而精"的教学。最后，凸显学科的本质特征。教师在教学时要把握学科范围，需要准确分析各学科的特点，明确各学科的内在需求，避免模糊学科界限。

2. 以素养为目标的教学——深度教学

深度教学设计的目标注重培养学生的核心素养和"6C"（选择能力，channel；文化课程与传承，culture competency；审辩思维，critical thinking；创新素养，creativity；沟通素养，communication；合作素养，collaboration）技能。"6C"是未来学生发展应该具备的核心能力，"6C"核心能力可以通过深度教学过程而获得。因此，深度教学目前已成为教育科学领域研究的热点。

（1）国外关于深度教学的研究

国外对深度学习的研究最早追溯到 20 世纪 70 年代中期，是由在瑞典工作的两位美国学者研究大学生阅读学术论文所采用的方法时，将大学生所采用的方法分为浅层学习和深度学习。之后，很多的国外学者对浅层学习和深度学习进行相关理论研究，相关的论文与著作有很多。综合来说，国外对深度学习的研究从研究视角来看，主要集中在以下几个方面。

第一，探讨深度学习与浅层学习的内涵与区别。深度学习最早是由美国学者提出来的，他们联名发表了《学习的本质区别：结果和过程》一文，在该文中，他们提出了深度学习和浅层学习这两个概念，并详细地阐述了这两个概念。[①] 此后，Ramsden、Entwistle 和 Bigges 等学者在这一概念基础上都对深度学习进行了不同角度的研究。

第二，研究信息技术环境下的深度学习。随着信息产业的发展，国外学者开始研究信息技术支持的深度学习。有学者认为信息技术应用于高等教育时应该扩大学生的视野，促使学生探索新领域，并对远程教育中的深度学习进行了一定的论述，阐述了深度学习与知识建构、求知欲及评价方式等的

---

① RUSHTON A. Formative assessment：a key to deep learning? ［J］. Medical Teacher，2005，27（6）：509-513.

关系。

第三，研究教学过程与深度学习。Alison Rushton 等在论文中阐述了形成性评估对深度学习的影响，探讨了反馈与深度学习之间的联系。[1] Matthew Hall、Alan Ramsay 和 John Raven 指出，学习环境的改变将会影响学生的学习方法。[2] Buckland 等则认为教科书对学生深度学习有重要影响，合理的教学内容能够促进深度学习。[3]

第四，研究深度学习的教学策略。国外关于深度教学的研究，实际上正是研究深度学习的教学策略，詹森所著《深度学习的 7 种有力策略》主要通过深度学习的理论提供了教学建议。

（2）国内关于深度教学的研究

国内与国外不同，深度教学与深度学习的研究是分开进行的，对于深度教学的研究主要建立在哲学逻辑思辨的基础之上，对于深度学习的研究集中在心理学和教育技术领域。经过总结，主要表现在以下几方面。

第一，深度教学的内涵。郭元祥在《知识的性质、结构与深度教学》中从知识的性质和内在结构来理解深度教学的内涵，认为深度教学的内涵就是要让学生在学习知识时超越表层的符号表征，最终达到意义的生成。[4] 张伟娜在其硕士论文《深度教学研究》中认为，深度教学的内涵体现在知识深度、思维深度、学科深度和关系深度四个方面。认为教学应该挖掘学科背后的人文内涵；关系深度就是指师生关系的升华，希望教学中的师生关系突破传统的师本生从，师生关系的和谐将促进深度教学的发展。[5] 李平教授认为对于深度教学大致可以从以下几个方面来进行把握：深度教学是建立在一般教学基础上的深层挖掘；深度教学并非局限在知识内容上的深度，而是整个教学要素的统合提升；深度教学的起点和落脚点都在于学生的深度学习。[6]

---

① RUSHTON A. Formative assessment：a key to deep learning？［J］. Medical Teacher，2005，27（6）：509-513.

② HALL M，RAMSAY A，et al. Changing the learning environment to promote deep learning approaches in first-year accounting students［J］. Accounting Education，2004，13（4）：489-505.

③ BUCKLAND W. Promoting Learning through the Use of Analogies in High School Biology Textbooks［J］. University of Texas Press，2001，41（1）：121-127.

④ 郭元祥. 知识的性质、结构与深度教学［J］. 课程·教材·教法，2009，29（11）：17-23.

⑤ 张伟娜. 深度教学研究［D］. 北京：首都师范大学，2011.

⑥ 李平. 为深度学习而教——深度教学的理性追求和实践策略研究［D］. 南京：南京师范大学，2014.

第二，深度教学的特征。郭元祥与姚林群在《新课程三维目标与深度教学——兼谈学生情感态度与价值观的培养》一文中，从教学目标、教学内容、教学方式和教学结果四个方面总结了深度教学的四个特征。① ①深度教学是一种发展趋向的目标定位。作者根据三维目标的规定，认为深度教学指向的就是学生的全面发展。②深度教学注重与学生生活世界的联系，注重教学建立在学生经验之上，也注重教学之后对学生生活实践的指引。③深度教学是一种对话中心的教学，注重教学过程中学生与教师、同伴、文本以及自我的对话交流。④深度教学能够培养学生知识学习的兴趣。深度教学最终是使学生爱上学习，在学习中感受到乐趣，而非痛苦。

第三，深度教学的策略。郭元祥根据知识与深度教学的关系，认为可以实行丰富性教学、回归性教学、关联性教学和严密性教学。② 要求教学在内容和方式上要实现多样化、多角度；教学中的知识学习要使学生形成自己的文化认同感和自豪感；打破孤立的符号教学和机械教学，密切联系社会背景和学生经验；教学不能停留在经验和直观的层面，要实现理性化和反思，最终整合经验、联系实际、回归生活。杨凯和王真红的《深度教学例析》从小学数学课堂教学入手，认为在数学教学中应追求深度教学，不仅关注外显的"演绎—系统知识"的掌握，还应当关注内隐的"经验—缄默"知识的积累。③

第四，深度教学的实现条件。张伟娜认为，深度教学中教师扮演着十分重要的角色，她将教师的个人教育哲学、教师的知识素养和教师的机智作为深度教学的实现条件。④ 郭元祥与姚林群认为，深度教学的实现需要达到以下四个转变：首先是课程知识观，需要实现从"静态的本体论"转向"动态的主体论"，以动态发展的眼光看待知识，进行个性化、深度挖掘的知识解读；其次是教学价值取向，需要由"价值中立"转向"价值负载"，即对知识的理解需要深入学生的内心世界、情感领域和价值结构之中；再次是教学过程，要由"预设性"转向"生成性"，重视特定教学情境之中的智慧生成；最后是教师角色，需要从"知识的传递者"转向"价值引导者"，教师不仅仅是教知识，更是指引学生自己去发现知识。⑤

---

① 姚林群. 课堂中的价值观教学［D］. 武汉：华中师范大学，2011.
② 郭元祥. 知识的性质、结构与深度教学［J］. 课程·教材·教法，2009，29（11）：17-23.
③ 杨凯，王真红. 深度教学例析［J］. 教育研究与评论（小学教育教学），2011（10）：66-69.
④ 张伟娜. 深度教学研究［D］. 北京：首都师范大学，2011.
⑤ 姚林群. 课堂中的价值观教学［D］. 武汉：华中师范大学，2011.

（二）核心素养导向下学生学习方式的转变

1. 核心素养与学习方式

我国正处于基础教育课程改革的深化阶段，基于对"培养什么样的人"的深度追问和思考，核心素养成为我国课程改革的基本范畴。如何通过课程、教学与学习等途径发展学生的核心素养成为课程与教学创新的重要问题。

（1）核心素养发展呼唤学习方式创新

创新和发展适应课程改革的学习方式，是课程改革取得成功的关键。作为我国基础教育课程改革的"升级版"，基于核心素养的课程改革呼唤学习方式的新变革。从广度、深度、高度和"长度"四个维度进行考察，可以发现核心素养具有全局性、综合性、高阶性和终身性等特征，这表明核心素养发展需要更加具有穿透力、聚合力、提引力和持续力的新型学习方式。

（2）核心素养的全局性要求穿透力的学习方式

经合组织认为，每一个核心素养均需满足三个条件：一是对社会和个体产生有价值的结果；二是帮助个体在多样化的情境中满足重要需要；三是不仅对学科专家重要，而且对所有人重要。可见，核心素养是一套全局性的能力体系，在个体生活的各个领域起作用，为其提供工作与生活胜任力的保障。核心素养的全局性体现的是人的生活世界及其生活需要的共通性，这些共通性使个体不必针对每一个生活领域与情境形成对应的能力，而只需形成和发展某些核心素养，获得穿透生活世界各个领域的洞察力、把握力和适应力，就可以应对和解决生活与工作中的主要问题和关键问题。所以，具有穿透力的学习方式是核心素养发展的必然要求。

（3）核心素养的综合性需要学习方式的聚合力

随着全球化和信息技术的深化发展，当今世界呈现出越来越复杂和综合的面貌。这就要求学生的核心素养发展是"关于学生知识、技能、情感、态度、价值观等多方面要求的结合体""是对于知识、能力、态度的综合与超越"。① 具有聚合力的学习方式能够产生复合性学习，促使学生"进行思考或反思，调动情感并产生行动，思、情、行在社会情境下综合作用，最终带来人的整体的变化"。学习并不一定都是复合性的，单一性学习以各种形式存在于教育现实，如应试教育下的单一知识记忆与题海训练，将德育简化为单纯的知识灌输等。单一性学习虽不能说一定是负面的，但它很容易造成学生知

---

① 徐文彬. 课程与教学论［M］. 北京：高等教育出版社，2018：75.

识、能力、态度的单向度与"箱格化"发展，难以贯通综合，也难以在不同的问题情境中有效迁移，其结果是不能有效解决现实世界中的各种综合性问题。总之，单一性学习不利于培养学生的综合性核心素养。开发具有聚合力的学习方式，促成复合性学习，形成整体、有机的知识、能力和态度体系，成为学生核心素养发展的迫切需求。

（4）核心素养的高阶性期待学习方式的提升力

核心素养并不排斥基本素养，但其重点在于人的高级品格和能力。核心素养的高阶性对学习方式创新提出了更高的期待，要求学习方式具有提升力，将学习导向"复杂交往"和"专家思维"，提升学生的知识层次、思维品质和能力结构，形成高层次的素养体系。有提升力的学习方式向"复杂交往"和"专家思维"开放。它能够创造一种情境，不断向学生提出更高层次的挑战，要求学生与他人、与工具进行密切的协同与交往，不断与自身对话，反思和批判自己的知识、能力、态度，调动各种高级思维与技能对问题情境进行多重操作，从而在解决问题的过程中发展交往协作能力，形成具有批判性和创造性的高级思维品质，获得类似于专家解决专业问题的复杂操作与创新发展行动能力。

（5）核心素养的终身性希求学习方式的持续力

实际上，世界各国与国际组织所提出的核心素养，基本上都是具有终身性的必备品格与关键能力。由此，核心素养发展所希求的就不再是满足一时一地之需，而是具有持续力的学习方式。这里的"持续力"至少包含两个层面的含义：能培养持续地为个体生命存在提供工具性和价值性支持的核心素养；能持续地维持个体的学习与发展。前者指学生在这种学习方式中获得某些终身适用的素养。如果这些素养对个体的生命存在是必备的和关键的，那就是核心素养。越是有持续力的学习方式，这些成分在学习结果中占的比重就越大。比如说，学科学习为学生带来的世界观与方法论是终身发展的基础，最恒久、最难忘，会伴随终身；一些最为直观的基础知识，如直线、平衡、细胞、遗传等构成了学习者终身的话语元素及与这些话语元素相伴的特定的思考模式也具有终身价值。后者指通过这种学习方式，学生获得一种学习力和发展力，能够在未来生命历程中根据生活环境的变化形成新的环境适应和问题解决能力，不断更新和完善自身核心素养体系。

总之，核心素养作为我国课程改革新阶段的核心范畴，其推陈出新的作用是否能够充分发挥，依赖于能否创造与之相适应的学习方式。课程改革的新发展正孕育着一场新的学习方式变革行动。

2. 以素养为目标的学习——项目化学习

项目学习又称基于项目的学习（project-based learning，PBL）。自 20 世纪末被引入我国以来，项目学习在我国基础教育领域兴起并获得不断发展。就国家政策层面来看，近年来出台或发布了一系列政策与方案，例如《普通高中语文课程标准（2017 年版）》中明确指出"语文任务群以任务为导向，以项目学习为载体，整合学习情境、学习内容……"；再如，我国于 2019 年上半年先后出台的《关于深化教育教学改革全面提高义务教育质量的意见》和《关于新时代推进普通高中育人方式改革的指导意见》中均明确提出，要深化课堂教学改革，优化教学方式，"探索基于学科的课程综合化教学，开展研究型、项目化、合作式学习"，致力于明确项目学习的定位，并切实有效地推进我国从幼儿园到高中阶段项目学习的实施。就教育实践层面来看，目前已有不少地区，如上海、北京、山西、江苏、浙江、重庆等地越来越多的中小学校加入项目学习试点学校，也出现了不少有影响力的项目学习机构或组织，同时许多教师在学校教学中认真学习项目学习的相关知识，积极实施项目学习，并撰写文章分享其实践成果和教学感受。上述诸多实践在很大程度上推进了项目学习在我国的发展与应用。然而，除了上述部分省市的部分试验校和课题校外，项目学习在全国范围学校的推行难度较大，尤其是在一些条件较差的地区的学校。同时，在一些试验校和课题校，项目学习也缺乏持续深入的发展，总体进行得不是很顺畅。

（1）项目化学习的概念

对于克伯屈来说，学习的关键在于它是一项真正让学生感兴趣的活动。[1]他在 1918 年发表的文章中明确提出，知识只能由行动获得，设计教学法就是让学生通过实际活动去学习，为学生解决问题建立相关情境，师生在教师的指导下一起完成项目。这被认为是项目学习模型的首次形式化。尽管项目学习思想有百年的历史，但其定义尚未得到精确界定。一部分研究者认为项目学习属于学习方式，即学习方法。国内学者黄纯国、殷常鸿认为项目学习是一种运用信息技术选择合适的资源，在一定时期内解决一些相关联的问题的学习方式，这种学习方式一方面探究学科的定义和原理，另一方面需要制作

---

① 夏雪梅. 从设计教学法到项目化学习：百年变迁重蹈覆辙还是涅槃重生？［J］. 中国教育学刊，2019（04）：57-62.

作品并展示。① 还有一部分研究者认为项目学习属于教学方法的范畴，如巴克教育研究所认为项目学习是系统的教学方法，在探究复杂且真实的问题、精心设计项目作品、规划和实施项目任务的过程中学生能够掌握所需的知识和技能。国内诸多学者在给项目学习下定义时，多直接引用此概念。

另一部分学者所持的观点是项目学习是一种教学模式。例如，Thomas 把项目学习描述为一种围绕项目展开的探究性学习模式。② 刘景福和钟志贤，项目学习是以学科的概念和原理为中心，以作品的制作为目的，以真实问题为驱动，借助多种资源开展探究活动的探究性学习模式。③ 胡庆芳和程可拉认为项目学习法是一种教和学的模式，关注于学科的中心概念和原理，让学生自主地进行知识的建构，以知识生成和能力培养为最高成就目标。④ 此外，还有一些研究者持有动态的观点。汤姆·马卡姆认为，PBL 就是一种有效教学的模式，或者，与其说是一种教学方法、一种教育技术，不如说是一种教育理念。闫立新认为项目教学法到底是什么，关键看具体应用在哪个教育领域、哪个角度以及如何实施。⑤ 项目教学法既可以界定为一种教育理念、一种教学模式、一种教学方法和一种教学策略，还可以界定为一种学习理念、一种学习模式、一种学习方法和一种学习策略。刘育东认为教学活动是由教师和学生共同参与的双边活动，不能从单方面考虑而简单地给项目学习下定义。同时，李志河和张丽梅强调不管选取什么样的角度来定义，项目式学习就是学习者针对某个具体感兴趣的项目，从最大化利用资源来解决项目问题中获得较为完整而具体的知识，形成专门技能并获得发展性的学习。⑥

（2）项目学习的教学意义分析

对学生的意义：

第一，项目学习使学生的学习更加积极主动。在项目学习中，学生的身心是放松的，而且是自由的，有更大的自主性和更多的热情，主动参与且乐

---

① 黄纯国，殷常鸿. 信息技术环境下的项目学习研究［J］. 中国电化教育，2007（5）：74-76.

② 刘育东. 国外项目学习的历史沿革及发展趋势［J］. 教育理论与实践，2019，39（19）：60-64.

③ 刘景福，钟志贤. 基于项目的学习（PBL）模式研究［J］. 外国教育研究，2002（11）：18-22.

④ 胡庆芳，程可拉. 美国项目研究模式的学习概论［J］. 外国教育研究，2003（08）：18-21.

⑤ 闫立新. 交流探究式课堂教学模式探微［J］. 才智，2011（05）：92.

⑥ 李志河，张丽梅. 近十年我国项目式学习研究综述［J］. 中国教育信息化，2017（16）：52-55.

于探究。在项目学习的小组合作中,学生有充裕的时间进行思考、质疑、假设和体验,给学生思考、咀嚼、消化的时间和空间,变他主为自主,变被动为主动,更乐于表达与倾听,更愿意参与到团队中,拥有更好更轻松愉悦的学习体验。在项目学习中,会出现一些不同类型的学生,会有"保持者",也有一些学生实现"反转"。有些在事实类测试中取得高分数的学生可能会成为项目学习中令人失望的学生,有些中等生、学困生则可能会成为令人惊喜的学生,这部分令人惊喜的学生会在创造性、合作性、自我调节方面取得更高的分数。这不仅可以实现学生从厌学到乐学的积极转变,而且在一定程度上打破了固化的学生层级,助力教育公平的实现。

第二,项目学习使学生的学习更有深度。在项目学习中,学习不是安静聆听和看教师演示,而是亲自发现、交流、设计、探究、质疑、修改、总结,"翻转"了布鲁姆的目标分类学,不是最初的知识→理解→应用→分析→综合→评价,而是从顶层开始设计,用高阶思维带动低阶思维。项目通过设计具有真实性和挑战性的驱动性问题激发学生解决问题的欲望,一开始就需要学生有统领全局和多角度、复杂性和策略性的思考,寻求解决问题的多种方法,完善解决方案,不断调整之前的认知图式。它不仅能够实现课标关于知识掌握的学习目标,同时通过形成一个由无知到主动学习,进而再利用学到的知识解决问题,最后还能灵活运用知识的过程,使学生成为"知识的生产者和建构者",能够更好地感悟知识的形成过程,深入理解知识技能的本质,从而完成对知识的建构。

第三,项目学习使学生的核心素养真正落地。项目学习之所以在我国获得推广,就是因为项目学习指向学生学习素养的生长,它改变了长期以来将教育窄化为教学、将教学窄化为应试训练的教育模式,试图解决一项重大的教学任务,即将学生核心素养的培养具体到相应的教学实践模式,在发展学生主体性、促进学生社会化的同时提高学生的综合能力。学生运用已有知识经验和能力分析问题,又在解决问题的过程中学习新知识,增长能力品格,让知识与技能、过程与方法、情感态度与价值观的三维目标在做项目的活动中天然相融,形成核心素养培育的良性循环,使核心素养真正得以落地。

对教师成长的意义:

第一,为教而学。首先,项目学习具有学科综合性的鲜明特点,在项目开始启动执行前,教师需要利用较多时间和精力查找大量的与整个项目有联系的本学科以及其他学科的内容材料,并有效地进行课程整合。其次,在项目学习中,学生处于学习的中心地位。教师在筹备规划项目学习内容时,应了解学生现阶段的发展特点与兴趣所在，以此为依托提出有吸引力的合适的项目主题。同时，在项目设计时需要整体考虑参与对象、主题、类型、目标、活动阶段、预期成果、成果展示方案等要素。再次，项目学习是基于真实性和创造性的，强调教师必须具备丰富的知识经验和灵活的应对能力。

第二，集体教研。项目学习的典型特点之一就是项目主题要涉及不同年级同一学科内知识的联系或同一年级跨学科的知识整合。因此，对于项目驱动性问题的设计教师要树立整体观，必须考虑到项目主题中涉及的多个年级或多种学科中的知识的相互关联性，兼顾不同年级、不同学科的具体知识点。对于一个教师来说，依靠自己的精力、知识和经验很难独自处理完成，必须加强教师之间的合作，相互学习谋划助力，优势互补，利用教师集体的聪明才智，优化教学设计，通过跨学科和跨年级同心协力的合作教研教学，实现学科间的知识融通和教师间的知识共享，不断推动项目学习向更高质量方向发展。

对学校传统教学的发展意义：

第一，项目学习突破分科课程壁垒。项目学习中以学科为基础，在教学内容上整合知识，进行跨学科的大单元教学设计也是一种行之有效的方法。首先，表现为项目主题的综合性。其次，表现为驱动性问题的解决需要学生综合运用多种学科知识来理解、分析和解决。

第二，项目学习加强教学内教育应对的是人的生命和思想。项目学习倡导教学回归生活，号召把知识与生活事件联系起来。基于情境的项目学习将教学过程还原为生活过程，把教学情境还原为生活情境，能够让学生获得直观体验，通过项目问题来引发学生对学科知识的探究和学习，教师将抽象的、深奥的、概念化的本质问题转化为具体的、有趣的、情境性的驱动性问题，让学习变得真实可及，以此吸引学生的注意，引发学生的内部动力，驱动学生积极主动地投入项目学习活动。

第三，项目学习发挥教学评价的本体功能。在传统教学中，评价大多采用泰勒的行为目标模式，一般是通过作业的对错、成绩的高低来评价学生的学习效果。在此过程中，只有少数"排名靠前者""优秀者"能够体验成功的快乐，而大多数人则成了"陪跑者"与"失败者"。同时，这种评价方式因过于关注结果而缺乏对过程与非预期结果进行评价，忽视了教学评价推动师生持续且全面发展的本体功能。项目学习评价的真正宗旨不是为了鉴优别劣，也不是为了证明达到目标，而是在于以评价促改进，通过获得评价反馈让学生明白学习过程中存在的不足，继续完善产品，改进教师教学，促进学生发展。在评价主体方面，在以往的评价中，教师往往是评价的唯一主体，学生作为被评价者基本上是没有评价话语权的。项目学习改变单一的教师主体评价，注重多元主体参与评价。评价由学生自己、小组成员、班级成员、授课教师以及专家学者等多元主体来完成。这些来自不同群体的多方面的评价反馈，将有助于学生发现自身的问题和产品的不足，进而取长补短，做出进一步的调整改进，不断完善项目方案。

第二节 素养之行——指向核心素养品质发展的课程实践

一、课程目标

践行指向核心素养品质发展的课程，方法在于转变教师的教学方式，最终的落脚点在于学生学习方式的转变。在"为每一个儿童设计课程"的理念的指导下，学校以"学习方式"为抓手展开新一轮课程实践。

首先，在于深入理解"为每一个儿童设计课程"和"丰富学生学习方式"的内涵。只有正确把握两者之间的关系，才能有效指导学校课堂教学改革实践。

其次，在于探索"丰富学生学习方式"的实践路径，用真实的行动不断发现新的可能，在实践中积累相关实践经验。我们拟通过扩容、改变、组合、创新等方法，研究出多样化、可供选择的、适合不同学习内容、匹配不同学生特点的丰富的学习方式，形成学生个性特质的学习的理想模型。

最后，通过实践研究，我们期望教师获得专业成长，学生得到个性化成长，学校课程文化和办学理念得到不断发展。

二、课程内容

丰富学生学习方式的行动研究，核心在丰富，落脚点在行动研究。为此，我们通过课程、课堂与项目活动三线并进的方式，从"教师的教"和"学生的学"两方面入手来推进课题研究。

（一）构建丰富的课程群，让学生体验不同的学习方式

根据多元智能理论和建构主义理论，尊重儿童发展的独特性、差异性、多样性，通过国家课程的个性化实施，校本课程的个性化解读，让课程更用于儿童，让每一位儿童获得个性化的发展。随着学校的发展和对课程理解的深入，我们围绕人格、体魄、智慧等关键性维度，以"强壮儿童"为目标，将现有三级课程的体系打散重组，剪枝修叶，构建了"立德修身课程、文化传承课程、技能习得课程、综合实践课程"四个版块的"四向"课程体系，如图4-3所示。

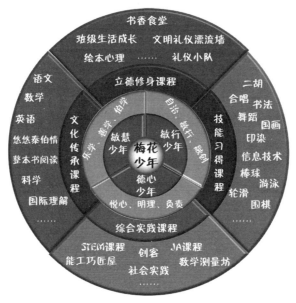

图4-3　"四向"课程体系

我们的课程群一直在动态调整中，不仅要丰富，更要适合。三年中，对于课程内涵的突破与超越是我们时时不忘的初心。课程内容的动态化构建、过程的个性化实施、评价的多元化表达是我们不变的追求。比如2021年一年级组针对刚入学新生的适应问题、习惯问题，开设了行为习惯养成课程，以其实用的价值、灵动的形式、丰富的内容赢得了学生和家长的欢迎。

立德修身课程包括原学校校本课程中的绘本心理课程、行为习惯养成课程、班级生活成长课程、书香食堂德育基地，以及近两年学校德育品格提升工程建设的校园内外实习场课程等丰富多彩的德育活动课程。

文化传承课程包括语文、数学、英语这类分科传授的文化知识类课程以及国际理解课程、地方文化课程等。

技能习得课程包括国家课程中的音乐、体育、美术以及校本补充的三十多个器乐、声乐、舞蹈、球类、棋类、武术类、手工类等。

综合实践类课程包括STEM课程、创客、JA商业金融课程、社会实践、梅韵环境设计院、梅韵外交大使馆等。

丰富的课程群给予学生体验不同学习方式的机会：立德修身课程中，学生可以充分体验到游戏学习、社会学习、服务学习等学习方式；知识传承课程中，自主、探究、合作学习得到充分发展；技能习得课程中，操作学习、探究学习、体态律动学习都能得以尝试；综合实践课程中，体验学习、做中学、表现性学习、反思性学习得以提升。

（二）呈现多样的课堂，让学生选择适合的学习方式

近两年在课程的实施中，我们不断突破课程的边界，形成"学科+学科"活动的整合型课程体系；建设具有实小标志性的课堂，即思维含量高、学科教学向学科教育转化、训练精当这三个维度；同时探索学科教学中的表现性评价。学校在横向上注重开发足够丰富且能覆盖人的多元智能领域的课程，吸引并引导学生发现最好的自我；在纵向上注重在课程实施过程中，坚持以儿童为中心，用多样的课堂呈现方式来使学生拥有学习课程的获得感和选择适合的学习方式的权利。

1. "深度语文"——主题式课堂教学的研究

语文学科就是要教会学生生成语言的智慧，我们的语文课堂以"深度学习"为核心——在理解的基础上，能够将知识与技能在真实情景中用于解决问题的学习，采用主题式的课堂教学模式，将语文单元整体教学、阅读课程建设、语文综合实践活动结合起来，整体架构。

以单元整体教学为例，单元整体教学重在一个"整"字，需要教师改变散点割裂的思维方式，关注更开阔的教学视野和更宏观的思维建构，用迭代的思路为课文确立教学目标，让单元成为一个有机的整体；用共进的思维将原先线性的课时打破，整体推进一个单元的教学内容；用呼应的思维在更广阔的视域内整合教学，关注本单元篇与篇之间、单元与单元之间、课内与课外之间的关联。单元中的每篇课文就像一颗颗珍珠，而"五种课型"，即预习课、导读课、文本阅读课、阅读增量课、读写结合课五个"集成板块"，构成

了一个纵有系列、横有关联的教学组织框架，也就是单元教学流程。教学流程中的每一道程序，都有一定的操作要求和方法，力求"思有其序，读有其格"，从而达到高质、高效的理想境界。

通过基于"深度语文"的主题式课堂教学的观念引领，给予实践者以变通的空间，对教师的专业水平提出了更高的要求，教师理念的改变、触发教学方式的改变，直接引发学生学习方式的改变。

2. "定制数学"——问题式课堂教学的探究

数学课堂以"定制学习"为核心，以问题驱动为目标，从定制学习内容、定制学习方式、定制学习进度、定制学习评价、定制作业形式等方面有效实施行动，打造"为每一个儿童设计课程"理念下的魅力数学课堂。

"定制数学"为学生提供丰富多样的课程样态，构建"数学与 X 真实相遇"的生态课程选择体系。我们为学生提供开放探究式、独立思考式、逐步讲解式、小步牵引式等不同的学习方式和学习空间，让不同的学生在数学上得到不同程度的发展。在"互联网+"环境下，让学生可以自定步调地控制学习进程，真正实现学习个性化，借助大数据对学生的数学学习状态进行定制化评价，根据不同学生的实际情况，设计创意作业列表。

3. "艺术英语"——情境式课堂教学的追寻

"艺术英语"课堂将生活元素、时尚元素、互联网元素融入课堂，打造空间开放、内容开放、学习方式开放的课堂，通过情境化的教学内容呈现，让学生在亲身体验的过程中给学生更多自我尝试、自我体验、自我表达和主动学习的机会，满足他们学习和发展的需要。

4. 移动互联网介入——个性化课堂教学的探索

随着移动互联网时代的到来和 AI 人工智能的兴起，学校还积极探索"互联网+"教育模式，让个性化学习成为可能。随着移动互联网的普及，一大批优秀的教育 App 应运而生，如习网智慧教育平台、作业盒子、洋葱数学、晓黑板等大数据智慧云脑，逐渐渗透到学生学习的方方面面。借助这些平台，我们在语数英学科实践着翻转课堂，在知识点梳理与重构、课前任务设计与实施、翻转课堂教学资源的设计与开发、翻转课堂师生互动等环节上探寻未来的学习方式。

语文的"古诗文微翻转"课堂借鉴了翻转课堂的模式，尝试调整古诗文的学习模式，即课前学生在家或学校利用互联网观看或收听教师制作的古诗文导读，对诗文有一定的了解，再通过"课前学习单"进行有针对性的预习，在此基础上，课堂教学时锁定一个问题或一个主题进行探究、学习的教学模式。"微"是通过"教师微导读"，根据不同年龄段学生的认知特点，在课前进行适度引导，让学生在潜移默化中了解诗文，而不是课前千篇一律地将课堂内容完全抛给学生自学；"微"是在"教师微导读"的基础上，通过"学生微学习"，以结构化的预习单引导学生自主学习、探究学习，拓宽学生预习的广度，探寻学生预习的精度；"微"是在课堂中积极建构问题支架，一线贯穿，直入主题，挖掘课堂学习中富有层次的深度。"古诗文微翻"转课堂是基于"互联网+"的教学模式的改变，是教学模式引发的学习方式的变革，是在教师引导下的富有生长力的深度学习。

（三）设计多元化的项目学习活动，为学生创造独特的学习方式

随着核心素养目标要求的提出，项目式学习逐渐走上舞台并得以发展。精选项目，统整学科教学内容，通过搭建真实的情境阶梯，引领学生理解学科学习方法、学习技术，关注其在项目学习中的体验，为学生创造问题解决的机会，引导学生在项目问题的驱动下构建体验式学习过程系统，学会利用技术工具和学科方法解决问题，形成自身独一无二的富有个性的学习方式。

1. 单一学科中的项目化学习

学科项目化学习主要是以学科的关键概念或能力为载体进行合作性的探索和问题解决。如"民间美术"项目组中就把项目化学习的形态融入了美术课程。"纹样漫步者——小小艺术家的文化之旅"项目在前期参观、寻找、临摹纹样的基础上，以完成一个国画卷轴为最终目标。主题定为描绘中国传统古门，在卷轴的中间选择绘制七扇门，分别为江南特有的圆门、凉亭门、青铜门、管家大门、官宦府邸门、巷门和木门。这七扇门分别由七组同学完成，每组为两到三名学生，并选出一名组长。从前期的古门外观设计，到中期传统纹样的安排布局，以及最后的细节处理，全部是组长领导，组员帮忙补充共同完成。创作时学生需要将前期收集到的传统纹样进行二次设计，在这个过程中，学生不仅加深了对纹样的认识，更有机会在此基础上进行个人风格化的创作。

2. 综合实践课程中的项目化学习

综合实践课程整合不同学科的知识和能力，共同指向真实情境中的问题探索与解决，包括不同领域的知识和跨学科素养。

结合每年科技节，借助学校科技馆场地，学校开发了一系列面向全体学

生的科技类综合实践活动课程，创造性地实施科学、数学等国家课程。目前，已开发的课程主要是三个类别五个项目，分别面向各年级全体学生。"我与植物有个约会"——三年级"种油菜"和五年级"种大蒜"是结合每年植树节开展的植物种植类活动，内容主要来源于三年级科学"植物的一生"单元和五年级科学"不用种子也能繁殖吗"及五年级数学"蒜叶的生长"一课。两个项目虽然都是种植，但前者偏向于应用教材中所学内容成功让油菜种子发芽，并在学完"植物的一生"单元后，带领学生回顾所学；而后者与数学学科整合，除体验植物另类的繁殖方式之外，更偏向于对数据的理性探究与分析。

3. 跨学科的项目化学习

跨学科的项目化学习在学校中可以表现为多种类型和方式，多数以学科课程中的核心知识体系展开项目设计，共同指向真实情境中的问题探索与解决，包括不同领域的知识和跨学科素养。

以"校园环境设计"为例，我们的项目起源于近期发生的一些校园安全问题，教师给出思维支架：①描述现象。孩子们发现班里同学在校园里摔伤。②分析原因。经过观察发现，同学们在课间经常会相互打闹，在人多的地方奔跑，易造成问题的发生。③提出问题。怎样才能规范同学们的课间行为，减少校园安全事件的发生。什么样的形式既能减少老师的说教，又能让同学自觉主动地规范自身的行为。④提出方案。他们想到了语文课上讲过设计标语，美术老师带孩子们设计纹样，精美的纹样与标语结合会产生怎样的效果呢？⑤优化方案。学生提出可以加入现代化的技术手段，用数字化手段生成传统艺术作品。于是，语文、美术、信息技术三科教师通力合作，一位教师首先基于学习项目进行课堂教学设计与实践，再由多位教师通过课堂观察，从"学生的学习是否真实发生"的视角开展研讨，与执教教师共同围绕学生学习改进教学，到课堂再实施、再观察、再研讨、再优化的浸润、深入以及合作式的研修。

4. 超学科的项目化学习

超学科项目没有明确的学科界限和学科课程标准，更多的是为了促成学生对整个主题和超越学科的大概念，如结构与功能、因果关系等的理解。

我们的"童眼万花筒"项目组中的"童眼识校园""童眼探场馆""童眼探家乡"就属于超学科项目化学习。

"童眼探家乡"项目源自一次校园读书节，五年级学生遇到了征文题——

家乡，学生普遍表现出对这个话题不感兴趣、不擅长，征文质量非常不理想，于是，有语文老师率先在班级开展了家乡风物寻访活动。对于这个项目，首先，它回应了学生在真实情境中真切感知到的问题，即学生"想做的"和"能做的"之间的落差——学生希望可以对家乡有所了解，希望可以在征文比赛中有所表现，然而他们现有的认知不足以支撑他们的意愿。其次，这个项目拥有学校、家长与社会资源，可以对学生完成项目起到极好的支撑。因此，当这个班级的活动轰轰烈烈开展起来的时候，越来越多的目光被吸引来了，于是活动很快就在整个年级层面铺开。目前，活动已进行了两期：

第一期活动——寻访无锡的名人故居。学生组建小分队，各小队成员分工合作，制订活动计划书，规划寻访路线，讨论、确定出行方案，查阅名人及故居的相关资料；学生在大人的帮助下，联系各故居，开展寻访活动，参与到故居自带的活动中去，撰写寻访日记、活动收获等；通过民间公益组织"安仁读书会"，联系到研究薛福成的黄树生博士，聆听他的讲座——"吴韵讲堂带你走进无锡先贤薛福成的一生"，了解薛福成的生平故事；各小队进行寻访活动汇报，提出困惑，寻求帮助；整理各类资料，编印班刊《童眼看家乡之<小读者>》。

第二期活动——走近泰伯，走进吴文化。寻访带有泰伯、吴文化印记的地标，如泰伯庙、泰伯墓、伯渎河、吴文化遗址博物馆等，通过查阅相关资料，走访当地的老人、从事泰伯研究的专家，实地走访古迹等方式，推进项目研究，以达到对泰伯的了解，进而展开对吴文化的初步研究。在老师的帮助下，学生还联系了无锡教育电视台，对该活动进行了专门的采访、报道。

三、课程实施

（一）理论研究，顶层架构

1. 加强理论学习力度

研究过程中，课题组一方面借助《人民教育》《课程·教材·教法》《江苏教育研究》《江苏教育》和《上海教育科研》等权威杂志和知网等主要信息平台，定期检索搜集相关文献资料，及时关注研究最新发展动态，提升理性认识水平；另一方面，将最新学术动态刊载在校刊《致学道》上，并在微信读书群中推送，采用集体学习和分散学习、校内学习和假期学习、线上学习和线下学习、读书分享会等相结合的方式，研读了《有效学习与教学——9种学习方式的变革》《多元智能与项目学习》《明日之学校》《中国作业的革命》和《跨学科的项目化学习》等相关理论著作，深化课题理解，指导课题实践。

2. 寻求智能支持

课题组积极寻求高水准的智能支持、引领和服务，邀请专家、学者来校"把脉问诊"。国家督学、江苏省教育科学研究所所长成尚荣两次到我校参加活动，指导课题研究；南师大课程研究专家吴晓玲博士、教育规划专家宗锦莲博士、教育管理专家张新平博士为我校的发展做出指导；中央教科所高级访问学者李庆明博士、江苏省教科院张晓东博士、《江苏教育研究》杨孝如主任、无锡市教科院包志强主任、黄树生博士、吕红日博士、无锡市教科院德育处张烨主任、锡山区教育局副局长孟晓东、姚华芳等来校做指导。

（二）核心团队，分层推进

1. 研究教师科研队伍的建设

一线教师如何看待课程，如何理解课程，如何运用课程，一定程度上影响和决定着学生的思维方式；一线教师在教学实践中如何选择教学方式，一定程度上决定学生的学习方式。因此，教师科研队伍的建设十分重要。

我们从"加强自身积淀""回归课程内在""走向儿童学习"三方面来引导教师科研成长。"加强自身积淀"，即鼓励教师充分发现和挖掘自身的优势和强项，做自己擅长的事，不断总结经验、提炼成果，形成属于自己的独特标记；"回归课程内在"，即关注课程的具体内容，关注学科核心素养与关键能力，关注课程带给学生的情感体验；"走向儿童学习"，即教师的教科研要与儿童的学习相契合、联结，把儿童放在中央，时刻关注儿童。

2. 构建学校课题研究网络

由于课题的研究面比较广，因此在确定课题研究网络时，我们也是边实践、边调整、边优化。

基于"丰富学生学习方式"从课堂入手的思考，我们首先确定了语文、数学、英语三大主学科为子课题组，语文从主题式课堂教学的研究入手，数学从问题式课堂教学的探究入手，英语从情境式课堂教学的追寻入手，在深度学习、个性化学习、开放性学习等方面探索多样化学习方式在课堂教学中的呈现，因此，我们设计了"深度语文""定制数学""艺术英语"三大子课题组;"丰富学生学习方式",离不开学习空间的设计,因此我们设立了"童眼万花筒"子课题组。这四个子课题组由语数英和德育教导担任子课题组长,自上而下开展研究。

教什么、学什么、怎么学都是我们研究的点,我们希望呈现的是丰富多彩的实践研究,因此我们设立了"融合科学""民间美术""律动音乐""游戏体育""体验式信技""绘本心理""古诗文微翻转"等一批项目组,由志同道合的老师们组成科研团队,自下而上开展研究。

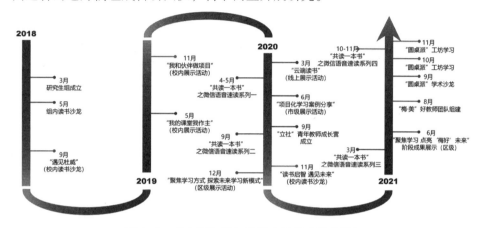

图4-4 "立社"青年教师成长营成长路线图

科研需要一批有理想、有能力、有闯劲的教师,由这个种子团队先行试点再到全校推广,这样才能使我们的研究稳步推进,我校的"立社"青年教师成长营就是这样一个种子团队。成长营由最初的研究生团队发展至今已达40人规模,涵盖了语文、数学、英语、科学、美术、体育、信息技术、心理等全部国家课程学科。从2018年起,成长营通过读书、研讨等日常活动,承担了学校科研的突破与创新任务,我们还聘请南师大课程与教学研究所的吴晓玲博士、无锡市教科研吕红日博士作为研究生团队的全程指导专家。成长营的每一次登台,都带给全校教师不一样的震撼,他们以种子团队的力量发扬了学校以教科研为引领的传统,帮助广大教师提升了科研意识和科研能力。2019年年底,《现代快报》以《新鲜!一所小学成立"研究生团队"——梅村实小以"研究共同体培植"为抓手推动学校教科研发展》介绍了这个团队。

子课题组、项目组、研究生组各自承担不同的研究任务,由点成线、由线成面、由面成体,形成了我校"丰富学生学习方式的行动研究"的研究网络,如图4-5所示。

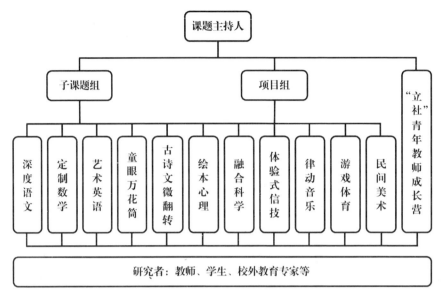

图4-5　"丰富学生学习方式的行动研究"研究网络

"丰富学生学习方式的行动研究"的人员构成是多层化的，包含了校长、行政、教师、学生、校外专家或机构、家长等等，其中教师和学生始终是核心与主导。同时，为了集思广益，丰富研究的广度与深度，校外专家或机构和家长的参与必不可少。校长与行政不但是研究的设计者、领导者，同时也是参与者、支持者。

（三）项目引领，行动落实

学校各科研组紧扣"丰富学生学习方式"的核心要素，以"课题·课堂·活动"的模式，借助专题科研活动、校际联盟、名师工作室、社团、校外机构合作等平台，聚焦"学习方式"，开展主题科研活动，在实践中让课题研究得到有效的诠释。

1. 专题科研活动

每学期，各科研组制订计划，有序开展研讨活动成为常态。此外，学校还会不定期组织并开展专题科研活动。

2. 校际联盟、名师工作室

语文、数学、音乐、美术、心理学科与市内其他学校开展联合教研活动。邹莉名师工作室以"深度课堂教学专题研讨"为主题，一次次探索在深度课堂中培养学生的高阶思维，丰富学生的学习方式。

3. 社团、校外机构合作

学校"拾花社"、美术社、"童眼看家乡"项目组、"童眼探场馆"项目组、"童眼识校园"项目组走出校园，与校外机构合作开展活动；无锡市摩比斯公司来到我校开展"青少年工学教室"活动；我校与 JA 中国的合作已经持续 10 年，2019 年我校 6 位学生组成的团队在"JA 中国未来城市大创想"活动中荣获"未来城市奖"。

第三节　素养之果——指向核心素养品质发展的探索成果

一、理论成果

（一）深化了"为每一个儿童设计课程"的理念

我校对于课程改革的探索，可以追溯到"七五"期间。当时，学校承担着无锡县（现为无锡市）小学界首个省级规划课题"农村小学教育整体优化实验"，率先提出了"科际联系""个性发展""整体综合"等在当时还普遍模糊的想法和做法，并通过纵向研究三个衔接（幼小衔接、中小衔接、低高衔接），横向研究五个优化（教育过程的优化，班集体建设的优化，课外活动的优化，科际联系的优化，家庭、社会教育的优化），促进儿童的全面发展与个性发展，研究成果获首届小教科研成果一等奖。"八五"期间，学校对这个课题进行了滚动研究。"九五"期间，围绕省"九五"规划课题"开设微型课程，优化课程内容和形态"，针对当时课程内容过于统一、滞后、形态单一等弊端，试图把学科体系、社会需求、儿童发展三者结合起来，以"微"见大、以"微"求活、以"微"促全，促进儿童的主动发展、生动发展。"十五"期间，学校选择了"为每一个儿童设计课程——个性化教学的研究"，在"教学目标的开放性构建""教学内容的人本化处理""教学形式方法的多样化选择""教学评价的多元化实施"等个性化教学策略的操作方面积累了一定的经验。基于新课改大背景和学校传统背景，在"十一五"期间，学校继续深入研究"为每一个儿童设计课程"的问题，视角由"个性化教学"扩展为"课程的校本开发"，设计了课题"为每一个儿童设计课程——基于学生个性发展的课程校本开发的研究"，努力实现时代浪潮与学校生态发展的对接。"十二五"期间，学校逐步从外围走向核心，从外铄走向内生，将儿童纳入课程的主体，借由"为每一个儿童设计课程——让每一个儿童主动参与课程设计的校本研究"，学校开发了丰富的校本课程，吸引并引导学生发现最好的自我。

历经三十年对儿童和课程的研究，学校从"微型课"开始探索"为每一个儿童设计课程"的个性化教学理念，期间建设了广阔的课程体系，而课程设计的主体也从教师拓展到了学生。可以说，这三十年学校历经了从教师到学生、从课堂到课程的发展。回顾这三十年的历程，我们也体悟到，课程的改革不应当仅仅通过改课、通过校本课程的建设来达成。广阔的课程资源虽然给予了学生丰富的体验，但经历却未必有成长。因此，至"十三五"期间，学校以"学习方式"为抓手，展开了新一轮的研究，并在自身学习、思考与专家指导的基础上，进一步丰富和深化了对课题内涵的理解。

1. 为每一个儿童设计课程是基于儿童观下的课程梦

"每一个儿童"包含了两层含义：一是基于年龄的身心发展具有共性的每一个儿童，二是身心发展具有差异性的每一个儿童。我们理解中的"为了每一个"，既要保证每一个儿童获得权益的公平，也要因人而异，适合每一个儿童。对儿童个性发展的重视，源于我校创办初年，时任校长华澄波提出的"敏、毅、诚、朴"这四字的学生发展目标；20世纪50年代，赵锦文校长提出"教育之目的在于造就完善的人格"，重视儿童个性发展的整体性；20世纪80年代，倪炳兴校长提出"教好每一个农民子女"，强调了集体教育下对"每一个"的关注；到21世纪初，我们提出了"为每一个儿童设计课程"的主张，以多元智能理论和建构主义为依托，尊重儿童发展的独特性、差异性、多样性，通过国家课程的个性化实施、校本课程的个性化开发，让课程更适用于儿童，让每一位儿童的个性在深度上充分发展、广度上多元发展、整体上和谐发展、相互间共生发展，最终实现个性的生态发展。

2. 丰富学生的学习方式是"为每一个儿童设计课程"下的行动延续与发展

"为每一个儿童设计课程"是我校自"九五"以来形成的课程主张，是从儿童出发的课程，也是多主体参与设计的课程，是一种课程观念和价值追求，更是一种课程实践。在"为每一个儿童设计课程"的不断探索中，我们不断丰富对课程的理解，丰富课程内容和形态，丰富课程设计主体，丰富课程教学策略，这一切就像是在为学生设计学习的跑道，丰富学生的学习方式则强调了课程的实践性，强调了引领学生如何去跑。丰富学生的学习方式关键在丰富，落脚在适合。学习方式具有个体性、稳定性、多样性、互补性和社会历史性，它是一个动态的过程，是永远需要变革和优化的过程。儿童成长的方式是丰富多彩且充满个性的，每一个儿童都应该拥有一套适合自己的成长方式，也需要一套适合自己的学习方式。丰富，是对适合教育的深度解释，真正的适合应该是让学生面对不同的情境，能够采用不同的学习方式去匹配和适应。所以我们通过构建丰富的课程群、呈现多样态的课堂、设计多元化的项目活动等方式使学生学习方式多样化和富有选择性，从而丰富学生成长的可能性。

（二）实现了学生学习方式由丰富到适切的转变

自课改以来，"学习方式的转变"是学者们关注的焦点。基于不同学者的理解，我们用行动研究阐释了在"为每一个儿童设计课程"理念下的学生学习方式由丰富到适切的转变。

1. 从典型到融合——学科视角下学生学习方式的丰富

在国家意志的主导和校园文化的引领下，学校对不同国家课程呈现出相对稳定的教与学的方式。在核心素养导向下，遵循着从典型到融合的原则，学校在不同的国家课程中融入多样的学习方式，让学生在经历的基础上感悟学习方式的多样和丰富。

例如，"深度语文"立足教材，以单元整体教学、整本书阅读指导、语文实践活动、古诗文微翻转等强有力的课堂教学方式助推，在"儿童中心"的视野下看待小学语文教学行为的价值高低，尊重儿童在课程实践中主体地位，尊重儿童的个性和自由，创设符合时代发展要求的课堂教学新形式，在丰富灵动的多样态实践中，使指向"深度学习"的小学语文课堂真正以培养学生语文素养为宗旨，做到让学引思、以学定教、为学而教。"深度学习"真正发生的同时，学生语文学习方式的多样化改变与个性化选择也得以实现。

又如"定制数学"，以"定制学习"为核心，在原有"自主、探索、合作"的基础上，以问题驱动为目标，让学生针对自身的实际需求，从内容、学习方式、学习进度和学习作业等方面，定制个性化的学习方案，促进学生前面、个性化、主动地成长和发展。

再如"艺术英语"，立足儿童本位，着力从"艺术英语"的课堂教学构建、课后练习设计、学科活动开展等方面做出尝试，通过课堂教学的艺术化呈现，让学生在情境中生动地学习，让学生利用多种资源丰富地学，让学生调动主观能动性更自主地学，让学生沉浸在故事中投入地学，让学生在线上线下同步地学；通过课后练习的艺术化设计，让学生在丰富多彩、层次多样的课后练习活动中，艺术性地完成英语学习评价；通过学科活动的艺术化开展，让学生在表演活动、听说读写活动和其他实践活动中找寻不同形式的学习方式。

再加上"律动音乐""游戏体育""民间美术"等其他学科项目的介入，学生在国家课程的学科内部体验到的是典型加拓展型的多彩学习方式。而"绘本心理""童眼万花筒""融合科学""体验式信息技术"等领域项目的介入，慢慢地使学生感悟到了多种学习方式的融合。

2. 从融合到创见——项目视角下学生学习方式的自洽

有了学科内丰富的体验，学生对于不同学习方式慢慢有了各自的认知。此时，我们引入项目化学习，以项目为载体，努力让学生在真实的经历中能够追寻适合的独特的学习方式。

（三）促进了教师指向核心素养品质发展观念的转变

要发展指向核心素养品质发展的素养课程，教师观念的转变显得尤为重要。对于素养背景下教师观念的转变主要体现在以下几个方面：

首先，教师要把握新修订的课程方案建构起的完整目标体系。宏观的教育目的是贯彻和落实社会主义核心价值观，属于教育方针范畴；中观的教育目的是达到学科目标，即学科核心素养，属于学科育人范畴；微观的教育目的是达到教学目标，具体到学期目标、单元目标和课时目标。我国课程目标的演变过程可以形象地描绘为：1.0版的"双基"目标，只是教书；2.0版的三维目标，从教书逐渐走向育人；3.0版的学科核心素养，抵达育人层次。所以，当别人问教师是做什么工作的，教师不能再说自己是教书的，而要说是育人的。

其次，教师要把教学设计从课时层面升级到单元层面来整体设计。课程构建就像建房子，教师不能一个知识点一个知识点地教，不能简单和横向地教，而要利用大观念、大主题、大项目和大任务来教，以单元打包的形式，构成任务群，使知识结构化，学习情境化。

教学设计中教师要通过新增、删除、更换、整合和重组等方法，实现内容重组或教学化处理。比如：课程标准里要求"正确、有感情地朗读"，就要细化出小学语文的朗读目标是"正确朗读"，再细化"读准字音，不添字、不漏字"。教师要将知识结构化，不要使知识太零散；知识条件化，让学生明白知识从哪里来，需要教师给学生补充背景知识；知识情境化，把知识还原到现实，教师要让学生意识到知识有用，产生继续学习的兴趣，从而实现学生的可持续学习。

再次，教师要促进学生转变学习方式。学习方式转变也是落实学科核心素养的关键。如果一节课教师安排 5 个探究活动，最短的一项探究活动只花一、两分钟。目标与探究时间、空间不匹配，为探究而探究，属于虚假探究。学习方式要与目标匹配，教师要用科学的方法学科学，用艺术的方法学艺术，用着地的方法学地理，用实际的方法学语言。

最后，教师要促进学生深度学习。教师如果重视"怎么教"，眼里只有教案，那么这样的课堂可能更多的是虚假学习；教师如果重视"怎么学"，眼里只有学案，那么学生的学习就处于浅层学习；教师如果思考"何以学会"，着力于学案，才可能使学生抵达深度学习层面，回到育人的根本。在虚假学习和浅层学习中，教师只是把学生当成能动性不足的学习者，采取死记硬背、机械操练的方式进行学习，对于标准答案也只是知其然而不知其所以然，理解的是字面意思；相反，在深度学习中，学生是积极主动的学习者，教师起到引导、维持和促进的作用，学习的目标是学以致用，能解决情境化问题。

在顶层架构的基础上，学校通过一系列由点及面的理论和行动研究，借助研究促进教师新观念的转变，通过观念的转变反哺新一轮的研究。

以学校的"立社"青年成长营为例。最初，团队仅有 14 名具有研究生学历的老师，学校以打造高精尖教科研智囊团为目标，先后组织了"共读一本书，引领教师读书新热潮""我的课堂我做主，引领课堂教学研究大氛围""我和伙伴做项目：以项目研究共同体推动学校教科研发展"等一系列活动。

以"共读一本书"系列活动为例，学校在尝试中走出了以"学习—实践—反思"为线索的 3 级教科研推进模式。最初活动在核心研究生团队共读一本书——杜威的《明日之学校》的基础上，旨在通过面向全校展示读书交流活动，营造全校共读一本书的理论学习氛围，探索教师读书的新范式。而后，"云读书""云沙龙""云展示"等一系列"云"技术的助推使得我们的教科研工作能通过"研究生团队—项目组长—全体教师"三线梯由点及面更精准地推进：以学校研究生团队为核心引领，以项目组长团队为中坚力量，逐级向全校推广。

伴随着活动的进行，我们本着用一小部分人影响一小部分人的原则，将团队逐步扩大。如今，我们以区域集团化办学为契机，将团队扩展至集团各分校，正式组建并成立了"无锡市梅村实验小学教育集团'立社'青年教师成长营"。截至 2020 年，成长营已有学员 37 名，其中具有硕士研究生学历的学员 14 名，占比 37.8%。成长营也以"项目化学习"为抓手，展开了多轮的研究和展示，希望以此为机遇，提升教育集团内青年骨干教师的业务素养，以优质教师引领高端项目研究，进一步健全"骨干引领、全员提升"的集团校青年骨干教师专业发展机制。借此机制，我们也期望逐步产生连锁反应，以影响更多的老师转变观念，更多关注学生核心素养的发展。

二、实践成果

（一）丰富课程走向丰富课程经历：由体验到浸润的学习方式的改变

1. 立体化课程重组，为学生体验多种学习方式提供土壤

三十年如一日，在追寻"为每一个儿童设计课程"的道路上，我们坚定前行。我们认为儿童未来发展的可能性是可以通过课程创造的。从"九五"开始提出"微型课程"起，我们对于丰富学校课程的探索就从未停止过脚步；之后，我们在校本课程和地方课程两大层面持续发力，边实践边调整，逐步开发了基于我校学生需求的特色精品校本课程"'菜单式'艺体课程""绘本心理课程""走班制科技课程"，以及结合地方至德文化、吴文化等地方课程"吴韵泰伯"；随着学校的发展和对课程理解的深入，我们围绕人格、体魄、智慧等关键性维度，将现有三级课程的体系重新组合，构建了"立德修身课程、文化传承课程、技能习得课程、综合实践课程"四个版块的"四向"课程体系。

丰富的课程群给予学生体验不同学习方式的机会："立德修身课程"中，学生可以充分体验到游戏学习、社会学习、服务学习的趣味性与实用性；"知识传承课程"中，自主、探究、合作学习得到充分发展；"技能习得课程"中，操作学习、探究学习、具身学习都能得以尝试；"综合实践课程"中，体验学习、做中学、表现性学习、反思性学习得以提升。

2. 个性化课程经历，为学生浸润多种学习方式供给养料

在丰富课程的同时，我们也清醒地意识到，丰富的课程只是给每一个儿童体验多种学习方式的机会，体验不等于体悟，国家课程要求学生必须经历的，与实际课程给学生提供的学习过程，以及学生在此过程中所获得的感受与体验，这些只有在课程经历的互动与碰撞中才能实现，唯有如此，才能使儿童拥有学习课程的获得感和选择适合的学习方式的权利。

以数学学科为例，数学课堂以"定制学习"为核心，以问题驱动为目标，从定制学习内容、定制学习方式、定制学习进度、定制学习作业等方面有效落实学生的课程经历。例如在"确定位置"一课的教学时，我们设计了导学单（如图4-6所示）试验，这是"用方向和距离确定位置"的生长点，如何在知识生长时凸显学习新知的必要性，导学单上提出了相关问题让学生复习后思考。导学单上还有一项任务（如图4-7所示）供学生选择性地去尝试，

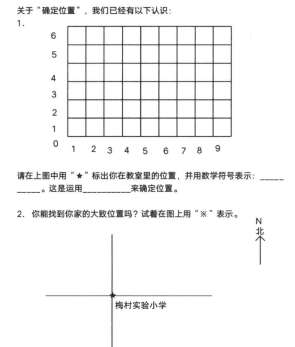

图 4-6　导学单 1

自主探究：

例1 一艘轮船向正北方向航行。请想办法准确定灯塔1和灯塔

2分别在轮船的什么位置。（可在下图中涂画，量算）

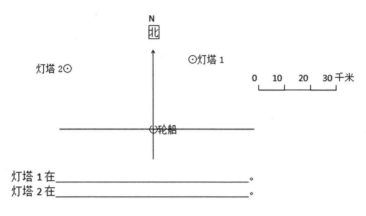

灯塔1在_____。
灯塔2在_____。

图4-7　导学单2

结果大部分学生望而却步，小部分尝试了但没有成功，因为通过画图等操作，精确地确定位置是有知识断层的。于是我们在教学时定制了这样一个环节——"读取信息进行确定位置"，为"操作获取信息确定位置"提供了中间台阶，继续进行探究活动时学生不再迷茫与困惑。合理使用数学定制导学单，把预设的、理想的课程经历与生成的、现实的课程经历相统一，把数学学科核心概念与儿童个体的经验相化生，促使每一个学生在课程经历中浸润于学科独特的学习方式之中。

（二）主题式学习走向项目化学习：由聚合到精准的学习方式的选择

1. 指向课程结构重组的主题式学习

知识是互相关联的整体，作为学习者的儿童更是完整的个体，儿童学习的逻辑起点不是学科知识，而是基于儿童认知发展水平或社会对儿童发展的要求而选择的主题。但在实际学习的过程中，我们还习惯性地停留在以学科为中心、以知识为线索、以课为序列的模式，把碎片化的教学内容当作知识点来教，学生获得的往往是孤立的知识碎片，学生的学习往往是蜻蜓点水、浅尝辄止。这样的学习既无法满足学生终身发展的需要，更不能满足未来社会发展对人才的要求。因此，我们在基础学科中选择适合的内容，通过单元整体教学这种主题式学习，发挥学生的主体建构性和主观能动性，实现学生

学习方式的聚合。

以语文单元整体教学为例，一个单元就是一个主题，也是一个整体，通过对教学内容的重组与整合，让学习内容具有"弹性化""框架式"特征，使学生的学习从整体入手，在自主、探究、合作学习的过程中更完整地洞见学科核心知识，形成知识体系。

以部编版小学语文教材五上第二单元为例，本单元有《泊船瓜洲》《秋思》《长相思》三首古诗，《梅花魂》《桂花雨》《小桥流水人家》三篇现代文。本单元紧扣语文学习的双线——人文精神"思乡之情"和语文要素"写景叙事抒情"，目标要求学生用心体会作者怀念和赞美故乡的情感，学习运用作者通过写景叙事表达乡情的方法。在教学时，我们打破原先的线性课时安排，整合本单元教学内容，大胆实施多线并举，整体推进，见表4-4。

表4-4　部编版语文五上第二单元单元整体教学安排

课型	教学内容
整体预习课	预习检查，生字新词学习，积累思乡佳词妙语
单元导读课	单元导读，统揽整个单元，主要知识点概括
古诗品析课	对比学习古诗，赏析异同，感受诗中乡情
文本品读课	集中品读三篇现代文，重点感悟通过描写人物动作、语言进行抒情的方法，体会思乡之情
阅读拓展课	拓展阅读《逢入京使》《乡愁》《狗》《繁星》
读写结合课	随文练笔，运用以典型事例抓动作语言表达情感的方法，真实表达自己的经历和情感

"单元导读课"为精读、群读，以及最后的写作做好铺垫，在阅读方法上，强调"速读"方式的运用；"文本品读课"使学生更好地认知阅读对象，由过去"学好这一课"过渡到"学会这一类"，进而"能写这一类"的转变。对整个单元内容进行这样的重整后，学生在教师引领下，将原本各自为营的学习内容以整合的、情景化的方式进行存储、反思、建构，聚合了多种学习方式，既有利于新的知识体系形成，也让学生对意义联结的相关知识的学习有了新的方式，促使语文核心素养的落地。

2. 指向素养习得的项目化学习

当前我国课程教学发展的方向是从学科内容的立场，转向以学习者为中心的核心素养的立场。如果说，主题式学习是一种基于课程结构重组的学习，那么项目化学习就是直指素养习得的学习。项目化学习来源于杜威的做中学，杜威的学生克伯屈首次提出并实践了项目化学习的概念。在不断的实践与发展中，当前国际主流的项目化学习更强调设计思维和核心知识的理解，在做事中理解概念，形成专家思维，引发跨情境的迁移。

我们的项目化学习遵循知识体系整体化架构策略、教学设计情境化创设策略和课堂学习深度化加工策略。传统教学模式中知识碎片化特征较为明显，一个个散碎知识点的教学让老师犹如置身森林中被树木环绕，而核心素养视域下的项目化学习是以核心概念为前提，强调知识之间的联系、组织、整合，在核心概念的统领下，教师就有机会站在山顶，带领着学生俯视整片森林，从而完整地看见自己的学习过程。

核心素养视域下的项目化学习教学设计以情境为媒介，通过创设情境，在知识与素养之间搭建认知的桥梁。我们既可以根据实际生活创设真实情境，在生活实践中提升学生解决问题的能力；也可以基于问题创设情境，引导学生进行深层次的思考，使学习指向高阶思维的习得，满足学生的求知欲。

项目化学习还指向克服教学过程中的表面学习，力求通过对知识的深度加工，引导学生进行有思维挑战的深度学习。我们的项目化学习以问题为导向，聚焦核心知识，凸显学科的本质特征，在学习的过程中潜移默化地帮助学生精准定位自身擅长的学习方式，形成每一个儿童擅长并适合的学习方式。

在实际行动中，我们从学科出发，开发了涵盖语文、数学、英语、科学四门学科在内的学科项目化学习案例，和以 STEM 为主的跨学科项目化学习案例共计二十多项。

科学项目化学习案例"我与植物有个约会"，以"认识多样的植物"为核心知识，从驱动性问题"这是什么植物"出发，通过创设情境"为校园中的植物挂名牌"，引导学生开展课堂知识学习、校内实地考察，并上网收集资料，进行设计制作，最终将风格独特、富有童趣的植物名牌呈现在我们眼前。值得一提的是，在每张名牌的上面还专门设置了具有"梅村实小"logo 的二维码，用手机扫一扫，即可自动链接到有关该植物的内容：有诗歌，有制作技巧，有植物文化……

（三）校内外学习走向生活化实践：由实践到创建的学习方式的指引

随着全球化和信息技术的进一步发展，当今世界呈现出越来越复杂和综合的面貌，核心素养时代的学生发展是"关于知识、技能、情感、态度、价值观等多方面要求的结合体"，"是对于知识、能力、态度的综合与超越"。这就需要我们将"单一性交往"和"学习者思维"的校内外学习转向"复杂交往"和"专家思维"的生活化实践，提升学生的知识层次、思维品质和能力结构，形成高层次的素养体系。

有提升力的学习方式能够创造一种情境，不断给学生提出更高层次的挑战，要求学生与他人、与工具进行密切的协同与交往，不断与自身对话，反思和批判自己的知识、能力、态度，使其在社会情境下综合作用，调动各种高阶思维与技能，对问题情境进行多重操作，从而在解决问题的过程中发展交往协作能力，形成具有批判性和创造性的高级思维品质，获得类似于专家解决专业问题的复杂操作与创新发展行动能力，最终带来人整体性的变化。

有的学生在学习完"cm和米"单元后，提出了这样天马行空的设想：假如是在遥远的古代，人们没有精确的测量工具，他们是如何测量、绘制地图的呢？在数学老师的帮助下，学生借助身体尺来绘制梅里古镇的地图；有的学生被古镇各种建筑上的图案所吸引，带着写生素描本，和美术老师一起寻找"神秘的东方纹样"，将这些充满吴文化气息的纹样描绘下来，再进行二次创作，做成了富有浓郁吴地特色的文创产品；有的学生被古镇盛名远扬的美食所吸引，如蔡阿水羊肉、盛记三让糕团、小阿姨酒酿等，每一种美食的背后都有着生动的故事吸引着学生们去探索……

我们发现，当学习融入生活、融入实践，为知识的整合与迁移提供了便利条件时，就能激发学生形成具有个性化的学习方式，具有持续力的学习方式，具有创造力的学习方式，使学习者在生活中学会学习，形成良好的元认知能力、反思能力和实践改造能力，发现新需求并采取适宜的方式满足需求，从而随着环境的变化不断实现新的发展。

附：各子课题/项目组成果

（一）深度语文

助力课堂深度学习发生的有效策略

邹 莉 陶美华

【摘 要】现实课堂教学中，老师对自己的定位往往不够清晰，利用教材设计具有挑战性的学习主题，让学生有效沉浸其间，体验到成功，获得发展也往往不得法。本文结合教学实践，从教师让位、内容整合、情境创设三个方面提出一些助力深度学习发生的有效策略。

【关键词】 深度学习　助力　有效策略

深度学习，是相对于"浅层学习""机械学习"而言的，是对课堂教学的求真、求实和回归，强调教师对学生学习活动的引导和帮助，其核心是学生围绕着具有挑战性的学习主题主动积极地参与学习。

一、教师需让出，让思维在场域中飞扬

深度学习中，老师要善于"让位"，把主角地位、表现机会"让"给学生。这里的"让"不是简单的对学生放任自流，而是通过智慧的"让"充分实现教师的"引"。教师要站在提炼文本的更高处、文本对话的更深处，精心预设，以四两拨千斤之势适时、适当、适度地引导学生敞开思维的大门，激发学生的探究意识，引导学生提出问题、解决问题，在探寻、讨论、辨析中带领学生向文本更深处漫溯，促进学生的高级认知和高阶思维能力的发展。

1. 点到为止

《葡萄沟》一文中讲到各种颜色的葡萄，如果课堂中将各种颜色的葡萄图片一一出示，孩子们直观感受是有了，但这种过于直接，不需要孩子思考、想象的方式明显缺少了思维锻炼。所以我们可以删去大量图片，只出示文字，让孩子们通过生活经验与想象来理解品味，在生活与知识的互通互联中，给孩子思维训练的空间。语文课堂要有思维锻炼的空间，对思维锻炼空间小的活动就应当进行调整，"老师让"的平台可成为学生思维的"起跳台"。

2. 循循善诱

寓言《揠苗助长》一课的教学目标，不仅要让学生理解"揠苗助长"的意思，还要启发思考：（1）禾苗枯死的原因。（2）用什么办法帮助禾苗生长。（3）让学生说一说：读了这个这则寓言，你想对这个揠苗助长的人说些什么呢？这样的问题启发，不仅能引导学生理解作品旨意，更能帮助明确寓意所指向的对象，以及它对生活实践的指导意义。这就将学生的思维一步一步地引向了先理解、再评析、后运用的高阶思维发展层面。课堂上，老师始终要将高阶思维的发展作为教学目标之一，并在循循善诱间落实。

3. 将计就计

《晓出净慈寺送林子方》一课，教学目标之一是：赏析这首诗的巧妙之处。课上，有学生提出质疑——题目上有"送"字，为何这首古诗对送别只字未提？学生这个问题恰巧与教学目标不谋而合，学生自己的思考就成了教学目标的切入点，我们便将计就计，抓住这个问题，着手学习探究。学生翻资料、谈理解，明白了杨万里的良苦用心——西湖在杭州，留下来，待在天子身边，林子方才能"别样红"。这么一理解，学生不仅觉得"送"的意味深长，还品析到了中国人委婉隐晦的表达方式，品出了这首诗颜色之艳丽、画面之开阔、节奏之明快等特点。整个学习过程学生主动思考，老师将计就计，对诗的巧妙之处的体悟也便顺理成章了。

二、内容得整合，让知识在融合中丰盈

深度学习要发生，学习内容就要具有"弹性化""框架式"的特征，要将新旧知识进行有效整合，从而产生新的知识结构。我们教师要视教材内容特点打散重新组合，将原本孤立的知识要素进行联结，引导学生将知识以整合的、情境化的方式进行存储、反思、建构。整合教学内容，进行整体教学就是很好的尝试。这不仅利于学生对知识的提取、迁移和应用，还利于学生形成新的知识体系。

部编版五上第二单元有《泊船瓜洲》《秋思》《长相思》三首古诗，《梅花魂》《桂花雨》《小桥流水人家》三篇现代文。本单元紧扣"思乡之情"（人文精神）和"写景叙事抒情"（语文要素）双线组元，目标要求学生用心体会作者怀念和赞美故乡的情感，学习运用作者通过写景叙事表达乡情的方法。在本单元的教学上，我们完全可以打破原先的线性课时安排，整合这单元教学内容，大胆实施多线并举、整体推进（见表4-5）。

表4-5　部编版五上第二单元整体教学课时规划

课前	制订单元预习单、进行整体预习作业布置
第一课时	预习检查生字新词，学习积累思乡佳词妙语
第二课时	单元导读，统揽整个单元主要知识点概括
第三课时	对比学习古诗，赏析异同，感受诗中乡情
第四课时	集中品读现代文，重点感悟通过描写人物动作、语言进行抒情的方法，体会思乡之情
第五课时	随文练笔，运用以典型事例抓动作语言表达情感的方法，真实表达自己的经历和情感

对整个单元内教学内容进行这样的重整后，学生就可以在教师引领下，将原本各自为营的教学内容以整合的、情境化的方式进行存储、反思、建构，既有效促进了"思乡之情"和"写景叙事抒情"两方面要素的达成，又有利

于他们形成新的知识体系。

在整合学习内容，引导批判建构的过程当中，老师不仅需要深入了解学生的前期经验、新知理解类型，还要指导他们建立新旧知识联系，在批判反思中重新建构，从而把相关概念体系不断充盈，形成新的认知结构。

三、情境要真实，让能力在运用中迁移

学生亲历深度学习，不仅能理解学习的内容，也能理解学习的情境，从而学会迁移和运用。所以，我们还需创设促进深度学习发生的情境，情境越真实，学生的体验就越积极有效。比如说将生活、学习中所涉场景尽可能还原，为学生构建起能沉浸其间、积极体验的学习环境，让其在尽可能原生态的情境中运用语言。

1. 趣中学

比如"小猴子下山"一课，利用板书图片、视频课件将小猴子下山情景再现，每个环节把知识转化为问题，将问题融合于情境之中。老师一步一步引导学生通过想象画面来体会小猴子见到玉米、桃子、西瓜、兔子时高兴的心情，并引导孩子们说：如果你是小猴子，心里在想什么？读完故事，你懂得了什么？置身于有趣的故事情景，更易挖掘知识的生成和生长点。真实的生活情境能够帮助学生理解文本内容，反之，书本知识能指导解决真实生活问题。这种互为利用互相促进的趣味情境，对于激发低年级学生学习的积极性、主动性是极有帮助的。

2. 探中学

深度学习的课堂必是教师指导有效，任务有挑战，学生参与体验积极，有成功感和获得感的课堂。常用策略可以有专题探索、主题延展、观点争辩、小组合作等，让学生广泛参与、深度探究。教学"秦兵马俑""恐龙"，可以从"介绍了哪几种恐龙/兵马俑？他们各有什么特点？分别如何抓住特点展开介绍的？"这几方面设计表格式导学单，组织开展小组合作学习。学习展示时，通过合作参与度、探究成效性、思维批判性、建构生成度几方面对学生的参与情况做出评价。学生围绕着具有挑战性的学习主题或任务，在合作探究中自行创设所需的真实情境，并合作探究、深度参与，从而获得发展。这样的过程学习才是在真实发生。

3. 简中学

中低年级教学中老师应使用直观、真实的方式来创设学生更易进入的情境。简单易操作的手段能让学生注意力更集中，学习目标更明确，学习达成

度更高。如在教学古诗《绝句》时，我们可通过在黑板上画一个大长方形的方式，用语言激发学生的想象：这是杜甫家的窗户，透过这个窗口，所能见到的景色，尽在诗句中。边诵读诗句，边用简笔画添上景物，读中感受，画中品味，学生对动静结合的写法理解得水到渠成，对于杜甫笔下描绘的充满生机、明媚盎然的春色也会深有感触。

不管是充满趣味的情境、具有探究价值的情境，还是简易又实用的情境，都只是一种形式。让情境具有知识性，帮助所学知识实现迁移，这是进行情境创设之前首先要记得的，大家切不可盲目为创设而创设。

深度学习，是对课堂教学求真务实的回归。基于深度学习的课堂中，学生掌握学科知识、理解学习过程的同时，还能把握学科的本质及思想方法，形成积极的学习动力，促生正确价值观，所以我们老师还需在实践中不断摸索，增进对深度学习的课堂特征的把握，探索出更多更好的助力深度学习发生的有效策略。

本色语文视角下的单元整体教学

邹 莉

【摘　要】在回溯先贤留痕中，我们认为本色语文不但要立足语文的学科特点，而且要面向且回归学生的生活，还要着眼且助力学生的未来。本文拟在此视角观照下，谈谈如何领会编者意图，正确把握教材，借助单元课文的组成、单元导语及其他学习资源，开展好单元整体教学。

【关键词】本色　语文　学科特点　单元整体教学

郭沫若早期创作的小说《残春》中有这样一段话："他说他喜欢 S 姑娘，说她本色。"是的，质朴自然，不加矫饰，不故作姿态，怀赤子之心，往往会让人亲近，想起原色，联想初心。作为一名语文教师，我希望语文也能一直保持如"S 姑娘"的本色，不因追求外在的"华美"、满足诸多的"诱惑"，而丢了语文最珍贵的东西。

一、回溯先贤留痕：找寻语文最珍贵的东西

古时，人们将语文当作修养道德、陶冶性情、从善去邪、广博见闻的重要手段。如《礼记·经解》中记载："孔子曰：入其国，其教可知也。其为人也温柔敦厚，《诗》教也；疏通知远，《书》教也；广博易良，《乐》教也；洁静精微，《易》教也；恭俭庄敬，《礼》教也；属辞比事，《春秋》教也。"

这时，虽无独立的语文课程，但融入《六经》中的语文已然展现了它的目标指向与价值追求。

近代，清政府颁布了《奏定学堂章程》，规定中小学堂要设"读经讲经""中国文学"两门与国文相关的课程。"其中国文学一科，并宜随时试课论说文字，及教以浅显书信、记事文法，以资官私实用。但取理明词达而止，以能多引经史为贵，不以雕琢藻丽为工，篇幅亦不取繁冗。"1916年，临时政府颁布《中学校令施行细则》，其第三条："国文要旨在通解普通语言文字，能自由发表思想，并使略解高深文字，涵养文学之兴趣，兼以启发智德。"

1950年6月，"国文"的学科名称被取消，一个新建的学科名"语文"诞生了。叶圣陶将其解释为："平常说的话叫口头语言，写到纸面上叫书面语言。语，就是口头语言；文，就是书面语言。把口头语言和书面语言连在一起说，就叫语文。"并言："语文教学应该包括听、说、读、写四项，不可偏轻偏重。"①

2011年版《全日制义务教育语文课程标准》指出，语文有多重功能和奠基作用，要重点打下三个基础：一是要致力于培养学生的语言文字运用能力，提升学生的综合素养，为学好其他课程打下基础；二是要为学生形成正确的世界观、人生观、价值观，形成良好个性和健全人格打下基础；三是要为学生的全面发展和终身发展打下基础。

由此可见，语文要立足学科特点，要面向且回归学生的生活，要着眼且助力学生的未来。

二、单元整体教学：要立足语文的学科特点

单元整体教学的特点是整合、优化。首先，单元整体教学的教学目标是整合的，立足于教科书的单元编排，每个单元都有明确的、整合的语文训练重点。其次，单元整体教学的核心目标是指向学生语文基础知识积累的，是指向提高学生语文听说读写能力的，是为了帮助学生掌握语文学习规律的。它将阅读、口语交际和习作等融合在一起，能够真正体现听、说、读、写结合，也能够体现语文学习的综合性、实践性。

全国小语会会长陈先云在谈到小学语文部编教材的编写时说："我们的教材编写以语文要素为主线、明线，一是体现在单元的导语上，一看导语就知道这个单元训练什么，要抓什么语言训练点；二是从中年级开始每个年级编排了一次阅读策略的单元，三年级叫'预测'，四年级叫'提问'，五年级叫

---

① 叶圣陶. 认真学习语文 [M]. 北京：商务印书馆，1980：3-4.

'阅读与速度',六年级叫'有目的的阅读',呈现层层递进的规律;三是以单元为序列,统筹规划语文要素。从三年级开始从方法、能力和习惯三个方面围绕阅读和表达安排训练要素。"[①] 立足语文的学科特点,关注单元之间的整体、年段的整体、全套教材的整体,是每位语文老师在教学时应该重点把握的。

例如,苏教版四年级下册第七单元有三篇课文"爱因斯坦和小女孩""宋庆龄故居的樟树""黄河的主人",是教材编者吸纳国内外教材编写经验,从不同角度精选出的人物描写范文,尤其是我们发现有些知识点对学生来说是新的、陌生的(比如侧面描写),因此,教学时,可以抓住"感悟人物品质,学习描写方法"这一主线,层层深入,通过比较阅读,感受几篇课文之异同,把侧面描写细化为以景衬人、以物衬人、以人衬人等方法,并学习运用,最后进行拓展阅读与语文实践。这样立足语文学科特点的单元整体教学,起到了"1+1>2"的效果,因为"整"掉的是一些无效的环节与内容,把有价值的部分进行合理穿插,融合成了"新质"。

三、单元整体教学:要面向且回归学生的生活

就个体学习而言,语文要面向学生的生活,致力培养学生的语言文字运用能力,提升学生的综合素养。课堂里传授的知识和技能,是否与学生的生活相关?学生是否能在实际生活中创造性地运用这些知识与技能?是否能发挥语文的基础性功能,为开发知识、潜能、深层次思维活动及创新提供支持,回归学生的生活?这是单元整体教学设计时,教师需要考量与拓展的。

如苏教版四年级上册第三单元习作3,要求以书信的方式介绍自己的家乡。虽然这是学生第一次接触书信这种应用文书,但教学重点应该在信的内容,即如何围绕自己的家乡向特定对象传递信息和交流思想。在单元整体教学设计时,一是要联系此单元另外四篇精读课文"泉城""九寨沟""田园诗情""桂花雨",牢牢抓住阅读教学与应用写作的连接点,紧扣此类文本言意表达特点,从仔细观察的基础上有条理地写、围绕中心从多方面具体地写、抓住特点生动地写等目标出发,引导学生读中学写、以写促读。二是要发挥语文的基础性功能,面向且回归学生的生活,拓展书信写作应用功能,为开发知识、潜能、深层次思维活动及创新提供支持。

---

① 陈先云. 领会编写理念 用好部编教材——第三届小学青年教师语文教学展示与观摩活动课例点评 [J]. 小学语文, 2018(11):38-42.

四、单元整体教学：要着眼且助力学生的未来

学生未来将成长为什么样的人？他们将具有怎样的语文综合素养？从某种意义上来说，在小学教师的讲台上就决定了。

因此，作为一名小学语文教师，要责无旁贷、思路清晰。不仅要强化教材单元整体意识、年段整体意识和全套教材整体意识，发挥语文育人优势，依托教材落实好"立德树人""培养好习惯"的任务，还要结合时代发展，在单元整体教学中，重视培养学生在未来复杂的生活情境中解决现实问题与自我发展的能力与潜能。要引导学生学会聆听、学会思考、学会探究，积极体验与实践。

例如在阅读教学中，抓住一点拓展阅读、整合信息，加深对文本的理解。阅读的目的在于求知明智、提高素养。这一过程的实效需要多方因素的相互作用，而将某一阅读对象还原到当时具体的自然或社会情境中，则会有助于学生较为深入而准确地理解阅读对象。如在教学苏教版小学语文第八册"三顾茅庐"一课时，我为了让学生了解刘备的知人善用、诸葛亮的雄才伟略等特点，在原有课文提供的信息基础上，另为学生提供两篇"三国演义"中的材料。一篇为刘备将珍爱的救主坐骑"的卢马"赠送庞统的材料，一篇为诸葛亮"木牛流马"的材料。学生在阅读多个相关主题的材料时，就会自觉地进行对比、整合，使信息之间互相渗透、相互补充，更加丰满了人物特点。这种以课内材料为主、课外材料为辅，课内课外互相渗透、互相借鉴，不同角度的几个信息在教学中形成合力的教学效果非常好。"一个人的语文水平三分靠课内，七分靠课外。"相信，着眼未来的单元整体教学一定能助力学生的未来。

（二）定制数学

指向学生发展核心素养的数学概念教学
——以面积概念教学为例

孙晓华　朱　峰

【摘　要】概念的建构不能单纯地依赖概念术语的机械识记，也不是单纯直观形象的简单累积，而是基于本质内涵的意义建构。以"面积"概念教学为例，通过创设情境、激发需求、举一反三，从面有多大，到面积是多少，萌"面积"本质之芽、长"面积"本质之苗、结"面积"本质之果。

【关键词】本质内涵　数学思考　核心素养

有人说，基于核心素养的教学，要求教师抓住知识的本质，创设合适的教学情境，启发学生思考，让学生在掌握所学知识技能的同时，感悟知识的本质，积累思维和实践的经验，形成和发展核心素养。基于此，我们在进行概念教学时，概念的建构不能单纯地依赖概念术语的机械识记，也不能单纯地靠直观形象的简单累积，而应该是基于概念本质的意义建构。

"认识面积"是三年级下册的内容，关于"面积"这一概念的本质究竟是什么？我们进行了多方查阅。

《辞海》关于面积的定义及解释是这样的："几何学的基本度量单位之一，是用以度量平面或曲面上一块区域大小的正数。通常以边长为单位的正方形的面积为度量单位。"

现代数学中的测度理论，又是如何严格定义面积的呢？

【面积】设 $\sum$ 是一些封闭平面图形的集合。m 是定义在 $\sum$ 上取值于非负数的一个映射：$m\ (A)$，$A \in \sum$，且满足以下条件：

（1）（有限可加性）若 A，$B \in \sum$，A 与 B 不相交，那么 $m\ (A \cup B) = m$ $(A)\ +m\ (B)$。

（2）（运动不变性）如果图形 $A \in \sum$，经过平移、旋转、反射的运动成为图形 $A' \in \sum$，那么 $\in m\ (A) = m\ (A')\ \in$。

（3）（正则性）边长为 1 的正方形 $I \in \sum$，且 $m\ (I) = 1$。

仔细研读上述不同的表达，发现无论是《辞海》还是现代数学中的测度理论，都阐释出面积的本质即一个数，是用一个数来表达"一个区域的大小"。张奠宙教授在仔细研究这两种表述之后加入了自己的解读，并用直观浅显的话表达出来，他的看法是这样的：至少，可以在教学参考资料以及小学数学教师培训教材中出现。【面积】数 m 是一个平面图形 A 的面积，就是指能用 m 个单位正方形不重叠地恰好填满 A。张奠宙教授依然突出了面积是一个数的本质表达。

我们再来看苏教版教材，教材并没有对"面积"下严格规范的定义，而是用描述性的语言来加以说明：黑板面的大小就是黑板面的面积。这种描述是基于三年级学生的认知现状提出的，那么作为教者，如果在教学中仅仅把目光停留在"面的大小"这个程度，显然学生的认知依然是模糊的。面的大小，何谓大、何谓小，大和小如何有清晰的辨识度？其实教材中并没有停留于此，第 59 页上例 2 的出现就是最好的证明，通过数出格子数来界定面的大小。所以，在教学中，我们不妨分解出若干个子概念：区域、大小和数，逐层递进，由模糊至清晰，揭示面积本质内涵。区域的大小属于表象，即刚才所说的面和面的大小；而当面的大小上升到用数来表达，那就完成了概念的高度抽象和简洁化的数学表达。下面结合我校研究组成员对面积本质的解读展开的实践教学研究罗列一二。

一、创设情境，引导学生寻找方法比较面积大小，萌"面积"本质之芽

数学的概念都是抽象思维的产物，这一特性决定了概念学习需要以相应的感性材料为基础。要使学生对面积的认知直达深入，首先得充分利用实际情境，引导学生寻找比较面积大小的方法，建立"区域大小"的表象，把"面有多大"贯穿始终，萌"面积"的本质之芽。

1. 创设圈地情境，实现线到面的初转换

面积和长度一样，都是度量概念，而在此之前，学生的长度概念已经根深蒂固，所以从线到面是一个概念向另一个概念的根本转变。为此，创设辨析情境必不可少。

【情境】熊大和熊二在开心农场的草莓园采草莓。按采摘规则：每人用一根同样长的绳子，圈出一块长方形的地，被圈中的草莓才能采摘。兄弟俩迫不及待地拿起绳子去圈草莓了。结果发现：明明是一样长的绳子圈的地，草莓的长势也差不多，为什么熊二采到的草莓比熊大多很多呢？（如图4-8所示）

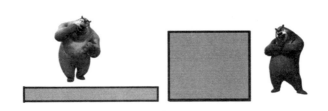

图4-8　例题图1

以上情境，旨在引发学生的数学思考：这两块地有什么相同的地方？又有什么不同之处呢？——哦，周长相同，但形状不同，大小也不同。学生对"大小"的捕捉，启发教师的进一步追问：你能来指指它们的大小吗？学生自觉地用"摸"这一动作，意味着他们的视角已经从线转到了面，摸的是这两块地的面，继而进一步用规范的方法摸一摸树叶的面、课桌的面、冰箱上的面、屏幕的面、苹果的面、魔方的面……不同的面的感觉自然而然在指尖流淌——数学课本的封面比我的手掌大；有的面大，有的面小；有的面是平的，有的面是弯曲的；有的面是规则的，有的面是不规则的……这些丰富的事例中均蕴含着对"面是有大有小"的感知。

2. 寻找比较方法，实现"面有多大"的初感悟

当学生借助"摸一摸"，对"面"有了"区域"的感觉，那么这块区域的大和小的感悟用什么方式来表达呢？也就是怎样来说明面有多大呢？凭借学生已有的认知状态，可以分两个层次：

（1）肢体语言的比画。黑板的面有这么大；课本封面有这么大。直观动作传达了对面的大小的直觉感知，由此带动学生边比画边进一步提炼：黑板面的大小是黑板面的面积；课本封面的大小是课本封面的面积。

（2）直观方式的比较。利用观察法、重叠法等，或者直接的视觉感知，或者动手操作后的触觉带动视觉的感知，让学生对面积的感悟不仅仅是停留在字面的表达上，而是触及了概念表象的根本。

图 4-9 例题图 2   图 4-10 例题图 3

图 4-9 的①号和②号图形，"虽然我们不知道它们的面积到底有多大，但通过观察，一眼就比出了它们的大小"。图 4-10 的③号和④号图形"重叠后，大面积把小面积包含在了里面"。"大小""包含"这些词汇，传达出学生在不同方法的比较中，由具体实物到平面图形，对面积的"大"和"小"形成了未经理性分析的直觉形象。

二、激发需求，引导学生运用单位面积比较面积大小，长"面积"本质之竿

有效的概念教学就是抓住其本质属性，促进学生对概念内涵的深刻理解，并经过简约化的提炼进行符号化的数学表达。面积的本质即面的大小，当对面的大小的感悟由原来的直观感知上升到理性描述，那么面积的本质在数学化的表达中就形成了概括性的抽象概念。这时候的教学过程就需要一个恰当的时机，让学生产生用精准的数学化方式描述"面有多大"的需求。

通过上述比较，学生积累了一定的比较面积大小的直观经验。在此基础上，呈现图 4-11 中的⑤号、⑥号图形，继续比一比谁的面积大、谁的面积小。显然学生会费一番周折。直接观察？不行！重叠？也不行！在一次次尝试中，会有学生想到剪拼，也许凑巧，像下示剪拼图一般，剪拼三四次，可

图 4-11 例题图 4

以比出大小了，而不凑巧，也许剪拼七八次都比不出。这时，学生会产生强烈的感觉——太麻烦了！显然这是寻找新的比较方法的第一层需求。

这时候，学生急需要一根突破固有模式的拐杖。生活中人们的做法（如图 4-12 所示）——用拃来测量和比较两根绳子的长短、用碗来测量和比较两袋大米的轻重启发了学生：既然用一个确定的小长度量出大长度是多少可以比出长短，用一个确定的小质量去量出大质量是多少从而比出了轻重，那么现在能不能也来确定一个小面积有多大继而量出大面积里包含了多少个小面积呢？学生由此产生了新的需求——去寻找一个小面积。

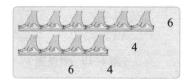

图 4-12 例题图 5

学生用圆形、三角形、正方形等纸片如图 4-13 般去尝试，发现小正方形正好不重叠地填满长方形。最终他们达成共识：用小正方形来测量大长方形的面积，图 4-13 中③号图形左边的长方形有 16 个小正方形那么大，右边的长方形有 15 个小正方形那么大。突破层层认知冲突，学生拨云见日——用小面积量出大面积是多少，从而比出了面积的大小。面积大小的直观感知被抽象到多少个小正方形的精准化描述，即一个区域的大小有多少个面积单位。

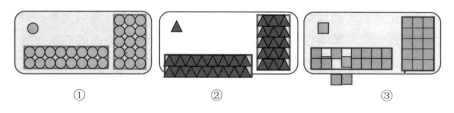

图 4-13 解题思路图 1

在对面积的概念完成初步抽象的基础上，进一步用确定大小的小正方形去测量不同图形的面积：如果设定单位大小的小正方形面积为"1"，那么不同图形的面积可以用谁来表示呢？（如图4-14所示）这时候，学生把图形放入每格面积为"1"的方格图中，借助平移、旋转等运动，数一数得到了一个个确定的数，这时，面积的运动不变性和有限可加性被体现出来，面积使一个数的内涵得到丰富，同时面积的本质得以高度抽象和概括，即完成了用"数"来描述"形"。

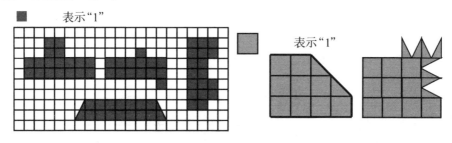

图4-14　解题思路图2

三、举一反三，引导学生灵活解决比较面积大小问题，结"面积"本质之果

数学概念形成的发展过程是一个数学化的精加工过程，除了需要对丰富的材料进行观察、分析、综合、比较、抽象等思维活动，抽象出共同的、本质的数学属性外，还需要在合乎逻辑法则的条件下操作运用抽象的数学知识与数学方法（包括数学符号及语言的运用）去处理数学问题并进一步去发展数学理论知识，从而形成完整的认知结构，拓展外延的同时进一步深化概念内涵，发展核心素养。

所以，当面积的大小用最简约的数来概括时，我们还应该把视角指向更远的深处，举一反三，引导学生灵活解决比较面积大小的问题，结概念本质之果。

问题1：是不是所有图形的面积都能用一个数来表示呢？

围绕这个问题展开如下研究性学习：

师（出示图4-15①）：如果这样的小正方形是1，大长方形的面积是多少？

生：有不满一格的，不能确定。

师：对啊，有不满一格的怎么办？

生1：看看能不能凑成一格。

生2：可以选择小一点的正方形去测。

师（出示图4-15②）：如果这个小一点的正方形表示"1"，现在你能数出长方形的面积是多大了吗？

生：20。

师（出示图4-15③）：如果用这样的小正方形还是不能铺满怎么办？

生：选择更小的小正方形来测量。

师（出示图4-15④）：如果这么小的正方形表示"1"，现在这个长方形的面积是多少？

生：72。

（依次往下到图4-15⑤、图4-15⑥……）

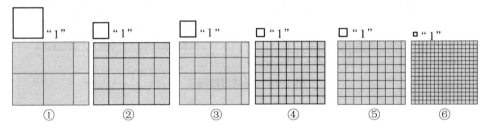

图4-15　解题思路图3

师：按这样的规律继续往下分，请同学们想一想：可以得到多少个小正方形？

小正方形会越来越接近什么？如果它是一个数，会越来越接近几？

生：小正方形越来越接近一个点，如果它是一个数，会越来越接近0。

在以上过程中，学生的思维向深处漫溯。首先，面积的本质特性得以充分凸显（尤其是正则性）。其次，学生借助一组图形发现，单位正方形是可动态变化的，任何一个单位正方形，通过细分可得到无限个更小的正方形，为后续学习长方形的面积公式 $m = ab$，当 a、b 不是整数时，要用边长是 0.1、0.01……的单位正方形去填的思维启迪埋下伏笔。再次，渗透极限思想。

问题2：生活中不规则的土地，可以怎样来比较面积呢？

图4-16　桃园图

为了深化面积的本质内涵并进一步加深对面积特性的理解，可以创设如下情境：

吉吉和毛毛来到了开心农场，它们找到了三片桃园（如图4-17所示）。

采桃子的规则是：第一个人可以任选一片桃园，第二个拿剩下的两片桃园。吉吉说："我是国王，我先选，我选那片最大的桃园。"毛毛说："那好吧。"于是，剩下的两片桃园就归毛毛了。

师：你们觉得吉吉挑这片桃园占便宜了吗？你有什么方法验证？

生1：可以把这三片桃园叠在一起比一比。

（学生利用白板软件把两片小桃园拼接在一起，再和最大的那片桃园重叠在一起比较）

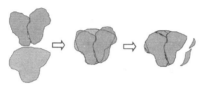

图4-17　三片桃园

生2：也可以用小正方形去填。

师：如果用小正方形填了还是比不出怎么办？

生：那就用更小的小正方形去填。

师：同学们的这种想法能不能解决问题呢？大家可以课后去思考。

从"面积有多大"到"面积是多少"，从运动不变性、有限可加性再到正则性，举一反三，理解与运用、联结与比较，从不同的视角思考并解决问题，面积的本质内涵和特性在学生思维的不断碰撞中得以内化，增强了学生聚焦问题本质、把握内涵、进行数学思考的能力。

导学单下的学情把握与定制性的探究学习
——"用方向和距离确定位置"教学实践和思考

毛海妹

"用方向和距离确定位置"是苏教版六年级下册的经典教研内容，本课的学习是在对"数对"和"比例尺"学习后的一个内容综合的提高学习，能使学生对"确定位置"把握更准确、了解更系统。

如何使学生在本课学习中发挥探究的主体意识，感受学习需求和价值呢？笔者在本课的教研中有了一点愉悦的收获。

一、导学单忆旧，激活知识生长点

课前的家庭作业中给学生设计了如下一张导学单试卷（如图4-18所示），期待在回顾中点燃学生对于"确定位置"的相关记忆和理解。

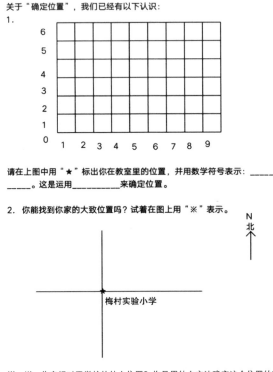

图4-18 例题图6

反馈显示，学生对这块内容掌握较好。这是"用方向和距离确定位置"的生长点。如何在知识生长时凸显学习新知的必要性？导学单上还提出了一个问题供学生复习后思考：这样确定位置够准确吗？为什么？如果要确定一个物体对于参照物的准确位置，需要哪些信息？对于一些思维活跃的学生，有必要进一步促思一下。

课堂上笔者在带领学生认识"_____偏_____"方向新表达之后，做了这样的实践：

师：家住学校_____方向的同学起立！（一群学生起立。）

师：咦，你们都是一家的吗？这说明了什么？

生：这仅仅说明家住在学校的什么方向范围很大，是不精确的。

师：那想想看，如果要确定一个物体准确位置，还需要哪些信息？

学生讨论，交流（板书： 方向 方位 角度 距离 ）

（"观测点"学生一时没有说到，暂放）

师追问：有了方位、角度、方向和距离就一定能准确确定位置了吗？（边问边板书课题）我们继续朝这个猜想去努力探究。

如此一来，在运用方位词表达位置中感受其大致的粗糙性，激发学习兴趣和探究渴望，初步体会学习本课的价值。

二、导学单试新，找出知识断层处

课前的导学单上还有一项任务供学生选择性地去尝试：自主探究。

第二天的反馈显示：大部分学生望而却步，小部分尝试了，但基本没有挑战成功。可见，这样基本无指导的自主探究超出了学生的能力范围。从初步猜想到通过画图等操作得出精确位置是有知识断层的。怎样给学生创造一个中间台阶让他们每一步都能跳起来摘到相应的果子？经过思考，笔者找到了这个中间台阶——提供现成的信息让学生描述物体的准确位置。由此在课堂中订制了这样一个环节——读取所供信息描述以帮助学生循序渐进地进行探究活动。

师：现在，老师悄悄地给大家提供你们想要的方向和距离，请大家动脑筋找出来，然后来说说位置，看是不是和我们猜想的那样可以准确确定位置。

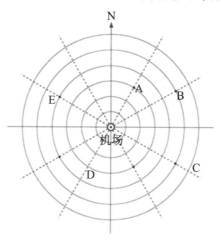

图4-19 例题图7

1. 出示图 4-19（补充一个点 F），看图理解：下面是一个飞机场的雷达屏幕，每相邻两个圆之间距离表示 10 千米。

（1）问：你理解"每个圆之间的距离是 10 千米"的意思吗？谁来指着说一说？

（2）问：这屏幕上的虚线有什么作用？谁也来指着和大家解释一下？

2. 示范：以机场为观测点，飞机 A 在哪里？

生逐步答方向和距离，再组合起来。板书并齐读。

感受准确性：让我们沿着这样的描述寻找位置，找到飞机 A 的位置了吗？除了 A，还能找到其他地方吗？说明准不准确？

3. 也像这样说说飞机 B、飞机 C、飞机 D、飞机 E 的位置。

（1）自由说，边说边写。

（2）交流校对，订正。

（3）再练习说：师随机指点，请学生描述；师描述，学生眼睛跟着找。

（4）问：仔细看，飞机 F 在哪里？它和飞机 A 在一条射线上说明了什么？和飞机 B 呢？又说明了什么？

4. 小结：刚才我们在描述一个物体的准确位置时都说到了哪些要素？板书：三要素。（开始把学生猜测时没有想到的"观测点"补上）

这样一个"读取信息进行确定位置"的活动既是对学生确定位置几要素猜想的有效验证，也是走向进一步自主探究"操作获取信息确定位置"的中间台阶。

三、导学单探新，边做边想到彼岸

断层的填充使学生顺利地跨过"大沟"，接下来的课堂活动我们继续取出导学单进行探究活动。这次不再迷茫，不再困惑。

师问：如果图中没有这样的圈圈和虚线，我们该如何去确定位置呢？

生 1：将表示物体的点和观测点连起来。

生 2：用量角器量出角度。

生 3：线段的长度也要量，然后根据比例尺算出实际距离。

（复习量角和比例尺计算）

师：下面我们就操作试试好吗？

出示例 1 情境（如图 4-20 所示）：一艘轮船在苍茫的大海上向正北方向行驶，前方的灯塔指引着它。将它们的位置关系按 1∶1000000 的比例尺缩小到平面上是这样的。同学们的导学单上也有。

......

自主探究:

例1 一艘轮船向正北方向航行。请想办法准确确定灯塔1和灯塔2分别在轮船的什么位置。(可在下图中涂画,量算)

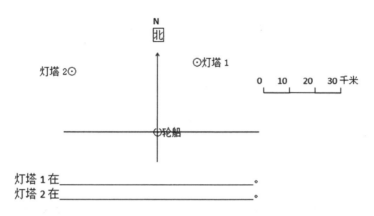

灯塔1在_____。

灯塔2在_____。

图4-20 探究情境

同学们边想边做、边做边想,顺利地完成了探究任务。交流中同学们有理有据、信心十足。老师只要在旁稍加提醒,学生就能将过程与注意点归纳得很到位。这样对话的课堂让大家都很愉快。

四、导学单试拓,备好下期探究学

学生如同找到"梯子"、摘到"果子"那般能干、喜悦,巩固练习也使得学生的技能逐步形成。拓展该如何安排呢?知识性了解(与三维立体确定位置、卫星导航等)、与生活紧密联系的实践操作(利用手机导航确定家在学校的具体准确位置)?是否也该为学习能力的拓展安排点什么呢?于是例2以导学单的形式来到学生的面前。

时机选择在巩固练习之后,学生对通过操作和计算获取信息、用方向和距离确定位置比较熟练,形成一定技能后,笔者邀请例2作为"嘉宾"亮亮相。

师:关于用方向和距离确定位置,我们已经能在平面图上进行测量和计算,找到三要素来准确描述了,那么如果反过来,能不能根据这样的描述,在平面图上画出来呢?(出示图4-21),同学们可以思考起来。

(给予一定的时间思考,鼓励小组内大致说说想法,大概1分钟)

师:这是我们下节数学课要学习的内容,有想法了吗?

例 2　某海域有一群岛屿，在黎明岛北偏东 40°方向 20 千米处是清凉岛。你能在图中表示出清凉岛的位置吗？

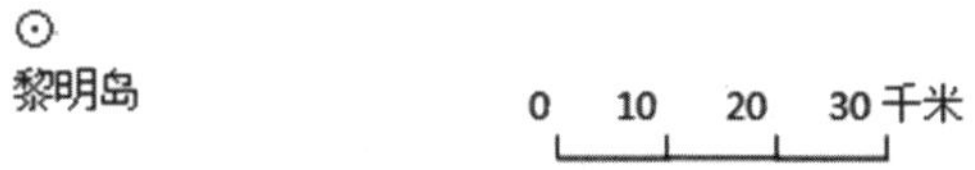

⊙
黎明岛

0　10　20　30 千米

思考：你是怎样根据信息找到黎明岛的位置的？

图 4-21　例题图 8

生：有！

师：课后可以在导学单上试试看。

虽然只是"亮个相"，不做深入具体的展开，但学生的探索激情需要被激发一下，没准思维就能向前迈一迈呢。第二天的例 2 教学也证明这个导学很有作用，老师继续"靠边"，只需偶尔"来一句"。这样的导学单试拓，为下期做准备的方法为学生提供持续性的探究学习，让这样凸显主体意识的学习成为常态。

学习，既要学习知识，也要锻炼思维，更要在学习活动中积累学习经验，掌握学习方法，培养学习能力。探究性学习可以使学生的学习能力得到更好的发展，使学生在探究性学习中获得成功体验和学习自信。当然，这个过程中老师的引导不可或缺，怎样引导也至关重要。如果随机引导肯定乱作一团，所以需要精心设计；如果仅仅口头引导，很容易转身模糊，茫然无措。而导学单就可以将老师精心设计的引导内容用图文形式记录，避免盲目随意，解决声音的不留档问题，使学生可以在导学单的引导下一步一步回顾整理、自主探究。

（三）艺术英语

在小学英语试卷中选用非连续性阅读文本的实践与思考

陈玲娟

【摘　要】非连续性文本是学生日常生活中经常见到的文本类型，具有很强的实用性，是小学英语命题实践中值得关注的素材。在选用小学英语试卷阅读文本时，教师要拓宽取材范围，除选用连续性文本外，还应选用非连续性文本，并把握好非连续性文本的来源、试题的设计技巧和选用策略，从而多角度锻炼学生的阅读能力，全面提升学生的阅读素养。

【关键词】 非连续性文本　阅读文本　试题设计

一、引言

选择合适的阅读文本是试卷命制的重要一环。选用哪些文本作为阅读材料，直接关系到学生能否展现真实的阅读能力，以及日常学习中阅读什么类型的文本。现今小学英语试卷中的阅读素材多以叙述性强的连续性文本为主，如小故事、对话片段、幽默笑话、科普小短文等。连续性阅读文本主要考查学生的阅读理解能力，但若整张试卷都是连续性文本，选材范围就显得过于狭窄，考点偏于单一，缺乏丰富性。

非连续性文本常以表格、数据图表、广告、地图、清单、说明书等形式呈现。阅读该类型文本可以快速、准确地获取有价值的信息，解决实际问题，具有实用性。非连续性文本还具有客观性，客观地阐述某一事实，用数据说话，不掺杂作者的评论和主观感受。阅读这类文本有助于培养学生筛选、统整、概括、推理的能力。① 从实用性角度来讲，这种功能性阅读必不可少。在试卷命制过程中，教师要拓宽选材范围，适度引入非连续性文本，以功能性阅读带动发展性阅读，全面提升学生的阅读素养。

二、非连续性文本的来源和试题设计技巧

1. 源自教材

（1）教材内容梳理

非连续性文本在教材里一般分散在各个板块。以译林版《英语》（下同）六年级教材为例，非连续性文本在教材中的呈现情况见表4-6。

表4-6　译林版《英语》六年级教材

册次	单元	板块	内容	形式
六上	Unit 4	Story Time——Write and Say	今昔情况对比	列表
	Unit 6	Fun Time	环境保护	海报
	Project 2	Part B	再利用和再循环	思维导图

---

① 魏晓宇. 关注英语非连续性文本的教学［J］. 江苏教育，2018（25）：48-51.

续表

册次	单元	板块	内容	形式
六下	Unit 2	Story Time——Think and Write	好习惯笔记便笺	列表
	Unit 3	Story Time	食物金字塔	图表
		Checkout Time	食物占比图	饼图
	Unit 4	Checkout Time	教室守则	列表
	Unit 5	Fun Time	生日派对	邀请函
	Unit 6	Checkout Time	暑假计划	表格

由表4-6可知,教材中的非连续性文本形式非常丰富。它们契合教材内容,使其更加丰富,是试卷命题中非常重要的素材资源,不容忽视。教师要善于发现,充分利用教材中的非连续性文本,让试题与教材无痕对接,做到物尽其用和物超所值。

(2)试题设计分析

根据试题内容要密切联系教材重点的原则,在六年级下册第五单元的测试卷中,可以选用教材中的生日邀请函,设计以下试题(如图4-22所示)。

【例1】

1. Is the party on Saturday? _____

2. When is it going to begin? _____

3. Where is the party? _____

4. Who is going to the party? _____

5. What are you going to bring to the party? _____

图 4-22 问题设计样例

回答问题是最传统的阅读理解测试方式。阅读测试应该既涉及信息辨认能力、信息转述能力、篇章逻辑能力、语用功能理解能力、文章主题、作者写作意图等多个方面的考查，同时还必须包括字面阅读能力、推理阅读能力和形象阅读能力的考查，体现不同的层次。[①] 例 1 中有些问题的答案可以直接在邀请函中找到（如问题 1、2、3、5），考查学生的信息辨认能力。有些问题的答案则隐含在邀请函所提供的信息内，比如问题 4 中，邀请函的受邀对象是同学、朋友还是老师，此问题没有标准答案，具有开放性，学生可以根据现有信息进行分析和初步推理，考查其解决问题的能力。对于非连续性文本的阅读测试是以获取信息为终点，而应有更高层级的目标，即能对现有的信息进行整合和推理，从而得出结论来解决问题，这是现实生活中阅读必须具备的能力。

2. 源自板书

（1）课堂板书与阅读测试

大多教师在执教"Story Time"板块时会精心设计板书，采用思维导图或表格来呈现清晰的逻辑关系，帮助学生梳理语篇脉络，为学生复述语篇提供支架。这种非连续性文本在新授课中起到了重要的作用，在测试中的功能亦不容小觑。在试卷中引入板书作为阅读文本，能够体现教学和测试相呼应的原则。教师要把握好测试与教学之间的良好的"伙伴"关系，充分发挥其对教学的正面效用。[②] 试卷上呈现板书，必然会引起学生和教师的重视。对于小学生来讲，思维导图逻辑关系清晰，符合他们以形象思维为主的年龄特点，

---

① 鲁子问. 中国标准化考试的死去与活来——标准化考试的政策性分析［J］. 湖北招生考试，2005（12）：12-16.

② 万琰. 谈小学英语试卷的编制［J］. 中小学外语教学（小学篇），2007，30（6）：28-31.

有了测试的指引，课堂上他们会对相关内容给予更多的关注。对于教师来讲，课堂上要抓住呈现板书的时机，有侧重地教会学生读懂思维导图和表格，明晰其中的逻辑关系，给予学生读题和解题策略的指导。

（2）试题设计分析

【例2】

仔细观察图片（如图4-23所示），根据所提供的思维导图将短文填写完整，每空一词。

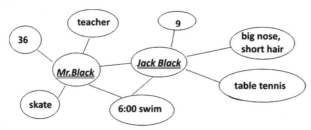

Mr. Black is our English _____. He is 36 years old. He's JackBlack's _____. He can _____ and swim. Jack Black is acute _____. He's only _____ years old. _____ noseis _____ and his hair is not _____. He can play _____ _____ well. Mr Black and Jack often go swimming _____ six in the afternoon.

图4-23　变式思维导图

（参考答案：teacher，father，skate，boy，nine，His，big，long，table，tennis，at，o'clock）

上述变式思维导图（4-23）涵盖了四年级上册表达年龄、职业、技能、外貌、业余爱好等交际用语。有关 Mr Black 和 Jack Black 的职业、年龄、技能等题目考查学生信息辨认能力。但要辨别 Mr Black 和 Jack Black 两者之间关系，需要认识到几条信息之间的关系，才能得到图中没有明确陈述的答案，这主要考查学生的信息转述的能力以及对新信息做出判断和逻辑推理的能力。题目设置由易到难，使学生由简单地阅读到获取直接信息阅读，再到归纳分析式的深层阅读。

阅读理解试题中，题目的设置应尽可能包括细节题、整合信息题、推理判断题、猜测词义题、概括主旨大意题等。命题者应避免题目设置表达简单，考查类型过于单一，仅对阅读认知维度中的一个方面进行考核。①

3. 源自单元话题的拓展

（1）单元拓展话题举例

教材中有许多还原生活场景的话题，如生病就医话题可以延伸为阅读药品说明书的练习；制订旅行计划，必然要求看懂火车票、飞机票、地图等；商店购物场景会涉及读懂发票和保修单上的文字和数据信息。随着时代的发展，进口药品、电器到处可见，若不能读懂配套的全英文说明书，轻则可能贻误病情，或错误操作导致电器损坏，重则关乎生命安全。将此类文本选入试卷中，不但能让学生感受到英语学习与生活息息相关的信息，更能让学生在英语阅读中体会到成功的喜悦和学习的价值。教师要链接课堂与生活，为学生创造更多接触非连续性文本的机会，突出英语学习"学用结合"的理念。

（2）试题设计分析

五年级下册 Unit4 Seeing the doctor 的单元测试卷中可以采用药品说明书作为阅读理解测试的文本。

【例3】

阅读下面的药品说明书，并完成之后的五个选择题。

John is 12 years old. He has a bad cold and coughs day and night. He goes to see the doctor. The doctor gives him some medicine and asks him to follow the instructions.

Instructions	
Shake it well before use.	
Take it three times a day before meal.	
Age	Dose
over14	2 teaspoonfuls（勺）for each time
8-13	1 teaspoonful for each time
4-7	1/2 teaspoonful for each time
Not for children below（低于）the age of three. Put it in a cold place.	
Use it before 1st December，2019.	

---

① 史宜橙．浅谈小学英语阅读理解命题策略［J］．小学教学研究，2016（13）：63-64.

(   ) 1. John should _____ before he takes it.

         A. shake the medicine well   B. eat dinner   C. drink a cup of tea

(   ) 2. John should take it _____ a day.

         A. 2 teaspoonfuls   B. 3 teaspoonfuls   C. 1 teaspoonful

(   ) 3. When children are_____ years old，they cannot take the medicine.

         A. eighteen   B. six   C. two

(   ) 4. John should _____ the medicine after 1st December，2019.

         A. throw away   B. take   C. keep

(   ) 5. What can we know from this passage?

         A. We should do more exercise.

         B. We should take medicine according to（按照）the instructions.

         C. We should take more medicine.

（参考答案：1. A；2. B；3. C；4. A；5. B）

选择题是阅读测试中最为常用的试题类型。设计选项时应重点考虑如何设计干扰项。与词汇和语法类测试题不同，阅读理解考查的是考生对一篇材料的理解能力，因此阅读理解干扰项的设计所依据的不是句法结构而是考生在阅读过程中可能出现的差错。[①] 比如，上例中第 2 题的干扰项 A 和 C 是利用学生对信息的错误判断而设计；第 5 题的干扰项 A 和 C 是利用学生的生活经验对信息产生的错误联想而设计。同时需要注意的是，虽为小学阶段，在词汇量和句型累积量不多的情况下，还是要避免设计无须学生阅读文本、根据常识就能确定或排除的选项；避免设计上一道题的选项直接或间接提示下一道题的答案；避免设计不具有干扰性的选项。

三、非连续性文本的选用策略

1. 多做减法，调整难度

教师在生活中找到非连续性文本素材并不难，如广告、海报、电影票、飞机票等，但大部分现成的文本难度高于学生的知识储备。生词多、句型难会给学生造成很大的困扰，使其阅读兴趣大大降低。教师要对现有的素材加以改编，做一做减法，调整阅读难度：根据学生的语言能力、认知水平以及文本内容，对单词和句式做必要的调整，并设计有梯度的问题。难易度适中的题目更能考查学生真实的阅读水平。

---

① 鲁子问. 中国标准化考试的死去与活来——标准化考试的政策性分析 [J]. 湖北招生考试，2005（12）：12-16.

2. 比例适当，有所侧重

建议同一张试卷上连续性文本和非连续性文本两者兼有，但要注意比例，有所侧重。为了多角度锻炼学生的阅读能力，可以从出题方面入手：连续性文本多从主题、情节、人物、情感方面出题，考查学生的理解、想象、推理等理解文本和探索深层意义的能力；非连续性文本多从文本所包含的信息角度出题，考核学生获取、概括与运用信息的能力。① 连续性文本和非连续性文本的考查角度不同，两者互补，可以使学生的思维品质在不同类型的文本阅读中得到锻炼。

3. 反哺课堂，渗透方法

在试卷中加入非连续性文本的阅读能力考查，可以充分发挥测试对教学的促进作用，促使教师在课堂教学中关注非连续性文本的教学，渗透阅读和解题方法的指导，有侧重地让学生学会读图、看表，明晰图表间的内在逻辑关系和信息关系，厘清非连续性文本的主要信息链和信息点，调动学生各种心智技能，形成解答非连续性文本的能力，并在实践中形成非连续性文本的解读和应对策略。②

四、结语

《义务教育英语课程标准（2011年版）》指出，教师要在英语教学中，培养学生用英语获取信息、处理信息、分析问题和解决问题的能力，形成有效的英语学习策略，发展学生的自主学习能力。将非连续文本引入试卷阅读题中，不仅可以增加阅读材料的题材和体裁，丰富话题的内容和表现形式，扩大学生的阅读视野，发展学生多方面的阅读技能，引导他们阅读多样化的文本，提高他们在不同情境下灵活选择阅读策略的能力，而且能促进教师在教学中建构有效的教学策略，加强阅读指导，为培养学生符合现代社会实际需要的阅读能力助力。

例谈小学英语故事教学课内外整合策略

何 娇

【摘 要】故事教学是小学英语教学的重要内容之一。本文结合具体的课

---

① 祝新华. 侧重评核选取与运用信息的能力——阅读测试文本的选用［J］. 课程·教材·教法，2012，32（10）：60-66.

② 唐媛. 汉英口译异化趋势及其限度探微——以习近平主席讲话中的中国特色词为例［J］. 上海翻译，2018（5）：30-34，94.

例阐述了有效进行小学英语故事教学课内外整合的一些策略：通过"概括"和"验证"，让学生了解五大"故事元素"。随后，通过"还原"和"创造"，引导学生习得丰富故事的方式方法，了解故事的主要结构；接着，通过"赏读"和"运用"，进一步帮助学生巩固学到的方式方法；最终，引导学生们在课外用习得的方式方法去丰富更多的故事，从而提升学生的综合语言运用能力，让学生爱上阅读、享受阅读。

【关键词】 小学英语　故事教学　课内外整合

所谓故事教学就是以故事为载体，利用学生对故事的热爱，来激发学生学习的兴趣；通过学习故事、阅读故事、表演故事等方式，来培养学生的自主学习和会话交际等能力。

故事教学适合小学生的年龄特点和心理特征，他们喜欢读故事，有兴趣地去读故事，这便有了习得知识的内在动力。故事教学能够培养小学生的听、说、读、写等多方面的能力，有利于培养学生的想象力、创造力、表演模拟能力，以及用语言进行思维的能力，能够给学生提供大量的、真实的、自然的语言输入，帮助其更好地习得语言、运用语言，促进语言能力的提高。

纵观八册教材，我们发现其中四册的第一单元都是故事，分别是 *Goldilocks and the three bears*、*Cinderella*、*The king's new clothes*、*The lion and the mouse*。这四个故事中有寓言故事、童话故事等，它们都有出处，都是在原版故事的基础上简化而来的。于是对比原版故事，我们会发现这几个故事的情节都被大量地缩减了，语言不够丰富，内容不够充实。在实际教学过程中，大多数老师仅仅局限于书本上的简化版故事，按照书本上的内容进行故事教学，导致学生们无法真正认识到原版故事的完整与丰富。学生习得语言的范围窄了，运用语言的空间小了，语言能力就无法得到充分的提升。基于此，我们认为应该引入合适的课外资源，用课内外整合的方式来进行故事教学，从而提供给学生们更多的习得语言的机会、更大的运用语言的空间，从而更好地促进学生语言能力的提高，提升学生的认知深度和广度，从而让他们爱上阅读、享受阅读。

近期，笔者就"小学英语故事教学课内外整合"这一课题进行了实践研究，并尝试挖掘各册教材中的共通点来组织教学内容。

一、故事元素的概念化——"概括"和"验证"

学生喜欢故事，乐于学习故事，而如何让故事教学变得更加丰满呢？实践发现，可以利用故事元素开展有效的教学活动，从而将简单的故事变得丰富、有趣，同时又能使其完整、有意义。

故事元素包括：背景（setting）、角色（characters）、事件（event）、问题（problems）以及解决办法（solution）。故事的情节模式很像音乐的乐段结构，中段的一个事件或一组事件是可以重复的。因此，在实际的故事教学实践中，便将其中的事件元素称为情节（plot），而把情节中各种不同的事件称为"e-vent"。故事的五个元素既可以是学生分析故事和复述故事的工具，也可以是学生改编和创作故事的抓手。①

本节课，笔者首先引导学生认知"何为'故事元素'"。具体教学策略为"概括"和"验证"。

[教学片段 1]

T：Boys and girls，please guess what story is it according to my clues？

S：That's *The king's new clothes*.（如图 4-24 所示）

T：I'll give you some key words. Can you say more about this story by using these key words？（liked/visited/showed/walked/laughed）

S：Long long ago，there was a king. He liked new clothes. Two men visited him to make new clothes for him. They showed the king his new clothes. The king walked through the city in his new clothes. A little boy laughed at him. The king wasn't wearing anything.（如图 4-25 所示）

（笔者随后带领学生仔细分析这段故事梗概，逐一引导学生概括出五个故事元素）

[分析与思考]

概括策略：课堂伊始，在简单的师生交谈之后，笔者便通过与故事相关的物品（针、衣架），引导学生猜出是哪个故事。接着给出关键词引导学生概括出 *The king's new clothes* 这个故事的内容梗概，达到复述故事的目的。随后，再将内容梗概进行提炼，概括出其中包含的"故事元素"，即背景（Setting）、角色（characters）、情节（plot）、问题（problems）以及解决办法（solution）。这些环节是引导学生从具体的故事梗概中概括得出故事元素的过程，教师引导学生将这五个故事元素进行归纳呈现（如图 4-26 所示），使学生对五大故事元素有了初步的认知。

---

① 何嘉敏. 运用故事元素开展小学英语故事教学的实践［J］. 中小学外语教学（小学篇），2018，41（6）：52-55.

图 4-24 物品引导图

图 4-25 故事梗概

图 4-26 故事元素

[教学片段 2]

T：Boys and girls，please guess what story is it according to my clues？

S：That's *Cinderella*.

T：Just now，we learned the five story elements. Now，according to these elements，can you answer the questions about *Cinderella*？Q1：What does Cinderella want to do？Q2：Who bullies her？Q3：Who helps her？Q4：Who loves her？

（这些问题是根据 setting、characters、plot、problems、solution 五个元素提出的）

S1：Cinderella wants to go to the party at the prince's house.

S2：Cinderella's stepmother and stepsisters bully her. So she cannot go to the party.

S3：The fairy helps her.

S4：The prince loves her.

T：Yes. And I combine all of your answers together. Then we have a short passage about *Cinderella*. （如图 4-27 所示）

[分析与思考]

验证策略：在初步认知了五个故事元素之后，笔者引入了第二个故事 *Cinderella*，同样是先通过与故事相关的物品（金发、水晶鞋），引导学生猜出是哪个故事。随后，便引导学生以头脑风暴的形式，回答与"故事元素"相关的五个问题。Q1：What does Cinderella want to do？这是关于"背景（setting）"的问题。Q2：Who bullies her？这是关于"问题（problems）和角色（characters）"的问题。Q3：Who helps her？这是关于"解决办法（solution）和角色（characters）"的问题。Q4：Who loves her？这是关于"角色（character）"的问题。当然，这四个问题也都是关于"情节（plot）"的。最后笔者将学生给出的答案进行整合，形成 *Cinderella* 的故事梗概，这一步是引导学生对"故事元素"进行验证的过程。通过验证，学生加深了对五个"故事元素"的认知。

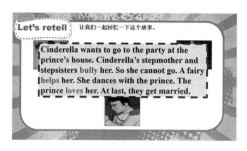

图 4-27 例题图 9

二、故事情节的生成化——"还原"和"创造"

书本上的故事都是原版故事的简化版本，其中难免丢失了一些故事情节，使得故事不够完整、不够生动。因此，我们可以尝试生成一些合理的故事情节来丰满这些故事，从而培养学生的综合语言运用能力。具体教学策略为"还原"和"创造"。

[**教学片段 3**]

T：Can you answer these questions? Q1：Why was Goldilocks in the forest? Q2：Why was the house empty? Q3：What did the bears say when they came home? Q4：What happened at last?（如图 4-28 所示）

S：Sorry，I can't answer these questions.

T：We can't find the answers in our English book. But today，I bring a complete story. Let's read it and you'll find the answers.（如图 4-29 所示）

T：One day，Goldilocks played in the garden. She saw a lovely rabbit and ran after it. Then she was lost in the forest. There were three bears in the forest——daddy bear，mummy bear and baby bear……

（笔者还原了故事的开头部分，并带领学生阅读，了解故事的背景）

[**分析与思考**]

还原策略：书本上 *Goldilocks and the three bears* 的故事并不完整，很多情节并未交代，如：Why was Goldilocks in the forest? Why was the house empty? What did the bears say when they came home? What happened at last? 于是笔者尝试以这几个问题为线索，将 *Goldilocks and the three bears* 这个故事进行还原，还原内容主要为：金发女孩由于追逐一只兔子，误闯入森林，迷了路，而恰巧三只熊在等粥变凉的间隙决定出去散步。金发女孩误打误撞来到了三只熊的住所，并未经允许闯入了他们的家，并喝了他们的粥。这一段开头的还原，使得整个故事的背景介绍变得清晰丰富。教师随后继续引导学生往下阅读这个相对完整的故事，渐渐走进故事的主体部分。

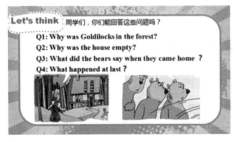

图 4-28　例题图 10

图 4-29　例题图 11

[教学片段 4]

T：Goldilocks saw three chairs in front of the fireplace. What did she think?

S1：It is too high. It is too soft. It is just right.

T：Now Goldilocks was feeling tired, so she climbed the stairs up to the bedroom. She found three beds. What did she think?

S2：It is too hard. It is too soft. It is just right.

T：Great! Please observe these sentences, and choose the right answers to these questions.

S2：These sentences are allinner monologues.

S3：These sentences are similar sentences.

T：Yes. In a story, we can usesimilar sentences to describe inner monologues. （如图 4-30 所示）

T：Downstairs, the three bears had returned home. They knew immediately that someone had been in their cottage. The three bears saw the porridge bowls on the table. What did they say? Then the three bears saw the chairs by the fireplace. What did they say? Next, the bears climbed the stairs up to their bedroom. What did they say?

（学生根据情节发展依次回答这些问题）

T：Please observe these sentences, and choose the right answers to these questions.

S1：These sentences are alldialogues. （如图 4-31 所示）

S2：These sentences are all repeated sentences.

T：Yes. In a story, we can also userepeated sentences to describe dialogues.

T：Look at these words.

S3：They are all adverbs.

T：Yes，and they can make the story more vivid.

[分析与思考]

创造策略：在还原故事的同时教师可以引导学生对故事进行进一步的创造与再构。在阅读到金发女孩进入三只熊的屋子后的心理活动片段时，除了书上已有的情节外，笔者引导学生多创造了一个情节，即金发女孩看到壁炉旁三张椅子时的心理活动。待到多个情节中的内心独白一一呈现之后，笔者引导学生观察这些句子，如：It is too high. It is too soft. It is just right. /It is too hard. It is too soft. It is just right. 等。引导学生通过回答与之相关的问题，习得丰富故事的一个方法，即我们可以用相似的句子来描述角色的内心独白。在阅读到三只熊散完步回家看到家中变化后的对话片段时，笔者再次引导学生观察三只熊的对话语句，如：Someone's been eating my porridge. /Someone's been sitting in my chair. /Someone's been sleeping in my bed. 等。引导学生通过回答与之相关的问题，习得丰富故事的另一个方法，即可以用同样的句子来表达角色间的对话。

与此同时，笔者进一步引导学生观察在三只熊内心独白和对话的篇章部分文本用到了多个副词，如 loudly、angrily、sadly 等。然后告诉学生不同的副词能形象地表达不同角色的不同心情和语气，它们就像是"调味剂"，使得这个故事变得更加生动有趣。

这些创造，不仅使故事变得更加丰富生动，更是教授给了学生丰富故事的方法和技能。

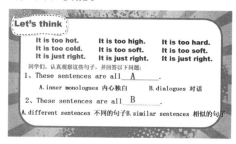

图 4-30　例题图 12

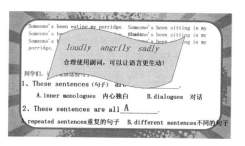

图 4-31　例题图 13

[教学片段 5]

T：After reading the whole story，can you answer these four questions?

S1：Yes，I can.

T：Yes. Q1 tells us the beginning of the story. Q2 and Q3 tell us the body of the story. Q4 tells us the ending of the story. They are the three main parts of a story.

[分析与思考]

在故事还原之后，一个相对完整的故事便呈现在学生面前。笔者再次引导学生回答阅读前提出的四个问题，学生一一做出了回答。接着，笔者告知学生这四个问题的答案其实就交代了这个故事的"beginning（开头）""body（主体）""ending（结尾）"三大部分，这便是故事的主要结构。笔者将这个结构在板书上加以呈现，让学生有更清晰的认识。通过阅读故事、习得方法、理解结构，学生为接下来的学习做好了准备。

三、故事表达的技能化——"赏读"和"运用"

在习得了丰富故事的方法以及故事的主要结构之后，学生开始在笔者的引导下尝试用所学知识来表达故事、丰富故事。具体教学策略为"赏读"和"运用"。

[教学片段6]

T：Boys and girls，now you know the ways to make a more complete and vivid story. So now let's try to make the story *The lion and the mouse* more complete and vividly. I'll give you some help. Try to fill in the blanks，please.（如图4-32至图4-34所示）

T：Two men caught the lion with a large net. The lion shouted loudly. Some animals came to help him. The first animal is the monkey. What did he say and what did he do? The second animal is the snake. The third animal is the elephant.（学生随着情节变化，根据故事插图，初步尝试丰富故事，同时扮演不同的角色朗读故事）

[分析与思考]

赏读策略：笔者选择 *The lion and the mouse* 这一故事来引导学生进行赏读和初步尝试，逐步领着学生用所学来表达这个故事、丰富这个故事。书本上的这一故事，主要角色就是 lion 和 mouse。为了丰富故事情节，笔者加入了多个动物主角，如 monkey、snake、elephant，学生扮演这些角色与狮子之间发生对话，这种角色性的扮演使得学生有了更强的故事代入感，因此故事变得更加丰富生动了。在这一过程中，学生尝试用 similar sentences（相似的句子）或 repeated sentences（重复的句子）来表达不同角色的 inner monologues（内心独白）和 dialogues（对话），尝试用不同的副词 loudly、sadly、confidently

来描写不同角色的不同心情和语气。在丰富这个故事的同时，教师还引导学生扮演不同的角色，用不同的语音语调来朗读这个故事，感受丰富之后的故事的生动有趣。

这一过程既是教师带领学生们赏读这个故事，更是在为学生们进一步巩固所学，从而为接下来放手让学生们自己丰富故事做铺垫。

图 4-32　例题图 15

图 4-33　例题图 16

图 4-34　例题图 17

[教学片段 7]

T：Now it's your turn to make a more complete and vivid story. Please discuss in groups, and the materials in the envelopes can help you. （如图 4-35 和图 4-36 所示）

T：（About *Cinderella*）Before the parade, the king sent his faithful servants Fred and Ted to check on the progress of the cloth. Try to finish this part.

（About *the king's new clothe*s）The prince picked up Cinderella's glass slipper from the steps and declared "I will marry the girl whose foot fits this slipper ." Try to finish this part.

（学生小组讨论，将 *The king's new clothes* 和 *Cinderella* 这两个故事中的特定片段进行丰富扩充）

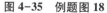
图 4-35　例题图 18

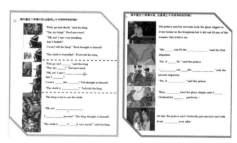
图 4-36　例题图 19

[分析与思考]

运用策略：这一环节，便是放手让学生们自己进行小组创作的阶段。由于课堂时间有限，笔者要求学生拿出信封中事先准备好的一些材料，根据提

供给他们的 *The king's new clothes* 和 *Cinderella* 这两个故事的模板，小组讨论，结合所学，加上自己的创造来丰富这两个书本上的故事。笔者提供的模板比之前丰富 *The lion and the mouse* 时给出的模板要更为简略，要学生填充的内容更多，对学生的能力要求就更高了。但是，学生们有了前期的不断积淀之后，较为顺利地完成了此项任务，也进一步巩固了所学，同时也很好地培养了学生合作学习的能力。

接着，笔者继续引导学生将他们丰富后的故事，以小组合作表演的方式展示出来。在表演的过程中，学生进一步感受到了丰富之后故事的丰满和生动。

这堂课，学生通过复习已学的两个故事，对故事元素有了认知；通过欣赏还原后的故事，习得了丰富故事的方式方法，了解了故事的主要结构；通过赏读尝试、小组创作环节，进一步巩固了学到的方式方法。相信通过这堂课的学习，学生们定能用习得的方式方法去丰富更多的故事，从而提升自己的综合语言运用能力，让自己爱上阅读、享受阅读。

（四）古诗文微翻转

语文素养视角下的小学古诗词教学策略

邹　莉

统编版语文教科书增加了传统文化的篇目，其中，小学一到六年级的 12 册语文教科书中就编入古诗 132 首，占课文的 30%。我们必须深刻领会和准确把握这一变化的精神实质，充分利用教材，整合教学资源，优化教学策略，提升教学实效。

策略一：聚焦主题，求同存异明立意

融合主题，促进高效。在语文教科书中，古诗往往是分门别类后以《古诗两首》或《古诗三首》的形式出现的，教师可充分利用教材编排的特点，将主题近似的两首或三首古诗有机融合，进行整体构建，实现"1+1>2"或"1+1+1>3"的教学效果。例如，统编版语文教科书三年级下册第九课《古诗三首》中组合了三首古诗：《元日》《清明》和《九月九日忆山东兄弟》。教学中，教师可抓住教材的编排特点引导学生发现这三首古诗的共同之处，即都是以中国传统节日作为创作主题的诗歌，再通过朗读、交流感受中国传统节日的丰富内涵和迷人魅力。在教师的引导下，学生渐渐明白每个不同的节日主题与场景都会触发诗人的诗情，而这些脍炙人口的诗作便是诗人将无限诗情诉诸笔端的成果。再经过层层分析、抽丝剥茧，学生对每首诗所表达的不同主题也更加明晰：王安石的《元日》以老百姓过春节时燃放爆竹、饮屠苏酒、换新桃符这些典型的传统节日习俗渲染辞旧迎新的欢乐气氛，表达对一元复始的美好祝愿；《九月九日忆山东兄弟》一诗则抒发了诗人重阳节客居他乡登高望远时，胸中无穷无尽的中国式乡愁；《清明》一诗则描绘了细雨纷飞的清明时节，诗人孤身一人匆匆赶路，心中愁绪万千的情景，表达了诗人欲借酒消愁慰藉心中苦闷的复杂情感。

在这一过程中，教师启发学生从共性到个性，从整体到局部，由浅到深思考。学生在深入探究中充分感受中国传统习俗的魅力，充分感知诗人蕴含在诗句中的丰富情感，诗人情感在诗作中，拓宽语文学习视野，提升语言思维能力。思维能力也得到提升，视野得到延展。

紧扣主题，拓展迁移。古诗教学中，利用拓展迁移将课外的古诗引进课堂，或同题材，或同诗人，或同意境，通过阅读比较，可以开阔学生的文学视野，积累更丰富的阅读经验，提高古诗鉴赏能力。例如在教学统编版教材一年级下册《忆江南》一诗时，便可引入《江南春》这首诗。这两首诗有异有同，相同的是这两首诗都是描写了江南的春景，但略有不同。前者抒发了白居易对秀丽江南的美好回忆及眷恋之情，不仅描写了江南的大好春光，还描写了寺庙兴衰的景象，寓情于景，表达诗人对历史更替的概叹。把这两首诗放在一起让学生诵读、感悟，可以使之在比较中发现诗的异同，进一步加深对古诗的理解。同时，鼓励学生课后搜集其他描写江南美景的诗词，以制作主题小报或古诗诵读会等形式进行交流，丰厚其人生底蕴。

策略二：聚焦表达，激活思维解诗情

巧用补白，品诗情画意。教师可以巧妙利用古诗中的留白，引导学生张开想象的翅膀，对诗歌进行合理补白，去勾勒诗人言已尽而意无穷的生动画面，体会诗人言简意赅而意蕴悠长的绝妙之处。例如，教学统编版五年级下册《寻隐者不遇》一诗时，笔者巧妙运用诗中的留白，紧扣"问"字做文章，引导学生合理推理：诗人与童子一共进行了几次对话？每次都说了些什么？教师引导学生想一想、读一读、议一议，揣摩诗人与童子在三问三答之间的心情的变化：由"满怀希望""失望""燃起一丝希望"到最后"彻底失望"。

巧用比较，促语感提升。教师可带领学生对诗作进行反复比较，在朗读体会中解开诗人的心灵密码，获得更高的审美感受。例如，在教学《清明》诗时，可将诗歌进行改写："清明雨纷纷，行人欲断魂。酒家何处有，遥指杏花村。"出示后引导学生将改写后的诗与原作进行比较。删去"时节"二字后，"清明雨纷纷"中的"清明"产生了歧义，既可以认为是"清明节"这个中国的传统节日，也可以认为是指导农事的二十四节气之一，删去"借问"二字后，觉得诗人问路不打招呼，没有礼节。改成"五言"后，诗的节奏也发生了变化，不如"七言"那么音韵起伏、意味深长。在这样的朗读比较中，教师让学生体验诗歌的音律美，明白诗句的平仄中暗含了诗人所要表达的情绪。

策略三：聚焦诗眼，融入意蕴悟诗境

诗眼是诗词中最凝练传神一个字词或体现全诗主旨的关键性句子，是诗词的点睛之笔。在古诗教学中，引导学生紧扣"诗眼"深入品味诗词所包含的意蕴情味，古诗教学将变得更加曼妙而灵动。如教学柳宗元的《江雪》诗，"独"为全诗的"诗眼"，教师引导学生从"鸟飞绝""人踪灭""孤舟"等词展开联想，在脑海中勾画出一幅清幽的"江上独钓图"。教学中，教师抓住"独"字细细品味，让学生体会诗作的绝妙，简简单单的 20 个字不动声色地将诗人远离尘世、超然脱俗、清高孤傲的理想人格和仕途失意依然顽强不屈的精神状态刻画得淋漓尽致。

策略四：聚焦背景，穿越时空知诗人

诗人处在不同的时代背景和文化背景下，感触不同，内心世界、人生态度都不一样，创作风格也完全不同，或托物言志，或借景抒情。如果将学生带到诗人当时所处的背景之下，学生将会更加真切地体悟诗人当时的真实情感世界，领悟诗歌真正的内涵精神。

教师要坚持单元重点目标统领，运用系统思维组合教学内容，科学规划教学路径，精心预设、巧妙点拨，引导学生去发现、探究、感悟，品味古诗词凝练瑰丽的语言，领略中国古典诗词的精髓，培养文学鉴赏和审美能力。

（五）绘本心理

为了每一个儿童的快乐成长
——无锡市梅村实验小学心理健康教育纵览

沈　苹

【摘　要】无锡市梅村实验小学作为一所百年老校，坚守"为了每一个儿童设计课程"的教育理想，致力于每一个儿童的全面发展、健康发展和个性发展，特别重视学生的心理健康教育。梅村实小的心理健康教育以心育活动常态化、心育课程建设精致化和心育教师队伍建设团队化为抓手，实践"为了每一个儿童的快乐成长"的心育理念。

【关键词】心理健康教育　绘本心理课　积极心理学

无锡市梅村实验小学创办于1913年，是无锡市首批省实验小学之一，历史上名人辈出，国学大师钱穆、中科院院士钱令希、音乐理论家钱仁康等蜚声海内外，是一所名副其实的百年名校。

梅村实小以"立德树人、注重内涵"为学校的发展哲学，牢记"立德、立业、立贤、立功"之校训，坚守"为了每一个儿童设计课程"的教育理想，致力于每一个儿童的全面发展、健康发展和个性发展，形成了鲜明的办学特色，成为江苏省"内涵丰富、质量上乘"的学校。

学校历来高度重视学生的心理健康教育，近年来，学校先后荣获"江苏省德育工作先进学校""江苏省中小学心理健康教育特色学校"等荣誉。

我校的心理健康教育以心育活动常态化、心育课程建设精致化和心育教师队伍建设团队化为抓手，实践"为了每一个儿童的快乐成长"的心育理念。

一、心育活动立体深入，形成常态化

心理健康教育是我校的一项常规教育，围绕心理健康教育，我们开展了一系列丰富多彩、立体深入的活动。

幸福小屋——倾听学生的心声。学校自2004年起就建立了幸福小屋作为学生的心理活动室，采用预约的方式，定期为学生疏导心理问题。此外，还聘请校外专家对个别学生采用更专业的心理辅导，如沙盘游戏疗法、催眠治疗等。环境优雅的心理咨询室，为开展心理辅导提供了一个安静宽松、和谐舒适的场所。

心灵之声广播——打开心灵之窗。学校面向全校师生开播了"心灵之声"广播，每月一次的广播每次都会围绕一个主题与师生们分享一些心理故事，使学生在潜移默化中获得心灵的滋养。

苹果信箱——架起沟通的桥梁。针对许多学生胆小羞怯，有问题也不敢进咨询室的心理，"苹果信箱"给了学生一个更私密的倾诉平台，学生有任何心理困惑，都可以通过写信的方式投进"苹果信箱"，心理老师会通过书信的方式帮助学生答疑解惑。

《心海扬帆》校报——哺育精神的食粮。2012年年末，学校出版了第一期校报，这份校报分"通讯报道""快乐成长""苹果信箱""漫画心情"四个版面，以及中缝的"心理小笑话""心理名言"，为全校师生以及家长奉上了一桌心理的饕餮盛宴。

心理健康月——统筹规划，为孩子快乐人生奠基。本着以学生身心健康发展为目标的原则，学校于每年5月份开展心理健康月活动。整整一个月，学校围绕学生的心理健康开展一系列的活动，包括每周一次的"心灵之声"广播、"苹果信箱"微视频展播、优秀心理电影展映、《心海扬帆》校报阅读交流会、"走进快乐季"黑板报评比、精品绘本书籍漂流、无锡市流动图书馆的心理辅导老师现场咨询以及团体心理辅导、"爱的教育"绘本心理幸福课现场展示活动、专家讲座，等等。

回顾这些年来学校的心理健康教育工作，我们始终坚守岗位，脚踏实地地为每一个孩子能够健康快乐地成长提供专业的服务。

二、绘本心理独树一帜，课程精致化

1. 绘本心理课的研究历程

2012年，在一次市级心理健康教育研讨活动中，学校心理团队通过反复磨课，最终决定让沈苹老师尝试以绘本《葡萄》为主线贯穿整个课堂展开教学，学生通过闯关活动——爱的滋味、爱的密码、爱的魔力，发现爱、表达爱、传递爱。这是绘本心理课的第一次亮相。

2013年，沈苹老师在江苏省首届心理健康课堂教学比赛中，又一次成功地运用了绘本《獾的美餐》展开心理健康教育。她把绘本和体验活动结合在一起，让学生在收获一个感人故事的同时，也发现了自己身边的"美餐"——自己、亲情和友情，自然而然懂得了要珍惜拥有。这堂课学生从绘本故事中明白了道理，在活动体验中收获了成长，获得了与会老师和评委的一致好评，最终获得了一等奖。这更加坚定了我们把绘本与心理健康教育结合起来的信心。

从2012年年底探索至今，学校的团队一直走在绘本心理课的实践中。学校每学期至少开展一次跨校际或者跨区级教学研讨活动，通过"请进来，走出去"的课堂研讨，不仅带动了本校老师积极参与，还扩大了影响范围。同时，学校的绘本心理还积极辐射到其他各区，多位老师的绘本心理课在本区以及其他区的心理活动中进行展示。同时，每一次活动中还邀请市区级专家进行指导，给予专业的引领和实实在在的帮助。通过这些年在绘本心理课这个领域的持续深耕，我们不仅提高了理性认识，还积累了许多高质量的案例，更重要的是让一批又一批学生获得了实实在在的滋养，培养了许多专业又敬业的心理教师。

2. 构建完整的课程体系

小学高年级阶段，儿童的自我意识有了新的变化，抽象逻辑思维逐渐发展，辩证思维也初步发展起来，他们开始摆脱对外部控制的依赖，逐渐发展了内化的行为准则来约束自己的言行，他们的自我意识达到了一个新的水平。此时，绘本心理健康教育课的出现，让孩子在活动中去触摸自己内心的感觉，去体验自己最真实的感受，潜移默化中就会形成相对积极的心态与健康的心理品质。

我们认为心理课不仅仅是要解决学生的问题和帮助有问题的学生，更重要的是提升全体学生的心理品质，让他们获得积极的心态，所以我们以积极心理学的理论为基础，确定了积极自我、积极情绪、积极关系、积极应对、积极成长这五大主题。具体见表4-7。

表4-7 绘本心理课

主题	序号	主题	推荐绘本
积极自我	1	生命真奇妙	《小威向前冲》
	2	我知道我是谁	《我不知道我是谁》
	3	我很特别	《你很特别》
积极情绪	4	认识情绪	《我为什么快乐》
	5	接纳自己的情绪	《生气汤》
	6	追寻快乐的脚步	《大脚丫跳芭蕾》
积极关系	7	寻爱之旅	《葡萄》
	8	爱是付出，爱是陪伴	《爱心树》
	9	追寻友谊的真谛	《两棵树》
	10	老师，我想对您说	《我的老师是怪兽》
	11	珍惜拥有	《獾的美餐》
积极应对	12	成功从自信开始	《害羞的小哈利》
	13	换位思考，生活更好	《糊涂的蝙蝠》
	14	我要尝试	《勇气》
	15	倾听的艺术	《大熊有个小秘密》
	16	时间大发现	《奶奶的时钟》

续表

主题	序号	主题	推荐绘本
积极成长	17	我的责任我担当	《毛毛，丢丢和小小》
	18	宽容让我们更愉快	《搬过来，搬过去》
	19	享受过程	《失落的一角》
	20	生命如歌	《一片叶子落下来了》

五个单元20堂课基本涵盖了小学高年级学生的心理需求，可以每两周一堂课，用一个学年学完；也可以分散在高年级的四个学期中，根据班中学生的实际情况适当调整。

3. 确立以绘本为载体、以体验为主要学习方式的教学模式

在绘本心理课中，绘本不仅仅用于课堂教学的导入，很多时候是作为线索贯穿整堂课。绘本心理课的内核是体验式学习，每堂绘本心理课都会有两到三个体验活动。我们不仅参照了经典的心理活动，还借鉴了电视综艺节目中的活动，有时为了贴切主题还会自创体验活动。这些活动涉及面广，我们尽可能让每个学生都参与进来。因为我们发现，只有参与体验活动，学生的情感才会深刻，在情感共鸣的基础上才会产生道德认知的转变，进而自觉地改变自己的行为模式。体验学习中，学生的所有感觉器官都会被调动起来，亲身经历会在学生的脑海中留下深刻的烙印。

三、师资建设保驾护航，逐步团队化

提高教师的心理健康教学水平是保障心理健康教育正常、健康开展的重要条件。学校在心理健康教育方面，不断加强基础建设，提升师资能力，为学生的心理健康发展保驾护航。

1. 教师主动学习，成为课程的开发者

学校心理健康教育课程的开发历时 5 年，在此期间，一群热爱心理学、喜欢阅读绘本的老师们走到了一起，从无到有，从有到精，依靠每学期一次的课堂教学研究，完成了纯草根式的科研，用一堂堂凝聚着集体心血的绘本心理课，成功打造了梅村实小心理课程的研究特色——校本课程"绘本心理课"。

我校沈苹老师考取了国家二级心理咨询师的证书，她精益求精，又通过上海师范大学心理健康专业在职研究生的学习来提升自己的专业能力。她带领学校老师们建立了心理健康教育教研组，开展专业性强的培训和训练，使

得每一位心理健康教师都能初步拥有以心理学视角来解读学生行为的能力。正是有了教师观念的转变，才丰富了学生的学习方式，使得学生在课堂中以体验式学习为主。

2. 教师全情投入，化身课程的参与者

每一门课程，教师都是在实施时的引领者。教师的一言一行对学生都有着潜移默化的作用。通过绘本心理课，使教师在传道授业解惑的同时，自身也在感受着绘本心理课的无穷魅力。从一开始的备课、完善教案、查找相关资料、精心挑选教学内容，到每一次上课，和学生一起体验、分享，教师自己会感觉到一股积极的力量充满全身，对学生也会充满信心和希望，甚至和同事的关系也融洽了不少，行为处事更为乐观。

通过这些年在绘本心理这个领域的持续深耕，学校心理健康教育教师队伍不断发展壮大，取得了骄人的成绩，已经七次获得无锡市心理健康教育会课一等奖，一次获得江苏省心理会课一等奖。教师们每学期都参与了跨校、跨区的课堂展示活动，并在《人民教育》《江苏教育研究》《中小学心理健康教育》《江苏教育》《创新时代》等杂志上相继发表了相关论文，获得了累累硕果。

学校逐步建立了在校长的领导下，以班主任为主体、专兼职心理辅导教师为骨干、全体教师共同参与的心理健康教育工作体制。学校对每个教师都提出了重视对学生进行心理健康教育的要求，使教师树立关心学生心理健康的意识，努力创设和构建一个心理健康教育的良好环境，让学校的每一位教师都成为学生的良师益友。

为了每一个儿童的快乐成长，心理健康教育任重而道远，但只要坚持不懈地实践、循序渐进地开展，深耕细作、积累经验，我们坚信一定会赢来更加丰硕的成果！

（六）融合科学

基于学生个性发展的STEM课程的学校实践与探索

惠锋明

【摘　要】STEM课程需要面向全体学生，更需要照顾不同学生的兴趣和需求。在STEM课程的实践与探索过程中，基于"为每一个儿童设计课程"的个性化发展理念，学校以学习方式为抓手，形成了由点及面的一系列STEM课程，涵盖了面向全体的全纳性STEM课程和面向个别学生的个别化STEM课程，旨在通过多样化的课程选择和课程教学，让学生个性在深度上获得充分发展、广度上获得多元发展、整体上获得和谐发展，在与周围环境的交互中实现共生发展，同时有效推动教师的专业发展和学校的课程文化发展。

【关键词】STEM 课程　个性发展　校本开发

一、缘起

1. 学生个性的发展是学校"为每一个儿童设计课程"的理念追求

儿童是独特、多样而有差异的，课程应该努力去适应这样的儿童。学校"为每一个儿童设计课程"的理念就是如此儿童观和课程观的体现。在这一理念下，学校以保护和发展儿童的个性为前提，努力在课程目标、计划、内容、实施策略、评价等一系列连续的课程实践活动中，尽可能关注每一位儿童，并尽可能通过设计多样化的课程供每一位儿童选择、体验，最终指向儿童的个性生态发展。

2. STEM 课程的开发与实施是学校实现学生个性发展的重要途径

旨在面向全体学生、发展每一位学生 STEM 素养的 STEM 课程，强调在学生解决与 STEM 领域相关的真实问题的过程中，关注学习方式的丰富性、活动组织形式的多样性、评价方式的灵活性和学习环境的包容性，也即 STEM 课程同样要求在教育目的、教育过程和教育结果方面实施个性化。因而，学校将 STEM 课程的实践作为实现学生个性发展的重要途径之一。

二、学校 STEM 课程的实践

（一）构建平民化课程群，实施全纳性 STEM 教育

所谓平民化课程，是指围绕 STEM 教育理念，借助获取方便、价格低廉的材料和设备，通过形式新颖、易于实施的方式，开展着力于发展学生个性的 STEM 课程。但儿童个性的发展并非随心所欲、漫无目的的，需要有一个基本的规范。全纳性教学便是这样一种实践形态。全纳性教学由全纳教育发展而来，但已不再局限于特殊教育领域，而是指面向学校全体学生的教学。在实际行动中，学校的主要操作是确保 STEM 课程的开设与实施，同时又对 STEM 相关课程内容进行梳理，把基础的、核心的内容作为全纳性教学的内容，要求全体学生共同参与。

1. 订单式走班制项目型科技课程——校本课程的个性化开发

始于 2012 年订单式走班制项目型科技课程是学校从学生的个性化发展需求出发，与学生共同设计开发的面向全体学生的科技校本课程。订单即学生

通过订单选择自己需求的课程项目，走班即学生通过走班的形式参与不同课程项目的学习。项目则包含两层含义：其一，我们的科技课程包含多个项目。发展至今，已形成包含能工巧匠屋、数学测量坊等 10 多个项目在内的课程（如图 4-37 所示）。其二，不同项目课程的项目化实施。在不同的课程中，我们进行项目学习。每一阶段的学习都是一个项目，有明确的主题。或以完成某一任务为目标，或聚焦于驱动问题，学生在自己感兴趣的问题的驱动下展开新一轮的学习。

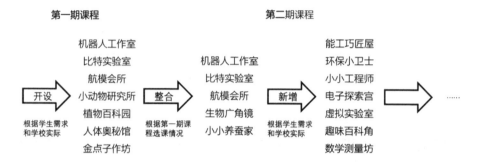

图 4-37 以学生需求为导向的项目型科技课程

2017 年，STEM 浪潮来袭，在前期工作的基础上学校被评为江苏省 STEM 项目试点学校。翌年，《江苏省基础教育 STEM 课程指导纲要（试行）》发布，指出项目化学习是 STEM 课程最重要的学习方式。而这与学校项目型科技课程的学习方式不谋而合。得益于此，诸多现有的科技课程项目或只需简单处理，或天然就是 STEM 课程项目。如虚拟实验室利用软件带领学生设计营养菜谱，建立一系列不同人每日补充不同营养的预测模型即是一个天然的 STEM 课程项目。学生利用软件模型可以进行不同的实验，以预测不同的人在摄取不同营养物质后对身体可能产生的影响。在活动过程中，学生会经历很多的问题解决过程，比如青少年一天需要多少能量？一个馒头、一碗饭提供多少能量？平衡膳食宝塔是怎样的？另外，学生还要经历数据的收集和分析，生成人体一日三餐的能量供给单式条形统计图，最终通过实验平台修正数据，设计一份合适的一周菜单。

在课程实施的过程中，学校聚焦于儿童主动参与课程的策略研究，为了充分激发学生内在的参与积极性，我们让学生全程参与科技课程的开发、实施和评价过程，并且通过选课、走班，体验"我的课程我做主"的课程获得感。在项目选班上，我们用横向换班和纵向持续研究两方面相结合的方式实行动态调整、滚动发展，给予学生充分的学习自主选择权。

2. STEM 综合实践活动——国家课程的校本化实施

开发校本课程并不意味着抛弃国家课程，相反，结合每年科技节，借助学校科技馆场地，学校开发了一系列面向全体学生的 STEM 综合实践活动课程，创造性地实施科学、数学等国家课程。目前，已开发的课程主要是三个类别五个项目，分别面向各年级全体学生。

"我与植物有个约会"——三年级"种油菜"和五年级"种大蒜"是结合每年植树节开展的植物种植类活动，内容主要来源于三年级科学"植物的一生"单元、五年级科学"不用种子也能繁殖吗"及五年级数学"蒜叶的生长"一课。两个项目的明线虽然都是种植，但前者偏向于应用教材中所学内容成功让油菜种子发芽，并在学完"植物的一生"单元后，带领学生回顾所学；而后者与数学学科整合，除体验植物另类的繁殖方式，更偏向于对数据的理性探究与分析。

"我是小小工程师"——四年级"造小船"和五年级"造房子"是学校每年科技节的固定项目，属于工程搭建类，内容分别来源于科学课中"让沉在水里的物体浮起来"和"造房子"一课。船是用来载人载物的交通工具，怎样利用橡皮泥等材料制作一艘美观、载重量又高的小船呢？这便是"造小船"这一活动的驱动问题。"造房子"则要求学生利用纸棒，在最短的时间内搭建一个能容纳一人的房屋框架结构。

"童眼探学校"之"我是小小解说员"则是以学校科技馆为依托开展的 STEM 实践活动。"为什么这个'洞'这么深？""为什么在这个小木屋中走路这么晕？""龙卷风是怎么形成的？"……从了解科技馆中不同项目的原理，到组织语言向低年级学生解说，来自四年级的学生肩负着为一年级刚入学的小朋友进行"科学启蒙"的任务。

（二）"补丁"现有教材，开展个别化 STEM 教育

儿童个性的充分发展，在于儿童能否发现自己的兴趣与需求，唤醒自己的潜能，并通过努力达到发展可能的最佳与最高境界。个别化教学便是通过机会的创造和平台的搭建，努力使儿童个性的发展成为现实。上述全纳性教学便为学生个别化教学搭建了平台，创造了机会。在课程的实施过程中，学生主体意识被唤醒，他们主动探寻解决各种自我课程需求的途径。课程补充和课程拓展便是学校在理念指引下的个别化 STEM 教育的校本实践。

1. 探寻自主区，进行课程补充

2018 年，《江苏省基础教育 STEM 课程指导纲要（试行）》发布，但配

套 STEM 教材却仅有为数不多的几个 STEM 项目单行本，这就给了学校一个自主设计并补充现有 STEM 课程的空间。课程补充，关键点是要补在需要处。数学是 STEM 课程涉及的重要学科。在课程调查中，我们发现了部分学有余力的学生对数学的需求，但现有小学 STEM 课程鲜有涉及数学学科重要知识领域的。因此，我们开始思考如何将数学学科的重要知识、思想补充进 STEM 课程。

"汽车超速了吗"就是我们开发的课程项目之一。图 4-38 是本项目的一个课程框架。在该项目，中我们选取了生活中的一个常见现象——汽车超速，先由生活情境提出了一个问题"汽车超速了吗"，然后和学生一起讨论如何解决这个问题，解决过程中需要哪些知识，经过讨论发现：首先，要学会测量计算物体运动的速度，也就是第一个背景经验活动——测测你的走路速度。学会测量计算速度之后，再去看汽车超速问题，大家发现去马路上直接测车速太危险，不好操作，能不能利用我们身边的工具呢？接着，就进入第二个背景经验活动——制作定格动画。在第二个活动中，学生能够体验到可以借助视频来测量汽车行驶的速度，但是视频中测得的距离与实际距离存在着一定的比例关系。于是，带领学生进入活动三——按比例估测楼高，能通过比例估算照片上建筑的实际高度。通过活动让学生建立视频画面上的距离和实际距离之间的关系。学生在经历了这一系列的活动之后，获得了解决这个问题的基础知识和技能，然后尝试设计解决问题的方案，在这个过程中发展学生解决真问题的能力，培养学生的创新思维。

在类似这样的课程中，我们将原本相对割裂的知识进行了有机的统整，并将其置于真实的情境中。学生三两成群，在教师的指导下能基本自主地完成研究。在研究这些现实问题的过程中，学生一方面学习、理解技术的性质，熟悉常见的技术和工程，从而提升技术与工程素养；另一方面能综合运用科学、数学、语文、艺术等方面的知识来解决实际问题，学科整合，提升学科素养和 STEM 素养；更为重要的是，这样的课程项目给学生搭建了平台，满足了儿童的个性需求，也使得个别化教学成为现实。

2. 整合优质资源群，进行课程拓展

课程拓展是以拓宽课程范围为目的的，它是对现有国家课程的延伸补充，是针对一类学生或个别学生的个别化拓宽。学校项目式科技课程虽然作为全纳性教学予以开展，但课程均有专用活动教室，并配套了丰富的教学资源，这对于一部分爱动手、喜探究的学生来说是不可多得的资源。为了满足他们的兴趣与需求，学校灵活设计了各类课程。这些课程或来源于学生在科学课

目录

我们能学到什么？

安全须知

问题与聚焦

出租车超速了吗？

调查与研究

活动1：走得有多快——测一测走路速度

（学习如何测量物体运动的速度。科学：测量物体运动速度；数学：计算速度；技术：秒表、卷尺等工具的使用。）

活动2：小台灯找什么——拍一段动画短片

（熟悉卡片机的操作；了解动画的原理。科学：视觉暂留；技术：卡片机的使用；工程：设计并制作动画。）

活动3：两栋楼有多远——照片测楼距

（能通过比例计算照片上两物体之间的实际距离。数学：比例的计算；技术：卡片机的使用。）

设计与制作

出租车超速了吗？

（利用前面所学设计方案，借助卡片机来测量出租车是否超速。借助活动1知道测量速度需要知道路程与时间，通过活动2了解视频中画面与时间的关系，通过活动3知道可以借助比例尺计算。）

测试与评价

STEM学习评价

拓展与应用

设计并进行一个借助相机测量的项目

图4-38　"汽车超速了吗"课程框架

上的所思，或来源于学生的生活，可以说，借助这些优质课程资源，我们拓宽了学校课程在内容和空间上的范围，实现了对现有国家课程、全纳性校本课程的补充和延伸。

能工巧匠屋是学校项目式科技课程的一个项目，在这个项目的活动室中主要包括木工机床等设备。在这里，面向全体学生的课程更多的是一些普适性的内容。学生在学习了基本的锯、磨、钻等基本技能后，设计并制作简单的运动标牌、笔筒等物品。但课时的限制以及受学生平均水平的影响，部分学生的兴趣与需求其实并不能完全满足，他们渴求更多更复杂的项目。于是一些更具挑战的课程被开发以满足这部分孩子额外的需求。"弹跳玩具"即是这样一个项目。以工厂设计的半成品玩具图纸及实际需求出发，学生需要完善图纸、尝试制作图纸，并通过探究设计制作满足玩具厂"能弹跳固定高度"的需求。

在生活中，有着"十万个为什么"的学生也有着类似的需要。例如学校的一次非正式的课程案例"检测市场常见饮料 pH 值"。活动方案的灵感源于几个学生去超市买饮料。因学生意外发现个别饮料瓶上标注了 pH 值，由此引发了他们对何为 pH 以及其他未标注的饮料 pH 值又是多少的疑问。在教师的指导下，这些学生经历了从查阅资料到设计检测方案，并最终形成科学检测报告的全过程。这一非正式的案例为其他学生类似的需求提供了范式，也解除了课程局限于课堂、局限于学校的禁锢。

（三）变革学习方式，推行个性化 STEM 教育

不论是哪种实践形态，STEM 教育都是对传统课程的挑战。立足儿童个性生态发展的理念，学校以学习方式为抓手，推行个性化的 STEM 教育。旨在通过多样化的课程选择和课程教学，让学生个性在深度上获得充分发展、广度上获得多元发展、整体上获得和谐发展、在与周围环境的交互中实现共生发展。

首先，课程建设是基础。课程不仅仅是计划和经验，更不应仅仅是学科或目标。课程应该是教师、学生、教材、环境等多个因素的整合，它是一种动态的生成。课程应该包含跑道、跑步者和跑步的过程。丰富多样的可供选择的课程就好比跑道，学生就好比跑步者，学生对于课程理解和内化的过程就好比跑步的过程。要让学生能够跑起来，可供选择的丰富的课程便是基础。

其次，课程意识是关键。从前的教学，我们更多是从"怎样教"入手，如今，我们更多地思考儿童是"怎么学"的。通过变革学习方式，我们把对丰富课程内容的关注转向了如何真正让儿童学会课程、拥有课程的获得感和生长感上，也就是学生如何在跑道上奔跑的过程。我们认为有怎样的学习方式，就能获得什么样的课程，而变革儿童的学习方式便是我们实现个性化STEM 教育的抓手。

最后，课程文化是我们的追求。在课程开发与实践过程中，教师享受着成功的喜悦，实现了与学生、课程的共同发展；学生也通过多样化的课程选择与课程学习最终实现生态发展。可以说，学校"为每一个儿童设计课程，

让每一位师生幸福成长"的课程文化乃至办学追求在课程的实践过程中正在形成。

三、研究成果与思考

STEM 课程需要面向全体学生，更需要照顾不同学生的兴趣和需求。在 STEM 课程的实践与探索过程中，基于学生个性发展的需求，学校形成了由点及面的一系列 STEM 课程，涵盖了面向全体的全纳性 STEM 课程和面向个别学生的个别化 STEM 课程。在这些显性成果背后，课题的研究更带动了学校内涵的发展，她成功为学校"为每一个儿童设计课程"的个性化办学理念添了砖加了瓦。

（七）童眼万花筒

师生共同的学习之旅
——以"童眼看家乡"项目学习为例

盛晓敏

【摘　要】项目学习是一种新兴的学习方式，笔者在年级组内以"童眼看家乡"为项目，引领学生开展策划、探索、走访、反思等一系列活动，使学生在该项目学习中学会合作、学会学习。

【关键词】项目学习　学习方式　融合

"项目学习"是当前的一个时髦词汇。所谓项目学习，是指学生在一段时间内对与学科或者跨学科有关的驱动性问题进行深入持续的探索，在其调动所有知识、能力、品质等创造性地解决新问题并形成公开成果的过程中，形成对核心知识和学习历程的深刻理解。笔者所在年级组开展的语文+德育综合实践活动"童眼看家乡"就是基于儿童自主选择的一次跨学科的、持续深入的、不断探索的、师生双方都获得成长的项目学习之旅。

一、项目学习——新兴的学习方式

项目学习（project-based learning，PBL），又译为"基于项目的学习"。其作为一个学术概念，源于 1958 年美国医学院的一种做法，即把通过多科会诊治疗一例疑难杂症的病人当作一个项目，旨在试图解决真实情景中的非良构问题。从教育学的渊源来看，项目化学习之思想源于杜威的"做中学"的经验学习，以及其弟子克伯屈的设计数学法（project method）。那时的项目化学习主要针对过于重视读书所造成的弊端，强调通过一个个经过设计的项目学习"做事"。随着时代的发展，项目化学习也不断与时俱进并有了全新的内涵，由于其强调真实情境、复杂问题、超越学科、专业设计、合作完成、成果导向及评价跟进，越来越受到关注与追捧。

笔者与所在年级组的同事们，带领五六年级一千多名学生，历时近两年，完成了项目学习"童眼看家乡"这一案例。在亲身的实践过程中，我们越发感受到项目学习最主要的价值，在于它真正变革了学习方式，直接指向了学习的本质，实质性地解决了长期以来现实存在的虚假学习、机械学习的困境，从而教给学生可以迁移的策略性的知识，促进学生的心智在不同的情境当中灵活地转换，成为心之自由的人。其主要体现在起点处的自主选择、过程中的深度卷入与全面经历。

二、童眼看家乡——地域文化下的儿童选择

不管是哪种学习方式，其起点始终应该是学生的学习动机。学习动机是直接推动学生学习的直接原因和内部动力，它支配了学习者的学习行为，说明了学习者是否想要学习、乐意学什么、学习努力的程度。与传统意义上的学习方式不同的是，项目学习的学习动机主要来源在于学生在真实活动情境中感知到的"矛盾"与"不满足"，这种匮乏感让学生内心深处产生了行为的渴望，从而确立了行动的方向。可以说，这是一场学生在起点处的自主选择，"童眼看家乡"这一选题的确立，就体现了项目化学习的这一特点。

2017年4月，校园读书节，五年级学生遇到了征文题——家乡。学生普遍表现出对这个话题的不感兴趣、不擅长，征文质量非常不理想。于是，笔者率先在班级中开展了家乡风物寻访活动。这是我与班级学生认真调研、反复考量、多次协商之后的慎重选择。

首先，这个主题回应了学生在真实情景中真切感知到的问题，即学生"想做的"和"能做的"之间的落差。学生希望可以对家乡有所了解，希望可以在征文比赛中有所表现，然而他们现有的认知不足以支撑他们的意愿。因此，这个主题切中了他们的需求，唤醒了学习的动机。

其次，这个主题拥有海量的资源，可以对项目起到极好的支撑。其一是地域文化资源。笔者所在的梅村，被誉为"江南第一古镇"，是勾吴古国的都城所在地，也是吴文化的发源地，梅村以及周边地区有大量的历史遗存、名人故居，也有大量独特的风土人情，是学生进行主题探究、项目化学习的好素材。其二是家长文化资源。把着眼点放在"家乡"上，就很自然地拥有了一大批家长资源，因为家长本身就是"家乡人"，既是我们要寻访和研究的对象，也是我们的研究走向深入的同行者。

因此，当我们班级的活动轰轰烈烈开展起来的时候，越来越多的目光被吸引来了，于是活动很快就在整个年级层面铺开。这种来自师生、生生对问题情境的共同探索，让学生在强大的驱动性问题产生的内驱力作用下，努力去寻求答案。动机一旦被唤醒，学习也就被启动，学习便有了价值感和意义感，学习也就更加真实地得以发生。

三、学习之旅——师生共同的前行

项目学习要锻炼和培育的是学生带得走、可迁移的知识，是在复杂情境中灵活运用的心智，被称为策略性知识。这种学习就要求学习必须同时是一种实践，既需要技能，需要动手去操作，亲自去尝试；也需要知识，需要搜集资料，深入地去理解。这种学习实践，呼唤在学习过程中的深度卷入与全面经历。这也就意味着，在项目化学习的过程中，学生的智力、思维、情感、身体的全程投入。

以"童眼看家乡"为例：

第一期活动——寻访无锡的名人故居。

学生组建小分队，各小队成员分工合作，制订活动计划书，规划寻访路线，讨论、确定出行方案，查阅名人及故居的相关资料；学生在大人的帮助下，联系各故居，开展寻访活动，参与到故居自带的活动中去，撰写寻访日记、活动收获等；通过民间公益组织"安仁读书会"，联系到研究薛福成的黄树生博士，聆听他的讲座——"吴韵讲堂带你走进无锡先贤薛福成的一生"，了解薛福成的生平故事；各小队进行寻访活动汇报，提出困惑，寻求帮助；各类资料整理，编印班刊《童眼看家乡之<小读者>特刊》。

第一期活动进展顺利，学生兴致很高，随即又策划、开展了第二期活动——走近泰伯，走进吴文化。寻访带有"泰伯""吴文化"印记的地标，如泰伯庙、泰伯墓、伯渎河、吴文化遗址博物馆等，通过查阅相关资料，走访当地的老人、从事泰伯研究的专家，实地走访古迹等方式，推进项目研究，以达到对泰伯此人、此事的了解，进而展开对吴地历史文化的初步研究。在老师的帮助下，学生还联系了无锡教育电视台，对该活动进行了专门的采访、报道。

在上述项目学习中，学生作为一个实践者，亲历整个事件的全过程，遇到真实的问题，并在多种问题情境中经历持续的实践。他们积极寻找相关背景知识，进行信息整理与重构；不断提出和澄清问题；在试图评估和判断可选方案的优势时，考虑相关的因素和标准，做出有依据的判断；和多种群体不断沟通、协调，劝说别人接受自己的观点，或者协调与他人的观点差异……

"童眼看家乡"是以学生自主选择主题而展开的研究性学习，是学生喜欢的、真正感兴趣的、符合学生需求的、适合学生操作的项目研究活动。同时，这一选题离不开教师的有效指导。教师作为本次活动的组织者和同行者，全程参与了项目的设计，努力为学生搭建学习、探究合作的平台，协同学生做好项目学习设计，教会学生对资源和相关材料进行管理，引导学生学会与他人合作，在适当时机给予学生学习活动的指导，设计有效的项目学习评价，运用多种形式的评价策略来评价学生在该项目学习中的表现，并引导学生对全过程进行反思和自我评价，进而促进学生的学习与发展。在整个过程中，教师"学然后知不足，教然后知困。知不足，然后能自反也；知困，然后能自强也"，从而促进教师自我不断学习，更新自己的知识体系，丰富自己的知识储备，提高自身知识水平，以更好地融入学生与学习活动之中，引导学生新的发现、新的开掘，这也是教师自我进步、师生共同成长的过程。

项目学习给学生带来积极的意义，让他们投入当下的学习，沉浸于学习本身所带来的挑战和快乐中，心智得以自由成长。他们没有为了未来的可能性而牺牲当下学习的幸福，而是在当下的学习之中，为他们未来可能成为的人做好奠基和链接。

（八）体验式信息技术

体验，从心动开始

——例谈主题体验式教学在小学信息技术课堂中的应用

李 静

2018 年 1 月教育部正式颁布了《普通高中信息技术课程标准（2017 年版）》，在课程基本理念中，除了以往的培育具备信息素养的公民之外，还在课程内容方面提出了新的要求，就是要选择体现时代性和基础性的课程内容，支撑学生信息素养的发展。新课标要求重构以学习为中心的课堂关系，推动数字化时代的学习创新。面向数字中国，学生们正在逐渐成为数字土著，教师们需要与学生们一起尝试、一起探索、一起创新。新课标的提出是在信息时代迅猛变化的背景下制定的，同样也适用于小学阶段。在数字化环境下，怎样的教学方式才能促进学生的个性化发展，是我们信息技术教师要探讨的首要问题。

一、聚焦课堂，探寻问题的本源

学生画像1：上课铃声响了，学生欢快地陆续进入电脑教室，按照熟悉的步骤开机，桌面刚恢复就迫不及待地去点开自己感兴趣的程序，有的直奔桌面上的那只"猫"，有的将鼠标瞄准了上网的浏览器，等了半天发现没有网络，又悻悻地去选此选项。很少有人主动把上节课做的文件打开，课本就放在眼前，没有人主动去翻，甚至还有人嫌弃地把它扔到显示器的后面。教师在前面扯着嗓子喊"安静""上课了"，似乎都无济于事，学生依旧在忙自己的事情。

分析：这是信息技术课日常上课的一幕，课堂纪律似乎成为每一位信息技术教师头疼的问题之一。通过观察可以看出学生对电脑很感兴趣，但对信息技术课不感兴趣。反观我们的信息技术课程内容，以苏教版小学信息技术教材为例，四年级上学期主要学习一个应用软件 WPS 文字，教材内容主要围绕养蚕的观察日记展开，下学期则学习 WPS 演示文稿，以"印象江苏"为主线展开技术的教学。五年级以 LOGO 语言和 scratch 语言为载体学习程序语言。相比较而言，学生对 scratch 的学习热情空前的高涨，究其根源，是 scratch 语言自身可以创作故事、动画、游戏、音乐等，教学内容富有趣味性，符合儿童的年龄特点和心理需求。反之，其他承载技术的内容对儿童而言是枯燥乏味的。

学生画像2：教师主讲，学生操练技术。在 WPS 文字文档中输入文字，接下来，教师讲解文件的保存，应该怎样保存文件呢？教师告诉学生保存文件有很多种方法，并演示操作通过文件菜单下的"保存"命令，弹出"另存为"对话框来保存文件的方法，学生在自己电脑上操练保存文件。因为是重点也是难点内容，教师花费了很多的精力去讲解，自认为讲解得很透彻，结果到学生这边就出问题了。"老师，我刚刚明明保存好文件了，结果现在找不到了""老师，我的文件保存不了，'另存为'对话框出不来""老师，我忘记修改'文件名'了"……教师又费力地一一破解学生的问题，告诉他们应该在哪里找文件，怎样修改文件名等等。结果一个学期结束了，学生只学会了用文件菜单中的"保存"命令来保存文件的方法。

分析：直观演示法，是信息技术教师经常采用的一种教学方法，因为它效率高，可以直接将知识或技术灌输给学生。这种讲练结合的活动方式也是信息技术课的常规教学方式，但从教学效果来看，并没有达到预期的目标。教师反复强调打字用词组输入法，学生还是"一指禅"，一个字一个字地输入；遇到大写 A 依旧扯着嗓子喊老师。因此，我们不得不反思，到底以怎样的教学方式才能帮助学生更好地学习。

学生画像3：上完课，有几个比较大胆的学生走到老师跟前说："老师，我们能不能换个主题来学习啊？每次都是'印象江苏'！"我感到很意外，我看大部分学生上课都比较认真学习啊，于是我问道："那你们想做什么呢？""我想做我的宠物""我要给大家推荐一本很好看的故事书""我要给大家展示我最近的新发明"……当孩子们在表达自己内心真实想法的时候，我看到他们的眼睛像夜空中的星星，闪烁的光芒直抵人心。

分析：杜威曾说过，儿童的社会生活是他的一切训练生长的集中或相互联系的基础。"教育应该被认为是经验的继续改造。"[①] 学生之所以对"印象江苏"兴趣不高，是因为在儿童的经验中，没有连接点，或联系不深。每个儿童都有自己的学习方式，但无论如何，学生的兴趣与经验是即将发生的学习的生长点，教师要抓住这个生长点来开展教学活动。

二、主题设计，重构信息技术课程内容

信息技术课程本身乃是综合实践活动课程，作为活动课程，就是要以主体活动为基础来开展教学。所谓主题型活动教学是指在学科教学中依据教材内容和课程标准的要求，以某一主题作为线索，来整体设计活动过程和设置问题情境，师生围绕"活动"和"问题情境"进行探讨和学习，从而实现学习目标的一种教学方式。

1. 以儿童经验为基础，选定主题

如何设计开发适合儿童成长的信息技术课程，首先要了解儿童的世界，用儿童的视角去体验。通过对四年级学生的访谈和问卷调查，我们整理出了儿童感兴趣的十大主题类型（如图 4-39 所示），可以看出儿童的生活是丰富多彩的。

有了主题，如何才能将它们开发成学科课程？我们的做法是围绕小学信息技术学科课程标准，将教学目标逐层分解，结合小学生生活经验和心理特点，融合到不同的任务中。

---

① 张华. 论杜威的儿童课程观［J］. 华东师范大学学报（教育科学版），2021，39（06）：43-57.

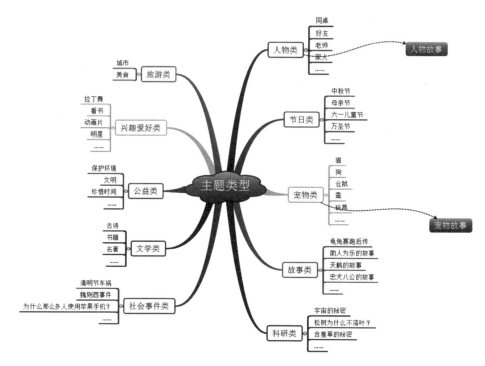

图 4-39　学生喜欢的主题类型

2. 主题目标与学科教学目标相融合

课程标准是高度抽象化和概括化的，要想转化成可操作的教学目标，就必须整体把握，在主题活动教学中，充分融合课程目标，为了方便观察与评价，尽可能将教学目标精准化。精准教学的目标是学习表现的行为频率目标，主要包括所要学习的知识或技能的目标，以及为了掌握该知识或技能，学生必须完成的子目标。

以苏教版小学信息技术三年级第 24 课"调整图形"为例，根据教学目标主要是学习"翻转/旋转""拉伸/扭曲"两个命令，笔者根据学生特点，将本课的学习主题设计为"猴王变变变"，充分利用儿童喜欢的《西游记》中的人物美猴王善于变化的特点，将信息技术教学目标融合到主题活动中（如图 4-40 所示）。

3. 运用"心动"设计原则，将学习材料可视化

"心动"设计旨在让学生怦然心动，对学习内容产生浓厚的学习情趣。富有"心动"设计的学习材料，可促使学生产生"行动"的欲望，有助于目标的达成。"心动"设计可从"问题化+故事化""结构化+可视化""科学性+

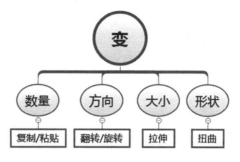

图4-40 "猴王变变变"主题学习目标树

趣味性"等方面入手。在开发材料的过程中，要注意任务目标的难易程度，较为简单的任务用"文字+图片"的呈现方式，较难的学习任务可以组织开发微视频学习材料。开发好的学习材料可以建构为与教学目标对应的学习材料树，以便在教学过程中准确地推送对应的学习材料。

仍以上述"调整图形"为例，"复制/粘贴"的操作为旧知，只需要提供简单的文字材料以供部分学生及时复习用，"翻转/旋转"操作虽是本节课的重点内容，但学生在操作时只要有文字辅以图片便能完成操作；对于"拉伸/扭曲"操作，学生理解起来可能会有困难，通过问题引导学生思考不同数字对于图形的影响，加深学生对于此命令的认识与理解。

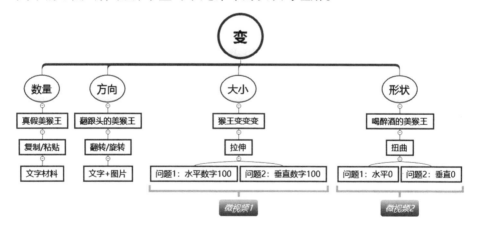

图4-41 "猴王变变变"主题学习材料树

有了令人心动的主题内容，应该怎样让学生学习，以达到教学目标的要求呢？俗话说：授人以鱼，不如授人以渔。尤其在这个科技迅猛发展的时代，知识的学习永远处于落后的地位，应该让学生掌握一种终身学习的方法。体验式学习也称体验学习，其实质是学习者通过亲身经历和主动探究，在实践的过程中获得新的知识、技能、方法、态度或品质。从广义上来说，凡是"先行后知"的，都可以被认作是体验式学习。

根据库伯的体验学习理论，每个人的学习都是经历了具体体验、反思观察、抽象概括、积极行动者四个环节，并根据具体情境在这其中循环往复，不断达到对某一主题内容学习的目标。为此，云南师范大学的邓鹏教授及其团队曾设计了 SEE 体验式教学模式（如图 4-42 所示），用以指导体验式教学在主题学习中的具体实施过程。

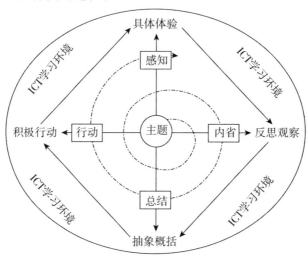

图 4-42　SEE 体验教学模型

接下来笔者将以"猴王变变变"主题学习活动为例，来具体阐述上述教学模型的应用。

（1）创设主题，体验情境

在传统的教学过程中，教师总是在导入环节才想到设置情境。而体验学习本身就是一种情境化的学习，教师作为引导者应根据学习需求创设引人入胜的情境，保持学生的学习兴趣，让其在情境中找到自己的位置或角色。因此，情境设计在整个教学过程中需得到时刻关注。比如，我们可以创设与学习内容相关的、富有情境和寓意的故事情境；创设具有挑战或探险性质的情境，在给学生充分的时间和空间探究的同时，也可以锻炼他们的勇气和自信。在"猴王变变变"这一主题中，笔者就是用美猴王这个角色，以及《西游记》中经典的故事情节引领学生完成"调整图形"这一课的学习。

（2）引导学生体验与观察

体验式课堂要求学生主动参与、主动体验、主动分享。观察应紧扣目标，所展示的内容也应该具有典型性，并尽可能让学生客观清晰地阐述观察到的内容。在"猴王变变变"这一主题学习中，为了让学生理解水平翻转与垂直翻转的区别，笔者通过让学生仔细观察生活中照镜子和水中倒影的图片，明确其中的关系。在旋转时出示了风车、电风扇、摩天轮等图片，用以支持学生对学习内容的理解。事实证明，没有参与就没有体验。当我们的学生乐于参与我们的教学活动时，你会发现他们在思考、在怀疑。当他们有勇气踏出第一步，把积极的感悟与别人分享时，这种经验会真正成为他们自己的东西，并长久地伴随他们体验今后的生活。

（3）问题引领，概括提升

在体验和观察之后，教师可以以问题化的形式引领学生对学习内容做深入的思考，引导学生对自己的经验和思考进行提炼和总结，并对学生的不同或相近的观点进行系统归纳与逻辑整合。由于学生受自身思维水平的限制，可能无法准确表达自己的观点，教师可以提示学生用关键词进行概括，并对这些关键词进行整理，便于学生的记忆。在"猴王变变变"主题中，在学习拉伸/扭曲这一命令时，为了让学生更好地思考数字与图形的关系，笔者设计了（100，100）、（200，100）、（50，100）这三组数值，让学生观察这三组数值下图形发生了怎样的变化，并将其概括为自己的知识。

（4）创新应用，收获成长

偶尔一次正确的行为并不能代表学生已经掌握了某项技能，教师应及时对关键行为进行重复和强化，使其具有一定的持久性。围绕主题内容进行创新性应用就能更好地起到强化的作用，而且在这一过程中学生感觉自己有无限的潜力，并挖掘到自己实际已具备的知识与技能，这种体验对学生而言妙不可言。学生会爱上这样的自己，会更有冲劲去了解未知的世界。在今后的生活中，他们会留心周围的大事小事，会做一名思考者，并记录下自己的所思所想，勇于实践来验证自己当初的想法。他们会和他人分享自己的经验，即使是错误的经验也可以作为反面教材举例，并对别人的观点提出自己的看法……这才是新时代的学习者！

总结与思考：体验式学习不是极端地以主观认识为标准，也不是盲目追求实践操作，而是把理论丢在一旁，更不是纯粹的玩乐。该规范的地方还是要做到规范，比如严谨、系统的学科知识，一定要让学生掌握，从而构建整体的知识框架；正确的人生观、价值观需要让学生们知道并认同；课堂管理中该有的纪律，要时刻提醒学生遵守……而相反的，自由度大一些的内容、场合，教师可以放开手让学生去做去想。这样张弛有度的教学方法是有利于学生的发展和教师专业成长的。

学习的过程是学习者积极主动探索的过程，探索的过程其实就是学习者在一定的问题情境中发现问题、解决问题的过程。信息技术教学本身的特点决定了它适合于采用体验学习方式来开展教学活动，只要教师精心设计体验学习环境和任务，不断引导学生在具体的问题情境中探索、反思，就可以使学生达到学习目标。

（此文系"基于融合的体验式教学在小学信息技术中的应用研究"项目研究阶段成果）

（九）律动音乐

如何在歌唱教学中有效融入达尔克罗兹体态律动

陈　英

【摘　要】达尔克罗兹的体态律动能创设令学生轻松愉快的学习氛围，能在训练学生手脚协调能力的同时，让学生更加深刻地去感知音乐、理解音乐、表现音乐。歌唱教学前的体态律动，能为歌唱教学做铺垫。歌曲教学中的体态律动，能通过多种感官帮助有效学习。学会歌曲后完整律动，能让孩子自由表现音乐。拓展欣赏时的体态律动还能表现、理解更多的同类型乐曲。

【关键词】达尔克罗兹　体态律动　有效学习　自由表现

时下的小学音乐教学都在研究三大教学体系：奥尔夫、柯达伊和达尔克罗兹。笔者从事小学音乐教学近二十年，在我看来，达尔克罗兹的体态律动可以比较多地运用到我们平时的任何一节音乐课堂。体态律动是达尔克罗兹音乐教学法的主要部分，但是它和舞蹈又有区别，舞蹈是艺术的表现形式，而体态律动是发自内心的，用简单的肢体语言来表达自己对音乐的感觉。教师带领孩子通过身体运动，从而达到身心合一，它强调的是通过身体来学习音乐。达尔克罗兹提倡：人是通过自身的运动将内心的情绪转译为音乐的，人体本身就是乐器。因此，要进行音乐训练，只训练耳朵、嗓音、手指等是不够的，必须训练好人的体态、姿势以及各种形体动作，必须启发他们进入产生乐曲的激情中去，把乐曲的感情化为具体的动作、节奏和声音，以达到唤醒自我来感知音乐的本能，慢慢培养起人体机能重要的节奏感，建立身心的和谐，使感情更加细腻敏锐，使儿童更加健康活泼，从而达到激发想象力，促进各方面学习的能力。所以在苏教版第五册音乐教材《旅行之歌》的课堂教学中，我设计了很多次不同的律动来服务于歌曲教学。

一、歌唱教学前的体态律动，为歌唱教学做铺垫

在教学设计的导入部分我就以《幸福拍手歌》的律动开始，带领孩子跟着老师三段歌词简单律动，一方面调动了学生的气氛，另一方面大家一起感受到了弱起及四四拍强弱规律，也主要为歌曲《旅行之歌》的教学做铺垫。因为两首歌曲的形式很相似：（1）都是四四拍，进行曲风格，具有鲜明的动感，充满生机与活力；（2）都是弱起节奏贯穿始终，第一乐句起始处也是四度跳进；（3）乐句上也是一样的感觉，第一第二乐句比较相似，第三乐句完全区别于前两个乐句，旋律很长。学生在模仿教师律动的过程中自然会关注到节奏、速度和力度等音乐要素、音乐情绪的特点。

二、歌曲教学中的体态律动，多种感官帮助有效学习

（1）简单的拍手律动进行节奏训练，对歌曲结构把握更进一步。在带领学生初听欣赏过《旅行之歌》后，分析歌曲情绪：活泼欢快、充满活力的，然后教师示范两种动作，分别是抒情优美地、活泼充满朝气地，请学生分辨。再一起选择合适的动作来表现歌曲情绪。接着认识 4/4 拍的强弱规律，然后教师引导学生拍手感受，并带领孩子们听歌曲律动，边踏步边在强拍处拍手，感受歌曲弱起和四四拍的强弱规律，无形中解决歌曲"弱起"难点，也进一步感受进行曲风格的特点。这首《旅行之歌》节奏很有特点，在简单的拍手律动的同时也进行了节奏训练，节奏训练是达尔克罗兹体态律动教学法的核心，通过节奏训练，使得大脑和身体之间能够建立起迅速而有规律的联结和交流。这种交流使得情感与动作肌肉和听觉等得到更协调的发展。

（2）踏步加上拍手，走进音乐、融入音乐、了解音乐。听歌曲第一段：通过听、看，引导学生感受"啦啦啦"在歌曲中的位置，整体了解歌曲的结构。带领学生跟音乐踏步，并在"啦啦啦"出现的地方停止脚步、拍手两下。虽然这是非常简单的动作，但是孩子们跟着进入音乐，对歌曲的理解又进了一步，从而又一次在节奏方面得到了有效的训练，节拍的稳定感也得到很好的锻炼。

（3）自由律动，释放天性，爱上音乐。教师利用科尔文手势和孩子们一起分析、学习了"啦啦啦"处的歌唱后就带领学生散点位置开始来一次小小的旅行：孩子们有节奏随意走动，在"啦啦啦"处加入歌唱，并停下脚步和遇到的伙伴互拍小手，也可以自己拍手。通过这样的活动又一次熟悉歌曲、表现歌曲，并且还和同伴有交流、互动，这是孩子们喜欢、享受的事情，他们完全投入地参与其中。如果孩子长期处于强制性接受音乐训练的模式中，从来没有尝试运用身体动作来表现和体会音乐的律动和节奏，从没有用心灵去领会音乐中的情感，如此这样，孩子就会被训练成为对音乐无动于衷、麻木不仁的人。所以，音乐活动要从孩子的身心发展特点出发，培养孩子感知节奏的趣味性和游戏性，引导孩子进入音乐的情绪和内涵，从而形成自身的感觉和认识，使孩子得到愉悦的审美体验，从内心深处爱上律动，感受音乐由旋律带来的美好体验。

三、学会歌曲后完整律动，表现音乐

体态律动主要以游戏的方式开展，使音乐活动始终处于新鲜的状态。在学会歌曲后带领学生唱着歌，散点位置自由走动。通过肢体律动，进一步体会歌曲的结构，表现歌曲欢快、朝气蓬勃的音乐形象。随后教师完整示范圆圈位置的律动，在画图解说后带领学生用手指舞来找一找方向，然后再带领大家圆圈队形律动。孩子的这种表达不在于动作的优美和难度的大小，不一定腰部有多潇洒的姿态，而是在于有一种渗透到音乐时空中的"即兴"，动作要自然放松、协调并充满信心，通过以身体动作来体验和培养节奏感。达尔克罗兹认为通过即兴表演的方式，能够提高孩子的自我表现能力和创作能力。孩子们在沉重的课业学习压力下，面对严肃、束缚的音乐课堂是不会感兴趣的，教师让孩子们离开座位走一走、跳一跳、跟着音乐动一动无疑是深受孩子们热爱的课堂教学，这样不仅放松了他们的身心，还吸引了他们的注意力，激发了学习的积极性、参与性，我们的音乐课堂也就更加高效。

四、拓展欣赏，用踏步的体态律动了解更多的进行曲

教师总结课堂知识，并介绍其他进行曲。其实进行曲在我们的生活中还有很多，比如《运动员进行曲》《中国人民解放军进行曲》等。带领学生听着音乐一起举旗、背枪等各种情景踏步。听着这样的进行曲可以让大家的步伐更加稳定，孩子们也表现得格外有精神，然后就可以顺势和孩子们总结进行曲的特点就是：节奏清晰、强弱分明，常常是作为军队或队伍行进时的歌曲，可以让所有人步伐统一。

《旅行之歌》整堂课的设计中不间断反复用到了体态律动，在歌曲《悯农》的教学活动中，我也把体态律动发挥得淋漓尽致。《悯农》是一首低年级的音乐歌唱教学活动，在教学设计中，我根据农作物的种植流程创设了很多

次模仿田间劳动的律动：松土、播种、浇水、拔草、洒农药、收割，孩子们在一遍遍丰富有趣又符合歌曲意境的体态律动中不知不觉就慢慢学会了歌曲。在中小学音乐教学中，教学方法层出不穷，然而能制造令学生轻松愉快的学习氛围，能在训练学生手脚协调能力的同时让学生更加深刻地去感知音乐，并且又以学生为中心，还能培养学生想象力和创造力的教学方法那就要大力推崇达尔克罗兹体态律动了。我们主张孩子的音乐活动要回归到孩子本身，看到孩子的真实存在，让孩子有自己对音乐的认识和体验，最终达到让我们的音乐教学发挥最大教学效果的目标。

（十）游戏体育

预见：方能遇见
——民间传统游戏在小学体育教学中运用的几个注重点

陈晓明

【摘　要】我国五千年的文明历史中产生了很多民间的传统游戏，体育文化在发展中也离不开对民间传统游戏的传承。在新课标的教学中，为了对中华文化进行继承和发扬，可在体育教学中多渗透一些民间的传统游戏，这样不仅使学生的身体素质得到提高，增添课堂的人文性，还可以使学生了解我国传统的体育游戏，提高他们参与活动的积极性，增加他们的活动量，从而发展他们的协调能力，培养他们的合作精神。对于如何在小学体育教学中合理应用民间传统游戏，本文做了较为详细的阐述。

【关键词】民间传统游戏　小学体育教学　运用原则　渗透研究

在小学体育教学中，需要顺应学生天性，在体育课程中加入民间的传统游戏，从而提高学生参与体育活动的积极性，使学习效率差、活动参与度低的现状得到有效改善。同时，通过这些趣味游戏，培养学生进行体育锻炼的爱好，有助于学生的身体发育。在教学中融入民间游戏，还可以有效继承我国优秀的文化，减少民间艺术逐渐流失的情况。

一、注重传统游戏教学的运用原则

1. 遵循体育游戏的客观规律

追求任何事物都要遵循其规律，体育传统游戏教学也是如此。体育传统游戏教学的规律有四：（1）学生身心生长发育的规律；（2）组织教学的规律；（3）动作技能形成的规律；（4）认知、技能、情感互为促成的规律。细心揣摩这四点规律，遵循其要求的知与行程度，并运用到体育传统游戏教学过程中。体育教师应本着为学生负责、以学生为中心的教学理念严格执行教学规律。我们的体育课不只是教会孩子们体育技能，更要注重孩子们的认知与情感。教师通过传统游戏引导，多强调与培养学生体育运动的乐趣。例如：前阶段骨干教师展示课上，在陈老师的蹲距式跳远教学中，整堂课的几个游戏就恰如其分地融入了这四大规律，真正做到以"学生为主体"，认真制定教学目标，不单纯以"教技术"的方式出现，而是将技术融合以游戏的行式出现，并循序渐进地提高学生的技术目标，促使学生真正喜欢上跳远活动。在综合跳跃素质的练习中，通过"兔子赛跑"来激发学生的学习兴趣，采用竞赛的形式调动其学习的主动性，由以前的老师要求学生认真练习，变成今天的学生想做、愿做游戏来发展跳跃能力，陈老师将教学内容融合在游戏、竞赛中，根据规律制定游戏教学目标，根据规律设定游戏教学流程，整堂课循序渐进、水到渠成。在这样的教学模式下，学生乐学、想学，师生其乐融融。

2. 遵循体育游戏的趣味性

体育游戏的灵活性和多变性赋予了其独特的趣味性。这种趣味性对提高学生的积极性、激发他们的学习热情有着独特的作用。正所谓"教人未见意趣，必不乐学"（程颐语）。传统的教学方式主要突出的是老师的主导地位，不太注重学生的感受，老师上课时显得严肃有余而活泼不足，有时候很难达到一种良好的教学效果。如果在上课时加入一些游戏的内容，学生就能从充满趣味性的环节当中体会到体育带给他们的乐趣，从而获得良好的情感体验，体育活动的欲望和需求也会得到一定程度的满足。

3. 遵循体育游戏的教育性

体育游戏是一项有目的、有组织、有规则的身体活动，是体育教学中的重要部分之一。不同的体育游戏有不同的活动内容，不同的活动内容又有不同的规则。游戏规则要求体育游戏的参与者首先要遵守游戏规则，这样游戏才可能有序地进行下去。所谓"规则"就是游戏的纪律，并在游戏中履行一定的职责。这就对体育游戏的参与者遵守纪律和履行一定职责的能力提出了要求。这样，游戏的参与者在进行游戏的过程中就要学会遵守纪律，履行职责，处理小组织中的人际关系。同时还可以提高其遵守社会规范、适应社会生活、正确认识胜负关系的能力。

4. 遵循体育游戏的健身性

任何体育游戏都是和身体练习紧密相连的，身体练习是体育游戏的基本手段。它一方面可以促进学生身体器官及其机能的正常发育，另一方面又可以使学生身体素质得到全面发展，比如速度、力量、耐力、灵敏、柔韧等。体育游戏不仅给传统枯燥的体育课注入了生机和活力，同时对学生的身体健康也大有裨益。同时，如果能够经常变换游戏活动的方式、内容、环境条件、组织策略和竞赛方法，并提高要求，则可以使少年儿童各方面的能力得到全方位的发展，如提高他们对时间和空间进行判断的本领，提高他们的记忆、思维和创造能力，提高他们对外界自然环境的适应能力。

二、注重营造游戏教学氛围

要想提高学生对某件事情的关注度，必须激发他们的兴趣。为此，首先要提高学生对民间传统游戏的兴趣，从而使他们产生愉悦的情感体验。游戏环境又分为硬环境和软环境。硬环境为教师要将民间传统游戏分阶段教学，在体育课上加入这些游戏。而小学阶段为少年儿童的生长发育阶段，学生因为心理状况、运动能力等不同，即使同一年龄段的学生也会有不同的兴趣爱好。其中高年级的学生倾向于技能性较高的、有挑战性的活动；而低年级的学生倾向于有情境性的游戏，例如，老鹰抓小鸡、我们都是木头人等游戏。在课堂设计中，一定要针对学生的特点来选择民间的传统游戏，在符合学生兴趣的同时，还要使其掌握体育的基本技能。针对1—3年级的学生，可引进跳皮筋、打弹珠、跳房子、徒手游戏等活动，这些活动趣味性强，活动量少，而且较为容易掌握。针对4—6年级的学生，可选择难度稍大、活动量较大、有挑战性的运动，比如扔沙包、云梯、花样跳短绳等，使学生在做游戏的同时可以锻炼身体、增强体质，还可以了解我国民间的传统文化。软环境是指在教师引导下营造浓厚的游戏氛围，比如学校针对实际需求，利用各方面的资源创设多种活动环境，使学生有愉悦情绪。例如，在小学操场围墙上，以绘画、篮球、跳远、游泳等体育活动为主的墙画使学生看了就很想参加。

三、注重灵活丰富的游戏内容

在民间传统游戏融入小学体育教学的不断研究中，还可针对气候和季节情况来安排相应的活动内容。比如下雨天，可在教室玩拍三角，使学生自己折叠三角，锻炼他们的动手能力，培养他们友爱、合作的精神。在学生们拍三角时，还可锻炼他们身体的协调性和灵活性。在冬春这些天气寒冷的时节，可选择运动量大、趣味性强的运动项目，包括跳绳、打陀螺、滚铁环、扔沙包、跳皮筋等。教师带领学生在较暖和的地方进行活动，改变学生冬天不爱运动的不良习惯。在锻炼中，学生可以良好地掌握抽打、挥臂、躲闪、跳、蹦等动作，顺利达到了体育课的效果。而夏秋季节，学生身上的衣物减少，可以轻松地做游戏，在户外场地上感受到游戏和运动的快乐。这样学生四季都可以得到锻炼，从而提高身体素质。

四、注重不同阶段引入民间的传统游戏

1. 准备阶段引入

小学体育课在准备阶段，需要使学生的身体、心理状态较快地进入到课堂中来，从而顺利进行接下来的课程。准备阶段可进行热身训练，身体得到充分预热后，避免在运动中拉伤。传统教育中一般选择热身操，但这种运动较为枯燥，很多学生在健身操中动作不复返，不能使身心迅速进入到训练中。为此教师可选择趣味性较强的民间传统游戏，使其主动投入到运动中，从而进入最佳状态。比如，在准备阶段可选择踢毽子的活动，使全身肌肉都充分地活动起来，还可对腿部肌肉加强训练。这项游戏学生都很熟悉，每个人都能完成，学生能积极地参与到活动中来。踢毽子还可以作为团队游戏，除了可以看每个学生个体的素质能力，还可以考察团队的配合与合作能力。在热身中加入踢毽子之类的游戏，就可逐渐提升学生的参与能力和合作能力，使其尽快调整身体状态，有助于之后的学习。

2. 基本阶段引入

小学生正处在身体的发育阶段，为避免身体受到伤害，因此在开展体育活动时应挑选较为简单的活动，包括跑步、走正步等。低年级学生接受这些活动可规范自己行为，而高年级学生希望得到更有趣的训练，为此要积极引进民间的传统游戏。例如，小学开展体育教学时，很多学生并不喜欢跑步这项运动，一方面因为活动量大，他们素质较差；另一方面则因为较为枯燥，他们不愿意进行该项运动，而且跑完步后只有累的感觉，感受不到乐趣。为此，教师可选择滚铁环的游戏，这样可以活动学生关节，还营造了你争我赶的氛围，促使学生主动跑步。由于游戏具有趣味性，学生也不会有很累的感觉。只有这样，学生才能在体育学习中感到快乐，越来越喜欢体育课，从而积极参与各项活动，在平时的生活中养成体育锻炼的习惯，促进身体的健康发育。

3. 结束阶段引入

体育课结束前，要较好地放松全身的关节和肌肉，调整身体状态，巩固

训练,从而保持良好的身心状态来进行下面的课程。结束前教师要选择运动幅度较小、运动量少的活动,使学生身体机能得到正常恢复,降低心肺负担。可在课程结束阶段选择"木头人"这个运动量较小的游戏,念完儿歌后,恢复到木头人的阶段,谁先笑谁就失败了。游戏不仅简单有趣,还可锻炼学生的定力,使学生较好地参与进来。此外,还可引进炒黄豆的游戏,在游戏中有两个学生配合,念儿歌的同时要转圈,可帮助学生迅速恢复身体机能,还可调动学生参与游戏的积极性,使他们感觉体育课充满了趣味。长此以往,就可提高学生的身体素质,提高他们的写作和交往能力。

五、注重灵活的游戏方式

1. 团队合作

学生通过个体学习以及小组合作完成教学任务。如"跳八字长绳",一个班级作为一个团队,使学生在一个团队中进行学习,让会的学生指导没有学过的学生。将班级同学根据会不会分为两组,进行相应指导,当全班同学都掌握了之后,由两名学生甩绳,其他学生逐个跳,跳到8字连续跳,不仅训练学生们动作的协调能力,还培养了学生的集体意识。

2. 自主创新

教师还可鼓励学生们编创新的体育游戏,通过彼此的创新、合作等自学自练。比如当每个学生都掌握了跳绳技术后,可鼓励学生创造跳绳玩法,可以多人玩,也可以一个人玩,玩法越多越精彩。还可以根据学生编创的游戏来评选出最佳创意奖,给予学生充分的鼓励和认可,进一步提升了学生的创新能力。

综上所述,民间的传统游戏中有丰富的智慧和文化,我们掌握了传统游戏在小学体育教学中运用的几个注重点,不仅可以顺应学生天性,使其在游戏中感受到趣味,提高身体素质,养成锻炼身体的习惯,还可以使学生了解到我国的传统文化和艺术,有助于促进他们的身体发育以及心智发育。

(十一) 民间美术

传承蓝印花布古法工艺 创新儿童七彩印花世界

俞 琴

【摘 要】蓝印花布,历史悠久,千年以来一直以其优雅古朴的文化韵味在中国民间艺术中散发着独特的魅力。然而,这样有着古法技艺的制作对于在新时代环境下成长的小学生们却是遥不可及。作为一名热爱民族文化的美术教育工作者，总想着要从贴近人们生活的民间意识和内涵着手，去探索研究对教育有价值有意义的东西，来丰富自己的教学和创作，丰富学生们的课余生活，并在教学过程中鼓励学生弘扬中华优秀的传统文化，发扬匠心精神，铸就学生优秀的品质。于是笔者结合自己的社团活动拓展课，带领孩子们进行了蓝印花布的学习与研究，并在文中谈了五方面的经验与体会，从中阐述了自己在教学中落实传承古法及创新实践的观点：（一）借教师眼，引领学生了解蓝印花布文化；（二）拓宽思路，丰富学生蓝印花布创作题材；（三）巧用工具，降低制作蓝印花布刻板难度；（四）增加色系，适合学生多彩内心心理需求；（五）及时展示，增添学生创作成就感。

【关键词】　蓝印花布　古法技艺　儿童　七彩世界

　　蓝印花布，是传统的镂空版白浆防染印花，俗称"药斑布""浇花布"，源自远古时代苗族、瑶族人民的"阑干斑布"和"蜡缬"。自古以来，江南地域经济发达，各种文化交流融合，形成了独具特色的吴越文化，因此也孕育出了具有江南柔性、重教特色的蓝印花布，这种古老手工印花被广泛流行于江浙民间，最初以蓝草为染料印染而成，经过工艺演化，后来则用石灰粉、豆粉合成灰浆烤蓝，采用全棉、全手工纺织布料通过刻板、刮浆等多道印染工艺制成，包含着众多的江南文化元素，当地人俗称"石灰烤蓝布""烤花蓝布"，距今已有1300多年历史。千年以来，蓝印花布一直以其优雅古朴的文化韵味在中国民间艺术中散发着独特的魅力。

　　然而，在新时代环境下成长的小学生们，平日里的学习与生活被琳琅满目的现代化电子产品所充斥，大部分孩子对民间美术的了解少之又少，特别是像蓝印花布这样有着古法技艺的操作对于他们更是十分陌生。作为一名热爱民族文化的美术教育工作者，自己时常会被一件件手工制作的民间艺术品所感动，因此也总想着要从贴近人们生活的民间意识和内涵着手，去探索研究对教育有价值有意义的东西，来丰富自己的教学和创作，丰富学生们的课余生活，并在教学过程中鼓励学生弘扬中华优秀的传统文化，发扬匠心精神，铸就学生优秀的品质。每每看到学生们惊叹于我教室里布置着的诸如扎染、蜡染等用各种材质及表现方法完成的民间美术作品，看到他们时而双眼紧盯着欣赏，时而露出羡慕的眼光啧啧赞叹时，更增强了我继续带领孩子们进行蓝印花布学习的信心。优秀的传统文化是集劳动人民智慧的精神家园，传承优秀的文化是一种美德，也是党的十八大以来，习近平总书记多次提到要弘扬的精神财富，于是本学期我正式将别具古老民族气息及韵味的蓝印花布作为我校民间美术社团拓展课内容进行了探索和研究。在实践中，我们越发被这种古老的艺术所吸引，在工作坊式的环境下感受着她迷人的艺术魅力，也感动于这其中积淀的独特民族文化内涵，感动于从手心里的温度传递出来的一份真情，享受着亲力亲为创作时带来的愉悦。下面就具体谈谈我在教学蓝印花布时的一些做法。

一、借教师眼，引领学生了解蓝印花布文化

蓝印花布历史悠久，制作上会用到一些特殊的工具材料，随着工业经济的迅速发展，周边有着这样传统工艺制作的作坊已不多见。课堂教学受时间和空间的制约，若将蓝印花布制作工艺作为教学内容，要让所有学生亲历现场进行切身体验还是有一定难度的。为了让孩子们能更多元化地了解蓝印文化的相关知识，感受蓝印花布的恬静之美，熟悉蓝印花布的制作过程，我专门利用假期去南通蓝印花布博物馆、无锡民间蓝印花布博物馆、苏州江南蓝印花布艺术馆及浙江桐乡乌镇蓝印花布制作现场等特色地方进行采风，拍摄了一些视频资料及图片，通过导游式的引导欣赏与讲解，相当于带领孩子们间接地参观了蓝印花布博物馆，使他们对蓝印花布的历史和制作流程也有了一定的了解。另外，我收集了一些蓝印花布类的实物将它们布置展览于教室，

使学生在身临其境中丰富相关知识，熟悉蓝印花布制作流程，感受蓝印文化这种独特韵味的美，并鼓励学生在外出参观与旅行过程中关注这些生活中的文化，从而丰富自己的视野。在整个过程中，孩子们收获颇丰。

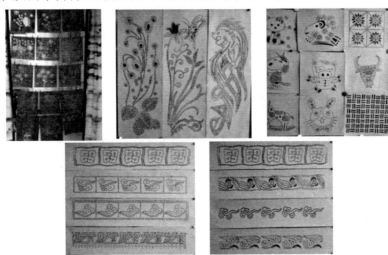

二、拓宽思路，丰富学生蓝印花布创作题材

传统的蓝印花布的纹样多变，图案设计内容大多取材于百姓喜闻乐见的民间故事、戏剧人物，更多的是由动、植物合成的吉祥纹样，采用暗喻、谐音、类比等手法抒发民间百姓憧憬美好未来的理想和信念。但对学生来说，他们的世界是丰富的，思维是广阔的，他们有着自己独特的想象力和表现力，于是我便考虑充分发挥孩子们的主观能动性，除了带领学生去寻找一些古建筑、彩陶、青铜、青花瓷等艺术品上的经典传统图案，我还鼓励他们大胆创新，针对大量生动活泼的富有儿童性、幻想性、时代性的创作题材进行创作，如"我喜欢的花""神奇的大鸟""戏剧人物""十二生肖""卡通小精灵"，还有比较时尚的几何图形、抽象图形、主题图形等图形组合，思路拓宽了，学生创作出来的作品也就丰富了。

三、巧用工具，降低制作蓝印花布刻板难度

传统的刻板都是用比较锋利的刻刀，且蓝印花布的版子镂空块面不宜太大，小学生在刚开始刻板时，因手里的力度不够，当刻刀在纸上走线时容易打滑或产生"毛边"现象。于是我一方面注意训练学生使用刻刀时的力度及方向掌握，提高他们的技艺；另一方面从网上淘取替代刻刀的打孔器进行捶打式镂空刻板。因打孔器具有一定的形状，使用时只需锤子敲打就行，用这种工具替换的方法将刻板难度大大降低后，对于大多数4—6年级的学生来说

很容易把控，花纹成型、制版效果自然也就工细美观了不少。况且不同形状的打孔器可以自由组合打印出诸多图案，如不同疏密的组合、不同方向的对接……学生对新型工具的使用有着特别的新鲜感和浓厚的兴趣，创作热情油然而生，每次下课都感觉意犹未尽、不愿离去。

四、增加色系，适合学生多彩内心的心理需求

　　传统的蓝印花布染色时都是采用蓝靛染料通过媒介进行氧化上色，形成古朴清新典雅的蓝色，加上不同浓度、不同次数的染还能随之产生丰富变化的蓝韵，自然散发着她特有的韵味，着实有着江南青花瓷般的迷人魅力，这是一种经典的古韵美。经过多年的发展，我们发现如今的蓝印花布在大多保留江南传统文化的同时，也吸收融合了一些其他区域的文化，比如以蓝色为基调的蓝印花布，出现了诸如反映北方鲜活气息的红色、黄色，其实这是一种与时俱进、一种创新，它体现了江南文化的开放性与包容性。再说我们面对的是具有现代时代特点的学生，他们的生活充满着多样性，个性喜好不尽相同，对色彩的偏好也因人而异，多彩的世界更是大多数孩子的向往，因此我在教学中除了让孩子们能感受、领悟传统蓝染的韵味美同时，却不局限于单纯的蓝染，而是鼓励学生合理地进行色彩的搭配染色，形成丰富多彩的渲染效果，使宁静的环境中也有着斑斓的跳跃，享受安静的同时也享有孩子们天真活泼的灵动，学生们会因此更乐此不疲，展现的学生作品也更精彩纷呈。

五、及时展示，增添学生创作成就感

　　每次刻花、涂抹桐油、上防染剂、染色、刮浆洗净后，我们都会将师生亲手制作的版子和作品晾晒于教室的展架上，琳琅满目的作品给 200 多平方

米的教室增添了特有的风景，学生们看着自己和伙伴们亲手制作完成的作品，心底甭提有多高兴了，满满的都是成就感和喜悦感，学生在这样耳闻目染的氛围中学习，性情自然也就得到了陶冶。

古法工艺需要了解并传承，面对诸多有着差异性的学生个体，我们也需要根据孩子的心理特点和年龄特点有所创新。

教育研究我们永远在路上……

第五章 展　望

当今时代，随着互联网、人工智能等的迅速发展，信息技术正在深刻地改变着人类的生活方式、思维模式与学习方法等。在未来社会发展中，数据将成为重要的生产资料，创新能力成为关键能力。当下的青少年处于正在变革的时代之中，他们的思维模式、行为方式等都与过去不同，因此，对他们的教育方式、培养模式等都要进行变革。教育作为培养人的活动，能够为未来培养创新型的人才。因此，教育一定要适应这种由科学技术变革所引起的社会变革，并进行自身的变革。

《中国未来学校白皮书》指出：未来学校将突破时间、空间、内容、师资等限制，满足人们不同需要，可以更好地提高全民素养，以应对未来更加复杂的社会挑战。21 世纪以来，在教育改革不断深化的进程中，特别是随着"互联网+"教育的兴起，很多研究者开始探索并研究新型的未来学校。朱永新教授指出："在未来学校，开学和毕业的时间不再固定，教师的来源多元化、角色多样化，学生的学习是以解决问题需要和个人兴趣为前提的，是一种自发的学习，是大规模的网络协作学习。"① 吕文清从供给侧的视角将未来学校定义为：未来学校是学校渐进变革链条的一个新阶段、新层次和新样态，未来学校要教会学生学习、合作、思考、创造、适应，要教生活、职场、成长背后的隐性知识，以能适应迅速变化的世界。② 尚俊杰和张优良提出，未来学校建设包括建设信息化基础设施、变革学习方式和再造教育流程三层境界。③ 余胜泉教授指出："在互联网的推动下将会出现一些为学生提供更适合的个体需求、更灵活的课程安排的学校，这些学校是从根本上进行重新设计的，而不是根据固定的课程结构或传统的学期来组织的。"④

---

① 朱永新. 新教育实验二十年：回顾、总结与展望［J］. 华东师范大学学报（教育科学版），2021, 39（11）：1-44.

② 吕文清. "未来学校"重在六个进化［J］. 基础教育课程，2016（13）：1.

③ 尚俊杰，张优良. 在线教育与中国教育的未来［J］. 人民教育，2020（06）：50-52.

④ 余胜泉. 在线教育与未来学校新生态［J］. 中小学数字化教学，2020（04）：5-8.

面向未来的教育需要超越时代的思考，承载未来的教育需要超越当下的建设。由此可见，未来学校是对学校结构进行的变革，在"互联网+"背景下，通过对技术、课程与空间的融合，逐渐形成一个个性化的学习支持体系。具体包括四个方面的内容：一是聚焦未来学习，包括相互融通的学习空间和灵活多样的学习方式；二是立足学生的课程体系；三是培养未来的儿童；四是创建活跃型的教师队伍。尊重、体现个性是未来学校乃至今后基础教育发展的基本方向。未来学校一定是肩负国家的未来和民族的复兴，满足儿童的自由与创造力的需求，彰显学校五彩缤纷的教育特色的有机体。

第一节　面向未来的学习

面向未来的学习，一定是尊重儿童的意愿、回应儿童的需求，让学校内的每一个儿童能够自由地表达自我，与儿童共同去创造一个真正属于他们的世界，共同为儿童创设多元融合的育人空间。

一、学习空间个性化打造

当我们憧憬和勾勒未来学校形态时，总会有一种对空间的想象与期盼。法国哲学家列斐伏尔认为，人类是空间性的存在。[1] 同样教育也是如此。未来的学习空间应该是怎样呢？学习空间如何变、向何处改变，都应该是为学习方式服务的。

（一）个性化

特色化是学校发展趋势，学校的特色化必然导致学校空间的个性化，因为空间不是静默无声的，它是会说话的。

未来的学校空间不会疏离文化，学校主张什么、追求什么、重视什么应在空间中有所反映。学校办学理念、校训、学校精神、育人目标等，被醒目地张挂、印刷在墙壁上，或者刻在校园景观石上，有的甚至表现在学校空间外形设计上。文化外显于形、内化育人，将是学校改革的不懈追求。

所谓"一方水土养一方人"。未来的学校空间不会忘记过去。任何学校都

---

[1]　孙全胜. 列斐伏尔"空间生产"的理论形态研究［D］. 南京：东南大学，2015.

是从历史中走来，并在历史中前行。有内涵的学校空间应该反映学校的历史。未来的学校空间不会逃离本土。学校空间虽有围墙区隔于周边环境，但又不能凭空而立。学校空间应传承地方文化，并在传承中寻求文化滋养，彰显文化底蕴。

（二）打破区域化

随着生态校园、智慧校园建设的推进和教育改革的深入，学校空间应该越来越具有动态、互联、共享、融合等特征。

1. 非固型

传统学校的教学楼、实验楼、功能区域、办公区域等划分明确，这种布局的弊端是学科教学过程被割裂在不同空间。因此，对教学空间的改造，建筑上更加关注课程需求，在设计上融入学科内涵，以学科氛围吸引学生。

教室可配置纳米白板、投影仪、多媒体视听设备、移动电子设备等信息技术，支持师生实现手写交互、图像交互、视频交互等多智能交互方式，支持线上线下混合式学习，支持远程同步课堂。插上技术"翅膀"的教室，可根据课程需要飞出学校、飞向世界。光感应黑板可以使黑板上所有的板书自动上传到学生的云笔记。通过眼动技术和可穿戴设备，提取基于视频的心率参数和基于眼神注视的实验数据，利用数字化手段武装的教学空间，学习进度变得直观，教学变得有年龄、记忆、温度、情感、互动，教学效果更具操作性，个性化教学成为可能，更好地满足所有课程尤其是校本课程群的需求。

2. 非定域

未来学校空间的边界将越来越淡化，如教室并非只是静听的地方，教室与走廊、实验室可以融为一体；图书馆并非只在固定区域，可以弥散在学校的各个角落。未来学校的教育不只是发生在校园，也可以发生在社区、工厂、大自然、各种社会场馆；不只是发生在本乡本土，也可以发生在他乡异域。学校空间也并非只属于师生，与社区及企事业单位共建共享，将会成为常态。

3. 非静态

网络化、虚拟化越来越改变着人们的生存方式和学习方式，未来学校空间不仅是实体的，也是虚拟的，且实体空间与虚拟空间互联互通，随时可以切换。学校能够给予学生的课程内容不再是统一的"一场电影"，而是品种多样，选择丰富的课程群，更系统、更全面地服务学生多样化、个性化、常态化的需求。一个以学习者为中心的、能更大促进自主学习和思维发展的教学空间，能更有效地让主动学习真正发生。

由此，学校空间很大程度上只是一个支点，通过这个支点可以撬动、激活更多空间，换言之，即生产空间。总之，未来学校空间通过解域化将变得更广阔、更丰富，更具有创造性和生产性。

（三）情境化

传统的学校空间是单一的、抽象的，随着教育投入的加大和学校建筑的革新，学校空间将越来越情境化，能够通过视觉唤起主体的主观情感。

1. 多样的学科教室

传统的学校空间与学习对象常常是疏离的，如不论什么内容、什么活动基本上在同一间教室进行，所有教室的大小、结构、设施以及装饰基本上大同小异。未来的教室将越来越多样化、个性化，将越来越契合学习对象，凸显学科元素，体现学科特点。

例如，选课走班制学习的班级不再是"行政班"单一形式，走班制的班级人数不固定，这就需要教学空间的桌椅能移动、能灵活组合，满足不同人数上课所需。项目式学习、混合型学习等要有满足学习者触手可及的学习资料，要有小组讨论、独立探究的环境和情境。

2. 丰富的学习场馆

学习对象不同，必然要求学习方式各异，而学习方式各异，又倒逼学校空间多样化。因此，多样化的场馆建设越来越成为必需。通过对空间进行功能分区设计，创设一站式的学习体验空间。教学空间是一个提供学习、展示、阅读、演说、探究、分享等多功能多用途的复合空间。

3. 高频的交互空间

"教育过程是一种交往"，学校空间应该致力于促进人际交往和互动。要促进交往与互动，就应该建立各种类型的公共空间，如各种团体学习室、活动室、休息讨论区、自由讨论区等。

（四）生活舒适化

随着信息技术的发展和"泛在学习"越来越成为可能，有人预言，在未来社会，学校将会消亡。那么，学校如何才能不消亡？重要出路在于学校的功能不断提升、不断拓展。学校将不再是单一的、"工厂化"的学习场所，而是身心栖居的家园。学校将回归生活、回归休闲，将从"考试工厂"变成

"成长农场"。

其一,舒适惬意的学习的空间。英国一项研究表明,教室的灯光、温度、声音、布局和颜色等物理元素与学生成绩的相关性高达73%。随着办学条件的改善和对学生身心健康的重视,学校空间将越来越适合学生的身心特点和审美需求。

其二,便捷温暖的生活空间。"学生是学会生活的人",学校空间既是学习的空间,也是生活的空间。学校应让学生有"家"的感觉,有自己的领地感。学校应该有学生的物品储藏室,不至于上下学背着沉重的书包;有自己的档案和展品,使之有一种归属和成就感,让温暖深深植入他们的记忆空间和心灵空间。

二、学习方式多样化选择

学习是与"教育内容的接触和对话",是与"同学或教师的认识、接触和对话",是与"新自我的接触与对话"。不同的时代、不同的社会发展阶段,学习方式也明显不同,在以云计算、物联网等信息技术为基础的大数据时代,科学化、智能化、个性化学习模式将更加流行,学习的形式将更加丰富,学习内容将不断更新。

(一)新时代下学习方式的优化

《国家中长期教育改革和发展规划纲要(2010—2020年)》将学生的学习方式分为自主式学习、合作式学习与探究式学习,这三种学习方式在新时代下得到不断发展和优化。

1. 自主式学习

自主式学习是指学习者自主激活并主动控制学习的认知、情感和行为以实现个人目标的过程。在自主学习过程中,学习者是自我学习的主体,学习者主动地设定学习目标、规划学习安排、组织学习资料、选择学习策略、调整学习方法、监控和评价学习过程,是为自己的学习负责而主动建构的过程。大数据时代,自主学习具有自主选择与关联推荐相结合、泛在学习与实时交互相结合、认知过程和情感态度相结合等特点,自主式学习是合作式学习和探究式学习的基础。

在新时代下,自主学习衍生出了一种新的学习方式——定制学习。定制学习是基于大数据技术的个性化学习的一种形式，属于大数据生发学习。定制学习是由学习平台等知识提供方在对学习个体已有学习痕迹数据统计分析后，向学习者提供的个性化的学习推荐，是基于对学习者个体特定的学习基础、学习需求、学习风格等数据分析而提供的一系列有针对性的学习资源、学习路径和技术支持服务。定制学习是基于学习者个性化指标数据，尊重学习差异，提供多元化、差异化的服务，反映了学习者的个性兴趣，符合学习者个人发展要求，为学习个体选择适合自己的学习策略、学习进度，是自主学习的基础。

2. 探究式学习

探究式学习是指学生为解决问题而主动完善知识结构、建构个人知识库的过程，探究式学习通过改变自身态度和行为逐步解决问题。在探究式学习中，学生根据科学导向问题，探究解决途径，形成基于证据的解释和运用。探究式学习让学生亲历问题解决的全程，通过问题的解决实现自身优势的发掘，借助目标的实现感受成功的喜悦。

3. 合作化学习

学习知识不应该是简单地吸收教师的"知识灌输"，而应该是孩子通过与他人的互动协作来构建。随着社会网络化、信息化程度的提升，信息易得、知识爆炸、数据开放、沟通无限的社会特征使得全面发展、终身学习越来越接近现实，在合作化学习即将成为学习新常态。合作化学习是学生利用海量资源，通过小组协作交流思想、摒弃分歧、互帮互助、一起学习、共同探讨，从而高效完成同一目标的学习方式。

世界扁平、信息爆炸、阶层淡化、社交便捷，大数据时代正在加速拓展着日益广泛的学习共同体。越来越多的合作式学习研究证明，在合作化学习中，学生协作学习、相互激励、深刻反思、协同解决，几乎可以自学任何东西。

在合作化学习过程中，借助共同活动惠及自己或他人是新认知构建的重要途径。在合作化学习过程中，最重要的是培养学生学会合作的文化。合作化学习需要小组成员具备自信进取、责任感强、沟通交流等人格因素，需要教师布置适合学生个体实际的任务；需要教师引导小组成员互帮互助、互相鼓励、学会合作；需要教师倾听每个学生的声音营造舒适、温馨、和谐的学习环境。

（二）新时代下学习方式的变革

1. 深度学习

2017年7月国务院《新一代人工智能发展规划》指出人工智能呈现出深度学习、跨界融合等新特征，大数据驱动知识学习，关联理解思维驱动学习方式变革，在教学中融入深度学习理念已经成为一种必然趋势。

在教育教学中，深度学习是以已有认知和知识为基础，通过"批判理解学习曲、新旧知识整合、知识迁移应用"等方式解决学习问题，实现终身学习，属于主动学习，是有意义的理解学习。

在以数据为基本、以数据挖掘为动力源的大数据时代，教育的信息化为深度挖掘、深度学习大数据资源、识别学习个体特征、了解学习个体学习状态、全面领悟学习者的学习需求、寻找探索学习规律提供了基础便利，为精细化学习过程管理、推送个性化的学习服务提供了基础依据，为促进学习者学习质量持续提升提供了无限可能。

在深度学习教育大数据的驱动下，通过构建学习行为干预模型，识别学习者学习困难、掌握学习者学习状态、及时针对性地实施干预，从而达到消除学习障碍和提高学习实效的目的；通过学习预测模型，预测学习者未来学习重点、难点、危机点，从而达到优化学习过程、改善学习状态、提升学习成效的目的。

通过对深度学习的分析，将为获得全新的教与学的"相关性"、新旧知识的"相关性"打开一扇大门，将极大提升学生主体记忆力、想象力和思维力等在学习迁移中的共同参与和相互作用，从而促进跨学科、多层次、持续深入的学习迁移。通过对深度学习大数据的分析，将优化知识的外显与可视化，促进知识从记忆到理解的转换。

2. 智慧学习

与深度学习相比，智慧学习由自我导向（self-directed）、兴趣激发（motivated）、适应式教学（a-daptive）、丰富资源（resource-enriched）和技术嵌入（technology-embedded）五个方面组成，更多强调以学生为中心、真实情境协作、多样互动体验和丰富资源共享，极好地满足个性化学习和定制学习的现实需求。智慧学习以构建智慧学习环境为基础，借助智慧教学法，借助智能教学系统，支持学生自行选择学习资料，自行制定学习进度，实现自我导向学习；通过计算机模拟真实学习情境，辅以社群互动，实现学生主动参与和探索知识过程；借助适应性内容呈现满足学生个性化学习需求，通过适应性导航支持减轻学生认知心理负荷，实现学生自我导向的探究式、情境化、个性化学习，培养学习者的高智能和高创造力。

3. 混合式学习

混合式学习是线上与线下学习的有机组合，网络教学与课堂教学相结合，统筹发挥线上虚拟教学和线下实体教学各自优势，强调的是线上线下融合，打造的是适应知识构建场域的学习环境。

4. 移动学习

其一，碎片式学习，就是让学习者利用零散时间，在任何时间任何地点进行学习。

其二，情境感知学习，根据你的地理位置给你推送学习资源。这是博物馆、科技馆经常使用的学习方式。香港的学校曾经搞"城市穿山甲"活动，让学生带着电脑到城市里去穿行，去解决问题。

其三，基于电子书包的课堂互动式学习，一个学生有一台平板电脑，教师也有一台平板电脑。最常见的应用方式是这样的：教师在课堂上呈现一道连线题目，然后发送到每一个学生的平板电脑上。学生做完了以后，提交到服务器端，教师就可以在白板上再呈现出学生的答案，并对其进行点评。对于这种学习模式，可以用"互动"来总结它的最大特点。在传统课堂中，教师提一个问题，一个学生互动，我相信旁边还有一些学生，在脑子里也跟着互动，这些学生都进入了互动场，是真的在学习。

随着大数据时代驱动自主式学习、合作式学习与探究式学习的进一步发展，将驱动混合学习、深度学习、智慧学习的兴盛，最终实现人的终身学习，建立学习型社会提供技术支持。

第二节　面向未来的课程

联合国教科文组织国际教育局局长曼塞萨·马洛普指出，"课程作为教育系统的综合核心"，与教育系统的大部分要素都相互关联，课程变革事关人类教育的生命与全局。① 面向未来中小学课程的图景如何描绘？中小学课程改革应何去何从？

变革的时代孕育了未来的学校课程，立足课程改革前沿来想象未来课程的样态具有其科学性。当代课程改革的前沿，如面向核心素养、深度学习、项目学习、混合学习、生本教学、跨界教学等的改革正向我们呈现出一幅令人憧憬、倍感振奋的未来学校课程图景，我们已经收到了来自未来课程的信号！课程是由五大要素——目标、内容、形式、运转与效能构成的综合体，未来中小学课程实践的每一点变动与细节都是对当代学校课程局限的一次自识与突破。

一、课程的五大要素新含义

（一）学生本位的课程目标定位

为谁而生是课程的原点与目标问题，该问题的答案一定是学生，未来学校课程的目标一定是"从学生成长出发、为了学生人生成功"的学生中心课程，课程目标表述的中心词一定是学生及其发展水平。随之，学科知识、授课教师将走下课程的神坛，成为学生课程工作的真正服务者。如果说中小学课程可以划分为五个层级——国际层面的超课程、国家层面的宏观课程、学校层面的中观课程、教师层面的微观课程、个体层面的纳米课程（nano curriculum），那么，最后一类课程极有可能成为未来学校课程的主体，在这一个定制课程系统中，每个学生都能找到自己的个性优势，都有可能借助丰富课程资源来自创课程、自建课程，学校课程与学生个性化、特色化和全面发展需要间的契合度很高的课程对学生自由发展、差异发展的限制将走向归零。

（二）素养先行的课程内容体系

当代课程的主体内容是学科知识、学科活动，属于学科的主场；而未来中小学课程内容将走向多样化、人性化，课程将成为以育人为中心的系列课程资源复合体，属于育人的主场。尤其值得关注的是，软体课程、生态课程、人文课程、科普课程、社会实践课程、生活技能课程等将成为中小学课程的

---

① 胡佳佳. 联合国教科文组织推进全球公民教育课程建设［J］. 世界教育信息，2016，29（12）：79.

新增点。

所谓软体课程，就是潜藏在学科知识内容背后的素养教育内容，如生活态度、社会情感、合作意识、沟通技能、包容美德、仁爱精神、负责品质等，这些潜在课程内容将成为比学科知识本身更重要的课程内容，学生发展核心素养无疑是软体课程最内核的构成。在人文素养培育优先、学科与育人相融合原则的指导下，未来课程开发将在市场驱动与技术助推下呈现出百舸争流的局面，搭载着育人要素的多样化课程实体纷纷涌现。可以想象，到时学校将全面承担起保护地球、拯救人类、培育真人的使命，学科知识的地位将持续下降，而增强学习者自我驾驭力的课程——价值观教育与品格教育课程地位飙升，成为潜藏在学科课程背后的强大隐性课程。其道理很简单，一旦品格教育问题得以解决，学习者自我负责、自主学习、自我进取的意识会被唤醒，"自主设计课程—自觉寻求课程资源—自我评价学习效果"的全自主学习模式将在未来成为现实，新生一代的学习对权威教科书、学习材料的需求必然会持续走低。

（三）网络式的课程组织形式

当代课程存在形式是以学科为基本单元的知识体系，学科间相对孤立存在、知识点按照逻辑线条排列、与现实生活和学生成长要求保持距离是其明显特征。未来课程存在形式将会发生质变，一种以学生核心生活经验为中心的知识网络将会出现，其基本架构是：以学生生活经验单元的形式呈现，与之相关的学科知识点被植入学生生活经验的相应环节上去；所有学科知识点在学生生活经验链条上有序排列，每个知识点都有两个链接点——相邻学科知识点与相关生活经验，这些知识点随时可能被这两个链接点激活，进而融入学生当下学程之中；课程内容成为连通学科知识与学生经验的立交桥与交接点，其功能是根据学生学习需要随时在学科知识与生活经验、不同学科知识点之间生成意义链接；不同生活经验被置于不同领域之中，衍生出多样化的课程知识模块与教材学材版本。在未来，知识与经验的网络化组织不仅有利于克服学科知识系统的抽象性与板块性，增强中小学课程知识的关联性与情景性，还可能赋予学习者按照生活领域自由设计学习进程的权利，真正克服单线条、学科式课程组织的局限性。

（四）智能化的课程运转形态

人工智能的出现必然导致机器人接替教师的部分职能，这一"接替"是通过课程运行的智能化实现的。可以想象，课程资源的生成、收集、配置将成为智能机器人的强项，它们完全可以根据学生学情数据库生成个性化的课程学习菜单，满足学生个性化学习的需要，甚至还可以根据学习者的请求与期待为学生随机定制出个性化的分课时课程学习计划，实现课程内容编排与学生个体需要间的高度契合。不仅如此，在智能技术、云技术与大数据技术支持下，机器人还可以借助即时检测来跟踪学生学习进度与效果，根据学生学习状况与问题实时生成个性化辅导方案，自动调取网络课程资源，为学习者提供最贴身的课程服务。可以预见一个高度个性化的课程时代将会被开启。

（五）服务终生的课程功能追求

在未来，学校教育只是学生人生旅程中的一个微妙片段，其根本作用是：为学生职后学习提供有力的知识起点与学习动力支持。能否将学校课程有力接入毕业生的职后教育、非正式教育、非正规教育中去，延伸出最优质的终身学习实践，将成为中小学课程效能评估的首要判断标准。因之，未来学校课程的根本属性是扩展性、衍生性，是最具生命力与扩展力的课程形态。诚如联合国教科文组织报告所言"我们需要一种更加流畅的一体化学习方法，让学校教育和正规教育机构与其他非正规教育的经验开展更加密切的互动，而且这种互动要从幼儿阶段开始，延续终生"①。要实现这一目标，未来中小学课程必须考虑三点转变：一是让学校课程成为点燃学习者持续学习热情的燃煤，成为其"学习人生"的导师与铸就者；二是让学校课程成为学校教育向职后教育的"扩展槽"，学习者能够从学校课程中瞭望到生动的职场学习前景；三是让学校课程成为培育学生发展性素养，如事业心、上进心、学习力、职业追求、创新意识等的一把利器，课程知识学习将成为培育上述素养的孕育环节而非其终端目标。

二、新课程形态——综合型的课程体系

（一）加强学科之间的综合性

在各个学科的教育教学过程中，尽可能地联系和运用其他学科知识。未

---

① 黄蔚，李玉顺.《2018年中国互联网学习白皮书》显示："以学习者为中心"教育生态渐成［N］. 中国教育报，2019-04-13（03）.

来学校所进行的课程不再明确区分物理、生物、化学、数学等学科，而是通过任务、项目等的实施来渗透各学科知识，让学生在完成任务与项目的过程中不断学习并应用各类相关知识，在真实世界与抽象概念之间建立联系，从而学会发现问题、分析问题和解决问题。例如我校在为每一个儿童设计课程中，对项目化学习、STEAM、走班制课程的探究就是学科综合性很好的诠释。

（二）设置综合课程

当前我国现行的综合课程主要是在选修课程与地方课程中开设的现象教学、项目教学、问题教学、TEAM 教学及创客教育等，还可以在基础课程与个性化课程、必修课程与选修课程的融合上，以培养学生创新精神的研究性课程上研究。

（三）设置课程学习中心

在未来学校的发展过程中，会有很多能够满足学生不同发展需求的课程学习中心，如艺术创意中心、STEAM 创新中心等。育人指导中心根据国家要求设置学生所需的各种课程，引导其到各课程学习中心学习。各课程学习中心也会通过相关教师、技术人员以及设施设备等之间的互相协作进行融合，共同开展技术支持下的深度学习，进行因材施教，从而促进学生个性化发展、全面发展。

（四）增强综合实践活动

具体包括各种课题的调研报告、研究性学习、各种社会实践等内容。在今后的教育教学过程中，要求大力开展综合性实践活动，以此来培养和提升学生综合解决和处理问题的能力。

总之，面临数字化、学习化、民主化社会来袭，课程必须用全新的姿态、全方位的准备来迎接未来社会生活的挑战。课程是学校的内核，学生是课程的中心，坚持学生本位原则、弘扬素养优先理念、构筑优质课程网络、彰显智能课程优势、促使课程效能绵延，是未来中小学课程改革蓝图的全面写照。

第三节 面向未来的儿童

一、未来儿童的"三体发展"

儿童的整体发展是指未来发展中他不仅要有广博的知识，生存、生活的能力，还需要有民族情怀、世界眼光、改造世界的担当，还包括好奇心、想象力、创新能力，抗压、耐挫的勇气，也需要有个性与活力，需要有灵魂、有视野、有担当。

儿童的立体发展是儿童生长在天地之间，未来教育的设计要观照每一个儿童的不同；儿童是生长在古今之间的，既有优秀传统文化的濡染，又有人工智能的挑战；儿童是生长在当下与未来之间的，未来教育要尽可能发现儿童的不同和无限的可能，去为世界的美好涵育创新。

儿童的合体发展是指未来教育要合国家的体，教育肩负着国家的未来和民族的复兴；要合儿童的体，满足儿童的自由与创造力的需求，是为儿童服务的；要合学校的体，彰显五彩缤纷的教育特色。

二、儿童在教育中的新定位

其一，儿童在生长中，阐明了教育的起点是儿童，告示我们教育要立足儿童世界，学校应坚定以儿童为中心的信念，提出将儿童世界作为学校办学愿景的主张，并在整个学校办学理念体系构建过程中，以其作为最基本、最核心、最重要的指南针。我校提出"为每一个儿童设计课程"的办学理念，就是基于每一个儿童都同等重要的认识，力求实现因材施教。所谓儿童世界，不仅仅指以儿童为中心的思想、观念、意识，更重要的是能落实在办学实践中，关注每一个儿童，心里真正装着每一个儿童的未来，基于对这一个个鲜活、有个性的生命的尊重，进行空间创设、课程构建、教学设计等，让学校去适应具备不同特征的儿童个体，而不是让整齐划一的学校模式去限制儿童充分而全面的生长。面对儿童，要真正把他们当儿童看，不急躁、不苛求，多包容、多悦纳，让他们在真正的儿童世界里成长。

其二，儿童在生长中，表明教育是一个动态的过程，启示我们教育要让生长真实地发生。儿童真正的生长，应该如广阔的自然界中的花草树木，沐浴阳光雨露，也不需要培植催熟的瓜果，所以我们拒绝作秀的、病态的、功利的"伪生长"。和谐的场景是在学习活动中，学生以最自然的状态存在，以最饱满的热情参与，以最优化的方式学习，读得用心、想得开阔、说得畅快、说得尽兴，知识、能力、素养在悄悄然中拔节向上。

其三，儿童在生长中，强调了教育的旨归是儿童的长大、长成，警示我们要秉持对教育虔诚的敬畏之感。每个儿童都是一张全新的图纸，因为其新，每画一笔就尤其要小心、尤其要慎重。教师不经意间的一言一行、一举一动，都会在这张图纸上留下或多彩或斑驳的印痕，这样的印痕，会在孩子今后的生活中同样不经意地反射出来，让教育者照见自己的影子。所以，常怀敬畏之心，慎思笃行，才能造就儿童成长路上的真精彩。

三、儿童的教育特性

（一）儿童的独特性

受遗传基因、社会环境、家庭教育等诸多因素的影响，儿童在身体、智商、心理、行为习惯等各方面都存在着客观差异，这就使得儿童教育复杂多变，充满了挑战。作为教育工作者，首先要充分尊重这种不同。不争的事实告诉我们，每个儿童身上都有着与众不同的禀赋和潜能，这种禀赋和潜能一旦被发掘，往往会创造出令人惊异的成就。陶行知先生说过："你的教鞭下有瓦特，你的冷眼里有牛顿，你的讥笑里有爱迪生。"这值得每一个教师引以为戒。其次，作为教育工作者，要面对一个个独一无二的生命体，教师要做慧眼识千里马的"伯乐"，善于发现并珍视每个儿童的独特禀赋，"扬其所长，避其所短"，帮助他们在最可能的道路上走向成功。

（二）儿童的可塑性

"塑"，塑造也，它不是有悖儿童天性的刻意雕琢，而是顺应儿童天性的顺势而为、因势利导。儿童，心性混沌幼稚，是非辨别能力弱，人生观、价值观尚未形成，正是品性塑造的关键时期；儿童，精力旺盛，思维敏捷，记忆力强，正是最宜求知的黄金时期；儿童，是未来的社会建设者，社会公民能力的培养不可或缺。在儿童生长中，塑其品性，塑其学识，塑其能力，这是教育的应有之义。教育者要正确把握儿童的身心发展规律，把优良的道德品质、必备的社会能力、优秀的人类文化，通过科学的方法输送给学生，使其脱离懵懂无知，走向澄澈清明。

（三）儿童的过程性

叶圣陶先生曾说过这样一句话："教育是农业而不是工业。"意思是说：教育就像农业一样需要一个缓慢的发展过程，需要很长的一段周期，而不能像工业一样批量生产、迅速出炉。确实，培育儿童与耕种庄稼有颇多相似之处。农作物的生长要经历萌芽、长叶、拔节、开花、结果各个阶段，每个阶段都呈现出不同的生命形态，需要不同的生长条件（如日照、温度、湿度、肥料等）；而儿童的成长也需要经历幼儿、少年、青年等不同的年龄阶段，在不同的阶段表现出不同的身心发展特点，需要施以与之相宜的教育。教师要有农夫的心态，培土、除草、治虫，都要把握时令、把握分寸，做一个田头耐心的守望者。常识告诉我们，站在一棵幼苗面前，可以看出它旺盛的长势，却感觉不到它的成长，只有隔一段时间才会发现它的变化。当教育也这样自然而然、不急不躁之时，儿童的生长也就水到渠成了。

四、一切为了儿童

今天的学校教育中，新的学生观在理论层面得以确立，在具体的教育实践中，每一个儿童作为积极的、独特的、活生生的生命个体仍没有得到完全的认同和尊重。在我们所实施的以"灌输"和"塑造"为主旨的教育世界里，他们仍被视作等待加工和塑造的产品，教育的旨归——"一切为了儿童"，这句掷地有声的话语在现实面前仍显得苍白无力。"一切为了儿童"这句被很多学校制成铜字安放在显眼位置的话语，在现实中却成了一句空洞的标语口号，学校真正的办学行为与之相距甚远，甚至背道而驰。

（一）为了"每一个"儿童——从儿童出发

回溯中外教育史可以发现，围绕管理和教学主客体关系的认识，千百年来始终在"教师中心"与"学生中心"两极之间徘徊，从荀子的"外烁论"到孟子的"内发说"，从赫尔巴特到杜威，从凯洛夫到罗杰斯，莫不如此。对这一"钟摆现象"的不同取向，构筑了传统教育与现代教育的分水岭。

"一切为了儿童，为了一切儿童"这是现代教育的核心宗旨，也是基础教育的本质应然。教育的根本问题是关于儿童的问题，基于对儿童认识的儿童立场是教育的根本立场。从儿童出发，就应该以儿童为本，关注儿童的视角、研究儿童的心理、满足儿童的需要、保护儿童的权益；从儿童出发，就要求教育的原点和设计遵循儿童认知的发展规律，贯彻以学定教、先学后教、因材施教的原则，以儿童的"学"作为教师"教"的出发点；从儿童出发，就应该顺应"自由和探索"的儿童天性，但绝不是对儿童的迁就和放任，对孩子爱与赏识并不排除必要的批判。

（二）为了"这一个"儿童——促进儿童个性发展

"人之初，性本善，性相近，习相远。"随着学习经历的增加，人的差异性也会越来越大。从关注整体到关注个体，从关注"每一个"到关注"这一个"，在关注每一个儿童发展的前提下，追求儿童的个性化发展，应是未来发展基础教育的价值取向。"人是未完成的存在"，儿童就是"未成熟""未完成"的存在，就意味着"可能性""独特性"。为了"这一个"，就要探索在班级授课制背景下个性化发展的学校管理、课程建设、教育过程、教育评价等各个环节；就要激发儿童进行自我教育，不断挖掘儿童的自我潜能，"我的工作不是拯救孩子的灵魂，而是提供机会让他们拯救自己的灵魂"；就要把握"人的个性化和社会化的和谐发展"，不能一味地夸大"自我"，既使"个性"神采飞扬，又和人的社会属性并行发展。

（三）为了"未来的一个"儿童——为儿童的幸福未来奠基

联合国教科文组织有权威报告认为，"基础教育是向每个人提供并为一切人所共有的最低限度的知识、观点、社会准则和经验的教育"，"它的目的是使每一个人能够发挥自己的潜力、创造性和批判精神，以实现自己的抱负和获得幸福，并成为一个有益的公民和生产者，对所属的社会发展贡献力量"。①

培养儿童以幸福关照自己的内心，是教育的最高宗旨，因为教育首先是"人"学。如果学校（社会）只是以分数、升学来衡量教育的优劣，而忽视了"未来的一个"的关键品质的培养、健全人格的造就，那于国、于家、于生谈何"未来"呢？为孩子终身幸福奠基，就要倡导从孩子发展原点到远点的教育，就要引导教育从"应试"到"应世"的转变，就要改革考试模式和人才培养方式，就要回归到教育最本质的领域去营造教育的"乐园""花园""圣园"，到教育一线去认识教育，到课堂里去寻找教育家，到孩子心灵深处

---

① 吴美燕. 解读中国基础教育 [J]. 教学与管理，2006（1）：38-41.

去问计教育。

"一切为了儿童"——由衷地希望这样美好的词眼，在美丽的校园中，不仅是口号和标语，不仅是乌托邦般美丽的童话与梦想，而且真正成为中国教育的法理，教育行为的守望，教育实施的核心价值!

第四节　面向未来的教师

未来教育的主要目标是提高个人的应对处理能力。变化越快，应付能力就要越强。人们要学会预测事物变化的方向和速度，学会经常地、愈来愈长期地进行预测。进入 21 世纪以来，开始出现未来教育与教师的相关研究。有研究指出未来教育在"信息高速公路"的支持下，使教育现代化得以真正实现，使教育的个性化得到充分发展。与此同时，对教师也提出了更高的要求。未来教师只有成为服务型、管理型、沟通型、学习型和创造型的教师，才能适应未来教育发展的要求。有学者提出，未来教师的发展，教育观念创新是前提，道德伦理修养是灵魂，信息科技素养是手段，国际化教育教学能力是基础，学会学习、学会选择、学会反思是要求。

发展学生核心素养的关键在于教师，教师的素养直接决定着教育质量的高低。一定程度上，教师的素养实质就是教师的内在修养。不可否认的是，学生核心素养的培养主要依靠教师的教育教学，教师的素养是实现学生学科核心素养培养目标的重要前提与可靠保障。只有充分认识到教育教学的本质是育人，才能更优化地分析教师本身应具有的素养，更好地立德树人，将学生核心素养培养落到实处。任何一门学科的目标定位和教学活动都要从素养的高度来进行。

一、未来教师的角色定位

（一）教师要做学生的引路人，教育的终极目的是学习者的成长

顾明远先生认为教师是一个引路人。在传统教育里，教师是知识的载体和权威。然而，在当今的互联网时代，学生可以通过各种渠道获取知识，师生关系发生了很大的转变。但我们依旧需要教师为我们引路。顾先生也曾提出教师应该成为一个设计者，为孩子的学习设计一个最适合他们发展的教育

环境；教师也是一个指导者，要指导学生获取有用的信息。现在学生获得信息的途径很多，但有些信息是无用的或者有害的，那就需要教师来指导学生去伪存真；教师又是一个帮助者，学生无论是在学习方面还是在其他方面遇到了困难，教师需要为他们提供帮助。此外，教师也是和学生共同学习的伙伴。引路人实际上也包含了设计者、指导者、帮助者、共同学习的伙伴四层寓意。

我们想要更好地教学，但教学只是手段，而不是目的。真正的目的其实是更好地学习，以及学习者自我学习的能力，也就是成长、进步的能力。传统的教育系统往往强调更好地教学，而实际上我们终极的目的是学习者的成长。

（二）教师作为引路人，不只是指导学生获得"已知"，重要的是要教学生探索"未知"

引路人的意思其实是双重的。一种是我知道答案，我试图把学生引导到我已经知道的这个答案上去。引路人会比我们更有经验，但并不意味着引路人就必须知道答案。另一种就是在我不知道的情况下去教。

未来教育是为未来社会培养人，教育的事业就是未来的事业，现在中小学的学生十几年后走向社会。十几年以前我们的孩子是生活在什么样的时代？现在的孩子生活在什么样的时代？当年我们能想到一部手机就可以走遍天下吗？完全无法想象。再过10年，我们的孩子生活在什么时代我们能预测到吗？我们对未来社会的变革很难预测，但是有一点是可以预测的，就是科学技术是不断在进步的，我们的思维要不断地跟上这个时代。经合组织曾经发表一份报告，提出我们要培养未来公民不定式的思维方式，就是说遇到不同的情况，我们不能有一种定式的思维方式。因此，彼得·圣吉先生讲教师要学会把不知道的东西教给学生，让学生去探索，这才是我们未来教育的一种方向。

（三）标准不等于标准化，个性不等于个别化

关于个性化或者是定制化，作为教师，我们需要一个标准，但我们要顾及每个学生的特质性。毫无疑问，这需要教师在每一名学生身上投入更多的时间，那这些时间从何而来呢？这是在实践中会遇到的很现实的问题。现在我们提倡课程的多元化，提倡减少必修课、增加选修课，就是要求这个标准可以不同。个性化不等于个别化，个性化主要是适合每一个孩子的心理、生

理特点，充分发挥他们的潜在能力。我们知道儿童生下来是不同的，天资不同、身体基础不同、家庭环境不同，所处的城市也不同，所以我们在教学过程中一定要考虑到这种不同。个性化并不等于个别化，并不等于是量体裁衣，这是两个概念。现在是互联网时代，我们都在提倡个人的学习，其实个人的学习也不能离开集体的学习。

我们要培养学生的创新思维和创新精神，但要注意的是，创新不能光靠个人的臆想，而是在和同伴交流、学习过程中形成的。现在我们也需要培养学生的团队精神，通过团队合作来创新。如今的科学技术发展已经不是一个单独的学科能够支撑起来的，是要多种学科综合发力，所以需要团队。

二、未来教师的教育素养

教师未来教育素养内涵在于，在未来社会智能化发展、未来教育智慧化实现到来之时，要成为一名拥有未来教育理念、坚持未来教育态度、通晓未来教育知识，并能够灵活运用未来教育技术和进行未来教学实施的教师所应具备的教育素质与教育修养。

教师在未来教育发展中所面临的挑战与机遇是并存的一对矛盾。而矛盾的关键绕不开一个问题——教师在未来究竟是什么模样？目前我们有着先进的教育技术、有着长远的教育规划、有着丰富的教育资源、有着千千万万的受教育者，这样的背景下，何以为师？值得反复思考。

鉴于前人已经做过的研究和分析，本研究试图构建教师未来教育素养分析框架，主要从理念、态度、知识、技术和能力五个角度出发，整体分为五个维度：未来教育理念、未来教育态度、未来教育知识、未来教育技术应用、未来教育教学实施。其中，未来教育理念、未来教育态度和未来教育知识是教师内在储备层面的要求，未来教育技术应用和未来教育教学实施是教师外在操作层面的要求。内在储备与外在操作两个层面需相辅相成，形成良性循环。改进理念、坚守态度、学习新知有利于外在操作的实践，技术应用与教学实施的经验总结可反作用于内在储备的更新或转变。

（一）未来教育理念

行动的开始，往往是理念的开始。未来教育的开始，必然也是思想观念革新的开始，未来教育理念是教师未来教育素养的首要内容。未来教育理念包含着诸多元素：未来教育基本思想、未来教育价值观、未来教育道德取向等等。教育理念可以体现一名教师思想上的深度，未来教育的到来，需要教师在思想上不能落伍，而是应该站在时代的最前沿，把握时代的需求，利用智能的协助，实现教育的伟大目标。未来教育理念，所包含的是对未来教育改革和未来学生进步的思考，是勇敢迎接未来挑战的思想凝结。思想正是理念的根基所在，未来教育思想是未来教育理念的根基，未来教育理念是教师未来教育素养的根基。

（1）要求坚定教育信念，献身教育。未来教育是一项伟大的民族振兴事业，投入资源大，回报周期长，需要教师树立愿为未来教育而奋斗下去的信念，需要教师保持着对未来教育的正确认识，对教育以及未来教育的真正坚守。没有这样的信念在身，从事教育定会是徒劳，甚至成为影响教育发展的阻碍；同时也应该意识到自身是否融入其中，是否努力追随教育的一步步发展。

（2）要求明确未来教育所引发的改变。需要了解未来智能化发展。人工智能、信息化、物联网等未来社会科学技术发展的热门方向，将辅助未来社会变得更加智能化，而智能化也终将惠及中学教育，日前便已经实现未来教室的建设，投入推广指日可待。因此，中学教师应该关注到智能化倾向带来的改变，并积极主动接受智能化带来的教学改观。

需要了解未来先进理论知识。在未来教育理论或是实践研究的领域，我们不得不承认，发达国家仍旧占据了较为领先的地位，因此，研究国外先进教育理念、方法等，可以拓展教师的个人视野甚至教育视野，借鉴更为优质的教学思想。

（3）要求树立终身学习理念。《中国教育现代化 2035》提出要构建服务全民的终身学习体系。从教师自身出发，也要抱有终身学习的理念，摒弃固化型思维模式和退化型思维模式，坚持成长型思维模式并不断实现对教育的追求和对教育真谛的探寻。

（二）未来教育态度

考虑未来，不能仅仅以技术变革和个人利益作为一切的出发点，要以人类整体的发展事业为导向，从未来的视角出发。常言道：态度决定一切。未来教育态度是决定未来教师从事教育行业、实现人生抱负和培养人才发展的关键。如果说理念是根基，那态度就是对根基的守护，是持续性的维护，是原则性的体现。对于未来教育态度，主要包含着以下内容。

（1）要求明确立德树人是坚守教育的根本态度。未来教育存在着变与不变的内容，那么作为教师，首先要意识到坚持应该坚守的教育本质——育人。坚守立德树人的目标不改变，只有坚守住教育的本质内涵，才能将教育真抓实干地做好，才能实现以人为本的教育理想。

（2）要求明确从事教育能够实现自我价值。作为教师需要能够认识到无论现在还是未来，献身教育事业是自我价值的实现，是从事教书育人职业的自我要求；同时也要认识到自己是不是从心底里喜欢教育事业，因为只有热爱教育，才能全力从事好教育工作，这是一名未来教师从事教育工作的基本态度。

（3）要求热爱教育教学。未来是一个充满种种矛盾的时代，教育行业的不可测因素也层出不穷，特别是中学教育行业，高考改革不是解决基础教育的唯一途径，我们应该意识到更为深层的教育困境。对于教育行业的一名教师而言，虽然无法实现对大环境的改变，但可以做到保持着工作热情，努力克服困难，积极地对待工作，这也是其正确对待未来教育的态度体现。

（4）要求理性对待未来教育智能化改变。未来智能化不是令人恐惧的恶魔，要清醒地认识到智慧化教学对教育发展的贡献所在，未来教育需要教师在态度上的理性支持。

（5）要求注重强化教学反思。教育一旦缺少了反思，其效果会大打折扣，对教学环境的改善也会缺乏动力，每次教学活动（授课或教研）后，教师都应该坚持进行自我教学反思，反思教学过程中对学生的关注度，反思教学效果，反思教学交流等。三思有心得，认识到反思的重要性，才能更好地融入未来教育，更好地改善自我教学工作。

（三）未来教育知识

知识可以改变认知，可以改变命运，可以改变世界。知识是人类一切文明和财富的化身，是经验的积累和创新的源泉。在未来，现今所学习的知识大多数都会过时，甚至是被淘汰掉。同时，知识的分类存在多样性，方法授予也存在着差异化的特点，未来教育需要学生不单纯地记忆知识，不单一地了解方法，而是更多地去应用，更多地去实践。因此，对于教学工作，应该思考教师具备怎样的教育知识，才能带动学生思维的启迪与认知的进步，实现知识的具体利用。

（1）要求了解国际上关于未来教育的长远规划。作为教师，当其希望认识未来教育的样态时，首先要了解"教育2030""教育2035"等国际性和时代性的未来教育发展趋势，"教育2030"是联合国教科文组织和OECD共同关注的未来教育发展趋势，在世界教育创新峰会 WISE 峰会上，也被各国教育界专家学者多次强调。"教育 2035"也被称为《中国教育现代化 2035》，是我国根据世界未来教育发展趋势分析，结合本国国情，提出实现中国特色社会主义教育现代化的重要目标。

（2）要求关注未来教育法律法规。未来教育是过程性的培养和阶段性的生成，包含着未来学前教育、未来基础教育等。目前已发布诸多关于人工智能、教育现代化等规划纲要，对于未来教育的发展方向，也会逐渐鲜明。关注政策法规的发布，熟悉国家关于未来教育的政策法规，有利于依法从教、依法授教、依法治教。

（3）要求阅读未来教育相关研究书籍。读书是学习新知的重要来源，未来教育领域是新兴的教育学研究领域，世界上著名的未来学家，诸如托夫勒、奈斯比特等都有着大量的未来学著作，未来教育相关书籍的译本也层出不穷、络绎不绝，中学教师需要通读相关书籍，查阅相关研究，才能体会未来教育的内涵与特点。

（4）要求了解先进的教育心理学知识。近年来，中国高等教育的蓬勃发展在世界范围内有目共睹，效果显著，但基础教育的发展还存在着一定的落后，地区性差异不断拉大，授课方法大同小异。因此，作为未来教师，需要取长补短，借鉴发达国家，特别是教育发展突出的国家的先进教育学、心理学等相关理论知识；通晓未来教育方向的教育研究方法，完善自身关于未来教育知识的认识，让教师的"器"更有分量、更为厚重。

（5）要求开展教育教学研究与方法学习。教不研则浅，研不教则枯。教师希望提升专业发展，就需要研教结合，学习并具备一定的教育科学研究方法，有规划地结合教学开展教育教学研究，并在适当的时机尝试发表著作，分享经验观点。

（6）要求具备学科以外宽口径知识储备。未来教师需要熟练掌握本学科在未来教学过程中使用到的相关理论、历史研究等基础知识。过去倡导教课本、用课本教，现在则是用资源授课。利用良好的资源，往往可以实现更为优质的教学效果。

（四）未来教育技术应用

未来为教育提供了技术支持，在知识的传授上更需要专业性的技术掌控，教师不再能够仅凭一套话语、一支粉笔就能实现教育的整个过程。实践是教育过程的最终环节，也是极为重要的环节。在技术的辅助下，教学方式更加多元化，教学习惯也逐渐在发生改变。更多的青年教师喜欢运用多媒体、iPad 等工具展示教学内容，也更倾向制作微课实现课堂的"翻转"，更有先进设备帮助实现创客教育。此外，先进的教育技术还可以实时监控学生的学习状态、学习心理、学习成效，帮助教师更有针对性地处理教学突发情况，更有对策性地解决教学漏洞。

（1）要求掌握先进信息技术并进行授课。未来教育技术不断改进，需要教师首先掌握远程教育、慕课、虚拟现实等信息技术方法，进而更好地进行课程教授。未来学校可能不再会以实体化的形式存在，而是以网络虚拟在线的方式达到网校的效果，这就需要教师在授课时掌握远程教育的技能。包括在偏远地域的某些中学，现在已经安装了移动设备，可以享受到与城镇中学教师的实时授课，但对于移动设备的操作就需要当地教师的学习。

（2）要求持续更新或重构教学内容。同时未来教育知识是时刻变化的，课程内容一定程度上存在滞后性，因此，结合授课，对教学内容重构也是未来教育技术应用的要求之一。在技术应用时，网络资源极为丰富，可以为教师提供最新的未来教育知识和最新的课程内容知识。教师通过技术操作，便可以将时事与教学过程相融合，对教学内容进行重构。

（3）要求努力实现人机协作。人机合作是未来教育的新形式、新方法，伴随着信息技术的发展，人类多了一种"教师"——人工智能助教，这将要求教师实现人机协作的高效教学模式，发挥双方优势。

（4）要求拓展网络工作途径。信息化的到来，将改善教学工作的局限性，突破不可能的空间障碍，教师可以实时网络在线，与学生进行一定的交流，并利用网络拉近与学生的关系，构建更加和谐的师生网络关系。

（5）要求对自身职业发展有明确规划。在人工智能的冲击下，为更好地提升自身素质，教师需要进行一定的思考，并有一个明确的未来职业规划。

（五）未来教育教学实施

未来教育更加注重学生身心全面的发展，所以教师在教学实施过程中，需要更加注重学生的全面成长。学生的学习过程可以概括为"知情意行"，教师的教学实施应注重培养学生内在意志情感，帮助学生树立正确的人生观、价值观，注重培养学生对知识的认知与行为的实践，同时也要注重自身素质提升与发展。在教学实施中，身教重于言教正是用潜移默化的方式感化学生的意志，使其向更为道德、更为人性、更为善的方向转变。在这样的过程中，需要中学教师注意以下几方面。

（1）要求以核心素养为导向开展教学。学生发展核心素养是目前提出教育的标杆，也是对教育目标的高度凝练，是学生培养方向与内容的指向标，更是教育应该关注的内容。未来教育教学实施中理应以学生发展核心素养为导向逐步进行开展，这是当下没有达到却需要达到的要求。

（2）要求强化对学生的研究，提升其综合能力。学生是教育环节的主体，不研究学生，不分析学生，不能够知晓学生的方方面面，是不足以成为一名合格教师的。单纯的知识输出，未来人工智能助教完全可以做到，那么教师何以立足于未来？便是要注重培养学生的学习能力、思维能力、交往能力、合作能力、积极情绪与优良品格，这些是未来社会竞争的核心能力，也是未来个体发展的关键。

（3）要求发挥教学机制，倡导可个性化学习。教学不是准备好的，也不应该是预备性的，教学是及时的、实时的，千变万化之中以问题带动学生的思考。如今大家都在讨论个性化学习，提倡学生发现自己、成为自己。个性化学习成了世界各国教育创新改革的重点，但在未来，教学实施活动更多地强调"可个性化学习"，学生的学习个性化是学生在个性化，目前已经可以实现帮助学生个性化，不过重点在于学生是否可以真正自主的个性化学习，作为老师是否可以为学生提供个性化学习的机会。学生需要对学习掌握主动权，教师需要适当放开"权力"，实现学生"可个性化学习"。

（4）要求尊重差异，因材施教。教学首先要关注到学生的差异性，虽然一直在倡导尊重差异，因材施教，但实施的效果远不如口号的响亮，尊重学生个体差异、年龄差异、个性差异，在智能化的帮助下，教师甚至可以了解到每一位学生对某个知识点的了解程度，在某个阶段的掌握情况如何，教师都可以在大数据的帮助下实现诉求，因此这便更加便捷，也更加需要教师在教学工作中做到尊重学生差异、因材施教。

（5）要求强化对学生的资源服务。作为一名未来教师，要注意到自身的职责：努力在教学实施过程中调动一切资源服务于学生，包括纸质资源、电子资源抑或是混合资源。相比较于升学，重要资源的供给更为重要。

（6）要求了解课程标准大纲并辅以教学。除以上要求外，课程标准是国家课程的基本纲领性文件，是国家对基础教育课程的基本规范和质量要求，是教材编写、教学、评估和考试命题的依据，是国家管理和评价课程的基础。未来教育教学实施中，无论教学还是评价，都需要遵循课标规定的原则与内容。

第五节　我校面向未来的课程体系设计构想
——"4+1+1"

学校坚持全面协调发展的素质教育，致力于学生的全面发展。课程建设以课标为纲、学生为本，坚持科研先导，连续 35 年承担省级研究课题；"为每一个儿童设计课程，让每一位师生幸福成长"的课程理念，引领学校不断追求每一位学生的个性化成长，并通过一系列菜单式特色课程的构建，为学生的个性化发展提供机会与可能。基于此，形成学校课程的核心精神和思想，并形成国家课程（基础型课程）校本化实施的方略和校本课程（拓展型课程、研究型课程）的开发模式，提出面向未来的课程体系"4+1+1"设计构想。"4+1+1"课程体系是指学生有 4 天采用分科课程模式进行基础知识的学习，而用 1 天采用项目课程的形式进行整合学习，再发挥社会资源优势扩充学习场域进行 1 天的社会实践探究学习。

一、最大限度发挥分科课程优势

分科课程的内容体现了国家对公民素质的基本要求，具有统一的基础要求和课程标准。这是一种根据学生认知规律，以学科知识的逻辑体系为线索，体现学术性、结构性的课程。每门课程都有着其他课程无法替代的独特使命，每门课程之间都应存在不同程度的联系，即便是两个看似毫无关联的课程，它们仍然存在某种程度的关联性。这种联系指的是课程之间的一种互补性。这种互补性并非单纯指课程内容上的互补，而是更多指向课程在教育与心理价值上的互补。

（一）基于核心素养丰富课程形态

课程形态是介于课程内容与课程实施之间的中间环节，既是对课程内容的拓展，又依赖于课程实施的具体深化；既是对课程性质的标明，又是课程实施方式的根本规定。

核心素养模型构成了课程与教学的内容安排的基础，同时其内在的特性也影响到课程形态的建设。包括两个方面：一是单个素养本身也是多维品质的内在构成，比如创新素养就包括知识、想象力等品质。二是不同的素养特性要求不同的课程形态，比如道德和认知这两个领域的素养体现的特性差异必然要求对应不同的课程形态。我们可以人文素养、科学素养、艺术素养、道德素养、生活素养、实践创新素养等为例分别进行其特性分析。人文的核心在于人性和生活，涉及人类生存意义和价值追求的终极关怀。人文科学则具有不确定性、理解性、具体情境性。人文教育的要义在于把人带进文本的意义世界，使人获得更深入的意义理解，促进人的精神丰富，更好地促进人理解人自身及其周遭的世界。从根本上说，人文的教育也包括对世界的科学认识或经验的认识，通过这种认识促进人通达自身，获得人生意义和价值。从这个意义上说，人文素养的培养对阅读学习与讲授型的形态课程有显著性的要求，当然也可兼有活动形态和探究形态的课程。其主要教学模式可以是讲授式，但讲授式并不等同于机械的传输式，而是要通过特定场景的生活回归，具体意义的多维和丰富的揭示，人性矛盾、困惑与追求和选择的展示，促进学生的自主建构。其具体教学方式应当是系列而丰富的组合。科学的核心在于对物的认识，当然也包括对人体的认识，追求的是对普遍规律的把握。归纳、演绎、分析等独立的逻辑思维能力，批判质疑能力、创新能力等是科学素养的核心，这种理性思维的特点对认知课程形态和探究课程形态有显著的要求。一方面，科学知识或理论体系具有系统性和结构性特点，需要通过概念、原理和符号的周密论证推理，讲授式教学具有较高的效率，但是，知识讲授的目的仍然在于激发学生的认知兴趣，为解决问题奠定基础；另一方面，科学知识终究是为了解决生活和实践中的问题，以问题为中心的探究式学习就是通过知识或手段创新实现现实问题的解决。探究形态课程有别于认知形态课程，在于它是基于现实问题解决的知识或技术创新的研究过程，可以更好地培养学生的创新能力或研究能力。艺术具有非理性或感性的特点，艺术素养包括技能、鉴赏力和想象力等皆为非知识的范畴，因此，音乐、美术、舞蹈等教学及其与其他学科的跨学科学习均显著要求采取活动形态的课程教学，充分发展学生的感官、大脑和身体经验。道德素养、生活素养均具有明显的实践特点，其养成的过程和结果都需要靠行动来体现，显著要求采取活动形态和实践形态的课程与教学实施。实践创新素养体现为一种解决实际问题的能力和创造力，是知识、理论、方法、想象力与实际的结合应用。

（二）推进学科课程统整

各类素养的划分具有人为性，但素养培养应是综合的。这种综合性表现为三个方面：一是课程内容的综合。任何的素养都不可能是某一类课程或教学内容就可以完成的，而某一类课程或教学内容也必然同时指向多种素养的培养。二是课程形态的综合。任何一类的素养特性体现也不是单一的要素，至少可以体现为认知、能力、情感和价值几个要素。因此，素养的培养也必然需要多种形态的课程，尽管不同的素养因为其特性的根本差异而具有显著性的课程形态要求。三是教学方式的综合。素养培养需要不同的教学内容，不同的教学内容必然需要不同的教学方式。同时，素养的认知、能力、情感和价值等要素也需要有不同的教学方式才得以培养完成。

国家课程是以学科的形式呈现，要实现充分的育人功能，首先需要进行课程形态的变革。主要是两个层面的变革：一是在学科课程之外建设活动、探究等形态的校本课程；二是对学科课程本身进行形态的改造。学科课程本身的形态改造又可以包括两种可能：一种是在学科课程内开展活动、探究等形态的课程建设，即要在学科课程内依据不同的教学内容建设多样形态的课程；另一种是在学科课程之间进行统整。这种学科课程统整在实践中已经有所体现，比如有些学校在小学低年段推行的全科教学。但主要的实践还是在学科课程之外推进教学内容的整合，目前主要以项目式学习或探究形态课程的方式开展实践。

在学科课程或分科课程的前提下，未来的课程统整应当在两个方面大力加强：一是在学科课程之外加强以主题为中心的活动形态和以问题为中心的探究形态的课程建设，这两种形态课程或以活动或以问题为中心，具有知识系统的内在紧密联结性和跨学科性，可以促进综合素养的培养和学生心智的完整；二是基于学科课程加强以学科内容为基础的跨学科学习。这种跨学科学习的特点并非完全是以问题探究的形态表现出来，而可能是以多学科的认识达到对某一知识内容的多维度理解，拓展对事物理解的宽度和深度。第一个方面可以通过资源整合的方式开发课程，目前的探索尚不够普及和深入，亟待典型经验的积累；第二个方面对学科教师的多学科知识或技能有较高的要求。

学科课程统整表现为形式上的组合，但其思路仍然是着眼于以生活为中心的教育和以问题为中心的教育，这也是国家课程校本化实施遵循四种依据的必然选择和行动。学科之间的课程整合是对分科课程的纠正与补充，学科内的知识整合其实就是学科教学改革的主要方向。

（三）推进学科教学具体而丰富的实施

新课程改革倡导的"自主、合作、探究"教学模式，成为广大中小学校教学改革的主流方向，虽然对改变传统课堂具有积极的指导意义，但由于其本身具有的宏大视野和泛泛性意义，代替或者可能遮蔽了学科教学改革应有的丰富、生动的创造，事实上也无法在学科教学中找到具体的、情境性的生根点，进而难以引导和推动学科课堂教学改革的具体生动的创造。不同学科具有不同的教学方式，同一学科不同教学内容也具有不同的教学方式，同一教学内容也因为学生身心发展特点差异而需要不同的教学方式方法。

二、跨学科项目课程优势互补

在明确学生未来学习、工作、生活、社会所需要的跨学科素养，并将其通过学段重构和科目融合的方式渗透至学科教学目标中，致力于构建基于跨学科素养的课程整合设计。

（一）定位认知：整合教学与学科教学的功能互补

整合的模式对现阶段课程改革潮流固然具有至关重要的意义与价值，但其仍有力所能及的范围局限。在理性分析的同时，需要学科课程实现功能互补，而不是盲目偏向整合，而掩盖分科模式对于学生知识获取与概念建构的重要作用。

对于整合理念的追求无可厚非，但不能因此把学科教学当作落后、传统的教学方式而摒弃，而将整合作为先进、革新的手段取而代之。整合教学与分科教学本身不存在哪种方式好或者不好的问题，只是在不同场景、不同需求下有适用与不适用之分。因此，分与合的抉择不是优与劣的价值判断，而是是否匹配的功能定位。

整合与分化作为一组相对概念，互为存在。从课程设计环节看，跨学科素养到学段任务，再到学科目标是素养要求的不断分化；从教学实施过程看，不同科目的各自课时强调共同促成该学段任务完成，再以三学段递进连贯是实现素养目标的不断融合。形成与发展素养的任务与目标被分散融入学科，而整合的教学方式将这些散落的目标，通过跨学科合作，进行重新地汇合。

整合与分化彼此间相互支持、互为补充。"整合"与"分化"是相互关联、相互区别的关系，而非对立、冲突的非此即彼。在低年段，通过学科群实现的跨学科学习，使"整合"为"分化"打牢基础，做好铺垫。学生能够对各领域有基础了解，在难度不大的广泛学习中发现兴趣、体验成功。至中高年段，随着知识与技能的基础形成，学生能够进行更高层次的素养发展，

"分化"此时则对"整合"起到领域延伸与深度递增的作用。

（二）框架设计：基于跨学科素养的课程与教学整体规划

对于课程整合的内涵研究不应窄化视角，也同样不能过度放大其功能定位。课程整合不同于某种类似单元模块、主题课程的具体形态，而是作为一种课程设计与教学组织理念，是将零散、分化的学校教学系统各要素以整体的视角进行重构的过程。若仅仅囿于对传统课程的拼合，则将课程整合的对象矮化为单一的学科内容。学科内与跨学科间的融合固然不可忽视，但是将学校课程与生活与社会的整合，课程设置与教学实施的整体化都应当被纳入课程整合的研究视野中。故此，基于核心素养的课程整合，是对包括学科目标、课程内容、教学方式、学生评价的全方位、系统化的规划与调整。

核心素养通过学科目标的革新与调整，进而影响课程设计、实施、评价的各个环节。如果只是简单地修改目标，而并未跟进后续步骤，将会造成核心素养存于设计文本，而未落实到学校教学层面，改革也难成体系。目标设置、教学实施、评价体制均需要围绕素养展开，在保证三者方向一致、连贯的同时，也让核心素养真正嵌入课程与教学中，实现基于核心素养与课程改革糅合。我国目前处于依据核心素养调整课程方案的过程阶段，需要格外关注核心素养与课程教学、评价各环节的融合。核心素养是课程教学设计、实施与评价的方向与标准，课程教学是核心素养形成的途径，评价则是验证素养形成进展的依据。不论是课程方案制定，还是学校教学实践开展，都需要时刻反思是否与核心素养的需求相契合，确保课程与教学有中心、成体系。

三、社会资源扩充学习场域

以学习者为本位的未来学习场域则是以获取文化资本为主的场域集合，除显性的物理场域和虚拟情境场域外，还存在特有的文化场域。

未来学习是一种突破校园围墙，通过多维渠道和方式获取知识与技能，且关注学生生命成长的活动过程。未来学习的文化场域既包括学校文化场域，又涵盖校外文化场域。而文化场域的结构可以被看作在各种位置之间存在的客观关系的一个网络或构型，是由社会成员按特定的文化逻辑要求共同建设的、集中的符号竞争和个人策略的场所。也就是说，文化场域作为客观的社会存在，在教育群体成员间形成的一种以文化资本的传承而促进个人成长的关系。作为学习群体的重点活跃场域，共同的价值观念与优良的文化生态尤为关键，这也是个人文化内化，成为掌握话语权的"认识人"的前提条件。鉴于此，未来学习文化场域的建构重在寻其可能之基本载体，以促成文化场域的生成，主要包括以下载体：一是以寻求共同价值观念以调适不同群体间的利益冲突，从而为文化场域的生成提供一个可能性的前提条件；二是以优良的文化生态匹配新时代的新媒介环境，进而为未来学习文化场域的建构提供保障。

在学校教学中，可在学科领域内纳入与学校外真实世界有关内容，通过基于现象的教学的方式，结合学校特色，围绕文化传统、社会问题、时事热点等方面选择主题，创设多学科学习模块，实现对周边环境、全球文化的关注；在学生校园生活中，应当积极利用学生组织、学校重大活动等机会，促进学生团体间交流与合作；在课程资源上，需要主动挖掘学校所处区域内可利用的教育组织、企业、文化科技场馆等，重点关注为学生提供与未来职业与社会参与信息与技能有关的场域。由此构建机会，在多元场域中有针对性地为学生提供综合发展、运用知识与技能的空间。

学校课程建设是以"课标为纲，学生为本"的课程改进、课程优化活动。中小学教育作为基础教育，国家的课程方案、课程标准是学校课程建设的纲领和指南。但同时，国家课程的实施必须有校本化的转化过程，这个转化过程要依靠校长及其领导团队、广大教师去创造性的完成。理解国家的课程制度、体系与要求，这是标准与依据；认识本校学生的认知水平、心理特点与发展需求，这是出发点与归宿。基于此，理清课程思路与方向，"课标为纲，学生为本"，两者相结合，才能使课程真正做到"合理、合法"。